Weber · 5 vor Steuerrecht

Online-Version inklusive!

Stellen Sie dieses Buch jetzt in Ihre „digitale Bibliothek" in der NWB Datenbank und nutzen Sie Ihre Vorteile:

- Ob am Arbeitsplatz, zu Hause oder unterwegs: Die Online-Version dieses Buches können Sie jederzeit und überall da nutzen, wo Sie Zugang zu einem mit dem Internet verbundenen PC haben.
- Die praktischen Recherchefunktionen der NWB Datenbank erleichtern Ihnen die gezielte Suche nach bestimmten Inhalten und Fragestellungen.
- Die Anlage Ihrer persönlichen „digitalen Bibliothek" und deren Nutzung in der NWB Datenbank online ist kostenlos. Sie müssen dazu nicht Abonnent der Datenbank sein.

Ihr Freischaltcode: LUVOMGFKPCESSGRKQR

Weber, 5 vor Steuerrecht

So einfach geht's:

1. Rufen Sie im Internet die Seite **www.nwb.de/go/online-buch** auf.
2. Geben Sie Ihren Freischaltcode ein und folgen Sie dem Anmeldedialog.
3. Fertig!

Die NWB Datenbank – alle digitalen Inhalte aus unserem Verlagsprogramm in einem System.

NWB Bilanzbuchhalter

5 vor Steuerrecht

Endspurt zur Bilanzbuchhalterprüfung

Von
Diplom-Finanzwirt (FH) Martin Weber

▶ nwb

Kein Produkt ist so gut, dass es nicht noch verbessert werden könnte. Ihre Meinung ist uns wichtig! Was gefällt Ihnen gut? Was können wir in Ihren Augen noch verbessern? Bitte verwenden Sie für Ihr Feedback einfach unser Online-Formular auf:

www.nwb.de/go/feedback_bwl

Als kleines Dankeschön verlosen wir unter allen Teilnehmern einmal pro Quartal ein Buchgeschenk.

ISBN 978-3-482-**69491**-2 (online)
ISBN 978-3-482-**63551**-9 (print)
© NWB Verlag GmbH & Co. KG, Herne 2012
www.nwb.de
Alle Rechte vorbehalten.
Dieses Buch und alle in ihm enthaltenen Beiträge und Abbildungen sind urheberrechtlich geschützt.
Mit Ausnahme der gesetzlich zugelassenen Fälle ist eine Verwertung ohne Einwilligung des Verlages unzulässig.
Satz: Griebsch & Rochol Druck GmbH & Co. KG, Hamm
Druck: Stückle Druck und Verlag, Ettenheim

VORWORT

Die Prüfung zum Weiterbildungsabschluss „Geprüfter Bilanzbuchhalter/Geprüfte Bilanzbuchhalterin" wird seit 1927 durchgeführt und gehört somit zu den kaufmännischen Fortbildungsprüfungen mit der längsten Tradition. Gemessen an der Zahl der jährlichen Prüfungsteilnehmer zählt diese Prüfung zudem seit Jahren zu den wichtigsten jedoch auch zu den schwierigsten kaufmännischen Weiterbildungsabschlüssen mit durchschnittlichen Durchfallquoten von bis zu 50 %.

Ende 2007 wurde die bisherige Prüfungsverordnung durch eine neue Verordnung abgelöst. Die Prüfung besteht nun aus drei Teilen: Prüfungsteil A, B und C. Das Ablegen von Prüfungsteil A innerhalb der letzten zwei Jahre ist notwendig, um die Prüfungsleistungen des Teils B absolvieren zu dürfen. Zudem müssen die Teile A und B bestanden sein, um die mündliche Prüfung, Teil C, ablegen zu können.

Nachdem Prüfungsteil A hoffentlich erfolgreich absolviert wurde, richtet sich nun die Aufmerksamkeit auf Prüfungsteil B. Dieser gliedert sich in die vier Bereiche „Erstellen von Zwischen- und Jahresabschlüssen und des Lageberichts nach nationalem Recht", „Erstellen von Abschlüssen nach internationalen Standards" (Grundteil oder Hauptteil), „Steuerrecht und betriebliche Steuerlehre" und „Berichterstattung; Auswerten und Interpretieren des Zahlenwerks für Managemententscheidungen".

Der vorliegende Titel beschäftigt sich mit dem Handlungsbereich „Steuerrecht und betriebliche Steuerlehre" und orientiert sich vollständig an den Bestandteilen und der Gliederung des offiziellen Rahmenlehrplans. Der Prüfling soll dementsprechend nachweisen, dass er die Fähigkeit besitzt, die einschlägigen Steuergesetze, Durchführungsverordnungen und Richtlinien sowie die Vorschriften zum Steuerverfahrensrecht unter Nutzung steuerrechtlicher Wahlrechte auszulegen und auf die Problemstellungen übertragen zu können. Darüber hinaus soll der Einfluss der Besteuerung auf unternehmerische Entscheidungen eingeschätzt und dargestellt werden können.

„5 vor Steuerrecht" ist kein typisches Lehrbuch. Da ich selbst gegenwärtig als Dozent in diversen Vorbereitungskursen zur Bilanzbuchhalterprüfung tätig bin, gehe ich davon aus, dass in den von Ihnen besuchten Kursen das benötigte Wissen bereits eingehend vermittelt wurde. Dieses Buch ist vielmehr als eine Art letzte Wissenskontrolle zu sehen. Der Prüfling soll seinen Wissensstand kurz vor der Prüfung noch einmal kontrollieren und ggf. erkannte Wissenslücken innerhalb von kürzester Zeit erfolgreich schließen bzw. bereits Erlerntes noch schnell einmal auffrischen. Die prüfungsrelevanten Themen werden deshalb in kompakter und prägnanter Form dargestellt; Abbildungen, Beispiele und Kontrollfragen unterstützen zusätzlich das Verständnis. Zudem wird noch eine mehrseitige Übungsklausur zur finalen Überprüfung des Lernstoffs angeboten.

So können Sie ganz entspannt und sicher in die Prüfung gehen!

Für angehende Steuerfachwirte und -berater sowie für Studierende an Universitäten und Fachhochschulen ist dieser Titel ebenfalls äußerst empfehlenswert, da auch in diesen Bereichen das Thema Steuerrecht prüfungsrelevant sein kann.

Gedankt sei zum Schluss meiner Kollegin Frau Daniela Naumann, deren engagierter Einsatz auch diese Neuerscheinung möglich gemacht hat. Außerdem möchte ich mich an dieser Stelle beim NWB Verlag, insbesondere Frau Katja Krips, für die gute Zusammenarbeit bedanken.

Nun wünsche ich den angehenden Bilanzbuchhaltern viel Erfolg für die bevorstehenden Prüfungen!

München, im Juli 2012   Martin Weber

INHALTSVERZEICHNIS

Vorwort	V
Inhaltsverzeichnis	VII
Abkürzungsverzeichnis	XIII

I.	**UMSATZSTEUER**		**1**
	1. Umsatzsteuersystem und dessen Geltungsbereich		1
		1.1 Allphasen-Nettoumsatzsteuersystem	1
		1.2 Inland, Gemeinschaftsgebiet, Ausland, Drittland	2
	2. Steuerbare Umsätze		3
		2.1 Unternehmereigenschaft	3
		2.2 Lieferungen und sonstige Leistungen	5
		2.2.1 Lieferung	5
		2.2.2 Ort der Lieferung	6
		2.2.3 Lieferung im Reihengeschäft	7
		2.2.4 Kommissionsgeschäfte	9
		2.2.5 Gleichgestellte Lieferungen	10
		2.2.6 Sonstige Leistungen	11
		2.2.7 Ort der sonstigen Leistung	12
		2.2.8 Dienstleistungskommission	16
		2.2.9 Gleichgestellte sonstige Leistungen	17
		2.2.10 Einheitlichkeit der Leistung	18
		2.3 Einfuhr von Gegenständen aus dem Drittland	18
		2.4 Innergemeinschaftlicher Erwerb	19
		2.5 Schwellenerwerber	20
	3. Steuerbefreiungen		21
		3.1 Steuerbefreiungen bei Lieferungen und sonstigen Leistungen	21
		3.1.1 Ausfuhrlieferungen und Lohnveredelungen an Gegenständen der Ausfuhr	21
		3.1.2 Innergemeinschaftliche Lieferungen	23
		3.1.3 Steuerbefreiungen mit Ausschluss des Vorsteuerabzugs	24
		3.2 Verzicht auf Steuerbefreiung	24
	4. Bemessungsgrundlagen		24
	5. Steuersätze		26
		5.1 Allgemeiner Steuersatz	26
		5.2 Ermäßigter Steuersatz	27
	6. Entstehung und Fälligkeit der Steuer		27
		6.1 Besteuerung nach vereinbarten Entgelten	27
		6.2 Besteuerung nach vereinnahmten Entgelten	27
	7. Steuerschuldner		28
	8. Ausstellung von Rechnungen		29
		8.1 Vorschriften über die Ausstellung von Rechnungen	29
		8.2 Gutschriften	31
		8.3 Ausstellen von Rechnungen in besonderen Fällen	31
		8.4 Aufbewahrung von Rechnungen	31
		8.5 Unrichtiger oder unberechtigter Steuerausweis und steuerliche Konsequenzen	32

			Seite
9.	Steuerberechnung, Besteuerungszeitraum und Einzelbesteuerung		33
	9.1	Arten der Steuerberechnung	33
	9.2	Änderungen der Bemessungsgrundlage	33
	9.3	Besteuerungsverfahren	34
10.	Zusammenfassende Meldung		34
11.	Vorsteuerabzug		35
	11.1	Abziehbare Vorsteuer	35
	11.2	Ausschluss vom Vorsteuerabzug	35
	11.3	Berichtigung des Vorsteuerabzugs	36
12.	Besteuerung von Kleinunternehmern		37
13.	Aufzeichnungspflichten		38
	13.1	Umfang	38
	13.2	Bedeutung	38
	13.3	Vereinfachung	38
	13.4	Besondere Aufzeichnung für die Einfuhrumsatzsteuer und Erwerbsteuer	38
14.	Besonderheiten der Organschaft		38
15.	Fiskalvertreter		39
16.	Innergemeinschaftliches Dreiecksgeschäft		40
17.	Bußgeld, strafbare Handlung, Verfahrensübergang und Schlussvorschriften		41
18.	Grundlagen der Umsatzsteuerabstimmung		42
19.	Umsatzsteuer-Voranmeldung		42

II. EINKOMMENSTEUER — 47

1.	Einkommensteuerpflicht		47
	1.1	Unbeschränkte Einkommensteuerpflicht	47
	1.2	Beschränkte Einkommensteuerpflicht	48
2.	Einkunftsarten		48
	2.1	Methoden der Einkunftsermittlung	48
	2.2	Umfang der Gewinneinkunftsarten	49
	2.3	Umfang der Überschusseinkünfte	49
	2.4	Subsidiaritätsprinzip	49
3.	Schema zur Ermittlung des zu versteuernden Einkommens		50
4.	Steuerlicher Gewinnbegriff		50
5.	Einnahmen-Überschussrechnung		51
	5.1	Grundlagen	51
	5.2	Betriebseinnahmen	52
	5.3	Betriebsausgaben	52
	5.4	Zu- und Abflussprinzip des § 11 EStG	52
		5.4.1 Grundfälle	52
		5.4.2 Zehn-Tage-Regel	53
		5.4.3 Zahlungen für Nutzungsüberlassungen	54
		5.4.4 Beispiel zur Einnahmen-Überschussrechnung	54
6.	Wechsel der Gewinnermittlungsart		56
	6.1	Allgemeines	56

		Seite
6.2	Bilanzposten, die keine Korrekturen veranlassen	56
6.3	Bilanzposten, die eine Korrektur veranlassen	57
6.4	Besteuerungszeitpunkt	59
6.5	Wechsel zur Einnahmen-Überschussrechnung	59
6.6	Bindung nach Wechsel der Gewinnermittlungsart	59
6.7	Beispiel zum Wechsel der Gewinnermittlungsart	60
7.	Regelungen über den Gewinnermittlungszeitraum und das Wirtschaftsjahr	64
8.	Verlustabzug	65
9.	Nicht abzugsfähige Betriebsausgaben und nicht abzugsfähige Ausgaben	66
9.1	Schuldzinsenabzug	66
9.2	Nicht abziehbare Betriebsausgaben nach § 4 Abs. 5 und 7 EStG	68
9.3	Gewerbesteuer	70
9.4	Mitgliedsbeiträge und Spenden	70
9.5	Nicht abzugsfähige Kosten der Lebensführung	70
9.5.1	Kosten der Lebensführung	71
9.5.2	Gemischte Aufwendungen	71
9.5.3	Nicht abziehbare Steuern	72
9.5.4	Geldstrafen und ähnliche Rechtsnachteile	73
9.5.5	Berufsausbildungskosten	73
10.	Einkünfte aus Gewerbebetrieb	73
10.1	Umfang der Einkünfte aus Gewerbebetrieb	74
10.1.1	Abgrenzung gegenüber der Vermögensverwaltung	74
10.1.2	Betriebsaufspaltung	75
10.1.3	Verluste bei beschränkter Haftung (§ 15a EStG)	77
10.2	Personengesellschaften und Mitunternehmerschaften	77
10.3	Veräußerungsgewinne	80
10.3.1	Veräußerung des Betriebs (§ 16 EStG)	80
10.3.2	Veräußerung von in Privatvermögen befindlichen Anteilen an Kapitalgesellschaften (§ 17 EStG)	83
11.	Einkünfte aus selbständiger Arbeit	85
12.	Einkünfte aus Kapitalvermögen	86
13.	Außerordentliche Einkünfte	88

III. KÖRPERSCHAFTSTEUER 91

1.	Abgrenzung unbeschränkte und beschränkte KSt-Pflicht	91
2.	Berechnung des zu versteuernden Einkommens	92
2.1	Ausgangsgröße: Handelsrechtliches Jahresergebnis	92
2.2	Außerbilanzielle Ermittlung mit dem Ausgangswert Jahresergebnis	93
2.3	Nicht abzugsfähige Aufwendungen	94
2.4	Spendenabzug	97
2.5	Verdeckte Gewinnausschüttungen	98
2.6	Verdeckte Einlagen	100
2.7	Beteiligung an anderen Kapitalgesellschaften	102
2.8	Verlustabzug	103
3.	Körperschaftsteuertarif-Belastung	105

			Seite
4.	KSt-Guthaben		105
5.	KSt-Erhöhung		106
6.	Steuerliches Einlagekonto		106
7.	Berechnung zur Körperschaftsteuer		107
	7.1	Festzusetzende Körperschaftsteuer	107
	7.2	Abschlusszahlung/Erstattung	107
	7.3	Rückstellung/Erstattungsanspruch	108

IV. ABGABENORDNUNG — 111

1.	Inhalt und Aufbau der AO		111
	1.1	Steuerliche Begriffsbestimmungen	111
	1.2	Zuständigkeit der Finanzbehörden	114
	1.3	Aufbau und Zuständigkeit der Finanzgerichtsbarkeit	117
2.	Ermittlung der Besteuerungsgrundlagen		118
	2.1	Besteuerungsgrundsätze und Beweismittel	118
	2.2	Fristen und Termine, Wiedereinsetzung in den vorigen Stand	121
	2.3	Anzeige- und Mitwirkungspflichten	124
	2.4	Vorschriften zur Abgabe von Steuererklärungen	125
3.	Steuerfestsetzungsverfahren		126
	3.1	Begriff des Verwaltungsaktes und Formen der Bekanntgabe von Verwaltungsakten	126
	3.2	Form, Arten und Inhalte von Steuerbescheiden	127
	3.3	Steuerfestsetzung unter dem Vorbehalt der Nachprüfung	127
	3.4	Vorschriften zur Schätzung von Besteuerungsgrundlagen	128
	3.5	Vorschriften zur vorläufigen Steuerfestsetzung	129
	3.6	Zeitpunkt der Festsetzungsverjährung	130
	3.7	Bestandskraft	131
	3.8	Begriff und Wirkung einer Steueranmeldung	131
	3.9	Kosten bei besonderer Inanspruchnahme der Finanz- und Zollbehörden	132
	3.10	Gesonderte Feststellung von Besteuerungsgrundlagen	132
4.	Berichtigung, Aufhebung und Änderung von Steuerbescheiden		133
	4.1	Offenbare Unrichtigkeiten beim Erlass eines Verwaltungsaktes	133
	4.2	Aufhebung und Änderung von Steuerbescheiden	133
	4.3	Aufhebung oder Änderung wegen neuer Tatsachen und Beweismittel	134
	4.4	Widerstreitende Steuerfestsetzungen und Aufhebung oder Änderung von Steuerbescheiden in sonstigen Fällen	135
5.	Steuererhebungsverfahren		136
	5.1	Fälligkeit	136
	5.2	Stundung, Verrechnungsstundung	137
	5.3	Leistungsort, Tag der Zahlung	137
	5.4	Erlass	138
	5.5	Zahlungsverjährung	138
6.	Haftung für Steuerschulden		139
	6.1	Haftung der Vertreter	139
	6.2	Haftung des Betriebsübernehmers	140

			Seite
	6.3	Haftung des Arbeitgebers	140
	6.4	Haftungsbescheide	140
7.		Vorschriften zum außergerichtlichen Rechtsbehelfsverfahren	141
	7.1	Einspruchsfrist	141
	7.2	Einlegung des Einspruchs	141
	7.3	Prüfung der Zulässigkeitsvoraussetzungen	142
	7.4	Aussetzung der Vollziehung	142
	7.5	Aussetzung und Ruhen des Verfahrens	143
	7.6	Erörterung des Sach- und Rechtsstandes	143
	7.7	Fristsetzung	143
	7.8	Form, Inhalt und Bekanntgabe der Einspruchsentscheidung	143
	7.9	Entscheidung über den Einspruch	144
8.		Gerichtliches Rechtsbehelfsverfahren	144
	8.1	Klage beim Finanzgericht	144
	8.2	Revision beim Bundesfinanzhof	144
9.		Vorschriften zur Außenprüfung	144
10.		Straf- und Bußgeldvorschriften	147

V. GEWERBESTEUER — 149

1.		Steuergegenstand, Befreiungen	149
	1.1	Besteuerungsgrundlagen	149
	1.2	Steuergegenstand	150
	1.3	Beginn der Steuerpflicht	152
	1.4	Befreiungen	153
2.		Hebeberechtigte Gemeinde, Steuerschuldner	153
3.		Maßgebender Gewerbeertrag und -verlust	154
	3.1	Gewinn nach EStG und KStG	154
	3.2	Hinzurechnungen	154
	3.3	Kürzungen	158
	3.4	Maßgebender Gewerbeertrag	161
	3.5	Gewerbeverlust	162
4.		Steuermesszahl und -messbetrag nach dem Gewerbeertrag	163
5.		Entstehung, Festsetzung und Erhebung der Steuer	164
6.		Zerlegung des einheitlichen Gewerbesteuermessbetrages	164
7.		Ermittlung der Gewerbesteuer	165
8.		Organschaft	166

VI. INTERNATIONALES STEUERRECHT — 169

1.	Drohende Doppelbesteuerung durch Territorialitätsprinzip und Universalitätsprinzip	169
2.	Systematik der beschränkt steuerpflichtigen Einkünfte in den Grundzügen	169
3.	Methoden zur Vermeidung einer Doppelbesteuerung	171

			Seite
	3.1	Freistellungsmethode durch DBA; Progressionsvorbehalt	171
	3.2	Anrechnungsmethode	171
	3.3	Abzugsmethode	172
4.		Negative ausländische Einkünfte	174
	4.1	Verlustabzugsbeschränkung	174
	4.2	Aktivitätsklausel	175
5.		Aufbau und Systematik des OECD-MA	178
6.		Grundzüge des Außensteuergesetzes	180
	6.1	Berichtigung von Einkünften	181
	6.2	Grundzüge der erweiterten beschränkten Steuerpflicht	184
	6.3	Grundzüge der Wegzugsbesteuerung	186

VII. ANDERE UNTERNEHMENSSTEUERN — 189

1.		Lohnsteuer	189
	1.1	Rechtsgrundlagen	189
	1.2	Begriff des Arbeitnehmers und Arbeitgebers	189
	1.3	Lohnsteuererhebung	189
	1.4	Systematik der Ermittlung der Lohnsteuer	193
	1.5	Pauschalierung der Lohnsteuer	200
	1.6	Pflichten des Arbeitgebers	201
	1.7	Haftung des Arbeitgebers	202
	1.8	Lohnsteuer-Außenprüfung	202
2.		Grundzüge der Grundsteuer	202
3.		Grundzüge der Grunderwerbsteuer	202
4.		Grundzüge des Umwandlungssteuerrechts	203

VIII. ÜBUNGSKLAUSUR — 207

Stichwortverzeichnis — **217**

ABKÜRZUNGSVERZEICHNIS

A

a. a. O.	am angeführten Ort
a. o.	außerordentlich/e
ABB.	Abbildung
Abs.	Absatz
AEAO	Anwendungserlass zur Abgabenordnung
AEUV	Vertrag über die Arbeitsweise der EU
AfA	Absetzung für Abnutzung
AG	Aktiengesellschaft
AIG	Auslandsinvestitionsgesetz
Anm.	Anmerkung
AO	Abgabenordnung
APA	Advance Pricing Agreement
Art.	Artikel

B

BeitrRLUmsG	Beitreibungsrichtline-Umsetzungsgesetz
BewG	Bewertungsgesetz
BFH	Bundesfinanzhof
BGB	Bürgerliches Gesetzbuch
BGBl	Bundesgesetzblatt
BMF	Bundesministerium der Finanzen
BpO	Betriebsprüfungsordnung
BRD	Bundesrepublik Deutschland
BStBl	Bundessteuerblatt
Buchst.	Buchstabe
BVerfG	Bundesverfassungsgericht
BVV	Betriebsvermögensvergleich

C

cif	Cost, Insurance and Freight

D

DBA	Doppelbesteuerungsabkommen

E

e.V.	eingetragener Verein
ELStAM	Elektronische Lohnsteuerabzugsmerkmale
EStDV	Einkommensteuer-Durchführungsverordnung
EStG	Einkommensteuergesetz
EStH	Einkommensteuer-Hinweise
EStR	Einkommensteuer-Richtlinien
EU	Europäische Union

VERZEICHNIS Abkürzungen

EuGH	Europäischer Gerichtshof
EÜR	Einahme-Überschussrechnung
EW	Einheitswert
EWG	Europäische Wirtschaftsgemeinschaft
EWR	Europäischer Wirtschaftsraum

F

f./ff.	folgende/fortfolgende
FA	Finanzamt
FGO	Finanzgerichtsordnung
FördG	Fördergebietsgesetz

G

GbR	Gesellschaft bürgerlichen Rechts
GewO	Gewerbeordnung
GewStDV	Gewerbesteuer-Durchführungsverordnung
GewStG	Gewerbesteuergesetz
GewStR	Gewerbesteuer-Richtlinien
GG	Grundgesetz
ggü.	gegenüber
GmbH	Gesellschaft mit beschränkter Haftung
GrStG	Grundsteuergesetz

H

HGB	Handelsgesetzbuch
HHR	Hermann/Heuer/Raupach (Hrsg.)

I

i. H. v.	in Höhe von
i. S. d.	im Sinne des/der
i. V. m.	in Verbindung mit

K

KapESt	Kapitalertragsteuer
KG	Kommanditgesellschaft
KGaA	Kommanditgesellschaft auf Aktien
km	Kilometer
KStG	Körperschaftsteuergesetz
KStH	Körperschaftsteuer-Hinweise
KStR	Körperschaftsteuer-Richtlinien

L

L & L	Lieferung und Leistung
LStDV	Lohnsteuer-Durchführungsverordnung
LStH	Lohnsteuer-Hinweise
LStR	Lohnsteuer-Richtlinien

Abkürzungen

M

Mio.	Million/en
MwSt	Mehrwertsteuer
MwStSysRL	Mehrwertsteuer-Systemrichtlinie

N

Nr.	Nummer

O

OECD	Organisation for Economic Cooperation and Development
OECD-MA	OECD-Musterabkommen
OHG	Offene Handelsgesellschaft

R

Rn.	Randnummer
RS	Rückstellungen

S

SEStEG	Gesetz über steuerliche Begleitmaßnahmen zur Einführung der Europäischen Gesellschaft und zur Änderung weiterer steuerrechtlicher Vorschriften
SolZ	Solidaritätszuschlag
SolZG	Solidaritätszuschlagsgesetz
SvEV	Sozialversicherungsentgeltverordnung

T

Tz.	Textziffer

U

UmwG	Umwandlungsgesetz
USt	Umsatzsteuer
UStAE	Umsatzsteuer-Änderungserlass
UStDV	Umsatzsteuer-Durchführungsverordnung
UStG	Umsatzsteuergesetz
USt-IdNr.	Umsatzsteuer-Identifikationsnummer

V

vE	verdeckte Einlagen
vGA	verdeckte Gewinnausschüttung
vgl.	vergleiche
VuV	Vermietung und Verpachtung

Z

ZKostV	Zollkostenverordnung

I. Umsatzsteuer

1. Umsatzsteuersystem und dessen Geltungsbereich

1.1 Allphasen-Nettoumsatzsteuersystem

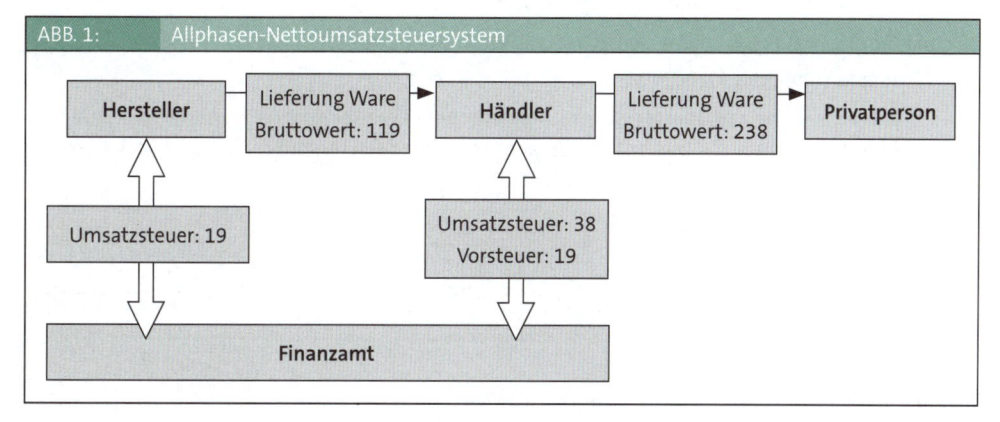

Tz. 1

Die Umsatzsteuer wurde als Allphasen-Bruttoumsatzsteuer im Jahre 1918 als selbständige Reichssteuer eingeführt, um die immensen Kosten des 1. Weltkriegs zumindest teilweise abzufedern. Der Steuersatz betrug anfangs 0,5 % und stieg im Laufe der Jahre auf 4 % an. Die vermeintlich niedrigen Steuersätze täuschen über die tatsächliche Belastung hinweg, da die Umsatzsteuer mangels Vorsteuerabzugsmöglichkeit auf jeder Handelsstufe zu einer Definitivbelastung führte.

Allphasen-Bruttoumsatzsteuer

Die Umsatzsteuer wurde mit Wirkung vom 1.1.1968 im Rahmen der Harmonisierung der Umsatzbesteuerung innerhalb der Europäischen Gemeinschaft reformiert: Das System der Allphasen-Nettoumsatzsteuer mit Vorsteuerabzug wurde eingeführt. Dies bedeutet, dass die Umsatzbesteuerung auf jeder Wirtschaftsstufe stattfindet, Unternehmer die entrichtete Umsatzsteuer jedoch grundsätzlich als Vorsteuer geltend machen können. Hierdurch tritt die Definitivbelastung mit Umsatzsteuer erst beim Letztverbraucher ein.

Allphasen-Nettoumsatzsteuer

ABB. 1: Allphasen-Nettoumsatzsteuersystem

Hersteller → Lieferung Ware Bruttowert: 119 → Händler → Lieferung Ware Bruttowert: 238 → Privatperson

Hersteller: Umsatzsteuer: 19
Händler: Umsatzsteuer: 38, Vorsteuer: 19
Finanzamt

Tz. 2

Der Rat der Wirtschafts- und Finanzminister der Europäischen Union hat am 16.12.1991 die Richtlinie 91/680/EWG zur Ergänzung des gemeinsamen Mehrwertsteuersystems und zur Änderung der Richtlinie 77/388/EWG verabschiedet. Ziel dieser Richtlinie ist die Beseitigung der Steuergrenzen und Grenzkontrollen innerhalb der Europäischen Union. Die Richtlinie wurde zum 1.1.1993 in nationales Recht umgesetzt. Kernbestandteil der Neuregelungen ist eine Harmonisierung des Umsatzsteuerrechts mit einer Besteuerung im Bestimmungsland der Leistung.

Harmonisierung zum 1.1.1993

Tz. 3

Auf nationaler Ebene existieren vor allem folgende Rechtsgrundlagen:

- Umsatzsteuergesetz (UStG),
- Umsatzsteuerdurchführungsverordnung (UStDV),
- Umsatzsteueranwendungserlass (UStAE).

Die UStDV hat Gesetzescharakter und ist daher für den Fiskus und den Steuerpflichtigen bindend, wogegen der Umsatzsteueranwendungserlass als Verwaltungsanweisung nur die Finanzbehörden bindet.

Rechtsgrundlagen

> **HINWEIS**
> In Prüfungsaufgaben werden die Teilnehmer regelmäßig angehalten, der Verwaltungsauffassung zu folgen. Dies bedeutet, dass der UStAE zwingend zu beachten ist.

I. Umsatzsteuer

1.2 Inland, Gemeinschaftsgebiet, Ausland, Drittland

Tz. 4

Das Umsatzsteuerrecht unterscheidet vier Gebiete, die sich jedoch teilweise überschneiden:

Inland
▶ **Inland**
Inland ist gemäß § 1 Abs. 2 Satz 1 UStG das Gebiet der Bundesrepublik Deutschland mit Ausnahme des Gebiets von Büsingen, der Insel Helgoland, der Freizonen des Kontrolltyps I nach § 1 Abs. 1 Satz 1 des Zollverwaltungsgesetzes (Freihäfen), der Gewässer und Watten zwischen der Hoheitsgrenze und der jeweiligen Strandlinie sowie der deutschen Schiffe und der deutschen Luftfahrzeuge in Gebieten, die zu keinem Zollgebiet gehören.
Das umsatzsteuerliche Inland ist somit kleiner als das Staatsgebiet der Bundesrepublik Deutschland.

Gemeinschaftsgebiet
▶ **Gemeinschaftsgebiet**
Das Gemeinschaftsgebiet umfasst gemäß § 1 Abs. 2a Satz 1 UStG das Inland und die Gebiete der übrigen Mitgliedstaaten der Europäischen Gemeinschaft, die nach dem Gemeinschaftsrecht als Inland dieser Mitgliedstaaten gelten (übriges Gemeinschaftsgebiet). In A 1.10 Abs. 1 UStAE ist eine Aufzählung aller übrigen Mitgliedstaaten zu finden:

- Belgien
- Bulgarien
- Dänemark (ohne Grönland und die Färöer)
- Estland
- Finnland (ohne die Åland-Inseln)
- Frankreich (ohne die überseeischen Departements Guadeloupe, Guyana, Martinique und Réunion und ohne die Inseln Saint-Martin und Saint-Barthélemy) zuzüglich des Fürstentums Monaco
- Griechenland (ohne Berg Athos)
- Irland
- Italien (ohne Livigno, Campione d'Italia, San Marino und den zum italienischen Hoheitsgebiet gehörenden Teil des Luganer Sees)
- Lettland
- Litauen
- Luxemburg
- Malta
- Niederlande (ohne das überseeische Gebiet Aruba und ohne die Inseln Curaçao, Sint Maarten, Bonaire, Saba und Sint Eustatius)
- Österreich
- Polen
- Portugal (einschließlich Madeira und der Azoren)
- Rumänien
- Schweden
- Slowakei
- Slowenien
- Spanien (einschließlich Balearen, ohne Kanarische Inseln, Ceuta und Melilla)
- Tschechien
- Ungarn
- Vereinigtes Königreich Großbritannien und Nordirland (ohne die überseeischen Länder und Gebiete und die Selbstverwaltungsgebiete der Kanalinseln Jersey und Guernsey) zuzüglich der Insel Man
- Zypern (ohne die Landesteile, in denen die Regierung der Republik Zypern keine tatsächliche Kontrolle ausübt) einschließlich der Hoheitszonen des Vereinigten Königreichs Großbritannien und Nordirland (Akrotiri und Dhekalia) auf Zypern

- **Ausland**
  Ausland ist nach § 1 Abs. 2 Satz 2 UStG das Gebiet, das nicht Inland ist.
- **Drittland**
  Drittlandsgebiet ist nach § 1 Abs. 2a Satz 3 UStG das Gebiet, das nicht Gemeinschaftsgebiet ist.

2. Steuerbare Umsätze

Tz. 5
Steuergegenstand der Umsatzsteuer ist gemäß § 1 UStG der steuerbare Umsatz. Nur die in § 1 Abs. 1 UStG abschließend aufgeführten Umsätze sind steuerbar:
- Lieferungen und sonstige Leistungen;
- Einfuhr von Gegenständen im Inland oder in den österreichischen Gebieten Jungholz und Mittelberg (Einfuhrumsatzsteuer);
- innergemeinschaftlicher Erwerb.

Weitere Voraussetzung für das Vorliegen eines steuerbaren Umsatzes ist nach § 1 Abs. 1 Nr. 1 Satz 1 UStG, dass
- ein Unternehmer im Rahmen seines Unternehmens,
- die Lieferung/sonstige Leistung,
- im Inland,
- gegen Entgelt

ausführt.

2.1 Unternehmereigenschaft

Tz. 6
Der umsatzsteuerliche Unternehmensbegriff des § 2 Abs. 1 UStG ist ein zentraler Begriff im Umsatzsteuerrecht und unterscheidet sich von der Auffassung des Einkommensteuerrechts. Das Einkommensteuerrecht (und auch das Körperschaftsteuerrecht) stellt darauf ab, wem Einkünfte wirtschaftlich zuzurechnen sind. Hier wird auf das nach außen hin nicht immer ersichtliche Innenverhältnis abgestellt.

Anders ist dies beim Umsatzsteuerrecht, bei dem es auf das Außenverhältnis ankommt, also wer nach außen hin unternehmerisch auftritt. Zum Unternehmen gehören sämtliche Betriebe oder berufliche Tätigkeiten desselben Unternehmers (A 2.7 Abs. 1 Satz 1 UStAE).

Im Einkommensteuerrecht wird meist der Begriff „Betrieb" verwendet, während der Begriff „Unternehmen" eher umsatzsteuerrechtlich geprägt ist.

Zur umsatzsteuerlichen Behandlung als Unternehmer muss keine Gewinnerzielungsabsicht vorliegen.

Tz. 7
Unternehmer im Sinne des § 2 Abs. 1 Satz 1 UStG ist, wer eine gewerbliche oder berufliche Tätigkeit selbständig ausübt. In diesem Zusammenhang muss untersucht werden, wer umsatzsteuerfähig ist, also Träger von Rechten und Pflichten im umsatzsteuerlichen Sinne sein kann. Umsatzsteuerfähig können
- natürliche Personen,
- Personenzusammenschlüsse (z. B. GbR, OHG, KG),
- juristische Personen des privaten Rechts (z. B. GmbH, AG, e.V.) und
- juristische Personen des öffentlichen Rechts (z. B. Bund, Land, Kommune)

sein (vgl. A 2.1 Abs. 1 UStAE). Gemäß § 1 Abs. 2 Satz 3 UStG ist es unerheblich, ob der Unternehmer deutscher Staatsangehöriger ist, seinen Wohnsitz oder Sitz im Inland hat, im Inland eine Betriebsstätte unterhält, die Rechnung erteilt oder die Zahlung empfängt. Reine Innengesellschaften, beispielsweise eine stille Gesellschaft, können mangels Auftretens nach außen kein Unternehmer sein (A 2.1 Abs. 5 Satz 1 UStAE).

Tz. 8
Nachhaltigkeit

Eine gewerbliche oder berufliche Tätigkeit liegt nach § 2 Abs. 1 Satz 3 UStG vor, wenn die Tätigkeit nachhaltig zur Erzielung von Einnahmen ausgeübt wird. Eine Gewinnerzielungsabsicht muss nicht vorliegen. Nachhaltig ist eine Tätigkeit, wenn sie auf Dauer angelegt ist (A 2.3 Abs. 5 Satz 1 UStAE). Kriterien für die Nachhaltigkeit einer Tätigkeit sind aus diesem Grund beispielsweise (A 2.3 Abs. 5 Satz 4 UStAE):

- mehrjährige Tätigkeiten,
- auf Wiederholung angelegte Tätigkeiten,
- langfristige Duldung eines Eingriffs in den eigenen Rechtskreis,
- Auftreten wie ein Händler,
- Unterhalten eines Geschäftslokals.

Tz. 9
Selbständigkeit

Eine Tätigkeit wird nach allgemeiner Verkehrsauffassung selbständig ausgeübt, wenn sie auf eigene Rechnung und auf eigene Verantwortung ausgeübt wird (A 2.2. Abs. 1 Satz 1 UStAE). Anhaltspunkte für die Selbständigkeit sind beispielsweise:

- Schulden des Erfolgs und nicht der Arbeitskraft,
- Unternehmerrisiko,
- Unternehmerinitiative,
- Unterhaltung eigener Geschäftsräume auf eigene Kosten,
- Beschäftigung von Arbeitnehmern bzw. Subunternehmern,
- keine geregelten Arbeitszeiten,
- mehrere Auftraggeber.

BEISPIELE

Urteilen Sie, ob es sich in den folgenden Fällen um umsatzsteuerliche Unternehmer handelt:
1.) Die zehnjährige Kirsten verkauft auf dem Flohmarkt nicht mehr benötigtes Spielzeug.
2.) Die zehnjährige Amanda erbt von ihrem Onkel ein Mietshaus in Leipzig und vermietet es.
3.) Die Sängerin Cecilia gibt auf eigenen Namen und eigene Rechnung Harfenkonzerte.
4.) Die angestellte Klara baut in ihrer Freizeit Krippen, die sie an Privatpersonen verkauft.
5.) Die Verkäuferin Vera verkauft über eine Internetauktionsplattform die Briefmarkensammlung ihres Vaters (Einzelauktion).

LÖSUNG

Kirsten (1.) und Vera (5.) sind keine Unternehmerinnen, da es sich jeweils um keine nachhaltige, sondern um eine einmalige Tätigkeit handelt.
Amanda (2.), Cecilia (3.) und Klara (4.) sind Unternehmerinnen, da die Tätigkeiten selbständig und nachhaltig mit der Absicht zur Erzielung von Einnahmen ausgeübt werden.

Tz. 10
Umfang des Unternehmens

Das Unternehmen umfasst gemäß § 2 Abs. 1 Satz 2 UStG die gesamte gewerbliche oder berufliche Tätigkeit des Unternehmers.

BEISPIEL

Rudi Rüssel betreibt in Augsburg eine Metzgerei und in Friedberg eine Gaststätte. Darüber hinaus vermietet er noch zwei Eigentumswohnungen in Aichach.
Es liegt insgesamt ein Unternehmen vor. Eine Warenlieferung von der Metzgerei an die Gaststätte führt zu einem nichtsteuerbaren Innenumsatz (A 2.7 Abs. 1 Satz 3 UStAE).

Tz. 11
Hilfs- und Nebengeschäfte

Der Umsatzsteuer unterliegen sämtliche Leistungen, die im Rahmen des Unternehmens erbracht werden (A 2.7 Abs. 2 UStAE). Dies hat zur Folge, dass auch Hilfs- und Nebengeschäfte zu berücksichtigen sind.

> Der Einzelhändler E verkauft einer Privatperson ein nicht mehr benötigtes Ladenregal und seinen alten Wohnzimmertisch.
>
> Der Verkauf des Ladenregals stellt ein Hilfsgeschäft dar und ist somit steuerbar, wogegen der Verkauf des Wohnzimmertisches nicht im Rahmen der Unternehmertätigkeit stattfindet.

Tz. 12

Durch § 2a UStG werden private Verbraucher als Unternehmer eingestuft, wenn diese im Inland ein neues Fahrzeug liefern, das bei der Lieferung in das übrige Gemeinschaftsgebiet gelangt. § 2a UStG betrifft somit folgende Personengruppen:

▶ Nichtunternehmer
  – Privatpersonen,
  – juristische Personen des öffentlichen Rechts,
  – sonstige Personenzusammenschlüsse, die nicht als Unternehmer tätig sind,
▶ Unternehmer, die nicht im Rahmen ihres Unternehmens liefern.

Fahrzeuglieferer

§ 2a UStG kommt nur zur Anwendung, wenn es sich um ein neues Fahrzeug handelt. Die entsprechende Definition findet sich in § 1b Abs. 2 und 3 UStG. Hiernach ist beispielsweise ein Pkw neu, wenn dieser nicht mehr als 6.000 km zurückgelegt hat oder wenn die Erstzulassung nicht älter als sechs Monate ist.

Kleinunternehmer im Sinne des § 19 UStG können jedoch nicht Fahrzeuglieferer im Sinne des § 2a UStG sein. Hier enthält § 19 Abs. 4 UStG eine eigene Anwendungsvorschrift.

2.2 Lieferungen und sonstige Leistungen

Tz. 13

Oberbegriff für die Lieferung im Sinne des § 3 Abs. 1 UStG und die sonstige Leistung im Sinne des § 3 Abs. 9 UStG ist die Leistung. Eine Leistung setzt stets ein willensgesteuertes Verhalten des Unternehmers voraus.

Definition: Leistung

> Z stiehlt seinem Arbeitgeber A Waren im Wert von 200 €. Einige Tage nach dem Diebstahl bekommt Z ein schlechtes Gewissen und gesteht die Tat. Er gibt seinem Arbeitgeber die 200 €. Dieser will die Sache auf sich beruhen lassen und verzichtet auf rechtliche Schritte gegenüber Z.
>
> Erst in dem Augenblick, in dem A dem „Handel" zustimmt, erfolgt umsatzsteuerlich eine Lieferung, da A erst in diesem Augenblick einen Lieferwillen zum Ausdruck gebracht hat.

2.2.1 Lieferung

Tz. 14

Eine Lieferung liegt nach A 3.1 Abs. 1 UStAE vor, wenn die Verfügungsmacht an einem Gegenstand verschafft wird. Gegenstände im Sinne des § 3 Abs. 1 UStG sind körperliche Gegenstände (Sachen nach § 90 BGB, Tiere nach § 90a BGB), Sachgesamtheiten und solche Wirtschaftsgüter, die im Wirtschaftsverkehr wie körperliche Sachen behandelt werden, z. B. Elektrizität, Wärme und Wasserkraft.

Definition: Lieferung

Die Verschaffung der Verfügungsmacht ist grundsätzlich mit dem Übergang des zivilrechtlichen Eigentums verbunden (A 3.1 Abs. 2 Satz 1 UStAE). Die Eigentumsübertragung erfolgt bei beweglichen Sachen regelmäßig durch Einigung und Übergabe (§ 929 Satz 1 BGB). Aber auch ohne Übertragung des zivilrechtlichen Eigentums kann im umsatzsteuerlichen Sinn die Verfügungsmacht verschafft werden (A 3.1 Abs. 2 Satz 4 UStAE). Das Umsatzsteuerrecht knüpft vielmehr an das wirtschaftliche Eigentum an (vgl. § 39 Abs. 2 Nr. 1 AO).

> Z stiehlt seinem Lieferanten L bei einem Besuch Waren im Wert von 2.000 € und veräußert diese anschließend an den Kunden K.
>
> Obwohl Z nie zivilrechtlicher Eigentümer der Waren war, ist der Verkauf an K eine Lieferung im Sinne des § 3 Abs. 1 UStG.

Tz. 15

Eigentumsvorbehalt

Entsprechendes gilt bei einer Lieferung unter Eigentumsvorbehalt. Dies bedeutet, dass die Lieferung im Sinne des § 3 Abs. 1 UStG bereits mit Übergabe des Gegenstands ausgeführt ist, obwohl das zivilrechtliche Eigentum erst mit Zahlung des Kaufpreises übergeht (A 3.1 Abs. 3 Satz 4 UStAE).

BEISPIEL

Die A-AG liefert am 28.12.2011 an den Einzelhändler E eine Registrierkasse unter Eigentumsvorbehalt. E bezahlt die Kasse vereinbarungsgemäß am 16.1.2012.

Die Lieferung im Sinne des § 3 Abs. 1 UStG ist bereits mit Übergabe des Gegenstands am 28.12.2011 ausgeführt.

2.2.2 Ort der Lieferung

Tz. 16

Ort der Lieferung

Nur Lieferungen, deren Ort sich im Inland befindet, können gemäß § 1 Abs. 1 Nr. 1 UStG steuerbar sein. In diesem Zusammenhang werden folgende Fälle unterschieden:

- **Beförderung** durch den Unternehmer selbst, z. B. mit dem eigenen Lkw. Es gilt der Ort des Beginns der Beförderung (§ 3 Abs. 6 Sätze 1 und 2 UStG).
- **Versendung** durch einen selbständigen Beauftragten, z. B. mit der Post. Es gilt der Ort der Übergabe an den selbständigen Beauftragten (§ 3 Abs. 6 Sätze 1 und 3 UStG).
- **Abholung** durch den Abnehmer selbst, z. B. mit dem eigenen Pkw (= Beförderungsort) oder einen von ihm selbständigen Beauftragten (= Versendungsort).
- **Übergabe (unbewegte Lieferung):** Wird der Gegenstand der Lieferung nicht befördert, versendet oder abgeholt, gilt der Ort der Übergabe (= wo sich der Gegenstand im Zeitpunkt der Verschaffung der Verfügungsmacht befindet, § 3 Abs. 7 UStG). Es kommt nicht darauf an, wo die Verfügungsmacht verschafft wird.

BEISPIEL

Eine Ware befindet sich auf hoher See. In Landshut werden die Transportpapiere (z. B. Ladescheine) für die Schiffsladung übergeben.

Ort der Lieferung ist die hohe See. Die Lieferung ist damit nicht steuerbar.

- **Einfuhrlieferung** („verzollt und versteuert") bei einer Beförderung oder Versendung frei Haus = cif (cost, insurance, freight) aus dem Drittlandsgebiet ins Inland, und wenn der Lieferant die Einfuhrumsatzsteuer schuldet: Der Ort der Lieferung wird nach § 3 Abs. 8 UStG ins Inland verlegt (vgl. A 3.13 UStAE).

BEISPIEL

Unternehmer S aus Chur (Schweiz) liefert Gegenstände, die er mit eigenem Lkw befördert, an seinen Abnehmer A in Augsburg. S lässt die Gegenstände in den freien Verkehr überführen und entrichtet die Einfuhrumsatzsteuer (Lieferkondition „verzollt und versteuert").

Die Lieferung wird im Inland ausgeführt. S hat den Umsatz in Deutschland zu versteuern und ist gleichzeitig zum Abzug der Einfuhrumsatzsteuer als Vorsteuer berechtigt.

Bei der Lieferkondition „unverzollt und unversteuert" bleibt es bei der allgemeinen Regel: Ort der Lieferung ist der Ort des Beginns der Beförderung und damit Chur. Die Lieferung ist in Deutschland nicht steuerbar. A muss die Einfuhrumsatzsteuer entrichten und kann diese als Vorsteuer abziehen.

Tz. 17

AUFGABE

Übungsaufgabe zur Ortsbestimmung

Die A-AG in München verkauft selbst produzierte Bohrmaschinen an verschiedene Kunden. Bestimmen Sie bitte in folgenden Fällen den Ort der Lieferung:

1.) Kunde A aus Augsburg holt die Maschinen mit eigenem Lkw in München ab.

2.) Kunde B aus Bonn erhält die Maschinen mit dem Lkw der A-AG geliefert.

3.) Kunde C aus Celle erhält die Maschinen durch den von der A-AG beauftragten Spediteur S.

4.) Kunde D aus Dubrovnik (Kroatien) beauftragt die Spedition S mit der Abholung der Maschinen.

5.) Kunde E aus Essen erhält die Maschinen auf folgendem Weg: Transport der Maschinen mit eigenem Lkw der A-AG vom Lager in Freising zum Güterbahnhof München-Riem und Weitertransport der Geräte durch die DB AG nach Essen.

6.) Kunde F aus Fraize (Frankreich) erhält die Maschinen durch einen von der A-AG beauftragten Spediteur, der diese aus dem Auslieferungslager der A-AG in Metz (Frankreich) an F ausliefert.

Lösungshinweise

1.) Da A die Ware selbst befördert, gilt die Lieferung mit Beginn der Beförderung in München als ausgeführt (§ 3 Abs. 6 Sätze 1 und 2 UStG).

2.) Lösung wie 1., da Beförderung durch A-AG.

3.) Die Ware wird durch die A-AG versendet (§ 3 Abs. 6 Sätze 3 und 4 UStG). Somit ist der Lieferort München (§ 3 Abs. 6 Satz 1 UStG).

4.) Da der Abnehmer D einen Dritten (S) mit der Abholung beauftragt hat, liegt eine Versendung vor (§ 3 Abs. 6 Satz 3 UStG). Der Ort der Lieferung befindet sich in München (Inland), da dort die Ware an den Beauftragten des D übergeben wurde und damit die Versendung begonnen hat (§ 3 Abs. 6 Sätze 1 und 4 UStG).

5.) Die Ware wird durch die A-AG selbst befördert (§ 3 Abs. 6 Satz 2 UStG). Die weitere Versendung durch die DB AG ist für die Ortsbestimmung unerheblich. Daher ist nach § 3 Abs. 6 Satz 1 UStG Freising der Lieferort, da dort die erste Beförderung der Ware begonnen hat.

6.) Die Ware wird durch die A-AG versendet (§ 3 Abs. 6 Sätze 3 und 4 UStG). Daher ist nach § 3 Abs. 6 Satz 1 UStG Metz (übriges Gemeinschaftsgebiet) der Ort der Lieferung: Die Ware hat sich zu Beginn des Transportes in Metz befunden. Dass die A-AG ihren Sitz in München hat, ist nicht maßgebend.

2.2.3 Lieferung im Reihengeschäft

Tz. 18

Die Definition des Reihengeschäfts befindet sich in § 3 Abs. 6 Satz 5 UStG. Hiernach liegt ein Reihengeschäft vor, wenn mehrere Unternehmer über denselben Gegenstand Umsatzgeschäfte abschließen und der Gegenstand bei der Beförderung oder Versendung unmittelbar vom ersten Unternehmer an den letzten Abnehmer gelangt.

Reihengeschäft

ABB. 2: Reihengeschäft – Teil 1

A (erster Lieferer) — 1. Lieferung / Kaufvertrag → B (erster Abnehmer / zweiter Lieferer) — 2. Lieferung / Kaufvertrag → C (letzter Abnehmer)

Transport der Ware: A → C (direkt)

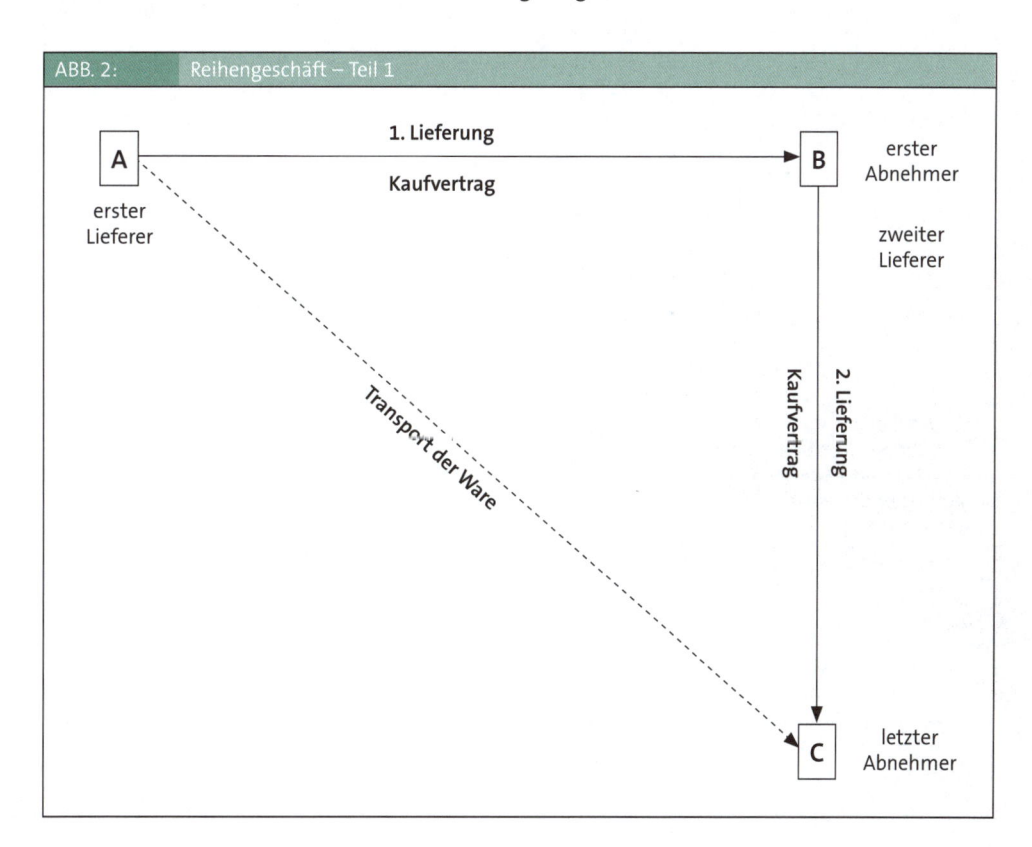

Tz. 19

Die Warenbewegung bei einem Reihengeschäft selbst ist keine Lieferung, sondern nach § 3 Abs. 6 Satz 5 UStG einer Lieferung zuzuordnen (A 3.14 Abs. 2 Satz 2 UStAE). Entscheidend für die Zuordnung ist, ob die Ware durch den ersten Unternehmer (A), den letzten Unternehmer (C) oder den mittleren Unternehmer (B) befördert oder versendet wird. Beim Reihengeschäft gibt es immer nur eine Beförderungs-/Versendungslieferung. Die andere Lieferung (ggf. auch mehrere) ist die unbewegte bzw. ruhende Lieferung (A 3.14 Abs. 2 Satz 4 UStAE).

Tz. 20

Wird der Gegenstand durch den **ersten Unternehmer** (A) befördert oder versendet, ist seiner Lieferung an den ersten Abnehmer (B) die Beförderung oder Versendung zuzuordnen (§ 3 Abs. 6 Satz 1 UStG). Die Lieferung von B an C gilt als ruhende Lieferung, deren Ort gemäß § 3 Abs. 7 Satz 2 Nr. 2 UStG dort ist, wo die Lieferung endet.

Tz. 21

Wird der Gegenstand durch den **letzten Abnehmer** (C) befördert oder versendet, ist die Beförderung oder Versendung der Lieferung des letzten Lieferers in der Reihe zuzuordnen. Die vorangehende Lieferung von (A) an (B) ist die ruhende Lieferung, deren Ort nach § 3 Abs. 7 Satz 2 Nr. 1 UStG dort ist, wo die Beförderung oder Versendung des Gegenstands beginnt.

Tz. 22

Befördert oder versendet dagegen der **mittlere Unternehmer** (B) in der Reihe den Liefergegenstand, ist er gleichzeitig Abnehmer der vorangegangenen Lieferung, jedoch auch Lieferer. In diesem Fall ist nach § 3 Abs. 6 Satz 6 1. Halbsatz UStG die Beförderung oder Versendung der Lieferung dem mittleren Unternehmer zuzuordnen, das heißt, die Lieferung des mittleren Unternehmers (B) ist grundsätzlich eine ruhende Lieferung. Der befördernde oder versendende Unternehmer kann jedoch anhand von Belegen, z. B. durch eine Auftragsbestätigung, das Doppel der Rechnung oder andere handelsübliche Belege und Aufzeichnungen nachweisen, dass er als Lieferer aufgetreten und die Beförderung oder Versendung dementsprechend seiner eigenen Lieferung zuzuordnen ist (§ 3 Abs. 6 Satz 6 2. Halbsatz UStG).

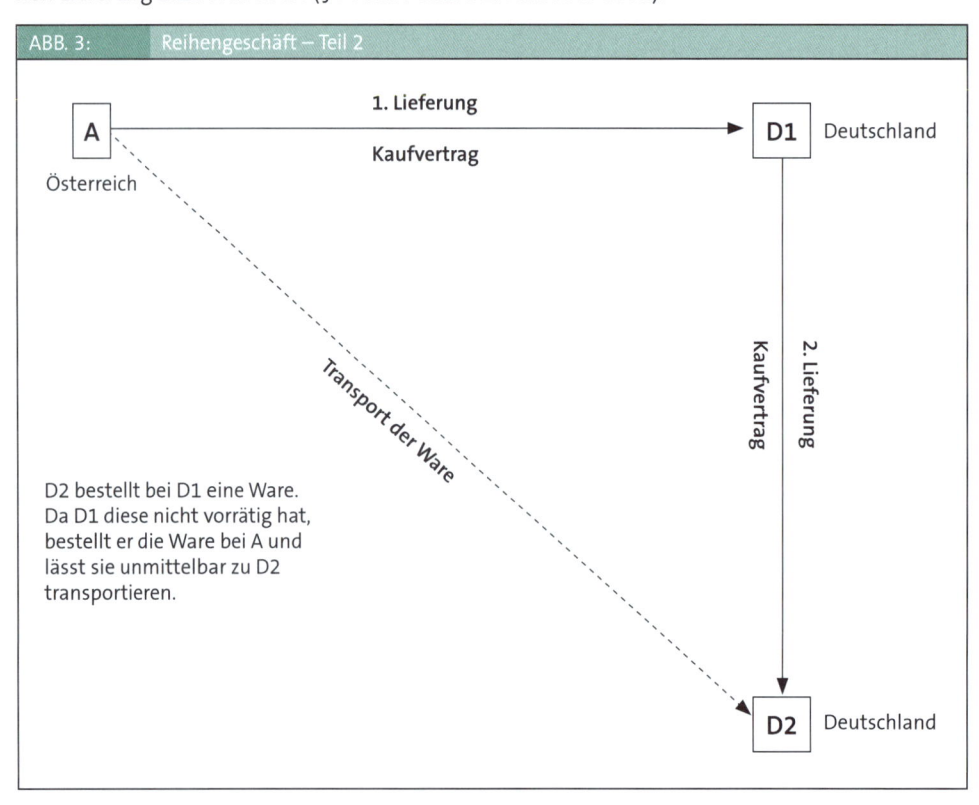

BEISPIEL

ABB. 3: Reihengeschäft – Teil 2

A (Österreich) — 1. Lieferung / Kaufvertrag → D1 (Deutschland)

D1 — 2. Lieferung / Kaufvertrag → D2 (Deutschland)

Transport der Ware: A → D2

D2 bestellt bei D1 eine Ware. Da D1 diese nicht vorrätig hat, bestellt er die Ware bei A und lässt sie unmittelbar zu D2 transportieren.

Die Beteiligten haben keine besonderen Lieferklauseln vereinbart:

Die Warenbewegung wird gemäß § 3 Abs. 6 Satz 6 UStG der Lieferung des A an D1 zugeordnet. Der Ort liegt bei A in Österreich (§ 3 Abs. 6 Satz 1 UStG) und ist dort bei Vorliegen der entsprechenden Voraussetzungen als innergemeinschaftliche Lieferung steuerfrei. D1 muss in Deutschland die Erwerbsbesteuerung durchführen und kann grundsätzlich die Vorsteuer geltend machen (§ 15 Abs. 1 Satz 1 Nr. 3 UStG). Die Lieferung von D1 an D2 ist eine ruhende Lieferung, die gemäß § 3 Abs. 7 Satz 2 Nr. 2 UStG am Ort des D2, also in Deutschland, ausgeführt wird.

D1 hat mit D2 eine „Lieferung frei Haus" und mit A eine „Lieferung ab Werk" vereinbart:

Die Warenbewegung wird gemäß § 3 Abs. 6 Satz 6 2. Halbsatz UStG der Lieferung von D1 an D2 zugeordnet, da D1 als Lieferer auftritt. Die bewegte Lieferung wird nach § 3 Abs. 6 Satz 1 UStG in Österreich ausgeführt. Nun unterliegt jedoch D2 der Erwerbsbesteuerung. Er kann grundsätzlich die Vorsteuer geltend machen (§ 15 Abs. 1 Satz 1 Nr. 3 UStG). Die Lieferung von A an D1 ist eine ruhende Lieferung, die gemäß § 3 Abs. 7 Satz 2 Nr. 1 UStG am Ort des A, also in Österreich, ausgeführt wird. Diese Lieferung ist nicht umsatzsteuerfrei.

2.2.4 Kommissionsgeschäfte

Tz. 23

Kommissionär ist nach § 383 Abs. 1 HGB, wer es gewerbsmäßig übernimmt, Waren oder Wertpapiere für Rechnung eines anderen (des Kommittenten) in eigenem Namen zu kaufen oder zu verkaufen. Der Kommissionär steht in einem doppelten Rechtsverhältnis. Mit dem Kommittenten verbindet ihn der Kommissionsvertrag, mit dem Dritten der Ausführungsvertrag. Der Kommissionär ist verpflichtet, das Geschäft mit der Sorgfalt eines ordentlichen Kaufmanns auszuführen (§ 384 Abs. 1 HGB) und dem Kommittenten das durch die Ausführung Erlangte herauszugeben (§ 384 Abs. 2 HGB). Gemäß § 3 Abs. 3 Satz 1 UStG liegt zwischen dem Kommittenten und dem Kommissionär eine Lieferung vor. Nach § 3 Abs. 3 Satz 2 UStG gilt bei der Verkaufskommission der Kommissionär und bei der Einkaufskommission der Kommittent als Abnehmer.

Kommission

Tz. 24

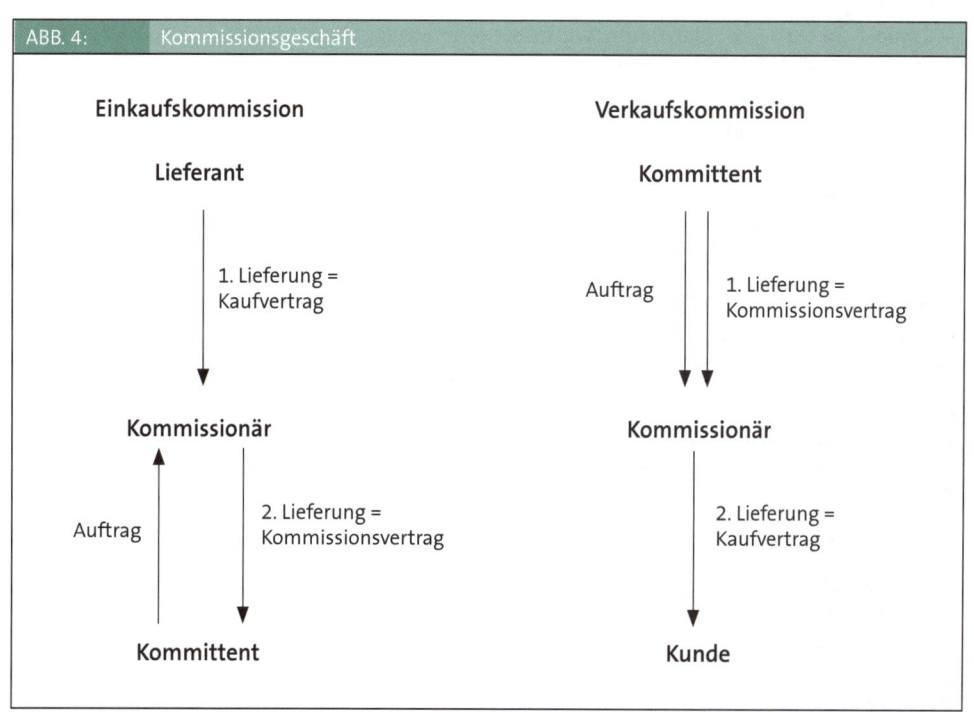

ABB. 4: Kommissionsgeschäft

Einkaufskommission

Lieferant
↓ 1. Lieferung = Kaufvertrag
Kommissionär
↓ 2. Lieferung = Kommissionsvertrag
Kommittent
↑ Auftrag (von Kommittent zu Kommissionär)

Verkaufskommission

Kommittent
↓ Auftrag / ↓ 1. Lieferung = Kommissionsvertrag
Kommissionär
↓ 2. Lieferung = Kaufvertrag
Kunde

I. Umsatzsteuer

> **Beispiel:**
> A ist als Kommissionär für den Kommittenten B tätig. Im Januar 2012 überlässt B dem A Waren im Wert von 200.000 € (netto) zum Verkauf. Im März 2012 gelingt es A, die Ware „im eigenen Namen, für Rechnung des B" für 220.000 € (netto) zu veräußern. A überweist B umgehend 200.000 € zzgl. 38.000 € Umsatzsteuer unter Einbehaltung der vereinbarten Provision von 23.800 € (brutto).
>
> Es liegt eine Verkaufskommission im Sinne des § 3 Abs. 3 UStG vor. Die Lieferung des B an den A wird erst im Zeitpunkt der Lieferung des A an den Kunden (März 2012) erbracht. Da A „im eigenen Namen" handelt, hat er das gesamte Entgelt und nicht nur die Provision der Umsatzbesteuerung zu unterwerfen. Die Bemessungsgrundlage des Umsatzes beträgt 220.000 €. A muss folglich 41.800 € (19 % von 220.000 €) Umsatzsteuer abführen und kann aus dem Bezug der Ware von B 38.000 € (19 % von 200.000 €) als Vorsteuer geltend machen.

2.2.5 Gleichgestellte Lieferungen

Tz. 25

unentgeltliche Lieferungen

Gemäß § 3 Abs. 1b Satz 1 UStG werden folgende Vorgänge einer Lieferung gegen Entgelt gleichgestellt:

▶ Entnahme eines Gegenstands,

▶ unentgeltliche Zuwendungen an das Personal,

▶ jede andere unentgeltliche Zuwendung.

Voraussetzung für die Gleichstellung ist, dass der Gegenstand oder seine Bestandteile zum vollen oder teilweisen Vorsteuerabzug berechtigt haben (§ 3 Abs. 1b Satz 2 UStG).

> **Beispiel:**
> Einzelhändler E hat in 2008 einen Pkw für sein Unternehmen ohne Umsatzsteuerausweis von einer Privatperson gekauft. In 2012 entnimmt E den Pkw und schenkt ihn seiner Tochter zur bestandenen Führerscheinprüfung.
>
> Die Entnahme löst keinen umsatzsteuerbaren Vorgang aus, da bei Erwerb keine Vorsteuer geltend gemacht werden konnte (§ 3 Abs. 1b Satz 2 UStG). Ertragsteuerlich wird die Entnahme nach § 6 Abs. 1 Nr. 4 Satz 1 EStG mit dem Teilwert bewertet.

Tz. 26

Einbau nach Erwerb

Sind jedoch an dem Pkw nach dem Erwerb Bestandteile eingebaut worden, die zum vollen Vorsteuerabzug geführt haben, unterliegen diese bei einer Entnahme der Umsatzbesteuerung (A 3.3 Abs. 2 Satz 2 UStAE). Dienstleistungen, wie Karosserie- und Lackarbeiten, führen nicht zu Bestandteilen des Gegenstands. Aus Vereinfachungsgründen wird keine dauerhafte Werterhöhung des Gegenstands angenommen, wenn die vorsteuerentlasteten Aufwendungen für den Einbau von Bestandteilen 20 % der Anschaffungskosten des Gegenstands oder einen Betrag von 1.000 € nicht übersteigen (A 3.3 Abs. 4 Satz 1 UStAE).

> **Beispiel (analog zu dem Beispiel in A 3.3. Abs. 4 UStAE):**
> Einzelhändler E hat in 2008 für 10.000 € einen Pkw für sein Unternehmen ohne Umsatzsteuerausweis von einer Privatperson gekauft. In 2010 lässt er in den Pkw nachträglich eine Klimaanlage einbauen (Entgelt: 2.500 €) und in 2011 die Windschutzscheibe erneuern (Entgelt: 500 €). Für beide Leistungen nimmt E zulässigerweise den Vorsteuerabzug in Anspruch. In 2012 entnimmt E den Pkw und schenkt ihn seiner Tochter zur bestandenen Führerscheinprüfung. Der Aufschlag nach „Schwacke-Liste" auf den Marktwert des Pkw im Zeitpunkt der Entnahme beträgt für die Klimaanlage 1.500 €, für die Windschutzscheibe 50 €.
>
> Das aufgewendete Entgelt für den nachträglichen Einbau der Windschutzscheibe beträgt 500 €, also weniger als 20 % der ursprünglichen Anschaffungskosten des Pkw, und übersteigt auch nicht den Betrag von 1.000 €. Aus Vereinfachungsgründen wird für den Einbau der Windschutzscheibe keine dauerhafte Werterhöhung des Gegenstands angenommen.
>
> Das aufgewendete Entgelt für den nachträglichen Einbau der Klimaanlage beträgt 2.500 €, also mehr als 20 % der ursprünglichen Anschaffungskosten des Pkw. Mit dem Einbau der Klimaanlage in den Pkw hat diese ihre körperliche und wirtschaftliche Eigenart endgültig verloren und zu einer dauerhaften, im Zeitpunkt der Entnahme nicht vollständig verbrauchten Werterhöhung des Gegenstands geführt. Die Entnahme der Klimaanlage unterliegt daher nach § 3 Abs. 1b Satz 1 Nr. 1 in Verbindung mit Satz 2 UStG mit einer Bemessungsgrundlage nach § 10 Abs. 4 Satz 1 Nr. 1 UStG in Höhe von 1.500 € der Umsatzsteuer.

Tz. 27

Wendet der Unternehmer seinem Personal als Vergütung für geleistete Dienste neben dem Barlohn auch einen Sachlohn zu, bewirkt der Unternehmer mit dieser Sachzuwendung eine umsatzsteuerbare Leistung, für die der Arbeitnehmer einen Teil seiner Arbeitsleistung als Gegenleistung aufwendet. Sachzuwendungen und sonstige Leistungen an das Personal für dessen privaten Bedarf sind nach § 3 Abs. 1b Satz 1 Nr. 2 UStG auch dann steuerbar, wenn sie unentgeltlich sind (vgl. A 3.3 Abs. 9 UStAE).

Zuwendung an das Personal

Keine steuerbaren Umsätze sind nach A 1.8 Abs. 2 Satz 7 UStAE Aufmerksamkeiten und Leistungen, die überwiegend durch das betriebliche Interesse des Arbeitgebers veranlasst sind. Zu diesen Aufmerksamkeiten rechnen nach A 1.8 Abs. 3 Satz 2 UStAE gelegentliche Sachzuwendungen bis zu einem Wert von 40 €, z. B. Blumen, Genussmittel, ein Buch oder ein Tonträger, die dem Arbeitnehmer oder seinen Angehörigen aus Anlass eines besonderen persönlichen Ereignisses zugewendet werden. Gleiches gilt für Getränke und Genussmittel, die der Arbeitgeber den Arbeitnehmern zum Verzehr im Betrieb unentgeltlich überlässt (A 1.8 Abs. 3 Satz 3 UStAE).

> Elektroeinzelhändler E schenkt einer Angestellten zu deren Hochzeit eine Waschmaschine (Einkaufspreis (netto): 800 €).
>
> Die Leistung ist nach § 1 Abs. 1 Nr. 1 Satz 1 in Verbindung mit § 3 Abs. 1b Satz 1 Nr. 2 UStG steuerbar, da die Grenze für Aufmerksamkeiten überschritten ist und E bei der Anschaffung der Waschmaschine zum vollen Vorsteuerabzug berechtigt war.

BEISPIEL

Tz. 28

Gemäß § 3 Abs. 1b Satz 1 Nr. 3 UStG steht jede andere Zuwendung eines Gegenstands, mit der Ausnahme von Geschenken geringen Werts und Warenmuster für Zwecke des Unternehmens, einer Lieferung gegen Entgelt gleich. Geschenke von geringem Wert liegen nach A 3.3 Abs. 11 UStAE vor, wenn die Anschaffungs- oder Herstellungskosten der dem Empfänger im Kalenderjahr zugewendeten Gegenstände insgesamt 35 € (Nettobetrag ohne Umsatzsteuer) nicht übersteigen. Dies kann bei geringwertigen Werbeträgern (z. B. Kugelschreiber, Feuerzeuge, Kalender usw.) unterstellt werden.

Warenmuster

Gemäß § 15 Abs. 1a Satz 1 UStG in Verbindung mit § 4 Abs. 5 Satz 1 Nr. 1 EStG ist der Vorsteuerabzug bei Geschenken von nicht geringem Wert ausgeschlossen. Hier kann folglich wegen § 3 Abs. 1b Satz 2 UStG kein Fall des § 3 Abs. 1b Satz 1 Nr. 3 UStG vorliegen. Aus diesem Grund muss vor der umsatzsteuerlichen Lösung die ertragsteuerliche Behandlung untersucht werden.

Vorsteuer bei Geschenken

> Baumaschinenhändler B schenkt seinem Kunden, dem Bauunternehmer K, zu einem Firmenjubiläum eine Betonmischmaschine.
>
> Da K nach allgemeiner Verkehrsauffassung die Betonmischmaschine nur betrieblich einsetzen kann, liegt kein Fall des § 4 Abs. 5 Satz 1 Nr. 1 EStG vor (R 4.10 Abs. 2 Satz 4 EStR). Die Vorsteuer aus der Anschaffung ist somit abziehbar. Die Schenkung stellt einen nach § 1 Abs. 1 Nr. 1 Satz 1 in Verbindung mit § 3 Abs. 1b Satz 1 Nr. 3 UStG steuerbaren Vorgang dar, da die Bagatellgrenze von 35 € offenbar überschritten ist.

BEISPIEL

Tz. 29

Der Ort der unentgeltlichen Lieferung ist nach § 3f UStG dort, wo der Unternehmer sein Unternehmen betreibt.

Ort bei unentgeltlicher Lieferung

2.2.6 Sonstige Leistungen

Tz. 30

Gemäß § 3 Abs. 9 Satz 1 UStG sind sonstige Leistungen alle Leistungen, die keine Lieferungen sind. Dies können beispielsweise sein:

Definition: sonstige Lieferung

- ▶ Dienstleistungen,
- ▶ Werkleistungen,
- ▶ Beförderungsleistungen,
- ▶ Vermittlungsleistungen,

▶ Reiseleistungen,

▶ Darlehensgewährungen.

Tz. 31

Duldungsleistungen

Sonstige Leistungen können nach § 3 Abs. 9 Satz 2 UStG auch in einem Unterlassen oder im Dulden einer Handlung oder eines Zustandes bestehen. Dulden ist die Hinnahme fremder Aktivitäten im eigenen Rechtskreis. Die Bestellung eines Nießbrauchs oder eines Erbbaurechts sind typische Duldungsleistungen (vgl. A 3.1 Abs. 4 Satz 3 UStAE). Unterlassen ist der bewusste Verzicht auf die Vornahme eigener Handlungen. Dies kann beispielsweise beim Verzicht auf Wettbewerb bzw. auf die Ausübung einer gewerblichen Tätigkeit der Fall sein.

Tz. 32

Werklohn

§ 3 Abs. 10 UStG regelt einen Sonderfall zur sonstigen Leistung. Überlässt ein Unternehmer einem Auftraggeber, der ihm einen Stoff zur Herstellung eines Gegenstands übergeben hat, an Stelle des herzustellenden Gegenstands einen gleichartigen Gegenstand, wie er ihn in seinem Unternehmen aus solchem Stoff herzustellen pflegt, so gilt die Leistung des Unternehmers als Werkleistung, wenn das Entgelt für die Leistung nach Art eines Werklohns unabhängig vom Unterschied zwischen dem Marktpreis des empfangenen Stoffs und dem des überlassenen Gegenstands berechnet wird. Es liegt also eine sonstige Leistung vor, obwohl Gegenstände ausgetauscht werden.

BEISPIEL

Ein Landwirt bringt Äpfel zu einer Kelterei, um diese zu Apfelsaft verarbeiten zu lassen, den der Landwirt in seinem Hofladen vertreiben will. Bei der Anlieferung der Äpfel bekommt er sofort die entsprechende Menge Apfelsaft gegen Zahlung des Kelterlohns.

Die Kelterei erbringt eine Werkleistung im Sinne des § 3 Abs. 10 UStG.

2.2.7 Ort der sonstigen Leistung

Tz. 33

Ort der sonstigen Leistung „B2B"

Ab 1.1.2010 ist bei allen sonstigen Leistungen im Vorfeld zu klären, ob der Leistungsempfänger Unternehmer ist oder nicht. Handelt es sich bei dem Leistungsempfänger um einen Unternehmer, ist grundsätzlich das Bestimmungslandprinzip anzuwenden. Das bedeutet, dass die Leistung an dem Ort erbracht wird, an dem der Leistungsempfänger seinen Sitz oder seine Betriebsstätte hat (§ 3a Abs. 2 UStG). Den Unternehmern gleichgestellt werden nach § 3a Abs. 2 Satz 3 UStG juristische Personen des öffentlichen Rechts, wenn sie nicht unternehmerisch tätig sind, aber eine Umsatzsteuer-Identifikationsnummer besitzen.

BEISPIEL

Ein in Kempten ansässiges Softwareunternehmen, das eine Betriebsstätte in Bregenz unterhält, entwirft den Internetauftritt einer Schule in Österreich. Diese hat keine Umsatzsteuer-Identifikationsnummer. Die Leistung wird überwiegend durch das Stammhaus in Kempten erbracht. Einige Leistungen vor Ort sowie die Endabnahme werden durch die Betriebsstätte in Bregenz durchgeführt.

Die sonstige Leistung wird gemäß § 3a Abs. 1 UStG in Kempten erbracht und ist somit im Inland steuerbar und steuerpflichtig.

Tz. 34

„B2C"

Werden sonstige Leistungen an Privatpersonen erbracht, sind diese grundsätzlich an dem Ort steuerbar, an dem der leistende Unternehmer sein Unternehmen betreibt (Sitzortprinzip).

Von den dargestellten Grundsätzen der Ortsbestimmung gibt es seit 1.1.2010 folgende Ausnahmen:

2.2.7.1 Grundstücksbezogene Leistungen

Tz. 35

grundstückbezogene Leistungen

Für den Ort einer sonstigen Leistung – einschließlich Werkleistung – im Zusammenhang mit einem Grundstück ist die Lage des Grundstücks entscheidend (§ 3a Abs. 3 Nr. 1 UStG). Zu einem Grundstück gehören auch dessen wesentlichen Bestandteile (§ 94 BGB), selbst wenn sie ertragsteuerlich selbständige Wirtschaftsgüter sind. Auch sonstige Leistungen an Scheinbestandteilen (§ 95 BGB) stehen im Zusammenhang mit einem Grundstück. Dies gilt jedoch nicht für sonstige Leistungen am Zubehör (§ 97 BGB)[1].

Ein Industrieunternehmer hat anderen Unternehmern übertragen:
- die Pflege der Grünflächen des Betriebsgrundstücks,
- die Gebäudereinigung,
- die Wartung der Heizungsanlage und
- die Pflege und Wartung der Aufzugsanlagen.

Es handelt sich in allen Fällen um sonstige Leistungen, die im Zusammenhang mit einem Grundstück stehen.

Tz. 36

Die sonstige Leistung muss in engem Zusammenhang mit dem Grundstück stehen. Dieser ist gegeben, wenn sich die sonstige Leistung nach den tatsächlichen Umständen überwiegend auf die Bebauung, Verwertung, Nutzung oder Unterhaltung des Grundstücks selbst bezieht.

Zu den sonstigen Leistungen im Zusammenhang mit der Veräußerung oder dem Erwerb von Grundstücken (§ 3a Abs. 3 Nr. 1 Satz 2 Buchst. b UStG) gehören die sonstigen Leistungen der Grundstücksmakler und Grundstückssachverständigen sowie der Notare bei der Beurkundung von Grundstückskaufverträgen und anderen Verträgen, die auf die Veränderung von Rechten an einem Grundstück gerichtet sind und deshalb zwingend einer notariellen Beurkundung bedürfen, z. B. Bestellung einer Grundschuld.

Makler, Notare etc.

Zu den sonstigen Leistungen, die der Erschließung von Grundstücken oder der Vorbereitung oder der Ausführung von Bauleistungen dienen (§ 3a Abs. 3 Nr. 1 Satz 2 Buchst. c UStG), gehören z. B. die Leistungen der Architekten, Bauingenieure, Vermessungsingenieure, Bauträgergesellschaften, Sanierungsträger sowie der Unternehmer, die Abbruch- und Erdarbeiten ausführen. Dazu gehören ferner Leistungen zum Aufsuchen oder Gewinnen von Bodenschätzen. In Betracht kommen Leistungen aller Art, die sonstige Leistungen sind. Die Vorschrift erfasst auch die Begutachtung von Grundstücken.

Architekten, Ingenieure etc.

2.2.7.2 Kurzfristige Vermietung von Beförderungsmitteln

Tz. 37

Die Ortsbestimmung des § 3a Abs. 3 Nr. 2 UStG gilt für die kurzfristige Vermietungsleistung von Beförderungsmitteln sowohl an Nichtunternehmer als auch an Unternehmer und diesen gleichgestellte juristische Personen. Der Ort bei der kurzfristigen Vermietung eines Beförderungsmittels ist regelmäßig der Ort, an dem das Beförderungsmittel dem Leistungsempfänger tatsächlich zur Verfügung gestellt wird, das ist der Ort, an dem das Beförderungsmittel dem Leistungsempfänger übergeben wird. Eine kurzfristige Vermietung liegt vor, wenn die Vermietung über einen ununterbrochenen Zeitraum von nicht mehr als 90 Tagen bei Wasserfahrzeugen und von nicht mehr als 30 Tagen bei anderen Beförderungsmitteln erfolgt (A 3a.5 Abs. 2 UStAE).

Vermietung von Beförderungsmitteln

Ein Bootsvermietungsunternehmen B mit Sitz in Starnberg vermietet an den Unternehmer U eine Segelschiff für zwei Wochen. Die Übergabe des Schiffs erfolgt an der Betriebsstätte des B in Cannes (Frankreich).

Der Leistungsort für die Vermietungsleistung des B an U ist in Frankreich, dem Ort, an dem das vermietete Schiff tatsächlich von B an U übergeben wird.

Tz. 38

Werden Beförderungsmittel langfristig vermietet, bestimmt sich der Leistungsort bei der Vermietung an Nichtunternehmer nach § 3a Abs. 1 oder § 3a Abs. 6 Satz 1 Nr. 1 UStG (Sitzortprinzip) und bei der Vermietung an Unternehmer für deren Unternehmen oder an eine einem Unternehmer gleichgestellte juristische Person nach § 3a Abs. 2 UStG (Empfängerortprinzip).

---

1 A 3a.3 Abs. 2 UStAE.

> **BEISPIEL**
>
> Ein japanischer Staatsbürger tritt eine private Europareise in München an und mietet einen Pkw bei einem Unternehmen mit Sitz in München für ein halbes Jahr. Das Fahrzeug soll in ganz Europa genutzt werden.
>
> Es handelt sich nicht um eine kurzfristige Vermietung. Der Leistungsort ist deshalb nach § 3a Abs. 1 UStG zu bestimmen. Die Vermietung des Pkw durch einen im Inland ansässigen Unternehmer ist insgesamt im Inland steuerbar, auch wenn der Pkw teilweise im Ausland genutzt wird.

2.2.7.3 Tätigkeitsort

Tz. 39

Tätigkeitsort — Die Regelung des § 3a Abs. 3 Nr. 3 UStG gilt nur für sonstige Leistungen, die in einem positiven Tun bestehen. Bei diesen Leistungen bestimmt sich der Leistungsort nach dem Ort, an dem die sonstige Leistung tatsächlich bewirkt wird. Der Ort, an dem der Erfolg eintritt oder die sonstige Leistung sich auswirkt, ist ohne Bedeutung. Dabei kommt es nicht entscheidend darauf an, wo der Unternehmer, z. B. Künstler, im Rahmen seiner Gesamttätigkeit überwiegend tätig wird, vielmehr ist der jeweilige Umsatz zu betrachten. Es ist nicht erforderlich, dass der Unternehmer im Rahmen einer Veranstaltung tätig wird.

> **BEISPIEL**
>
> Ein Sänger gibt auf Grund eines Vertrags mit einer Konzertagentur ein Konzert im Inland. Auf Grund eines anderen Vertrags mit dem Sänger zeichnet eine ausländische Schallplattengesellschaft das Konzert auf.
>
> Der Ort der Leistung für das Konzert befindet sich nach § 3a Abs. 3 Nr. 3 Buchst. a UStG im Inland, da es sich um eine künstlerische Leistung handelt. Mit der Aufzeichnung des Konzerts für eine Schallplattenproduktion überträgt der Sänger Nutzungsrechte an seinem Urheberrecht. Für den Ort dieser Leistung ist § 3a Abs. 2 UStG maßgeblich (Empfängerortprinzip). Der Ort hierfür befindet sich also im Ausland.

Tz. 40

Restaurationsleistungen — § 3a Abs. 3 Nr. 3 Buchst. b UStG gilt sowohl für sonstige Leistungen an Nichtunternehmer als auch an Unternehmer und diesen gleichgestellte juristische Personen.

Bei der Abgabe von Speisen und Getränken zum Verzehr an Ort und Stelle (Restaurationsleistung) richtet sich der Leistungsort nach dem Ort, an dem diese Leistung tatsächlich erbracht wird (§ 3a Abs. 3 Nr. 3 Buchst. b UStG). Die Ortsregelung gilt nicht für Restaurationsleistungen an Bord eines Schiffs, in einem Luftfahrzeug oder in einer Eisenbahn während einer Beförderung im Inland oder im übrigen Gemeinschaftsgebiet. In diesen Fällen bestimmt sich der Leistungsort nach § 3e UStG.

Tz. 41

Werkleistungen — Bei Arbeiten an beweglichen körperlichen Gegenständen und bei der Begutachtung dieser Gegenstände für Nichtunternehmer bestimmt sich der Leistungsort nach dem Ort, an dem der Unternehmer tatsächlich die Leistung ausführt (§ 3a Abs. 3 Nr. 3 Buchst. c UStG). Ist der Leistungsempfänger ein Unternehmer oder eine diesem gleichgestellte juristische Person, richtet sich der Leistungsort nach § 3a Abs. 2 UStG (Empfängerortprinzip).

Als Arbeiten an beweglichen körperlichen Gegenständen sind insbesondere Werkleistungen (§ 3 Abs. 10 UStG) in Gestalt der Bearbeitung oder Verarbeitung von beweglichen körperlichen Gegenständen anzusehen. Hierzu ist grundsätzlich eine Veränderung des beweglichen Gegenstands erforderlich. Wartungsleistungen an Anlagen, Maschinen und Kraftfahrzeugen können als Werkleistungen angesehen werden.

2.2.7.4 Vermittlungsleistungen

Tz. 42

Vermittlungsleistungen — Der Leistungsort einer Vermittlungsleistung bestimmt sich nur bei Leistungen an Nichtunternehmer nach § 3a Abs. 3 Nr. 4 UStG. Hiernach ist der Ort derjenige, an dem der vermittelte Umsatz als ausgeführt gilt.

Bei Leistungen an einen Unternehmer oder an eine gleichgestellte juristische Person richtet sich der Leistungsort nach § 3a Abs. 2 UStG, es gilt also das Empfängerortprinzip.

2.2.7.5 Katalogleistungen

Tz. 43

Bei der Bestimmung des Leistungsorts für die in § 3a Abs. 4 Satz 2 UStG bezeichneten Leistungen sind folgende Fälle zu unterscheiden:

1.) Ist der Empfänger der sonstigen Leistung ein Nichtunternehmer und hat er seinen Wohnsitz oder Sitz außerhalb des Gemeinschaftsgebiets, wird die sonstige Leistung dort ausgeführt, wo der Empfänger seinen Wohnsitz oder Sitz hat (§ 3a Abs. 4 Satz 1 UStG).

2.) Ist der Empfänger der sonstigen Leistung ein Nichtunternehmer und hat er seinen Wohnsitz oder Sitz innerhalb des Gemeinschaftsgebiets, wird die sonstige Leistung dort ausgeführt, wo der leistende Unternehmer sein Unternehmen betreibt. Insoweit verbleibt es bei der Regelung des § 3a Abs. 1 UStG.

3.) Ist der Empfänger der sonstigen Leistung ein Unternehmer oder eine einem Unternehmer gleichgestellte juristische Person, wird die sonstige Leistung dort ausgeführt, wo der Empfänger sein Unternehmen betreibt bzw. die juristische Person ihren Sitz hat (§ 3a Abs. 2 UStG).

Prüfen Sie unter Angabe der einschlägigen Fundstellen, ob jeweils ein umsatzsteuerbarer Umsatz in Deutschland vorliegt:

1.) Der in Landshut lebende Rechtsanwalt R vermietet seine Ferienwohnung in Österreich an deutsche Urlauber.
2.) Die in München ansässige A-AG beauftragt den Handwerker H aus Österreich mit der Wartung ihrer Aufzugsanlage.
3.) Rechtsanwalt R aus Rosenheim vertritt den Schweizer Privatier P in einer Erbauseinandersetzung.
4.) Rechtsanwalt R aus Rosenheim vertritt den österreichischen Angestellten A in einer Straßenverkehrsangelegenheit.
5.) Rechtsanwalt R aus Rosenheim vertritt den italienischen Unternehmer U im Zusammenhang mit einem Exportgeschäft.

1.) Der Ort der Leistung ist nach § 3a Abs. 3 Nr. 1 Satz 2 Buchst. a UStG in Österreich. Der Umsatz ist damit nicht in Deutschland steuerbar.
2.) Der Ort der Leistung befindet sich gemäß § 3a Abs. 3 Nr. 1 Satz 1 UStG in Deutschland. Somit ist die Leistung in Deutschland steuerbar.
3.) Da P kein Unternehmer ist, im Drittland ansässig ist und R eine in § 3a Abs. 4 Satz 2 Nr. 3 UStG aufgeführte sonstige Leistung erbringt, liegt der Ort am Wohnsitz des Leistungsempfängers in der Schweiz/Drittland (§ 3a Abs. 4 Satz 1 UStG) und ist somit nicht in Deutschland steuerbar.
4.) R erbringt eine in § 3a Abs. 4 Satz 2 Nr. 3 UStG genannte sonstige Leistung; A ist zwar kein Unternehmer, jedoch nicht im Drittland ansässig, so dass § 3a Abs. 4 Satz 1 UStG nicht anwendbar ist. Der Ort ist damit am Sitz des Leistenden in Deutschland (§ 3a Abs. 1 Satz 1 UStG) und die Leistung somit steuerbar.
5.) R erbringt eine in § 3a Abs. 4 Satz 2 Nr. 3 UStG genannte sonstige Leistung. Diese wird nach § 3a Abs. 4 Satz 1 i.V.m. § 3a Abs. 2 Satz 1 UStG in Italien erbracht. Der Umsatz ist nicht in Deutschland steuerbar.

2.2.7.6 Nutzung und Auswertung bestimmter sonstiger Leistungen im Inland

Tz. 44

Die Sonderregelung des § 3a Abs. 6 UStG betrifft sonstige Leistungen, die von einem im Drittlandsgebiet ansässigen Unternehmer oder von einer dort belegenen Betriebsstätte erbracht und im Inland genutzt oder ausgewertet werden.

Die Ortsbestimmung richtet sich nur bei der kurzfristigen Vermietung eines Beförderungsmittels an Unternehmer und gleichgestellte juristische Personen oder an Nichtunternehmer und bei langfristiger Vermietung an Nichtunternehmer nach § 3a Abs. 6 Satz 1 Nr. 1 UStG.

> **BEISPIEL**
>
> Der im Inland ansässige Privatmann P mietet bei einem in der Schweiz ansässigen Autovermieter S einen Personenkraftwagen für ein Jahr und nutzt ihn im Inland.
>
> Der Ort der Leistung bei der langfristigen Vermietung des Beförderungsmittels richtet sich nach § 3a Abs. 1 UStG. Da der Personenkraftwagen im Inland genutzt wird, ist die Leistung jedoch nach § 3a Abs. 6 Satz 1 Nr. 1 UStG als im Inland ausgeführt zu behandeln. Steuerschuldner ist S (§ 13a Abs. 1 Nr. 1 UStG).

Tz. 45

§ 3a Abs. 6 Satz 1 Nr. 2 UStG gilt nur für sonstige Leistungen an im Inland ansässige juristische Personen des öffentlichen Rechts, Die Leistungen eines Aufsichtsratsmitgliedes werden am Sitz der Gesellschaft genutzt oder ausgewertet. Sonstige Leistungen, die der Werbung oder der Öffentlichkeitsarbeit dienen, werden dort genutzt oder ausgewertet, wo die Werbung oder Öffentlichkeitsarbeit wahrgenommen werden soll. Wird eine sonstige Leistung sowohl im Inland als auch im Ausland genutzt oder ausgewertet, ist darauf abzustellen, wo die Leistung überwiegend genutzt oder ausgewertet wird.

> **BEISPIEL**
>
> Die Stadt München (juristische Person des öffentlichen Rechts) platziert im Wege der Öffentlichkeitsarbeit eine Anzeige für eine Behörden-Service-Nummer über den in der Schweiz ansässigen Werbungsmittler W in einer deutschen Zeitung.
>
> Die Werbeleistung der deutschen Zeitung an W ist im Inland nicht steuerbar (§ 3a Abs. 2 UStG). Der Ort der Leistung des W an die Stadt München liegt nach § 3a Abs. 6 Satz 1 Nr. 2 UStG im Inland. Steuerschuldner für die Leistung des W ist die Stadt München (§ 13b Abs. 2 Nr. 1 UStG).

2.2.7.7 Kurzfristige Fahrzeugvermietung zur Nutzung im Drittlandsgebiet

Tz. 46

Fahrzeugnutzung im Drittlandsgebiet

Die Sonderregelung des § 3a Abs. 7 UStG betrifft ausschließlich die kurzfristige Vermietung eines Schienenfahrzeugs, eines Kraftomnibusses oder eines ausschließlich zur Güterbeförderung bestimmten Straßenfahrzeugs, die an einen im Drittlandsgebiet ansässigen Unternehmer oder an eine dort belegene Betriebsstätte eines Unternehmers erbracht wird, das Fahrzeug für dessen Unternehmen bestimmt ist und im Drittlandsgebiet auch tatsächlich genutzt wird. Wird eine sonstige Leistung sowohl im Inland als auch im Drittlandsgebiet genutzt, ist darauf abzustellen, wo die Leistung überwiegend genutzt wird.

> **BEISPIEL**
>
> Der im Inland ansässige Unternehmer U vermietet an einen in der Schweiz ansässigen Unternehmer S einen Lkw für drei Wochen. Der Lkw wird von S bei U abgeholt. Der Lkw wird ausschließlich in der Schweiz genutzt.
>
> Der Ort der Leistung bei der kurzfristigen Vermietung des Beförderungsmittels richtet sich grundsätzlich nach § 3a Abs. 3 Nr. 2 UStG. Da der Lkw aber nicht im Inland, sondern in der Schweiz genutzt wird, ist die Leistung nach § 3a Abs. 7 UStG als in der Schweiz ausgeführt zu behandeln. Sie ist folglich in Deutschland nicht steuerbar.

2.2.8 Dienstleistungskommission

Tz. 47

Dienstleistungskommission

Wird ein Unternehmer (Auftragnehmer) in die Erbringung einer sonstigen Leistung eingeschaltet und handelt er dabei im eigenen Namen und für fremde Rechnung (Dienstleistungskommission), gilt diese sonstige Leistung als an ihn und von ihm erbracht (§ 3 Abs. 11 UStG, A 3.15 Abs. 1 Satz 1 UStAE). Dabei wird eine Leistungskette fingiert. Sowohl bei einer Leistungseinkaufs- als auch bei einer Leistungsverkaufskommission liegen jeweils zwei sonstige Leistungen vor, die zum selben Zeitpunkt erbracht werden (A 3.15 Abs. 2 Satz 2 UStAE).

Tz. 48

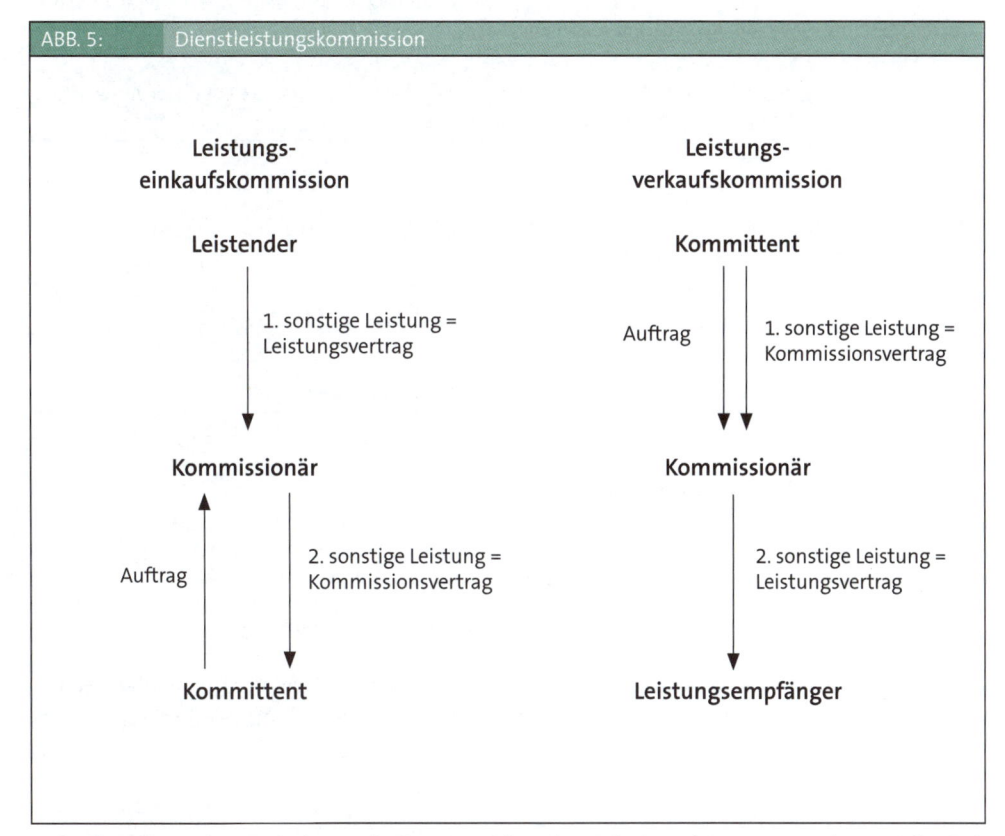

| ABB. 5: | Dienstleistungskommission |

Leistungseinkaufskommission

Leistender
↓ 1. sonstige Leistung = Leistungsvertrag
Kommissionär
Auftrag ↑   ↓ 2. sonstige Leistung = Kommissionsvertrag
Kommittent

Leistungsverkaufskommission

Kommittent
Auftrag →   ↓ 1. sonstige Leistung = Kommissionsvertrag
Kommissionär
↓ 2. sonstige Leistung = Leistungsvertrag
Leistungsempfänger

BEISPIEL

A ist Eigentümer eines Ferienhauses in Kempten. A beauftragt das Vermietungsunternehmen V, das Ferienhaus im eigenen Namen an Feriengäste zu vermieten. V erhält hierfür eine Provision von 15 % der Mieteinnahmen. Die verbleibenden 85 % leitet V an A weiter.

Es liegt ein Fall der Leistungsverkaufskommission vor. V erbringt steuerbare und steuerpflichtige Vermietungsleistungen an die Feriengäste. A erbringt eine inhaltsgleiche Vermietungsleistung an V, deren Gegenleistung die weitergeleiteten Mieteinnahmen abzüglich der Provision ist. Es liegen also zwei sonstige Leistungen vor.

Variante:

Das Ferienhaus befindet sich in Österreich.

Die Vermietungsleistung des A an V und die des V an die Feriengäste sind im Inland nicht steuerbar. Der Ort der sonstigen Leistungen ist nach § 3a Abs. 3 Nr. 1 Satz 2 Buchst. a UStG Österreich. Dort wird der Umsatz nach österreichischem Recht besteuert.

2.2.9 Gleichgestellte sonstige Leistungen

Tz. 49

Gemäß § 3 Abs. 9a UStG werden einer sonstigen Leistung gegen Entgelt folgende Tatbestände gleichgestellt:

unentgeltliche sonstige Leistung

▶ die Verwendung eines dem Unternehmen zugeordneten Gegenstands, der zum vollen oder teilweisen Vorsteuerabzug berechtigt hat, durch einen Unternehmer für Zwecke, die außerhalb des Unternehmens liegen, oder für den privaten Bedarf seines Personals, sofern keine Aufmerksamkeiten vorliegen;

▶ die unentgeltliche Erbringung einer anderen sonstigen Leistung durch den Unternehmer für Zwecke, die außerhalb des Unternehmens liegen, oder für den privaten Bedarf seines Personals, sofern keine Aufmerksamkeiten vorliegen.

> **BEISPIEL**
>
> Unternehmer U aus Bonn ist seit 2009 Eigentümer eines Mehrfamilienhauses in Berchtesgaden. Die Wohnungen sind bis auf eine langfristig vermietet. Eine Wohnung nutzt U selbst als Ferienwohnung. U hat das gesamte Gebäude seinem Unternehmensvermögen zugeordnet, jedoch bei Erwerb keinen Vorsteuerabzug vorgenommen.
>
> Hinsichtlich der eigengenutzten Wohnung liegt kein steuerbarer Umsatz vor, da U bei der Anschaffung keinen Vorsteuerabzug geltend gemacht hat (§ 3 Abs. 9a Nr. 1 UStG).

Tz. 50

Ort d. unentgeltlichen sonstigen Leistung

Der Ort der unentgeltlichen sonstigen Leistung bestimmt sich nach § 3f UStG und ist dort, wo der Unternehmer sein Unternehmen betreibt.

> **BEISPIEL**
>
> Ein Unternehmer aus Hannover nutzt einen Pkw des Unternehmensvermögens für eine Urlaubsfahrt nach Frankreich.
>
> Der Ort der unentgeltlichen sonstigen Leistung liegt nach § 3f UStG in Deutschland.

2.2.10 Einheitlichkeit der Leistung

Tz. 51

Nebenleistungen

Ein wichtiger umsatzsteuerlicher Grundsatz ist (vgl. A 3.10 Abs. 5 Satz 1 UStAE):

„*Nebenleistungen teilen das Schicksal der Hauptleistung.*"

Typische Nebenleistungen sind Verpackungs- oder Versandkosten. Die Verpflegung von Hotelgästen ist andererseits keine Nebenleistung zur Übernachtungsleistung (BMF-Schreiben vom 4.5.2010, BStBl 2010 I S. 490).

Tz. 52

Kreditgewährung

Gemäß A 3.11 Abs. 2 Satz 1 UStAE ist eine Kreditgewährung nur dann eine gesonderte Leistung, wenn eine eindeutige Trennung zwischen dem Kreditgeschäft und der Lieferung bzw. sonstigen Leistung vorliegt. Ist die Kreditgewährung als eigenständige Leistung zu beurteilen, ist sie nach § 4 Nr. 8 Buchst. a UStG steuerfrei. Voraussetzung hierfür ist allerdings, dass die Vereinbarung über die Kreditgewährung gesondert getroffen wurde, der Jahreszins für die Kreditgewährung angegeben ist und dass die Entgelte für beide Leistungen gesondert abgerechnet werden (A 3.11 Abs. 2 Satz 2 UStAE).

2.3 Einfuhr von Gegenständen aus dem Drittland

Tz. 53

Einfuhr

Gemäß § 1 Abs. 1 Nr. 4 UStG ist die Einfuhr von Gegenständen im Inland oder in den österreichischen Gebieten Jungholz und Mittelberg steuerbar. Sie unterliegt der Einfuhrumsatzsteuer, die Teil der Umsatzsteuer ist. Hierdurch soll eine Gleichstellung der Importwaren mit den vergleichbaren inländischen Erzeugnissen erreicht werden. Die entrichtete Einfuhrumsatzsteuer kann ebenso wie die Umsatzsteuer im Unternehmensbereich als Vorsteuer geltend gemacht werden (§ 15 Abs. 1 Nr. 2 UStG).

> **BEISPIEL**
>
> S betreibt in Kempten eine Schlosserei und bestellt bei dem Unternehmer L in Vaduz (Liechtenstein) eine Maschine für sein Unternehmen. Die Maschine lässt S mit eigenem Lkw in Vaduz abholen und nach Kempten transportieren.
>
> Es liegt für S ein steuerbarer Umsatz im Sinne des § 1 Abs. 1 Nr. 4 UStG vor. Die Besteuerung der Einfuhr obliegt der Zollverwaltung. Die entrichtete Einfuhrumsatzsteuer kann S nach § 15 Abs. 1 Nr. 2 UStG als Vorsteuer abziehen.

Hinsichtlich der Bestimmung des Ortes wird auf die Ausführung in Tz. 16 hingewiesen.

2.4 Innergemeinschaftlicher Erwerb

Tz. 54

Gemäß § 1 Abs. 1 Nr. 5 UStG ist der innergemeinschaftliche Erwerb im Inland gegen Entgelt steuerbar. Tatbestandsmerkmale für die Steuerbarkeit sind nach § 1a UStG:

innergemeinschaftlicher Erwerb

1.) Ein Gegenstand gelangt bei einer Lieferung an den Abnehmer (Erwerber) aus dem Gebiet eines Mitgliedstaates in das Gebiet eines anderen Mitgliedstaates oder aus dem übrigen Gemeinschaftsgebiet in die in § 1 Abs. 3 UStG bezeichneten Gebiete, auch wenn der Lieferer den Gegenstand in das Gemeinschaftsgebiet eingeführt hat,

2.) der Erwerber ist ein Unternehmer, der den Gegenstand für sein Unternehmen erwirbt, oder eine juristische Person, die nicht Unternehmer ist oder die den Gegenstand nicht für ihr Unternehmen erwirbt, und

3.) die Lieferung an den Erwerber wird durch einen Unternehmer gegen Entgelt im Rahmen seines Unternehmens ausgeführt und ist nach dem Recht des Mitgliedstaates, der für die Besteuerung des Lieferers zuständig ist, nicht auf Grund der Sonderregelung für Kleinunternehmer steuerfrei.

Tz. 55

Die Unternehmereigenschaft der Beteiligten und die Frage, ob der Erwerber den Gegenstand für seinen Unternehmensbereich erwirbt, lässt sich danach bestimmen, ob beide Unternehmer eine USt-IdNr. verwenden. Verwendet ein inländischer Erwerber beim Einkauf in einem EU-Mitgliedstaat keine USt-IdNr., so bringt er zum Ausdruck, dass er den Gegenstand nicht für sein Unternehmen erwirbt. In diesem Fall hat der ausländische Lieferer den Gegenstand zu versteuern und den Bruttowert mit Umsatzsteuer in Rechnung zu stellen.

USt-IdNr.

Tz. 56

Der Ort des innergemeinschaftlichen Erwerbs ist nach § 3d Satz 1 UStG dort, wo sich der Gegenstand am Ende der Beförderung oder Versendung befindet. Dies führt regelmäßig zu einer Besteuerung im Bestimmungsland. Eine Warenbewegung von einem Mitgliedstaat in einen anderen Mitgliedstaat ist gegeben, wenn der Liefergegenstand entweder von dem Lieferer oder dem Abnehmer oder von einem beauftragten Dritten innergemeinschaftlich befördert oder versendet wird. Ein innergemeinschaftlicher Erwerb liegt auch dann vor, wenn der Liefergegenstand auf dem Wege von einem zum anderen Mitgliedstaat über ein Drittland befördert wird.

Ort des innergemeinschaftlichen Erwerbs

BEISPIEL

U in Ulm bestellt bei dem italienischen Unternehmer I eine Ware, die von Florenz über die Schweiz nach Deutschland transportiert wird.

Es liegt ein innergemeinschaftlicher Erwerb vor, dessen Ort in Deutschland liegt.

Tz. 57

Wird vom Leistungsempfänger die USt-IdNr. eines anderen Staates, das nicht mit dem Bestimmungsland identisch ist, verwendet, so ist der innergemeinschaftliche Erwerb zusätzlich in dem Staat zu versteuern, dessen USt-IdNr. verwendet wurde (§ 3d Satz 2 UStG).

Verwendung einer „anderen" USt-IdNr.

BEISPIEL

Der französische Unternehmer F liefert an den Unternehmer D von Paris nach München eine Palette Parfüm. Unternehmer D ist in mehreren EG-Staaten registriert und hat daher gegenüber F versehentlich seine italienische USt-IdNr. verwendet.

Der Erwerb der Ware unterliegt bei D der Besteuerung des innergemeinschaftlichen Erwerbs im Inland (§ 3d Satz 1 UStG), da hier die Warenbewegung tatsächlich geendet hat. Solange D eine Besteuerung des innergemeinschaftlichen Erwerbs im Bestimmungsland (Deutschland) nicht nachweisen kann, hat er zusätzlich einen innergemeinschaftlichen Erwerb in Italien zu versteuern (§ 3d Satz 2 UStG), da er gegenüber F unter dieser USt-IdNr. aufgetreten ist.

Um diese Doppelbesteuerung zu vermeiden, ist später die Umsatzsteuer im Land der verwendeten USt-IdNr. zu berichtigen (§ 17 Abs. 2 Nr. 4 UStG).

Tz. 58

innergemeinschaftliches Verbringen

Gemäß § 1a Abs. 2 UStG gilt als innergemeinschaftlicher Erwerb auch das Verbringen eines Gegenstands des Unternehmens aus dem übrigen Gemeinschaftsgebiet in das Inland durch den Unternehmer zu seiner Verfügung, soweit dies nicht nur zu einer vorübergehenden Verwendung[2] geschieht.

BEISPIEL

Der österreichische Molkereiproduktehändler Ö befördert im eigenen Lkw Käse nach Passau, um ihn dort auf dem Wochenmarkt zu verkaufen. Den nicht verkauften Käse nimmt er am selben Tag wieder mit zurück nach Österreich.

Ö bewirkt in Bezug auf den verkauften Käse einen innergemeinschaftlichen Erwerb nach § 1a Abs. 2 UStG in Deutschland. Er hat den Verkauf auf dem Wochenmarkt als Inlandslieferung zu versteuern. Das Verbringen des nicht verkauften Käses ins Inland und wieder zurück nach Österreich ist umsatzsteuerneutral.

2.5 Schwellenerwerber

Tz. 59

Schwellenerwerber

So genannte Schwellenerwerber unterliegen grundsätzlich nur dann der Erwerbsbesteuerung, wenn die innergemeinschaftlichen Erwerbe einen bestimmten Umfang überschreiten oder wenn zur Erwerbsbesteuerung optiert wurde. Schwellenerwerber sind nach § 1a Abs. 3 UStG:

- Unternehmer, die nur steuerfreie Umsätze ausführen, die den Vorsteuerabzug ausschließen;
- Kleinunternehmer;
- durchschnittsbesteuernde Land- und Forstwirte;
- juristische Personen, die nicht Unternehmer sind oder die betreffenden Gegenstände nicht für ihr Unternehmen erwerben.

Erwerbsschwelle 12.500 €

Diese Personen hatten bis zum 31.12.2010 innergemeinschaftliche Erwerbe nur zu versteuern, soweit die Erwerbsschwelle von 12.500 € überschritten wurde.

Soweit diese Grenze nicht überschritten wurde, konnten die Schwellenerwerber zur Erwerbsbesteuerung optieren. An diese Option, die weder einer bestimmten Form noch Frist bedarf, ist der Unternehmer zwei Jahre gebunden.

Tz. 60

Verwendung einer USt-IdNr.

Ab dem 1.1.2011 wird der Verzicht durch die Verwendung einer dem Unternehmer erteilten USt-IdNr. geregelt (§ 1a Abs. 4 UStG). Dieses Verfahren wurde dadurch ermöglicht, dass sich seit dem 1.1.2010 auch die oben genannten Unternehmer vom Bundeszentralamt für Steuern eine Steuernummer erteilen lassen können (§ 27a Abs. 1 Satz 2 UStG).

BEISPIEL

Ein in München ansässiger Arzt, der nur steuerfreie Heilbehandlungen ausführt, lässt sich vom Bundeszentralamt für Steuern eine Steuernummer erteilen. Am 10.4.2011 bezieht er von einem niederländischen Unternehmen ein Analysegerät. Der Arzt verwendet bei der Bestellung seine USt-IdNr.

Der Arzt muss den Kauf des Analysegeräts als innergemeinschaftlichen Erwerb versteuern. Ein Vorsteuerabzug ist nicht möglich. Die zweijährige Bindungsfrist beginnt am 10.4.2011 und endet am 9.4.2013. Dies bedeutet, dass die Erwerbsbesteuerung während dieses Zeitraums auch dann erfolgt, wenn der Arzt seine USt-IdNr. nicht weiter verwenden würde. Dieser Fall hätte jedoch zur Folge, dass der Veräußerer ebenfalls Umsatzsteuer entrichten müsste.

Wenn der Arzt nach dem 9.4.2013 seine USt-IdNr. abermals verwendet, beginnt die zweijährige Frist erneut zu laufen.

---

2 Grundsätzlich Verwendung von mehr als 24 Monaten (vgl. A 1a.2 Abs. 12 UStAE).

3. Steuerbefreiungen

3.1 Steuerbefreiungen bei Lieferungen und sonstigen Leistungen

Tz. 61

Ist ein Umsatz steuerbar, muss untersucht werden, ob er steuerfrei ist. Die Steuerbefreiungen lassen sich in drei Hauptgruppen einteilen:

▶ Steuerbefreiungen, die zum Vorsteuerabzug berechtigen („echte" Steuerbefreiungen);

▶ Steuerbefreiungen, die nicht zum Vorsteuerabzug berechtigen („unechte" Steuerbefreiungen);

▶ Steuerbefreiungen mit Optionsmöglichkeit nach § 9 UStG (siehe Kapitel I.3.2).

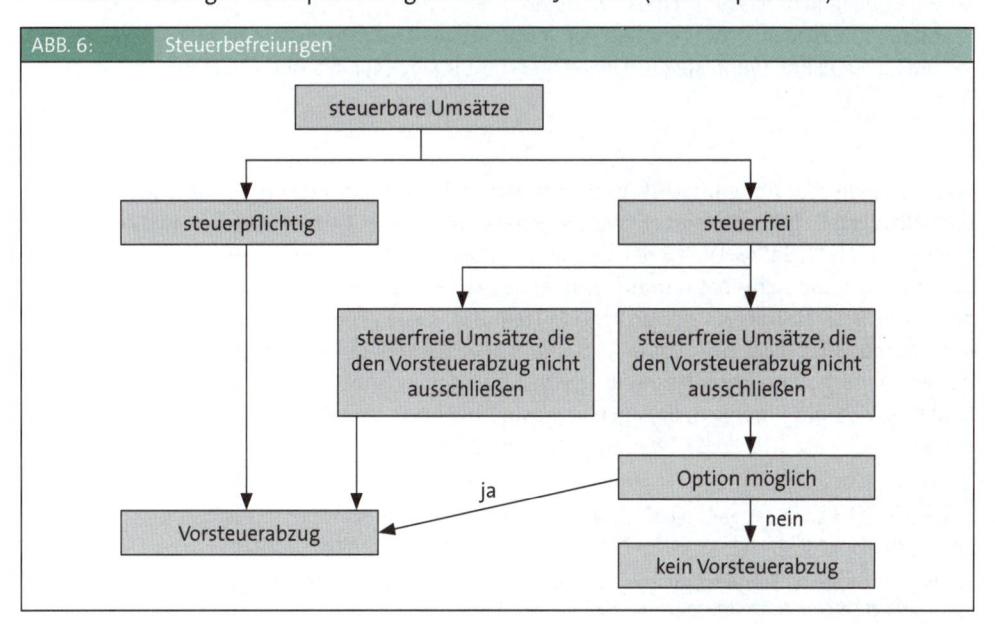

steuerfreie Umsätze

ABB. 6: Steuerbefreiungen

```
                    steuerbare Umsätze
                    ↓              ↓
              steuerpflichtig    steuerfrei
                                  ↓       ↓
                          steuerfreie   steuerfreie
                          Umsätze, die  Umsätze, die
                          den Vorsteuer-den Vorsteuer-
                          abzug nicht   abzug nicht
                          ausschließen  ausschließen
                                            ↓
                              ja      Option möglich
                              ←           ↓ nein
                    Vorsteuerabzug    kein Vorsteuerabzug
```

3.1.1 Ausfuhrlieferungen und Lohnveredelungen an Gegenständen der Ausfuhr

Tz. 62

Gemäß § 4 Nr. 1 Buchst. a UStG sind Ausfuhrlieferungen von der Umsatzsteuer befreit. Eine Ausfuhrlieferung liegt gemäß § 6 Abs. 1 Nr. 1 UStG vor, wenn bei einer Lieferung der Unternehmer den Gegenstand der Lieferung in das Drittlandsgebiet, ausgenommen Gebiete nach § 1 Abs. 3 UStG[3], befördert oder versendet hat. Es ist lediglich entscheidend, dass der liefernde Unternehmer den Gegenstand in das Drittlandsgebiet außerhalb der in § 1 Abs. 3 UStG bezeichneten Gebiete befördert oder versendet, der Status des Abnehmers ist irrelevant. Es spielt also keine Rolle, ob der Abnehmer ein ausländischer Abnehmer im Sinne des § 6 Abs. 2 UStG ist.

Ausfuhrlieferungen

Unternehmer S in Stuttgart stellt Spezialmaschinen her. Eine dieser Maschinen veräußert er an den Unternehmer K in Köln. Die Maschine wird von S vereinbarungsgemäß zur Betriebsstätte des K in Kiew transportiert.

Die Lieferung des S ist im Inland nach § 1 Abs. 1 Nr. 1 Satz 1 UStG steuerbar, jedoch nach § 4 Nr. 1 Buchst. a UStG i.V.m. § 6 Abs. 1 Satz 1 Nr. 1 UStG steuerfrei. Es liegt eine Ausfuhrlieferung vor, da S die Spezialmaschine nach Kiew (Ukraine), also in das Drittlandsgebiet, befördert hat.

BEISPIEL

Tz. 63

Nach § 6 Abs. 1 Satz 1 Nr. 2 UStG liegt eine Ausfuhrlieferung vor, wenn der Abnehmer den Gegenstand der Lieferung in das Drittlandsgebiet, ausgenommen Gebiete nach § 1 Abs. 3 UStG,

Beförderung / Versendung

---

3 Gebiete im Sinne des § 1 Abs. 3 UStG sind insbesondere die Freihäfen.

befördert oder versendet hat und es sich um einen ausländischen Abnehmer handelt. Es ist hier also nicht nur entscheidend, dass der Abnehmer den Gegenstand in das Drittlandsgebiet außerhalb der in § 1 Abs. 3 UStG bezeichneten Gebiete befördert oder versendet, sondern auch, dass es sich um einen ausländischen Abnehmer handelt.

Tz. 64

ausländischer Abnehmer

Ausländischer Abnehmer ist nach § 6 Abs. 2 Satz 1 UStG:

- ein Abnehmer, der seinen Wohnort oder Sitz im Ausland, ausgenommen die in § 1 Abs. 3 UStG bezeichneten Gebiete, hat, oder
- eine Zweigniederlassung eines im Inland oder in den in § 1 Abs. 3 UStG bezeichneten Gebieten ansässigen Unternehmers, die ihren Sitz im Ausland, ausgenommen die bezeichneten Gebiete, hat, wenn sie das Umsatzgeschäft im eigenen Namen abgeschlossen hat.

Tz. 65

Wohnort im Ausland

Wer ausländischer Abnehmer ist, bestimmt sich bei einer natürlichen Person alleine nach ihrem Wohnort. Es ist unbeachtlich, welche Staatsangehörigkeit der Abnehmer hat. Wohnort ist nach A 6.3 Abs. 2 Satz 3 UStAE der Ort, an dem der Abnehmer für längere Zeit Wohnung genommen hat und der nicht nur auf Grund subjektiver Willensentscheidung, sondern auch bei objektiver Betrachtung als der örtliche Mittelpunkt seines Lebens anzusehen ist. Der Begriff des Wohnorts ist nicht mit den in §§ 8 und 9 AO verwendeten Begriffen des Wohnsitzes und des gewöhnlichen Aufenthalts inhaltsgleich. Eine Wohnsitzbegründung im Inland und im Ausland ist gleichzeitig möglich; dagegen kann ein Abnehmer jeweils nur einen Wohnort im Sinne des § 6 Abs. 2 Satz 1 Nr. 1 UStG haben (A 6.3 Abs. 2 Satz 5 UStAE).

BEISPIEL

Der japanische Staatsbürger J lebt und arbeitet seit vier Jahren in München. Er kauft in einem Münchner Buchladen einen Bildband über die Alpen und schickt diesen seinen Eltern in Japan.

Es liegt keine steuerfreie Ausfuhrlieferung vor. J ist kein ausländischer Abnehmer im Sinne des § 6 Abs. 2 UStG, da er seinen Wohnort im Inland hat (vgl. A 6.3 Abs. 3 Nr. 4 UStAE).

Tz. 66

Sitz einer Körperschaft

Nach § 11 AO hat eine Körperschaft, Personenvereinigung oder Vermögensmasse ihren Sitz an dem Ort, der durch Gesetz, Gesellschaftsvertrag, Satzung oder dergleichen bestimmt ist.

Tz. 67

Voraussetzungen der steuerfreien Ausfuhr

Gemäß § 6 Abs. 1 Satz 1 Nr. 3 UStG liegt eine steuerfreie Ausfuhrlieferung vor, wenn der Unternehmer oder der Abnehmer den Gegenstand der Lieferung in die in § 1 Abs. 3 UStG bezeichneten Gebiete befördert oder versendet hat. Der Abnehmer muss entweder

- ein Unternehmer sein, der den Gegenstand für sein Unternehmen erworben hat und dieser nicht ausschließlich oder nicht zum Teil für eine nach § 4 Nr. 8 bis 27 UStG steuerfreie Tätigkeit verwendet werden soll, oder
- ein ausländischer Abnehmer, aber kein Unternehmer sein und der Gegenstand muss in das übrige Drittlandsgebiet gelangen.

Durch § 6 Abs. 1 Satz 1 Nr. 3 UStG soll ein steuerfreier Endverbrauch durch einen im Gemeinschaftsgebiet oder im Gebiet nach § 1 Abs. 3 UStG ansässigen Unternehmer oder Nichtunternehmer vermieden werden.

Tz. 68

Be- oder Verarbeitung vor Ausfuhr

Nach § 6 Abs. 1 Satz 2 UStG ist es für das Vorliegen einer steuerfreien Ausfuhrlieferung unschädlich, wenn der Gegenstand der Lieferung durch Beauftragte des Abnehmers vor der Ausfuhr im Inland oder in einem anderen EU-Mitgliedstaat be- oder verarbeitet worden ist. Hauptanwendungsfall sind Konstellationen, in denen ein ausländischer Abnehmer im Inland Rohmaterial erwirbt, es im Inland verarbeiten lässt und dann in ein Drittland ausführt.

> Der kanadische Unternehmer K bestellt bei dem Unternehmer R in Rosenheim Kunststoffplatten. Diese lässt er vor der Ausfuhr nach Kanada durch den Unternehmer D aus Dresden mit einer Spezialbeschichtung versehen. Die erforderlichen Ausfuhrdokumente liegen vor.
> R erbringt eine steuerbare (§ 1 Abs. 1 Nr. 1 Satz 1 UStG), aber steuerfreie Ausfuhrlieferung nach § 4 Nr. 1 Buchst. a UStG i. V. m. § 6 Abs. 1 Satz 1 Nr. 1 UStG. Die Bearbeitung durch D vor der Ausfuhr ändert an dem Vorliegen der steuerfreien Ausfuhrlieferung nichts (§ 6 Abs. 1 Satz 2 UStG).

3.1.2 Innergemeinschaftliche Lieferungen

Tz. 69
Gemäß § 4 Nr. 1 Buchst. b UStG i. V. m. § 6a UStG sind innergemeinschaftliche Lieferungen umsatzsteuerfrei. Nach § 6a Abs. 1 UStG liegt diese vor, wenn bei einer Lieferung die folgenden Voraussetzungen erfüllt sind:

innergemeinschaftliche Lieferungen

1.) Der Unternehmer oder der Abnehmer hat den Gegenstand der Lieferung in das übrige Gemeinschaftsgebiet befördert oder versendet;

2.) der Abnehmer ist entweder ein Unternehmer, der den Gegenstand der Lieferung für sein Unternehmen erworben hat, oder eine juristische Person, die nicht Unternehmer ist oder die den Gegenstand der Lieferung nicht für ihr Unternehmen erworben hat, bzw. bei der Lieferung eines neuen Fahrzeugs auch jeder andere Erwerber und

3.) der Erwerb des Gegenstands der Lieferung unterliegt beim Abnehmer in einem anderen Mitgliedstaat den Vorschriften der Umsatzbesteuerung.

Tz. 70
Entscheidend für die Steuerbefreiung ist, dass der Abnehmer in seinem Mitgliedstaat die Erwerbsbesteuerung durchführt. Es lässt sich folgende Regel aufstellen:

igL = igE

innergemeinschaftliche Lieferung = innergemeinschaftlicher Erwerb

> B betreibt ein Buchgeschäft in München. Er veräußert an den österreichischen Unternehmer Ö mit Sitz in Linz fünf Bildbände über Bayern. Ö verwendet die Bildbände
> a) für private Zwecke,
> b) zum Weiterverkauf in seinem Buchgeschäft.
> B erbringt einen steuerbaren Umsatz im Sinne des § 1 Abs. 1 Nr. 1 Satz 1 UStG. Der Ort liegt nach § 3 Abs. 6 Satz 1 UStG in München. Im Fall a) liegt eine steuerpflichtige Leistung vor, da Ö die Bildbände nicht für sein Unternehmen erworben hat und somit in Österreich auch nicht der Erwerbsbesteuerung unterliegt.
> Anders verhält sich in Fall b). Hier tritt Ö als Unternehmer auf, der die Bücher für sein Unternehmen erwirbt. B erbringt eine steuerbare und nach § 4 Nr. 1 Buchst. b UStG i. V. m. § 6a UStG steuerfreie Lieferung an Ö.

Tz. 71
Nach § 6a Abs. 1 Satz 1 Nr. 2 Buchst. c UStG liegt bei der Lieferung eines neuen Fahrzeugs, das in das übrige Gemeinschaftsgebiet gelangt, stets eine steuerfreie Lieferung vor. Dies ist dadurch begründet, dass der Erwerber im anderen Mitgliedstaat analog zu § 1b UStG die Besteuerung durchzuführen hat.

Fahrzeuglieferung

> Der Aachener Autohändler A liefert an die belgische Privatperson B ein neues Fahrzeug. A führt das Fahrzeug selbst nach Belgien aus.
> A erbringt einen steuerbaren Umsatz im Sinne des § 1 Abs. 1 Nr. 1 Satz 1 UStG. Der Ort liegt nach § 3 Abs. 6 Satz 1 UStG in Aachen.[4] Die Lieferung ist nach § § 4 Nr. 1 Buchst. b UStG i. V. m. § 6a Abs. 1 Satz 1 Nr. 2 Buchst. c UStG steuerfrei, da B die Erwerbsbesteuerung vornehmen muss.

---

4 Es liegt kein Fall des § 3c UStG vor (vgl. § 3c Abs. 5 UStG).

Tz. 72

Be- oder Verarbeitung vor Ausfuhr

Nach § 6a Abs. 1 Satz 2 UStG kann der Gegenstand der Lieferung durch Beauftragte des Abnehmers vor der Beförderung oder Versendung in das übrige Gemeinschaftsgebiet bearbeitet oder verarbeitet worden sein. Betroffen sind vor allem Fälle, in denen ein Unternehmer im Inland Rohmaterial einkauft und es vor der Ausfuhr in das übrige Gemeinschaftsgebiet bearbeiten oder verarbeiten lässt.

3.1.3 Steuerbefreiungen mit Ausschluss des Vorsteuerabzugs

Tz. 73

Ausschlussumsätze

Bei den Steuerbefreiungen des § 4 Nr. 8 bis 28 UStG ist der Vorsteuerabzug grundsätzlich ausgeschlossen (vgl. § 15 Abs. 2 UStG). Hauptanwendungsfälle sind:

- Umsätze, die unter das Grunderwerbsteuergesetz fallen (§ 4 Nr. 9 Buchst. a UStG);
- Versicherungsleistungen (§ 4 Nr. 10 UStG);
- Leistungen eines Versicherungsvertreters (§ 4 Nr. 11 UStG);
- Vermietung und Verpachtung von Grundstücken (§ 4 Nr. 12 Buchst. a UStG);
- Leistungen der Humanmedizin (§ 4 Nr. 14 UStG);
- ehrenamtliche Tätigkeiten (§ 4 Nr. 26 UStG);
- Hilfsgeschäfte zu den genannten Umsätzen (§ 4 Nr. 28 UStG).

BEISPIEL

Der Arzt A verkauft einen nicht mehr benötigten Röntgenapparat an einen Kollegen.

Der Umsatz ist nach § 4 Nr. 28 UStG steuerfrei, da die Leistungen des Arztes nach § 4 Nr. 14 Buchst. a UStG steuerbefreit sind und somit der Arzt aus den Anschaffungskosten keinen Vorsteuerabzug geltend machen konnte (§ 15 Abs. 2 Satz 1 N. 1 UStG).

3.2 Verzicht auf Steuerbefreiung

Tz. 74

Option

Bei manchen steuerfreien Umsätzen ist ein Verzicht auf die Steuerbefreiung möglich. Dies hat den Hintergrund, dass grundsätzlich kein Vorsteuerabzug möglich ist, wenn umsatzsteuerfreie Leistungen erbracht werden.

Umsätze, bei denen ein Verzicht auf die Steuerbefreiung – die so genannte Option – möglich ist, sind in § 9 Abs. 1 UStG abschließend aufgezählt. Voraussetzung ist, dass ein Unternehmer den Umsatz an einen anderen Unternehmer für dessen Rechnung ausführt.

Die Option ist insbesondere bei Umsätzen, die unter das Grunderwerbsteuergesetz fallen und bei der Vermietung und Verpachtung von Grundstücken möglich. In diesen Fällen ist es jedoch erforderlich, dass der Empfänger der Leistung den Gegenstand für Umsätze verwendet bzw. beabsichtigt zu verwenden, die den Vorsteuerabzug nicht ausschließen.

BEISPIEL

Unternehmer U stellt ein Bürogebäude für 1 Mio. € zzgl. 190.000 € USt her. Er vermietet das Gebäude jeweils zur Hälfte an einen Rechtsanwalt und an einen Allgemeinarzt. Beide Mieter haben in den Räumlichkeiten ihre Kanzlei bzw. Praxis untergebracht.

U erbringt grundsätzlich nach § 4 Nr. 12 Buchst. a UStG steuerfreie Vermietungsleistungen. Hinsichtlich der Vermietung an den Rechtsanwalt kann U jedoch nach § 9 Abs. 1 UStG zur Steuerpflicht optieren. Dies hätte den Vorteil, dass U insoweit zum Vorsteuerabzug berechtigt wäre (vgl. § 15 Abs. 2 UStG).

4. Bemessungsgrundlagen

Tz. 75

Bemessungsgrundlage

Die Bemessungsgrundlage ist der Betrag, auf den der Steuersatz angewendet wird, also der Nettobetrag ohne Umsatzsteuer. Die Bemessungsgrundlage richtet sich nach der Umsatzart:

- **Lieferungen und sonstige Leistungen (§ 10 Abs. 1 UStG)**
  Entgelt ist alles, was der Leistungsempfänger aufwendet, um die Leistung zu erhalten. Der

bürgerlich-rechtliche Kaufpreis ist ein Bruttobetrag; er muss umgerechnet werden in einen Nettobetrag.

> Der Elektrowarenhändler E aus Augsburg verkauft eine Spülmaschine. Der Kunde bezahlt 773,50 €. Die Bemessungsgrundlage beträgt 650 € (773,50 € : 1,19).

Ersatz-BMG

▶ **Unentgeltliche Wertabgaben (§ 10 Abs. 4 Nr. 1 bis 3 UStG)**
Die Bemessungsgrundlage bestimmt sich nach der Form der Wertabgabe jeweils zum Zeitpunkt des Umsatzes.

– Gegenstandsabgabe
 = Wiederbeschaffungspreis + Nebenkosten oder Selbstkosten

– Leistungsabgabe
 = Kosten

▶ **Mindestbemessungsgrundlage (§ 10 Abs. 5 UStG)**
Das Entgelt wird bei verbilligten Leistungen

– einer Gesellschaft an ihre Gesellschafter,

– des Unternehmers an nahe stehende Personen,

– des Unternehmers an Arbeitnehmer

nach § 10 Abs. 5 UStG auf die Mindestbemessungsgrundlage aufgefüllt.

Mindest-BMG

> Die AB-OHG überlässt dem Mitunternehmer A einen der OHG gehörenden Lieferwagen für einen privaten Umzug des A. Die OHG belastet das Kapitalkonto des A mit 200 €, obwohl die anteiligen, zum Vorsteuerabzug berechtigten Kosten 300 € betragen haben.
>
> Gemäß § 10 Abs. 4 Nr. 2 UStG wäre die Bemessungsgrundlage für eine unentgeltliche Überlassung des Lieferwagens 300 €. Da jedoch vom Gesellschafter ein Entgelt beglichen wurde, kommt § 10 Abs. 4 Nr. 2 UStG nicht zur Anwendung. Gemäß § 10 Abs. 5 Nr. 1 UStG beträgt die Bemessungsgrundlage für die Fahrzeugüberlassung 300 €.

Tz. 76

Durchlaufende Posten gehören nicht zum Entgelt (§ 10 Abs. 1 letzter Satz UStG). Sie liegen vor, wenn der Unternehmer, der die Beträge vereinnahmt und verauslagt, im Zahlungsverkehr lediglich die Funktion einer Mittelsperson ausübt, ohne selbst einen Anspruch auf den Betrag gegen den Leistenden zu haben und auch nicht zur Zahlung an den Empfänger verpflichtet zu sein. Ob der Unternehmer Beträge im Namen und für Rechnung eines anderen vereinnahmt und verauslagt, kann nicht nach der wirtschaftlichen Betrachtungsweise entschieden werden. Es ist vielmehr erforderlich, dass zwischen dem Zahlungsverpflichteten und dem, der Anspruch auf die Zahlung hat (Zahlungsempfänger), unmittelbare Rechtsbeziehungen bestehen.

durchlaufende Posten

Unmittelbare Rechtsbeziehungen setzen voraus, dass der Zahlungsverpflichtete und der Zahlungsempfänger jeweils den Namen des anderen und die Höhe des gezahlten Betrags erfahren. Dieser Grundsatz findet jedoch regelmäßig auf Abgaben und Beiträge keine Anwendung. Solche Beträge können auch dann durchlaufende Posten sein, wenn die Mittelsperson dem Zahlungsempfänger die Namen der Zahlungsverpflichteten und die jeweilige Höhe der Beträge nicht mitteilt. Kosten (Gebühren und Auslagen), die Rechtsanwälte, Notare und Angehörige verwandter Berufe bei Behörden und ähnlichen Stellen für ihre Auftraggeber auslegen, können als durchlaufende Posten auch dann anerkannt werden, wenn dem Zahlungsempfänger Namen und Anschriften der Auftraggeber nicht mitgeteilt werden. Voraussetzung ist, dass die Kosten nach Kosten-(Gebühren-)ordnungen berechnet werden, die den Auftraggeber als Kosten-(Gebühren-)schuldner bestimmen.

Steuern, öffentliche Gebühren und Abgaben, die vom Unternehmer geschuldet werden, sind bei ihm keine durchlaufenden Posten, auch wenn sie dem Leistungsempfänger gesondert berechnet werden (vgl. A 10.1 Abs. 6 UStAE). Dementsprechend sind z. B. Gebühren, die im Rahmen eines Grundbuchabrufverfahrens vom Notar geschuldet werden, bei diesem keine durchlaufenden Posten, auch wenn sie als verauslagte Gerichtskosten in Rechnung gestellt werden dürfen.

I. Umsatzsteuer

> Rechtsanwalt R rechnet gegenüber seinem Mandanten M für die Vertretung in dessen Ehescheidungsprozess wie folgt ab:
>
> | | |
> |---|---:|
> | Honorar | 8.000 € |
> | verauslagte Gerichtskosten | 2.000 € |
> | | 10.000 € |
> | + USt 19 % | 1.900 € |
> | zu zahlen | 11.900 € |
>
> M überweist daraufhin 11.900 €.
>
> Es ergibt sich auf Grund der unzutreffenden Rechnungsstellung folgendes Entgelt:
>
> | | |
> |---|---:|
> | Zahlung des Mandanten | 11.900,00 € |
> | abzüglich verauslagte Gerichtskosten | 2.000,00 € |
> | | 9.900,00 € |
> | abzüglich USt 19/119 (§ 12 Abs. 1 UStG) | − 1.580,67 € |
> | Entgelt | 8.319,33 € |
>
> R schuldet jedoch gemäß § 14c Abs. 1 Satz 1 UStG 1.900 € Umsatzsteuer.
>
> Die korrekte Rechnung hätte wie folgt aussehen müssen:
>
> | | |
> |---|---:|
> | Honorar | 8.000 € |
> | verauslagte Gerichtskosten | 2.000 € |
> | | 10.000 € |
> | + USt 19 % von 8.000 € | 1.520 € |
> | zu zahlen | 11.520 € |
>
> Der Mandant hätte durch eine richtige steuerliche Behandlung 380 € weniger zu bezahlen gehabt.

Tz. 77

Nebenleistungen — Im Umsatzsteuerrecht gilt der Grundsatz der Leistungseinheit. Dies bedeutet, dass einheitliche Leistungen nicht aufgeteilt werden dürfen. Nebenleistungen teilen somit grundsätzlich das Schicksal der Hauptleistung (vgl. A 3.10 UStAE). Typische Nebenleistungen sind beispielsweise Verpackungs- und Transportkosten.

> Der Unternehmer M aus München lieferte an den Elektronikmarkt E in Essen 200 DVD-Player und beförderte diese mit eigenem Lkw zu E. Für die DVD-Player berechnet M 5.000 €, für die Beförderung 500 €, für die Verpackung 300 €. Die Umsatzsteuer wurde zusätzlich in Rechnung gestellt.
>
> Die Nebenleistungen teilen das Schicksal der Hauptleistung. Somit beträgt das Entgelt für den Umsatz 5.800 €.

5. Steuersätze

5.1 Allgemeiner Steuersatz

Tz. 78

Regelsteuersatz — Der allgemeine Steuersatz, der so genannte Regelsteuersatz, beträgt derzeit 19 %. Seit Einführung des Allphasen-Nettoumsatzsteuer-Systems zum 1.1.1968 (vgl. Tz. 1) hat sich der allgemeine Steuersatz wie folgt entwickelt:

Zeitraum	Regelsteuersatz
1.1.1968 – 30.6.1968	10 %
1.7.1968 – 31.12.1977	11 %
1.1.1978 – 30.6.1979	12 %
1.7.1979 – 30.6.1983	13 %
1.7.1983 – 31.12.1992	14 %
1.1.1993 – 31.3.1998	15 %
1.4.1998 – 31.12.2006	16 %
seit 1.1.2007	19 %

5.2 Ermäßigter Steuersatz

Tz. 79

Der ermäßigte Steuersatz beläuft sich auf 7 % (§ 12 Abs. 2 UStG) und kommt vor allem auf folgende Warengruppen zur Anwendung:

ermäßigter Steuersatz

- lebende Tiere (Pferde, Rinder, Schweine, Schafe, Hühner, Bienen ...);
- Fleisch, Fische und Krebstiere (ausgenommen Hummer, Austern, Kaviar ...);
- Milch, Vogeleier, Honig;
- Zwiebeln, Knollen, Blumen, Blüten, ...;
- Kartoffeln, Tomaten, Salate, Gurken, Früchte, Nüsse, Müllereierzeugnisse, ...;
- Kaffee und Tee
- Holz (Brennholz, Sägespäne, Pellets, Briketts ...);
- Bücher und Zeitungen (ausgenommen jugendgefährdende Schriften);
- Rollstühle, Körperersatzstücke, Krücken, Hörgeräte ... (ausgenommen Brillen und Medikamente);
- Eintrittsberechtigungen für Theater, Konzerte und Museen;
- Einräumung von Urheberrechten;
- Beförderung von Personen innerhalb einer Gemeinde bzw. bei einer Beförderungsstrecke von nicht mehr als 50 km;
- Beherbergungsleistungen von Hotels und kurzfristige Überlassung von Campingplätzen.

In Anlage 2 des UStG befindet sich eine Liste der dem ermäßigten Steuersatz unterliegenden Gegenstände.

6. Entstehung und Fälligkeit der Steuer

6.1 Besteuerung nach vereinbarten Entgelten

Tz. 80

Die Besteuerung nach vereinbarten Entgelten, auch **Sollbesteuerung** genannt, ist der Regelfall (§ 13 Abs. 1 Nr. 1 Buchst. a UStG i.V.m. § 16 Abs. 1 Satz 1 UStG). Bei der Besteuerung nach vereinbarten Entgelten entsteht die Steuer grundsätzlich mit Ablauf des Voranmeldungszeitraums, in dem die Lieferung oder sonstige Leistung ausgeführt worden ist. Die Steuer entsteht in der gesetzlichen Höhe unabhängig davon, ob eine Rechnungserteilung mit gesondertem Steuerausweis erfolgt oder nicht.

Sollbesteuerung

Tz. 81

Werden Abschlags- oder Vorschusszahlungen vereinbart, entsteht die Steuer für diese Zahlungen stets mit Ablauf des Voranmeldungszeitraums, in dem die Zahlung erfolgt (§ 13 Abs. 1 Nr. 1 Buchst. a Satz 4 UStG). Der tatsächliche Leistungszeitpunkt ist nicht relevant.

6.2 Besteuerung nach vereinnahmten Entgelten

Tz. 82

Die Umsatzsteuer kann alternativ auch nach vereinnahmten Entgelten erhoben werden (§ 13 Abs. 1 Nr. 1 Buchst. b UStG i.V.m. § 20 UStG). Diese Erhebungsform wird als **Istbesteuerung** bezeichnet und wird auf Antrag bewilligt, wenn

Istbesteuerung

- der Gesamtumsatz im Vorjahr nicht mehr als 500.000 €[5] betragen hat oder
- der Unternehmer nach § 148 AO von der Buchführungspflicht befreit ist oder
- der Unternehmer Freiberufler im Sinne des § 18 Abs. 1 Nr. 1 EStG ist.

---

5 Die für die Berechnung der Umsatzsteuer nach vereinnahmten Entgelten maßgebliche Umsatzgrenze wurde zum 1.7.2009 bundeseinheitlich auf 500.000 € angehoben. Die Maßnahme war ursprünglich bis zum 31.12.2011 befristet. Ein Auslaufen der Regelung hätte den betroffenen Unternehmen wichtige Liquidität entzogen. Die Umsatzgrenze von 500.000 € wurde daher auf Dauer angehoben.

Der letztgenannte Befreiungsgrund gilt nur für Freiberufler, die als Einzelunternehmer oder als GbR bzw. Partnerschaft auftreten. Eine Freiberufler-GmbH kann dagegen den Gewinn nur nach vereinnahmten Entgelten versteuern, wenn die Umsatzgrenze von 500.000 € nicht überschritten ist (A 20.1 Abs. 1 Satz 4 UStAE)[6].

BEISPIEL

Der Unternehmer U erzielt in 2011 steuerpflichtige Nettoumsatzerlöse aus seiner Werbeagentur von 450.000 €. Außerdem erzielt er in 2011 umsatzsteuerfreie Mieteinnahmen von 70.000 €, so dass der Gesamtumsatz 2011 520.000 € beträgt.

Die nach § 4 Nr. 12 UStG steuerfreien Vermietungsumsätze zählen jedoch nach § 20 Satz 1 Nr. 1 UStG nicht zum maßgeblichen Gesamtumsatz, so dass die 500.000 €-Grenze nicht überschritten ist.

BEISPIEL

Die Firma X liefert am 15.10.2011 eine am 15.9.2011 bestellte Lieferung aus. Die Rechnungserstellung erfolgt am 15.11.2011. Die Zahlung geht am 15.12.2011 ein.

Die Umsatzsteuer entsteht bei der Versteuerung nach vereinnahmten Entgelten im Dezember 2011 und bei der Versteuerung nach vereinbarten Entgelten im Oktober 2011.

7. Steuerschuldner

Tz. 83

Steuerschuldner

Steuerschuldner ist nach § 13a Abs. 1 Nr. 1 UStG grundsätzlich der Unternehmer, der einen steuerbaren Umsatz im Sinne des § 1 Abs. 1 Nr. 1 UStG ausführt. Von dieser Grundregel abweichend ist die wichtigste Ausnahme in § 13b UStG zu finden. In den in dieser Norm aufgeführten Fällen wird der leistungsempfangende Unternehmer, sofern dieser nicht Kleinunternehmer ist, zum Steuerschuldner (§ 13b Abs. 5 Satz 4 UStG).

Norm	Tatbestand	Beispiel
§ 13b Abs. 2 Nr. 1 UStG	Werklieferungen und sonstige Leistungen im Ausland ansässiger Unternehmer	1
§ 13b Abs. 2 Nr. 2 UStG	Lieferung sicherungsübereigneter Gegenstände außerhalb des Insolvenzverfahrens	
§ 13b Abs. 2 Nr. 3 UStG	Umsätze, die unter das Grunderwerbsteuergesetz fallen	2
§ 13b Abs. 2 Nr. 4 UStG	Bauleistungen inländischer Unternehmer, wenn der Leistungsempfänger ebenfalls Bauleistungen ausführt	3
§ 13b Abs. 2 Nr. 5 UStG	Lieferung von Gas und Elektrizität im Ausland ansässiger Unternehmer	
§ 13b Abs. 2 Nr. 6 UStG	Übertragung von Berechtigungen nach dem Treibhausgas-Emissionshandelsgesetz	
§ 13b Abs. 2 Nr. 7 UStG	Lieferung von Abfällen und Schrott (laut Anlage 3 zum UStG)	4
§ 13b Abs. 2 Nr. 8 UStG	Gebäudereinigungsleistungen inländischer Unternehmer, wenn der Leistungsempfänger ebenfalls Gebäudereinigungsleistungen ausführt	
§ 13b Abs. 2 Nr. 9 UStG	Lieferung von Gold	5
§ 13b Abs. 2 Nr. 10 UStG	Lieferung von Mobilfunkgeräten	6

BEISPIEL 1

Der in Passau ansässige Metzger M lässt die Schaufenster seines Ladengeschäfts durch einen österreichischen Unternehmer reinigen. M erhält eine Rechnung über 400 €.

Der Österreicher erbringt eine Leistung im Sinne des § 3a Abs. 3 Nr. 1 UStG im Inland (vgl. Tz. 35). M schuldet nach § 13b Abs. 2 Nr. 1 UStG die Umsatzsteuer in Höhe von 76 € (19 % von 400 €).

---

6 Siehe auch BFH-Urteil vom 22.7.2010, VR 4/09.

Der in Hamburg ansässige Fischhändler F kauft eine Etage eines Ladengebäudes, um dort einen Fischhandel einzurichten. Der Notarvertrag weist 500.000 € Kaufpreis aus und enthält eine Formulierung, nach der die Veräußerung unter Verzicht auf die Steuerbefreiung nach § 4 Nr. 9a UStG steuerpflichtig behandelt werden soll.

F schuldet nach § 13b Abs. 2 Nr. 3 UStG die Umsatzsteuer in Höhe von 95.000 € (19 % von 500.000 €).

BEISPIEL 2

Der selbständige Malermeister M aus Miesbach nimmt im Auftrag der Baufirma R aus Rosenheim den Innenanstrich eines neu errichteten Bürogebäudes vor. M stellt R hierfür 20.000 € in Rechnung.

Die Umsatzsteuer auf die Malerarbeiten wird nach § 13b Abs. 2 Nr. 4 UStG von R geschuldet.

BEISPIEL 3

Der in Ulm ansässige Aluminiumhersteller U liefert Schlackenzement und Schlackensand in zwei getrennten Partien an den auf Landschafts-, Tief- und Straßenbau spezialisierten Unternehmer B in Baden-Baden.

Es liegen zwei Lieferungen vor. Die Umsatzsteuer für die Lieferung des Schlackenzements wird vom leistenden Unternehmer U geschuldet (§ 13a Abs. 1 Nr. 1 UStG), da Schlackenzement in der Anlage 3 nicht aufgeführt ist (insbesondere fällt Schlackenzement nicht unter die Nummer 1 der Anlage 3).

Für die Lieferung des Schlackensands schuldet der Empfänger B die Umsatzsteuer (§ 13b Abs. 5 Satz 1 in Verbindung mit Abs. 2 Nr. 7 UStG).

BEISPIEL 4

Der in Bremen ansässige Goldhändler G überlässt der Scheideanstalt S in Saarlouis verunreinigtes Gold mit einem Feingehalt von 500 Tausendstel. S trennt vereinbarungsgemäß das verunreinigte Gold in Anlagegold und unedle Metalle und stellt aus dem Anlagegold einen Goldbarren mit einem Feingehalt von 995 Tausendstel her; das hergestellte Gold fällt unter die Position 7108 des Zolltarifs. Der entsprechende Goldgewichtsanteil wird G auf einem Anlagegoldkonto gutgeschrieben; G hat nach den vertraglichen Vereinbarungen auch nach der Bearbeitung des Goldes und der Gutschrift auf dem Anlagegoldkonto noch die Verfügungsmacht an dem Gold. Danach verzichtet G gegen Entgelt auf seinen Herausgabeanspruch des Anlagegoldes. G hat nach § 25c Abs. 3 Satz 2 UStG zur Umsatzsteuerpflicht optiert.

Der Verzicht auf Herausgabe des Anlagegoldes gegen Entgelt stellt eine Lieferung des Anlagegolds von G an S dar. Da G nach § 25c Abs. 3 Satz 2 UStG zur Umsatzsteuerpflicht optiert hat, schuldet S als Leistungsempfänger die Umsatzsteuer für diese Lieferung (§ 13b Abs. 5 Satz 1 in Verbindung mit Abs. 2 Nr. 9 UStG).

BEISPIEL 5

Der in Chemnitz ansässige Chiphersteller C liefert dem in Aalen ansässigen Computerhändler A CPUs zu einem Preis von insgesamt 10.000 €. Diese werden von C an A unverbaut, das heißt ohne Einarbeitung in ein Endprodukt, übergeben. A baut einen Teil der CPUs in Computer ein und bietet den Rest in seinem Geschäft zum Einzelverkauf an. Außerdem liefert A unverbaute CPUs an den Unternehmer U für insgesamt 1.000 €.

A schuldet als Leistungsempfänger der Lieferung des C die Umsatzsteuer nach § 13b Abs. 5 Satz 1 i.V.m. Abs. 2 Nr. 10 UStG, weil es sich insgesamt um die Lieferung unverbauter integrierter Schaltkreise handelt. Auf die spätere Verwendung durch A kommt es nicht an.

Für die sich anschließende Lieferung der CPUs von A an U schuldet nicht U als Leistungsempfänger die Umsatzsteuer, da das Entgelt weniger als 5.000 € beträgt. Aus diesem Umsatz schuldet somit A als leistender Unternehmer die Umsatzsteuer (§ 13a Abs. 1 Nr. 1 UStG).

BEISPIEL 6

8. Ausstellung von Rechnungen

8.1 Vorschriften über die Ausstellung von Rechnungen

Tz. 84

Erbringt ein Unternehmer eine Lieferung oder sonstige Leistung an einen anderen Unternehmer oder eine juristische Person, so besteht nach § 14 Abs. 2 Satz 1 Nr. 1 und Nr. 2 Satz 2 UStG die Verpflichtung, innerhalb von sechs Monaten nach Ausführung der Leistung eine Rechnung auszustellen. Eine Ausnahme besteht allerdings, wenn der Umsatz nach § 4 Nr. 8 bis 28 UStG von der Umsatzsteuer befreit ist. In einem solchen Fall besteht grundsätzlich keine Verpflichtung zur Ausstellung einer Rechnung.

Rechnungserstellung

Tz. 85

Durch eine Änderung von § 14 Abs. 1 und Abs. 3 UStG zum 1.7.2011 wurden elektronische Rechnungen den Papierrechnungen gleichgestellt. Insbesondere wurde die Beschränkung der elektronischen Rechnungen auf EDI-Rechnungen und Rechnungen mit qualifizierter elektronischer Signatur aufgehoben. Künftig können elektronische Rechnungen in allen denkbaren elektronischen Formaten ausgestellt und übermittelt werden, z. B. als E-Mail, Web-Download oder pdf-, doc-, xls-, txt- und xml-Dateien.

elektronische Rechnung

I. Umsatzsteuer

Tz. 86

Mindestangaben in Rechnungen

Zur Vermeidung von Missbräuchen müssen Rechnungen gemäß § 14 Abs. 4 UStG die folgenden Angaben enthalten:

- den vollständigen Namen und die vollständige Anschrift des leistenden Unternehmers und des Leistungsempfängers;
- die dem leistenden Unternehmer vom Finanzamt erteilte Steuernummer oder die ihm vom Bundesamt für Finanzen erteilte Umsatzsteuer-Identifikationsnummer;
- das Ausstellungsdatum;
- eine fortlaufende Nummer mit einer oder mehreren Zahlenreihen, die zur Identifizierung der Rechnung vom Rechnungsaussteller einmalig vergeben wird (Rechnungsnummer);
- die Menge und die Art (handelsübliche Bezeichnung) der gelieferten Gegenstände oder den Umfang und die Art der sonstigen Leistung;
- den Zeitpunkt der Lieferung oder sonstigen Leistung oder der Vereinnahmung des Entgelts oder eines Teils des Entgelts in den Fällen des § 14 Abs. 5 Satz 1 UStG, sofern dieser Zeitpunkt feststeht und nicht mit dem Ausstellungsdatum der Rechnung identisch ist;
- das nach Steuersätzen und einzelnen Steuerbefreiungen aufgeschlüsselte Entgelt für die Lieferung oder sonstige Leistung (§ 10 UStG) sowie jede im Voraus vereinbarte Minderung des Entgelts, sofern sie nicht bereits im Entgelt berücksichtigt ist;
- den anzuwendenden Steuersatz sowie den auf das Entgelt entfallenden Steuerbetrag oder im Fall einer Steuerbefreiung einen Hinweis darauf, dass für die Lieferung oder sonstige Leistung eine Steuerbefreiung gilt;
- in den Fällen des § 14b Abs. 1 Satz 5 UStG (Rechnung über eine umsatzsteuerpflichtige Werklieferung oder sonstige Leistung im Zusammenhang mit einem Grundstück) einen Hinweis auf die Aufbewahrungspflichten des Leistungsempfängers.

Tz. 87

Angabe des Steuersatzes

In einer Rechnung über Lieferungen oder sonstige Leistungen, die verschiedenen Steuersätzen unterliegen (7 % oder 19 %), sind die (Netto-)Entgelte und die Steuerbeträge nach Steuersätzen zu trennen. Wird hierbei der Steuerbetrag durch Maschinen automatisch ermittelt und durch diese in der Rechnung angegeben, so ist der Ausweis des Steuerbetrags in einer Summe zulässig, wenn für die einzelnen Posten der Rechnung jeweils der Steuersatz angegeben wird.

Tz. 88

Kleinstbetragsrechnungen

Die in Tz. 86 genannten strengen (Mindest-)Inhalte einer Rechnung sind bei Rechnungen über Kleinbeträge, das heißt, deren Gesamtbetrag (Bruttopreis!) 150 € nicht übersteigt, abgemildert (§ 33 UStDV).

Solche Rechnungen genügen für den Vorsteuerabzug des Leistungsempfängers, wenn sie mindestens folgende Angaben enthalten:

- den vollständigen Namen und die vollständige Anschrift des leistenden Unternehmers,
- das Ausstellungsdatum,
- die Menge und die Art der gelieferten Gegenstände oder den Umfang und die Art der sonstigen Leistung,
- das Entgelt und den darauf entfallenden Steuerbetrag für die Lieferung oder sonstige Leistung in einer Summe sowie den anzuwendenden Steuersatz oder im Fall einer Steuerbefreiung einen Hinweis darauf, dass für die Lieferung oder sonstige Leistung eine Steuerbefreiung gilt.

Der Rechnungsempfänger bzw. der durch die Rechnung Belastete darf für den Vorsteuerabzug den Steuerbetrag auf der Grundlage des angegebenen Steuersatzes herausrechnen. Die Angabe des Steuersatzes steht mithin dem Ausweis eines Steuerbetrages gleich.

Es muss ein konkreter Steuersatz angegeben werden. Die Nennung lediglich eines Prozentsatzes reicht nicht aus, vielmehr ist der Zusatz „Umsatzsteuer", „USt", „Mehrwertsteuer" oder „MwSt" erforderlich, z. B. „inkl. 19 % USt" oder „im Preis sind 19 % Umsatzsteuer enthalten". Die Angabe „Gesetzliche USt enthalten" reicht nicht aus, da kein Steuersatz genannt ist.

Tz. 89

Gemäß § 34 UStDV müssen Fahrausweise nur die in dieser Vorschrift genannten Angaben enthalten, um als Rechnung im Sinne des § 14 UStG anerkannt zu werden.

Fahrausweise

8.2 Gutschriften

Tz. 90

Als Rechnung gilt nach § 14 Abs. 2 Satz 2 UStG auch eine Gutschrift, mit der ein Unternehmer über eine steuerpflichtige Leistung abrechnet, die an ihn ausgeführt wird. Voraussetzung ist allerdings, dass dies vorher vereinbart wurde und der Empfänger nicht widerspricht (§ 14 Abs. 2 Satz 3 UStG). Eine Gutschrift ist ebenso wie eine Rechnung innerhalb von sechs Monaten nach Leistungserbringung zu erteilen (A 14.3 Abs. 2 Satz 4 UStAE).

Gutschriften

8.3 Ausstellen von Rechnungen in besonderen Fällen

Tz. 91

Die Verpflichtung zur Ausstellung einer Rechnung gilt auch gegenüber Privatpersonen, wenn ein Unternehmer eine steuerpflichtige Werklieferung oder eine sonstige Leistung im Zusammenhang mit einem Grundstück erbringt. Nach § 14 Abs. 2 Satz 1 Nr. 1 UStG ist der Unternehmer in diesem Fall zur Ausstellung einer Rechnung innerhalb von sechs Monaten nach Ausführung der Leistung verpflichtet.

Leistungen an Grundstücken

Tz. 92

§ 14a UStG regelt ergänzend zu § 14 UStG die zusätzlichen Pflichten bei der Ausstellung von Rechnungen in besonderen Fällen. Zu den besonderen Fällen gehören:

Sonderfälle

- Lieferungen im Sinne des § 3c UStG,
- innergemeinschaftliche Lieferungen (§ 6a UStG),
- innergemeinschaftliche Lieferungen neuer Fahrzeuge (§§ 2a, 6a UStG),
- Fälle der Steuerschuldnerschaft des Leistungsempfängers (§ 13b UStG)[7],
- Besteuerung von Reiseleistungen (§ 25 UStG),
- Differenzbesteuerung (§ 25a UStG) und
- innergemeinschaftliche Dreiecksgeschäfte (§ 25b UStG).

8.4 Aufbewahrung von Rechnungen

Tz. 93

Führt der Unternehmer eine Werklieferung oder sonstige Leistung im Zusammenhang mit einem Grundstück aus, hat er nach § 14 Abs. 4 Satz 1 Nr. 9 UStG den Leistungsempfänger auf seine Aufbewahrungspflicht der Rechnung, eines Zahlungsbelegs oder einer anderen beweiskräftigen Unterlage hinzuweisen. Ein privater Leistungsempfänger muss die Rechnung oder vergleichbare Unterlagen mindestens zwei Jahre aufbewahren (§ 14b Abs. 1 Satz 5 UStG). Die Aufbewahrungsfrist für Unternehmer beträgt zehn Jahre (§ 14b Abs. 1 Satz 1 UStG).

Aufbewahrungspflicht

Tz. 94

Gemäß dem zum 1. 7. 2011 in Kraft getretenen § 14b Abs. 1 Satz 2 UStG müssen sowohl der Rechnungsempfänger als auch der Rechnungsaussteller während des gesamten zehnjährigen Aufbewahrungszeitraums die Echtheit der Herkunft der Rechnung, die Unversehrtheit ihres In-

elektronische Rechnungen

---

[7] In der Rechnung ist nach § 14a Abs. 5 Satz 2 UStG auf die Steuerschuldnerschaft des Leistungsempfängers hinzuweisen.

8.5 Unrichtiger oder unberechtigter Steuerausweis und steuerliche Konsequenzen

Tz. 95

falscher Steuerausweis

Weist der leistende Unternehmer in einer Rechnung einen höheren Steuerbetrag aus, als er gesetzlich schulden würde, schuldet er auch den Mehrbetrag (§ 14c Abs. 1 UStG). Dies gilt auch dann, wenn die Rechnung nicht alle in § 14 Abs. 4 und § 14a UStG aufgeführten Angaben enthält. Die Vorschrift des § 14c Abs. 1 UStG gilt nur für Unternehmer, die persönlich zum gesonderten Steuerausweis berechtigt sind und für eine Lieferung oder sonstige Leistung einen Steuerbetrag in der Rechnung gesondert ausgewiesen haben, obwohl sie für diesen Umsatz keine oder eine niedrigere Steuer schulden.

Tz. 96

zu hoher Steuerausweis

Die zu hoch ausgewiesene Steuer wird geschuldet, obwohl der Leistungsempfänger diese Steuer nicht als Vorsteuer abziehen kann.

BEISPIEL

Ein Unternehmer berechnet für eine Lieferung die Umsatzsteuer mit 19 %, obwohl hierfür nach § 12 Abs. 2 UStG nur 7 % geschuldet werden.

Entgelt	1.000,00 €
+ 19 % Umsatzsteuer	190,00 €
Rechnungsbetrag	1.190,00 €
Es ergibt sich folgender Vorsteuerabzug:	
Rechnungsbetrag mit Steuer	1.190,00 €
darin enthaltene Steuer (7 % = 7/107)	77,85 €
Rechnungsbetrag ohne Steuer	1.112,15 €

Tz. 97

unberechtigter Steuerausweis

Wer in einer Rechnung einen Steuerbetrag ausweist, obwohl er dazu nicht berechtigt ist (unberechtigter Steuerausweis), schuldet den ausgewiesenen Betrag (§ 14c Abs. 2 Sätze 1 und 2 UStG). Dies betrifft vor allem Kleinunternehmer, bei denen die Umsatzsteuer nach § 19 Abs. 1 UStG nicht erhoben wird, gilt aber auch, wenn jemand wie ein leistender Unternehmer abrechnet und einen Steuerbetrag ausweist, obwohl er nicht Unternehmer ist oder eine Lieferung oder sonstige Leistung nicht ausführt. Die Rechtsfolgen treten unabhängig davon ein, ob die Rechnung alle in § 14 Abs. 4 und § 14a UStG aufgeführten Angaben enthält.

BEISPIEL

Ein Student verkauft seinen Pkw und erstellt aus Gefälligkeit ein als Rechnung bezeichnetes Dokument mit Umsatzsteuerausweis.

Der Student schuldet nach § 13 Abs. 1 Nr. 4 UStG in Verbindung mit § 14c Abs. 2 UStG die ausgewiesene Umsatzsteuer.

Tz. 98

zu niedriger Steuerausweis

Bei zu niedrigem Steuerausweis schuldet der Unternehmer die gesetzlich vorgeschriebene Steuer. Der Unternehmer hat in diesem Fall die Steuer unter Zugrundelegung des maßgeblichen Steuersatzes aus dem Gesamtrechnungsbetrag herauszurechnen.

Ein Unternehmer berechnet für eine Lieferung die Steuer mit 7 %, obwohl hierfür nach § 12 Abs. 1 UStG eine Steuer von 19 % geschuldet wird.

Berechnetes Entgelt	400,00 €
+ 7 % Umsatzsteuer	28,00 €
Gesamtrechnungsbetrag	428,00 €
Herausrechnung der Steuer mit 19/119	- 68,34 €
Entgelt	359,66 €
geschuldete Steuer (19 % von 359,66 €)	68,34 €

Der Leistungsempfänger darf als Vorsteuer nur den in der Rechnung ausgewiesenen Steuerbetrag (28 €) abziehen.

9. Steuerberechnung, Besteuerungszeitraum und Einzelbesteuerung

9.1 Arten der Steuerberechnung

Tz. 99

Die Versteuerung nach vereinbarten und vereinnahmten Entgelten sowie die Behandlung von Anzahlungen wurden bereits in Tz. 80 ff. dargestellt.

Anzahlungen

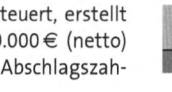

Der Bauunternehmer B aus Bochum, der seine Umsätze nach vereinbarten Entgelten versteuert, erstellt monatliche Umsatzsteuervoranmeldungen. Er hat in Oberhausen eine Lagerhalle für 200.000 € (netto) errichtet. Die Lagerhalle wurde am 20. 5. 2012 abgenommen. B hat mit dem Auftraggeber Abschlagszahlungen vereinbart, die wie folgt geleistet wurden:

4. 10. 2011:	40.000 €
1. 3. 2012:	60.000 €
26. 3. 2012:	50.000 €
4. 6. 2012:	88.000 €

Die Umsatzsteuer wurde erst in der Abschlussrechnung gesondert ausgewiesen. Die Abschlagsrechnungen wurden jeweils ohne Umsatzsteuerausweis erstellt.

Die Umsatzsteuer entsteht bei der Versteuerung nach vereinbarten Entgelten mit Ausführung der Leistung (20. 5. 2012). Die erhaltenen Anzahlungen lösen jedoch im Voranmeldungszeitraum des Zugangs nach § 13 Abs. 1 Nr. 1a Satz 4 UStG ebenfalls Umsatzsteuer aus:

4. 10. 2011:	40.000 € : 1,19 × 0,19 =	6.386,55 €
1. 3. 2012:	60.000 € : 1,19 × 0,19 =	9.579,83 €
26. 3. 2012:	50.000 € : 1,19 × 0,19 =	7.983,19 €
4. 6. 2012:	88.000 € : 1,19 × 0,19 =	14.050,43 €
		38.000,00 €

Etwaige Rundungsdifferenzen (hier: 0,01 €) werden durch die Endrechnung korrigiert.

9.2 Änderungen der Bemessungsgrundlage

Tz. 100

Die Umsatzsteuerbemessungsgrundlage kann sich ändern, wenn sich das Entgelt nachträglich mindert oder erhöht. Tritt diese Änderung in dem Voranmeldungszeitraum ein, in dem die Umsatzsteuer entstanden ist, wird die Steuerschuld unmittelbar in der zutreffenden Höhe ermittelt.

Änderung der BMG

Eine Rechtsanwalts-GmbH verkauft am 3. 4. einen nicht mehr benötigten Schreibtisch für 4.000 € zzgl. Umsatzsteuer an einen Antiquitätenhändler. Dieser zahlt noch im April unter Abzug von 2 % Skonto.

Die Rechtsanwalts-GmbH meldet den Umsatz im April mit einer Bemessungsgrundlage von 3.920 € (98 % von 4.000 €) an.

Tz. 101

Erfolgt die Veränderung der Bemessungsgrundlage jedoch in einem späteren Voranmeldungszeitraum, entsteht die Umsatzsteuer zunächst auf der Basis der vollen Bemessungsgrundlage (hier: 4.000 €). Gemäß § 17 Abs. 1 Satz 1 UStG muss die Umsatzsteuer dann im Voranmeldungszeitraum der Zahlung korrigiert werden.

Tz. 102

uneinbringliche Forderungen

Entsprechendes würde gelten, wenn die Forderung ganz oder teilweise uneinbringlich wird (§ 17 Abs. 2 Nr. 1 Satz 1 UStG). Wird die Forderung später dann doch realisiert, erfolgt im Voranmeldungszeitraum der Zahlung eine erneute Korrektur (§ 17 Abs. 2 Nr. 1 Satz 2 UStG).

9.3 Besteuerungsverfahren

Tz. 103

Voranmeldung

Der Unternehmer hat bis zum 10. Tag nach Ablauf jedes Voranmeldungszeitraums eine Voranmeldung nach amtlich vorgeschriebenem Datensatz durch Datenfernübertragung nach Maßgabe der Steuerdaten-Übermittlungsverordnung zu übermitteln, in der er die Steuer für den Voranmeldungszeitraum (Vorauszahlung) selbst zu berechnen hat (§ 18 Abs. 1 Satz 1 UStG). Die Vorauszahlung ist am 10. Tag nach Ablauf des Voranmeldungszeitraums fällig (§ 18 Abs. 1 Satz 4 UStG). Diese Frist kann nach § 46 UStDV auf Antrag um einen Monat verlängert werden. In diesem Fall ist eine Sondervorauszahlung in Höhe von einem Elftel der Summe der Vorauszahlungen für das vorangegangene Kalenderjahr zu entrichten (§ 47 Abs. 1 UStDV).

Die Umsatzsteuerjahreserklärung ist grundsätzlich bis zum 31. 5. des Folgejahres abzugeben (§ 149 Abs. 2 AO). Die Frist kann jedoch auf Antrag verlängert werden.

Tz. 104

Voranmeldungszeitraum

Voranmeldungszeitraum ist gemäß § 18 Abs. 2 UStG grundsätzlich das Kalendervierteljahr. Beträgt die Steuer für das vorangegangene Kalenderjahr mehr als 7.500 €, ist der Kalendermonat Voranmeldungszeitraum. Beträgt die Steuer für das vorangegangene Kalenderjahr nicht mehr als 1.000 €, kann das Finanzamt den Unternehmer von der Verpflichtung zur Abgabe der Voranmeldungen und Entrichtung der Vorauszahlungen befreien. Nimmt ein Unternehmer seine berufliche oder gewerbliche Tätigkeit auf, ist im laufenden und folgenden Kalenderjahr der Kalendermonat Voranmeldungszeitraum.

10. Zusammenfassende Meldung

Tz. 105

ZM

Wegen des Wegfalls der Grenzkontrollen innerhalb des EG-Binnenmarktes zum 1. 1. 1993 wurde in den Mitgliedstaaten ein einheitliches Kontrollverfahren zur Überwachung von innergemeinschaftlichen Warenströmen, genannt Mehrwertsteuer-Informationsaustausch-System (MIAS), eingeführt. Über einen zentralen Datenverbund mit allen EU-Mitgliedstaaten können die Finanzbehörden Informationen über innergemeinschaftliche Warenbewegungen untereinander austauschen und abgleichen. Grundlage hierfür sind die Zusammenfassenden Meldungen. In dieser sind nach § 18a Abs. 1 UStG innergemeinschaftliche Warenlieferungen, Lieferungen im Sinne des § 25b Abs. 2 UStG im Rahmen von innergemeinschaftlichen Dreiecksgeschäften und ab 1. 1. 2010 auch die im übrigen Gemeinschaftsgebiet steuerpflichtigen sonstigen Leistungen anzugeben. Für Besteuerungszeiträume ab 2012 ist die Zusammenfassende Meldung monatlich abzugeben, wenn die Summe der für die Anwendung relevanten Bemessungsgrundlagen im Quartal mehr als 50.000 € (bis 2011: 100.000 €) beträgt.

In der Zusammenfassenden Meldung sind nach § 18a Abs. 7 UStG in dem jeweiligen Meldezeitraum getrennt für jeden Erwerber oder Empfänger der dort bezeichneten Lieferungen oder sonstigen Leistungen die USt-IdNr. und die Summe der Bemessungsgrundlagen gesondert anzugeben.

11. Vorsteuerabzug

11.1 Abziehbare Vorsteuer

Tz. 106

Voraussetzung für die Vornahme des Vorsteuerabzugs ist gemäß § 15 Abs. 1 UStG, dass die Lieferung oder sonstige Leistung an das Unternehmen erbracht sein muss und eine Rechnung mit gesondertem Umsatzsteuerausweis vorliegt. Der Abzug ist in dem Voranmeldungszeitraum möglich, in dem beide Voraussetzungen gegeben sind.

Vorsteuerabzug – Voraussetzungen

Der Vorsteuerabzug bei Anzahlungen vor Ausführung der Leistung ist nur möglich, wenn eine ordnungsgemäße Rechnung vorliegt und die Anzahlung geleistet wurde (§ 15 Abs. 1 Nr. 1 Satz 3 UStG).

11.2 Ausschluss vom Vorsteuerabzug

Tz. 107

Nicht abziehbar sind Vorsteuerbeträge, die auf Aufwendungen, für die das Abzugsverbot des § 4 Abs. 5 Satz 1 Nr. 1 bis 4, 7 oder des § 12 Nr. 1 EStG gilt, entfallen (§ 15 Abs. 1a Satz 1 UStG). Dies gilt nicht für Bewirtungsaufwendungen, soweit § 4 Abs. 5 Satz 1 Nr. 2 EStG einen Abzug angemessener und nachgewiesener Aufwendungen ausschließt (§ 15 Abs. 1a Satz 2 UStG).

Ausschluss vom Vorsteuerabzug

> Der Unternehmer U hat einen Kunden zum Essen eingeladen. Die Rechnung lautet über 119 € (inklusive 19 € Umsatzsteuer).
>
> Die Vorsteuer ist in voller Höhe abzugsfähig, wogegen von den Bewirtungskosten nur 70 % abzugsfähig sind.

Tz. 108

Gemäß § 15 Abs. 2 UStG ist der Vorsteuerabzug außerdem nicht möglich, wenn die empfangenen Leistungen für steuerfreie Ausgangsumsätze verwendet werden.

> Der selbständige Arzt erwirbt einen PC für seine Arztpraxis.
>
> Die Vorsteuer ist nicht abzugsfähig, da der Arzt nach § 4 Nr. 14 UStG steuerfreie Leistungen ausführt, und erhöht somit die Anschaffungskosten (§ 9b Abs. 1 EStG) und wirkt sich über die AfA gewinnmindernd aus.

Tz. 109

§ 15 Abs. 3 UStG regelt jedoch, dass der Vorsteuerabzug beispielsweise zulässig ist, sofern sich die empfangenen Leistungen auf steuerfreie Ausfuhrlieferungen beziehen.

> Ein Handelsvertreter aus München nimmt im Zusammenhang mit einer steuerfreien Ausfuhrlieferung von Maschinenbauteilen nach Russland die Leistung einer Dolmetscherin in Anspruch.
>
> Der Umsatz ist nach § 4 Nr. 1a UStG steuerfrei. Der Vorsteuerabzug aus der Rechnung der Dolmetscherin ist dennoch nach § 15 Abs. 3 Nr. 1 UStG zulässig.

Tz. 110

Nach § 15 Abs. 4 UStG ist der Vorsteuerbetrag aufzuteilen, wenn der Unternehmer die empfangenen Leistungen sowohl für steuerpflichtige als auch für steuerfreie Ausschlussumsätze verwendet.

Aufteilung der Vorsteuer

> Der Vermieter V ist Eigentümer eines Hauses in Cham. 70 % der Fläche sind steuerfrei an das örtliche Standesamt und 30 % steuerpflichtig an einen Blumenladen vermietet. V lässt das Dach neu eindecken und wendet hierfür 50.000 € zuzüglich 9.500 € Umsatzsteuer auf.
>
> Die Vorsteuer ist nach § 15 Abs. 4 UStG aufzuteilen. Aufteilungsmaßstab ist unabhängig vom jeweiligen Mietzins die Fläche (§ 15 Abs. 4 Sätze 2 und 3 UStG, A 15.17 Abs. 7 Satz 4 UStAE). Somit sind lediglich 30 % der ausgewiesenen Vorsteuer (30 % von 9.500 € = 2.850 €) abzugsfähig.

11.3 Berichtigung des Vorsteuerabzugs

Tz. 111

Berichtigung der Vorsteuer

Gemäß § 15 UStG entsteht das Recht auf Vorsteuerabzug bereits im Zeitpunkt des Leistungsbezugs. Maßgeblich für den Vorsteuerabzug ist die Verwendung der bezogenen Leistung. Findet die Verwendung der Leistung erst nach deren Bezug statt, ist die im Zeitpunkt des Leistungsbezugs gegebene Verwendungsabsicht entscheidend. Die Verwendungsabsicht muss objektiv belegt werden. Diesem Zweck können beispielsweise bei der geplanten Vermietung einer Immobilie Mietverträge, Zeitungsinserate oder Vertriebskonzepte dienen.

Tz. 112

§ 15a UStG

Verwendet der Unternehmer die bezogene Leistung anders als im Zeitpunkt des Leistungsbezugs beabsichtigt, kann ihm der Vorsteuerabzug nach § 15 UStG nicht rückwirkend versagt oder gewährt werden. Durch § 15a UStG wird der Vorsteuerabzug so berichtigt, dass er den tatsächlichen Verhältnissen bei der Verwendung des Wirtschaftsguts oder der sonstigen Leistung entspricht.

BEISPIEL 1

Der Unternehmer U errichtet ein Bürogebäude. In 2008 fallen 100.000 € und in 2009 300.000 € Vorsteuer an. U beabsichtigt, das Gebäude nach der Fertigstellung ausschließlich für zum Vorsteuerabzug berechtigende Umsätze zu verwenden. Aus diesem Grund macht er aus der Errichtung des Gebäudes 400.000 € Vorsteuer geltend. Nachdem das Gebäude ab dessen Fertigstellung (30.10.2009) leer steht, kann es ab dem 1.4.2011 an einen Zahnarzt vermietet werden, der in den Räumen seine Praxis betreibt.

Der zehnjährige Berichtigungszeitraum des § 15a Abs. 1 UStG beginnt mit dem Zeitpunkt der erstmaligen Verwendung (1.4.2011) und läuft bis zum 31.3.2021. In 2011 ergibt sich folgende Vorsteuerrückzahlung: 400.000 € × $^{1}/_{10}$ × $^{9}/_{12}$ = 30.000 €

BEISPIEL 2

Bauunternehmer A erwirbt am 1.3.2009 eine Maschine. Die in Rechnung gestellte Vorsteuer beträgt 25.000 €. Da A beabsichtigt, die Maschine zu 60 % für Ausschlussumsätze zu verwenden, macht er 40 % der Vorsteuer (10.000 €) im Voranmeldungszeitraum März 2009 geltend. Die tatsächliche Nutzung in 2009 entspricht der prognostizierten, so dass sich in 2009 kein Korrekturbedarf ergibt.

In 2010 verwendet A die Maschine nur noch für Ausschlussumsätze.

In 2011 wird die Maschine bis zum 30.9. ebenfalls ausschließlich für Ausschlussumsätze verwendet. Am 1.10.2011 wird die Maschine steuerpflichtig veräußert.

Der fünfjährige Berichtigungszeitraum des § 15a Abs. 1 UStG läuft vom Zeitpunkt der erstmaligen Verwendung der Maschine (1.3.2009) bis zum 28.2.2014.

Die Nutzung der Maschine in 2010 berechtigt nicht zum Vorsteuerabzug. 40 % der auf 2010 entfallenden Vorsteuer (25.000 € : 5 Jahre × 40 % = 2.000 €) sind zurückzuzahlen. Für 2011 ergibt sich folgende Berechnung:

9 Monate × 0 % =	0
3 Monate × 100 % =	300
	300
300 : 12 Monate =	25 %

Da ursprünglich 40 % Vorsteuer zum Abzug gebracht wurde, sind für 2011 750 € (15 % von 5.000 €) zurückzuzahlen. Darüber hinaus ist die Berichtigung für die Jahre 2012 bis 2014 in 2011 vorzunehmen:

2012: 5.000 € × 60 % =	3.000 €
2013: 5.000 € × 60 % =	3.000 €
2014: 5.000 € × 60 % × $^{2}/_{12}$ =	500 €
	6.500 €

In 2011 ist eine Vorsteuerkorrektur zu Gunsten von A in Höhe von 5.750 € (6.500 € - 750 €) vorzunehmen.

Tz. 113

Ändern sich bei einem Wirtschaftsgut des Umlaufvermögens die für den ursprünglichen Vorsteuerabzug maßgeblichen Verhältnisse, ist ebenfalls eine Berichtigung des Vorsteuerabzugs vorzunehmen (§ 15a Abs. 2 UStG). Diese erfolgt komplett für den Berichtigungszeitraum, in dem das Wirtschaftsgut verwendet wird.

Anders als in den Fällen des § 15a Abs. 1 UStG gibt es bei Gegenständen des Umlaufvermögens keinen begrenzten Berichtigungszeitraum. Die Berichtigung ist also ausschließlich für den Besteuerungszeitraum, in dem das Wirtschaftsgut verwendet wird, vorzunehmen.

Der Unternehmer A handelt mit bebauten und unbebauten Grundstücken. Am 1.5.2010 kauft er für 3 Mio. € zzgl. Umsatzsteuer von dem Unternehmer B ein dreigeschossiges Haus. Von der Optionsmöglichkeit des § 9 UStG wird Gebrauch gemacht, so dass 570.000 € Umsatzsteuer anfallen. Der Gesamtkaufpreis verteilt sich gleichmäßig auf das Gebäude. A will das Gebäude sanieren und anschließend an Steuerberater und Rechtsanwälte verkaufen. Die für diesen Zweck in 2010 abgeschlossenen Umbauarbeiten belaufen sich auf 100.000 € zzgl. 19.000 € Umsatzsteuer je Geschoss.

Auf Grund einer geplanten Veräußerung mit Steuerausweis macht A sowohl aus den Anschaffungskosten als auch aus den Umbauarbeiten Vorsteuer geltend. Im Jahr 2011 veräußert A zwei der Stockwerke an einen Steuerberater und das dritte Stockwerk an einen Arzt zu dessen unternehmerischen Nutzung.

Wegen der steuerfreien Veräußerung an den Arzt ist in 2011 der Vorsteuerabzug auf die Anschaffungskosten und die Umbauarbeiten anteilig zu korrigieren. A muss daher 29.000 €[8] Vorsteuer an den Fiskus zurück zahlen.

12. Besteuerung von Kleinunternehmern

Tz. 114

Der Kleinunternehmer ist ein Unternehmer, von dem keine Umsatzsteuer erhoben wird. Wenn die im Folgenden genannten Voraussetzungen vorliegen ist man Kleinunternehmer, ohne dass ein Antrag gestellt werden muss (§ 19 Abs. 1 Satz 1 UStG). Voraussetzung ist, dass

▶ der Gesamtumsatz im vergangenen Jahr nicht größer als 17.500 € war und

▶ der Gesamtumsatz im laufenden Jahr voraussichtlich 50.000 € nicht übersteigen wird.

Kleinunternehmer
Gesamtumsatz ≤ 17.500 €

Da beide Voraussetzungen vorliegen müssen, bedeutet dies: Hat der Gesamtumsatz im Vorjahr die Grenze von 17.500 € überschritten, ist die Steuer für das laufende Kalenderjahr auch dann zu erheben, wenn der Gesamtumsatz in diesem Jahr die Grenze von 17.500 € voraussichtlich nicht überschreiten wird (A 19.1 Abs. 3 Satz 1 UStAE).

Tz. 115

In die Berechnung des Gesamtumsatzes werden nach § 19 Abs. 3 UStG nicht alle Umsätze einbezogen. So werden einige steuerfreie Leistungen, wie beispielsweise Vermietungsumsätze, nicht berücksichtigt.

Tz. 116

Die Folgen der Kleinunternehmereigenschaft sind:

USt wird nicht erhoben.

▶ Umsatzsteuer wird nicht erhoben;

▶ kein Vorsteuerabzug;

▶ Verzicht auf die Steuerbefreiung nach § 9 UStG (Option) ist nicht möglich;

▶ Rechnungen mit Steuerausweis dürfen nicht gestellt werden (ansonsten wird Umsatzsteuer nach § 14c Abs. 2 UStG erhoben);

▶ innergemeinschaftliche Lieferungen können nicht steuerfrei ausgeführt werden.

Tz. 117

Ein Kleinunternehmer kann auf die Anwendung der Regelung verzichten (§ 19 Abs. 2 Satz 1 UStG). Ein wirksamer Verzicht kann nur dadurch erreicht werden, dass Steuererklärungen abgegeben werden, in der die Umsätze der Umsatzsteuer unterworfen werden. Der Unternehmer ist nach Eintritt der Unanfechtbarkeit der Steuerfestsetzung fünf Jahre an den Verzicht gebunden (§ 19 Abs. 2 Satz 2 UStG).

Verzicht möglich

---

8 190.000 € (570.000 € : 3) + 19.000 € = 29.000 €.

13. Aufzeichnungspflichten

13.1 Umfang

Tz. 118

Aufzeichnungen — Der Unternehmer ist nach § 22 Abs. 1 Satz 1 UStG verpflichtet, zur Feststellung der Steuer und der Grundlagen ihrer Berechnung Aufzeichnungen zu machen. Aus diesen Aufzeichnungen muss sich ein sachverständiger Dritter innerhalb einer angemessenen Zeit einen Überblick über die Umsätze des Unternehmers und die abziehbaren Vorsteuern sowie die Grundlagen für die Steuerberechnung verschaffen können (§ 63 Abs. 1 UStDV).

13.2 Bedeutung

Tz. 119

Karussellgeschäfte — Durch die relativ umfangreichen Aufzeichnungspflichten soll das Steueraufkommen gesichert werden; Steuerverkürzungen und -hinterziehungen – insbesondere im Zusammenhang mit grenzüberschreitenden Karussellgeschäften – sollen erschwert werden. Bei einem Umsatzsteuerkarussell wirken mehrere Unternehmen in verschiedenen EU-Mitgliedstaaten zusammen. Einer oder mehrere der leistenden Unternehmer der Lieferkette führen die fällige Umsatzsteuer nicht an das Finanzamt ab. Die Abnehmer machen hingegen die Vorsteuer geltend und erhalten diese vom Finanzamt ausgezahlt.

13.3 Vereinfachung

Tz. 120

Erleichterungen — Da die Umsätze von Kleinunternehmern nicht der Umsatzbesteuerung unterworfen werden, gelten für diese nach § 65 UStDV Aufzeichnungserleichterungen. So können Kleinunternehmer beispielsweise die Werte der erhaltenen Gegenleistungen zusammengefasst erfassen.

13.4 Besondere Aufzeichnung für die Einfuhrumsatzsteuer und Erwerbsteuer

Tz. 121

Importgeschäfte — Die allgemeinen Aufzeichnungspflichten gelten auch für innergemeinschaftliche Warenlieferungen (vgl. § 22 Abs. 2 Nr. 1 UStG) und innergemeinschaftliche Erwerbe (§ 22 Abs. 2 Nr. 7 UStG). Nach § 22 Abs. 2 Nr. 1 UStG hat der Unternehmer die Bemessungsgrundlage und die darauf entfallende Steuer für die innergemeinschaftlichen Lieferungen und für die fiktiven Lieferungen in den Fällen des innergemeinschaftlichen Verbringens von Gegenständen vom inländischen in den ausländischen Unternehmensteil aufzuzeichnen. Festzuhalten sind auch die innergemeinschaftlichen Lieferungen von neuen Fahrzeugen. Nach § 22 Abs. 2 Nr. 7 UStG sind die innergemeinschaftlichen Erwerbe getrennt von den übrigen Aufzeichnungen der Bemessungsgrundlagen und Steuerbeträge aufzuzeichnen. Hierunter fallen die Lieferungen im Sinne des § 1a Abs. 1 UStG und die innergemeinschaftlichen Verbringensfälle zwischen dem ausländischen und dem inländischen Unternehmensteil, die als fiktive Lieferungen gelten.

Entsprechendes gilt für die Einfuhrumsatzsteuer (A 22.2 Abs. 9 UStAE).

14. Besonderheiten der Organschaft

Tz. 122

Organschaft — Eine umsatzsteuerliche Organschaft nach § 2 Abs. 2 Nr. 2 UStG liegt vor, wenn eine juristische Person nach dem Gesamtbild der tatsächlichen Verhältnisse

- ▶ finanziell,
- ▶ wirtschaftlich und
- ▶ organisatorisch in ein Unternehmen eingegliedert ist.

Tz. 123

Es ist nicht erforderlich, dass alle drei Eingliederungsmerkmale gleichermaßen ausgeprägt sind. Eine Organschaft kann deshalb auch gegeben sein, wenn die Eingliederung auf einem dieser drei Gebiete nicht vollständig, dafür aber auf den anderen Gebieten umso eindeutiger ist, so dass sich die Eingliederung aus dem Gesamtbild der tatsächlichen Verhältnisse ergibt (vgl. BFH-Urteil vom 23. 4. 1964, BStBl 1964 III S. 346).

Tz. 124

Unter der finanziellen Eingliederung ist der Besitz der entscheidenden Anteilsmehrheit an der Organgesellschaft zu verstehen, die es dem Organträger ermöglicht, durch Mehrheitsbeschlüsse seinen Willen in der Organgesellschaft durchzusetzen. Wirtschaftliche Eingliederung bedeutet, dass die Organgesellschaft nach dem Willen des Unternehmens im Rahmen des Gesamtunternehmens, und zwar in engem wirtschaftlichen Zusammenhang mit diesem, wirtschaftlich tätig ist. Die organisatorische Eingliederung liegt vor, wenn der Organträger durch organisatorische Maßnahmen sicherstellt, dass in der Organgesellschaft sein Wille auch tatsächlich ausgeführt wird. Die organisatorische Eingliederung setzt in aller Regel die personelle Verflechtung der Geschäftsführungen des Organträgers und der Organgesellschaft voraus (BFH-Urteil vom 3. 4. 2008, BStBl 2008 II S. 905). Dies ist z. B. durch Personalunion der Geschäftsführer in beiden Gesellschaften der Fall.

B aus Bamberg betreibt einen Baustoffhandel (Einzelunternehmen). Er ist zugleich alleiniger Gesellschafter und Geschäftsführer der BauBamberg GmbH. Das Einzelunternehmen des B beliefert die GmbH regelmäßig mit Baustoffen.

Nach § 2 Abs. 2 Nr. 2 UStG liegt eine umsatzsteuerliche Organschaft vor, da eine juristische Person – die BauBamberg GmbH – nach dem Gesamtbild der Verhältnisse finanziell, wirtschaftlich und organisatorisch in das Unternehmen des B eingegliedert ist. Die Zahlungen der GmbH für die gelieferten Baustoffe sind ein nichtsteuerbarer Innenumsatz. B muss konsolidierte Umsatzsteuervoranmeldungen und Umsatzsteuerjahreserklärungen abgeben, die sowohl die Umsätze des Einzelunternehmens als auch die der GmbH enthalten.

15. Fiskalvertreter

Tz. 125

Durch das Umsatzsteuer-Änderungsgesetz 1997 ist zum 1. 1. 1997 das Institut der Fiskalvertretung in das Umsatzsteuerrecht eingeführt worden. Die Regelungen finden sich in den §§ 22a bis 22e UStG. Die Fiskalvertretung soll die Durchführung des Besteuerungsverfahrens für im Ausland ansässige Unternehmer vereinfachen. Die Vereinfachung besteht darin, dass eine steuerliche Registrierung dieser Unternehmer bei einem Finanzamt vermieden wird und gleichwohl die Erfüllung der Verpflichtungen zur Abgabe von Erklärungen und Zusammenfassender Meldungen dadurch erreicht werden kann, dass die betroffenen Unternehmen im Inland einen Fiskalvertreter bestellen.

Fiskalvertreter

Tz. 126

Der Fiskalvertreter hat bei dem für seine Umsatzbesteuerung zuständigen Finanzamt unter einer für die Fiskalvertretung gesondert erteilten Steuernummer die umsatzsteuerlichen Pflichten sämtlicher durch ihn vertretenen ausländischen Unternehmer als eigene Pflichten zu erfüllen. Der Fiskalvertreter hat nach § 22b Abs. 2 Satz 1 i.V. m. § 18 Abs. 3 und 4 UStG unter der gesonderten Steuernummer eine Umsatzsteuererklärung für das Kalenderjahr abzugeben. Dort fasst er die Besteuerungsgrundlagen für alle von ihm Vertretenen zusammen. Einzelaufstellungen sind nicht erforderlich. Die Frist zur Abgabe der Erklärung richtet sich nach den allgemeinen abgabenrechtlichen Vorschriften. Der Fiskalvertreter hat zudem bis zum 10. Tag nach Ablauf eines jeden Kalendervierteljahres eine Zusammenfassende Meldung beim Bundesamt für Finanzen abzugeben (§ 18a Abs. 1 UStG).

Pflichten des Fiskalvertreters

16. Innergemeinschaftliches Dreiecksgeschäft

Tz. 127

innergemeinschaftliches Dreiecksgeschäft

Das innergemeinschaftliche Dreiecksgeschäft ist eine besondere Form des innergemeinschaftlichen Reihengeschäfts (Tz. 18 ff.). Ein innergemeinschaftliches Dreiecksgeschäft liegt nach § 25b Abs. 1 UStG vor, wenn

- drei Unternehmer über denselben Gegenstand Umsatzgeschäfte abschließen und dieser Gegenstand unmittelbar vom ersten Lieferer an den letzten Abnehmer gelangt,
- die Unternehmer in jeweils verschiedenen Mitgliedstaaten für Zwecke der Umsatzsteuer erfasst sind,
- der Gegenstand der Lieferungen aus dem Gebiet eines Mitgliedstaates in das Gebiet eines anderen Mitgliedstaates gelangt und
- der Gegenstand der Lieferungen durch den ersten Lieferer oder den ersten Abnehmer befördert oder versendet wird.

Tz. 128

Liegt ein innergemeinschaftliches Dreiecksgeschäft vor, werden grundsätzlich folgende Umsätze ausgeführt:

- eine innergemeinschaftliche Lieferung des ersten am Dreiecksgeschäft beteiligten Unternehmers (erster Lieferer) in dem Mitgliedstaat, in dem die Beförderung oder Versendung des Gegenstands beginnt (§ 3 Abs. 6 Satz 1 UStG),
- ein innergemeinschaftlicher Erwerb des mittleren am Dreiecksgeschäft beteiligten Unternehmers (erster Abnehmer) in dem Mitgliedstaat, in dem die Beförderung oder Versendung des Gegenstands endet (§ 3d Satz 1 UStG),
- ein innergemeinschaftlicher Erwerb des ersten Abnehmers in dem Mitgliedstaat, der dem ersten Abnehmer die von ihm verwendete USt-IdNr. erteilt hat (§ 3d Satz 2 UStG) und
- eine (Inlands-)Lieferung des ersten Abnehmers in dem Mitgliedstaat, in dem die Beförderung oder Versendung des Gegenstands endet (§ 3 Abs. 7 Satz 2 Nr. 2 UStG).

Tz. 129

Übertragung der Steuerschuld

Liegt ein innergemeinschaftliches Dreiecksgeschäft vor, wird die Steuerschuld für die (Inlands-)Lieferung unter den Voraussetzungen des § 25b Abs. 2 UStG von dem ersten auf den letzten jeweils am Dreiecksgeschäft beteiligten Abnehmer übertragen. Im Fall der Übertragung der Steuerschuld gilt zugleich auch der innergemeinschaftliche Erwerb dieses ersten Abnehmers als besteuert (§ 25b Abs. 3 UStG).

BEISPIEL

Das in München ansässige Unternehmen M bestellt bei einem Linzer Maschinenhändler L eine Druckmaschine. L hat die Maschine nicht vorrätig und bestellt diese beim Hersteller A in Amsterdam. A befördert die Maschine unmittelbar an M. Alle genannten Unternehmer treten mit der USt-IdNr. ihres Landes auf.

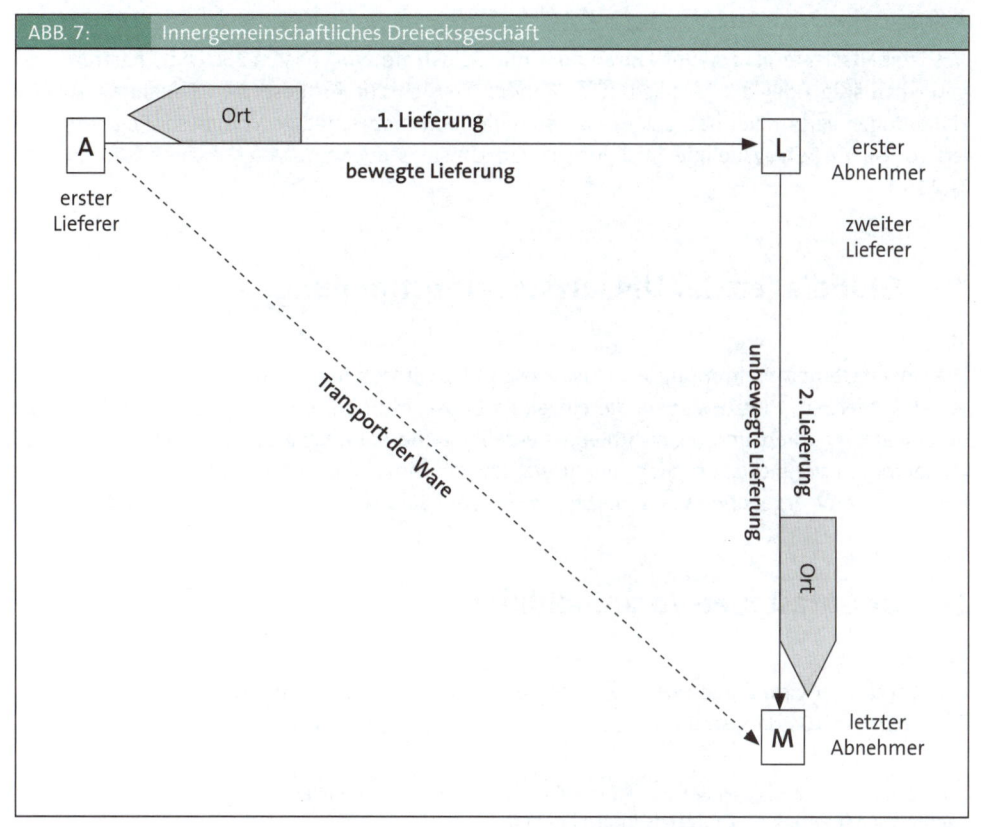

ABB. 7: Innergemeinschaftliches Dreiecksgeschäft

```
A ──Ort── 1. Lieferung ──────────► L   erster Abnehmer
erster    bewegte Lieferung              zweiter Lieferer
Lieferer
      ╲                                 │
       ╲                                 │ unbewegte Lieferung
        ╲ Transport der Ware             │ 2. Lieferung
         ╲                               │
          ╲                              ▼ Ort
           ╲                             M   letzter Abnehmer
```

Die Lieferung von A an L stellt eine bewegte Lieferung dar, deren Ort nach § 3 Abs. 6 UStG in den Niederlanden ist, da dort die Warenbewegung beginnt. Diese Lieferung ist als innergemeinschaftliche Lieferung steuerfrei.

L tätigt einen innergemeinschaftlichen Erwerb, der nach § 3d UStG in Deutschland steuerbar und steuerpflichtig ist. Die Lieferung von L an M ist eine unbewegte Lieferung, deren Ort nach § 3 Abs. 7 Satz 2 Nr. 2 UStG in Deutschland liegt. Die Lieferung ist steuerbar und steuerpflichtig.

Somit hätte L in Deutschland zwei Umsätze zu versteuern: den Erwerb von A und den Verkauf an M. Für die Lieferung an M wechselt die Steuerpflicht auf M. Der Erwerb gilt nach § 25b Abs. 3 UStG als besteuert. Somit muss L in Deutschland keinerlei umsatzsteuerlichen Pflichten erfüllen.

17. Bußgeld, strafbare Handlung, Verfahrensübergang und Schlussvorschriften

Tz. 130

Gemäß § 26a Abs. 1 UStG liegt ordnungswidriges Handeln vor, wenn

- nicht oder nicht rechtzeitig Rechnungen ausgestellt werden,
- gegen die Aufbewahrungsfristen verstoßen wird,
- nicht oder nicht rechtzeitig Bescheinigungen oder Unterlagen vorgelegt werden oder
- nicht, nicht rechtzeitig oder nicht vollständig Zusammenfassende Meldungen abgegeben werden.

Ordnungswidrigkeiten

Nach § 26a Abs. 2 UStG können diese Ordnungswidrigkeiten mit einer Geldbuße bis zu 5.000 € geahndet werden.

Tz. 131

Wird die in einer Rechnung ausgewiesene Umsatzsteuer nicht oder nicht vollständig entrichtet, kann dies nach § 26b Abs. 2 UStG mit bis zu 50.000 € geahndet werden.

Tz. 132

Mit Freiheitsstrafe bis zu fünf Jahren oder mit Geldstrafe wird nach § 26c UStG bestraft, wer gewerbsmäßig oder als Mitglied einer Bande, die sich zur fortgesetzten Begehung solcher Handlungen verbunden hat, das Umsatzsteueraufkommen schädigt. Von dieser Regelung sollen vor allem Betrugsdelikte im Rahmen von Umsatzsteuerkarussellen erfasst werden (vgl. Tz. 119).

18. Grundlagen der Umsatzsteuerabstimmung

Tz. 133

Abstimmung — Die Umsatzsteuerabstimmung – auch Umsatzsteuerverprobung genannt – soll Buchhaltungsfehler aufdecken. Hierzu werden die einzelnen Erlöskonten getrennt nach den verschiedenen Steuersätzen addiert und die sich hieraus ergebende Bemessungsgrundlage mit den Umsatzsteuerkonten verglichen. Analog hierzu werden die einzelnen Aufwandskonten addiert und der sich hieraus ergebende Vorsteuerbetrag mit dem Saldo der Vorsteuerkonten verglichen.

19. Umsatzsteuer-Voranmeldung

Tz. 134

Die rechtlichen Grundlagen der Erstellung einer Umsatzsteuervoranmeldung wurden bereits in Tz. 103 und 104 dargestellt.

BEISPIEL

Der Unternehmer Max Huber aus Fürstenfeldbruck liefert Ihnen zur Erstellung der Umsatzsteuervoranmeldung für April 2012 folgende Informationen:

▶ Es erfolgte eine Lieferung nach Österreich, deren Bemessungsgrundlage 4.680 € betragen hat. Der erforderliche Beleg- und Buchnachweis über die Ausfuhr wurde erbracht.

▶ Max Huber hat aus Frankreich Waren eingekauft (Bemessungsgrundlage: 5.000 €).

▶ Die steuerpflichtigen Ausgangsumsätze (19 %) betragen 119.000 € (brutto).

▶ Es wurden Leistungen im Sinne des § 13b Abs. 1 UStG mit einer Bemessungsgrundlage von 2.500 € empfangen.

▶ Die abziehbare Vorsteuer beträgt 13.180 € (inklusive Vorsteuerbeträge aus empfangenen Leistungen im Sinne des § 13b UStG).

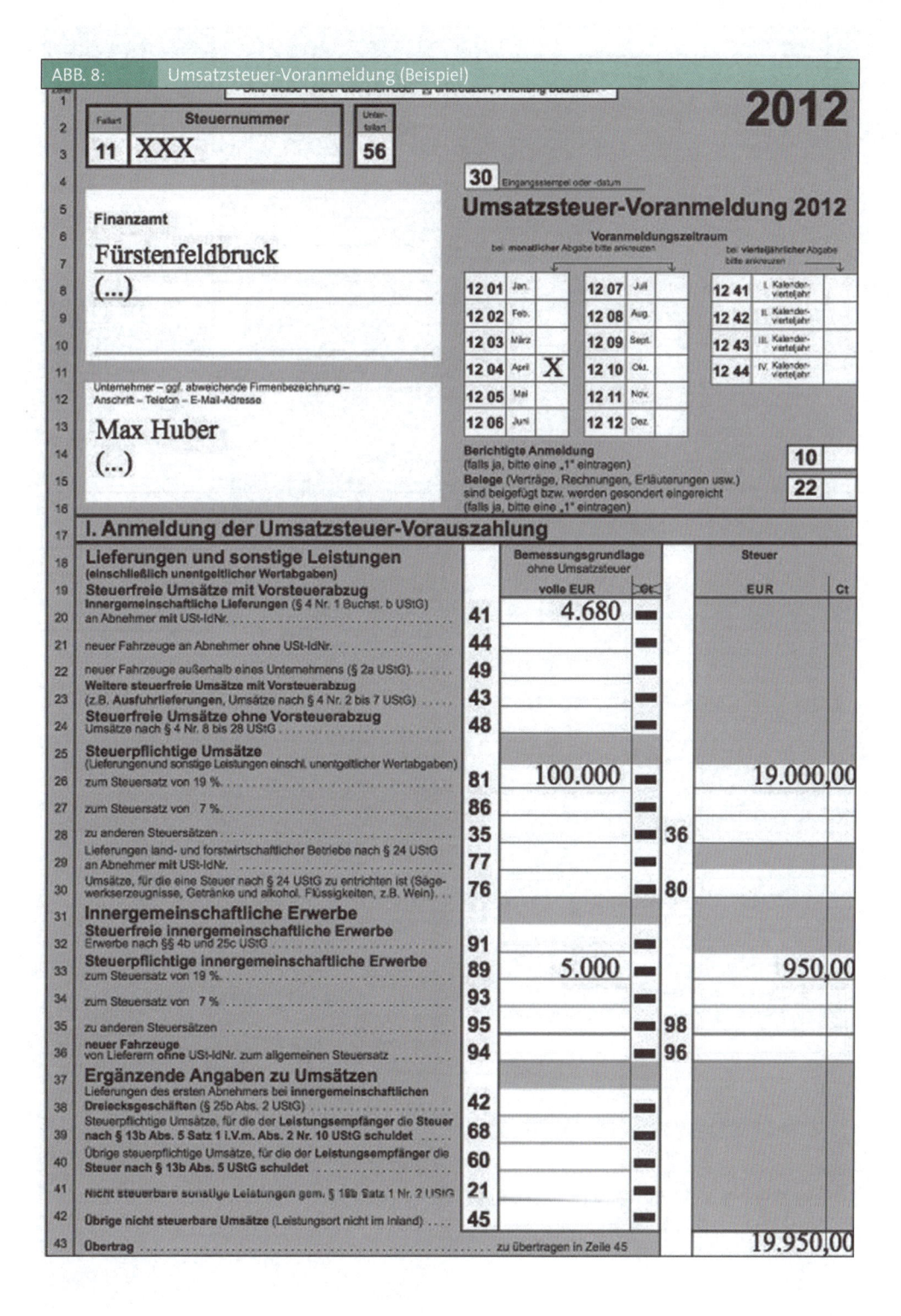

19. Umsatzsteuer-Voranmeldung

ABB. 8: Umsatzsteuer-Voranmeldung (Beispiel)

2012

Steuernummer: 11 XXX 56

Finanzamt: Fürstenfeldbruck (...)

Unternehmer – ggf. abweichende Firmenbezeichnung – Anschrift – Telefon – E-Mail-Adresse: Max Huber (...)

Umsatzsteuer-Voranmeldung 2012

Voranmeldungszeitraum:
- 12 01 Jan.
- 12 02 Feb.
- 12 03 März
- 12 04 April **X**
- 12 05 Mai
- 12 06 Juni
- 12 07 Juli
- 12 08 Aug.
- 12 09 Sept.
- 12 10 Okt.
- 12 11 Nov.
- 12 12 Dez.

Vierteljährliche Abgabe: 12 41 / 12 42 / 12 43 / 12 44

Berichtigte Anmeldung: 10
Belege (Verträge, Rechnungen, Erläuterungen usw.) sind beigefügt bzw. werden gesondert eingereicht: 22

I. Anmeldung der Umsatzsteuer-Vorauszahlung

Position	Kz	Bemessungsgrundlage (volle EUR)	Kz	Steuer (EUR, Ct)
Lieferungen und sonstige Leistungen (einschließlich unentgeltlicher Wertabgaben)				
Steuerfreie Umsätze mit Vorsteuerabzug Innergemeinschaftliche Lieferungen (§ 4 Nr. 1 Buchst. b UStG) an Abnehmer mit USt-IdNr.	41	4.680		
neuer Fahrzeuge an Abnehmer ohne USt-IdNr.	44			
neuer Fahrzeuge außerhalb eines Unternehmens (§ 2a UStG)	49			
Weitere steuerfreie Umsätze mit Vorsteuerabzug (z.B. Ausfuhrlieferungen, Umsätze nach § 4 Nr. 2 bis 7 UStG)	43			
Steuerfreie Umsätze ohne Vorsteuerabzug Umsätze nach § 4 Nr. 8 bis 28 UStG	48			
Steuerpflichtige Umsätze (Lieferungen und sonstige Leistungen einschl. unentgeltlicher Wertabgaben)				
zum Steuersatz von 19 %	81	100.000		19.000,00
zum Steuersatz von 7 %	86			
zu anderen Steuersätzen	35		36	
Lieferungen land- und forstwirtschaftlicher Betriebe nach § 24 UStG an Abnehmer mit USt-IdNr.	77			
Umsätze, für die eine Steuer nach § 24 UStG zu entrichten ist (Sägewerkserzeugnisse, Getränke und alkohol. Flüssigkeiten, z.B. Wein)	76		80	
Innergemeinschaftliche Erwerbe				
Steuerfreie innergemeinschaftliche Erwerbe nach §§ 4b und 25c UStG	91			
Steuerpflichtige innergemeinschaftliche Erwerbe zum Steuersatz von 19 %	89	5.000		950,00
zum Steuersatz von 7 %	93			
zu anderen Steuersätzen	95		98	
neuer Fahrzeuge von Lieferern ohne USt-IdNr. zum allgemeinen Steuersatz	94		96	
Ergänzende Angaben zu Umsätzen Lieferungen des ersten Abnehmers bei innergemeinschaftlichen Dreiecksgeschäften (§ 25b Abs. 2 UStG)	42			
Steuerpflichtige Umsätze, für die der Leistungsempfänger die Steuer nach § 13b Abs. 5 Satz 1 i.V.m. Abs. 2 Nr. 10 UStG schuldet	68			
Übrige steuerpflichtige Umsätze, für die der Leistungsempfänger die Steuer nach § 13b Abs. 5 UStG schuldet	60			
Nicht steuerbare sonstige Leistungen gem. § 18b Satz 1 Nr. 2 UStG	21			
Übrige nicht steuerbare Umsätze (Leistungsort nicht im Inland)	45			
Übertrag ... zu übertragen in Zeile 45				19.950,00

43

I. Umsatzsteuer

Zeile			Bemessungsgrundlage ohne Umsatzsteuer volle EUR			Steuer EUR	Ct
44	Steuernummer:						
45	Übertrag					19.950	00
46	**Leistungsempfänger als Steuerschuldner**						
47	(§ 13b UStG)						
48	Im Inland steuerpflichtige sonstige Leistungen von im übrigen Gemeinschaftsgebiet ansässigen Unternehmern (§13b Abs. 1 UStG)	46	2.500	—	47	475	00
49	Andere Leistungen eines im Ausland ansässigen Unternehmers (§ 13b Abs. 2 Nr. 1 und 5 UStG)	52		—	53		
50	Lieferungen sicherungsübereigneter Gegenstände und Umsätze, die unter das GrEStG fallen (§ 13b Abs. 2 Nr. 2 und 3 UStG)	73		—	74		
51	Lieferungen von Mobilfunkgeräten und integrierten Schaltkreisen (§ 13b Abs. 2 Nr. 10 UStG)	78		—	79		
52	Andere Umsätze eines im Inland ansässigen Unternehmers (§ 13b Abs. 2 Nr. 4, 6 bis 9 UStG)	84		—	85		
53	Steuer infolge Wechsels der Besteuerungsform sowie Nachsteuer auf versteuerte Anzahlungen u. ä. wegen Steuersatzänderung				65		
54	Umsatzsteuer					20.425	00
55	**Abziehbare Vorsteuerbeträge**						
56	Vorsteuerbeträge aus Rechnungen von anderen Unternehmern (§ 15 Abs. 1 Satz 1 Nr. 1 UStG), aus Leistungen im Sinne des § 13a Abs. 1 Nr. 6 UStG (§ 15 Abs. 1 Nr. 5 UStG) und aus innergemeinschaftlichen Dreiecksgeschäften (§ 25b Abs. 5 UStG)				66	12.705	00
57	Vorsteuerbeträge aus dem innergemeinschaftlichen Erwerb von Gegenständen (§ 15 Abs. 1 Satz 1 Nr. 3 UStG)				61		
58	Entrichtete Einfuhrumsatzsteuer (§ 15 Abs. 1 Satz 1 Nr. 2 UStG)				62		
59	Vorsteuerbeträge aus Leistungen im Sinne des § 13b UStG (§ 15 Abs. 1 Satz 1 Nr. 4 UStG)				67	475	00
60	Vorsteuerbeträge, die nach allgemeinen Durchschnittssätzen berechnet sind (§§ 23 und 23a UStG)				63		
61	Berichtigung des Vorsteuerabzugs (§ 15a UStG)				64		
62	Vorsteuerabzug für innergemeinschaftliche Lieferungen neuer Fahrzeuge außerhalb eines Unternehmens (§ 2a UStG) sowie von Kleinunternehmern im Sinne des § 19 Abs. 1 UStG (§ 15 Abs. 4a UStG)				59		
63	Verbleibender Betrag						
64	**Andere Steuerbeträge**						
65	In Rechnungen unrichtig oder unberechtigt ausgewiesene Steuerbeträge (§ 14c UStG) sowie Steuerbeträge, die nach § 4 Nr. 4a Satz 1 Buchst. a Satz 2, § 6a Abs. 4 Satz 2, § 17 Abs. 1 Satz 6 oder § 25b Abs. 2 UStG geschuldet werden				69		
66	**Umsatzsteuer-Vorauszahlung/Überschuss**						
67	Anrechnung (Abzug) der festgesetzten Sondervorauszahlung für Dauerfristverlängerung (nur auszufüllen in der letzten Voranmeldung des Besteuerungszeitraums, in der Regel Dezember)				39		
68	Verbleibende Umsatzsteuer-Vorauszahlung (bitte in jedem Fall ausfüllen)				83	7.245	00
69	Verbleibender Überschuss - bitte dem Betrag ein Minuszeichen voranstellen -						

II. Sonstige Angaben und Unterschrift

Zeile			
71	Ein Erstattungsbetrag wird auf das dem Finanzamt benannte Konto überwiesen, soweit der Betrag nicht mit Steuerschulden verrechnet wird.		
72	Verrechnung des Erstattungsbetrags erwünscht / Erstattungsbetrag ist abgetreten (falls ja, bitte eine „1" eintragen)	29	
73	Geben Sie bitte die Verrechnungswünsche auf einem besonderen Blatt an oder auf dem beim Finanzamt erhältlichen Vordruck „Verrechnungsantrag".		
74	Die Einzugsermächtigung wird ausnahmsweise (z.B. wegen Verrechnungswünschen) für diesen Voranmeldungszeitraum widerrufen (falls ja, bitte eine „1" eintragen)	26	
75	Ein ggf. verbleibender Restbetrag ist gesondert zu entrichten.		
76	Hinweis nach den Vorschriften der Datenschutzgesetze:	- nur vom Finanzamt auszufüllen -	
77	Die mit der Steueranmeldung angeforderten Daten werden auf Grund der §§ 149 ff. der Abgabenordnung und der §§ 18, 18b des Umsatzsteuergesetzes erhoben. Die Angabe der Telefonnummern und der E-Mail-Adressen ist freiwillig.	11	19
78			12
79	Bei der Anfertigung dieser Steueranmeldung hat mitgewirkt: (Name, Anschrift, Telefon, E-Mail-Adresse)	**Bearbeitungshinweis**	
80-85		1. Die aufgeführten Daten sind mit Hilfe des geprüften und genehmigten Programms sowie ggf. unter Berücksichtigung der gespeicherten Daten maschinell zu verarbeiten. 2. Die weitere Bearbeitung richtet sich nach den Ergebnissen der maschinellen Verarbeitung. Datum, Namenszeichen Kontrollzahl und/oder Datenerfassungsvermerk	
86	Datum, Unterschrift		

19. Umsatzsteuer-Voranmeldung

1.) Welchem der folgenden vier Gebiete ist die Bundesrepublik Deutschland im umsatzsteuerlichen Sinne zuzuordnen: Inland, Gemeinschaftsgebiet, Ausland, Drittland?

Die BRD stellt Inland und Gemeinschaftsgebiet dar (Tz. 4).

2.) Ist eine Arbeitnehmerin, die in ihrer Freizeit regelmäßig gegen Entgelt Malkurse anbietet, eine Unternehmerin?

Es handelt sich um eine Unternehmerin im Sinne des § 2 UStG (Tz. 9).

3.) Die Arbeitnehmerin A verkauft in Deutschland einen neuen Pkw an einen Italiener. Dieser führt das Fahrzeug in seine Heimat aus. Ist A eine Unternehmerin?

Gemäß § 2a UStG wird A als Unternehmerin eingestuft (Tz. 12).

4.) Wann gilt bei einer Lieferung unter Eigentumsvorbehalt die Lieferung als ausgeführt?

Die Lieferung gilt nach A 3.1 Abs. 3 Satz 4 UStAE bereits mit Übergabe des Gegenstands als ausgeführt (Tz. 15).

5.) Was bedeutet die Abkürzung „cif"?

Die Abkürzung „cif" bedeutet „cost, insurance, freight", steht also für eine Einfuhrlieferung verzollt und versteuert frei Haus (Tz. 16).

6.) Wer gilt bei einer Einkaufskommission als Abnehmer?

Nach § 3 Abs. 3 Satz 2 UStG gilt der Kommittent als Abnehmer (Tz. 23).

7.) Liegt ein steuerbarer Umsatz vor, wenn ein Einzelunternehmer einen antiken Schreibtisch, den er vor zwei Jahren ohne Vorsteuerabzug gekauft hat, aus seinem Unternehmensvermögen entnimmt?

Es liegt gemäß § 3 Abs. 1b Satz 2 UStG kein steuerbarer Umsatz vor, da der Erwerb nicht zum Vorsteuerabzug berechtigt hat (Tz. 25).

8.) Welche umsatzsteuerlichen Konsequenzen ergeben sich, wenn ein Unternehmer seinen Kunden Kugelschreiber im Wert von jeweils 8 € schenkt?

Da es sich um Geschenke von geringem Wert handelt (A 3.3. Abs. 11 UStAE), ist umsatzsteuerlich nichts veranlasst (Tz. 28).

9.) Der in Aachen ansässige A vermietet dem Belgier B einen Lkw (Übergabe in Aachen), den er für eine Lieferung nach Holland einsetzt. B gibt das Fahrzeug nach drei Tagen zurück. Wo ist der Ort der sonstigen Leistung?

Die sonstige Leistung wird nach § 3a Abs. 3 Nr. 2 UStG in Aachen erbracht (Tz. 37).

10.) Wo liegt der Ort der Leistung, wenn ein in München ansässiger Steuerberater eine österreichische Kapitalgesellschaft berät?

Der Ort liegt nach § 3a Abs. 4 Satz 1 i. V. m. § 3a Abs. 2 Satz 1 UStG in Österreich (Tz. 43).

11.) Ist die unentgeltliche Privatnutzung eines Fahrzeugs des Unternehmensvermögens auch steuerbar, wenn die Nutzung im Ausland stattfindet (beispielsweise auf einer Urlaubsfahrt)?

Die Ort der Nutzung liegt nach § 3f UStG im Inland, die Leistung ist somit steuerbar (Tz. 50).

12.) Ein Unternehmer kauft für seine Tochter eine Puppe von einem österreichischen Händler und verwendet hierbei nicht seine USt-IdNr. Wer führt die Umsatzsteuer aus dem Geschäft ab?

Die Umsatzsteuer ist durch den österreichischen Händler zu erklären und abzuführen (Tz. 55).

13.) Wodurch kann ein Kleinunternehmer zum Schwellenerwerber werden?

Verwendet ein Kleinunternehmer seine USt-IdNr., wird er nach § 1a Abs. 4 UStG zum Schwellenerwerber und muss den Erwerb versteuern (Tz. 60).

14.) Gilt ein in der Schweiz lebender Deutscher als ausländischer Abnehmer im Sinne des § 6 Abs. 2 Satz 1 UStG?

Es handelt sich nach A 6.3 Abs. 2 Satz 3 UStAE um einen ausländischen Abnehmer (Tz. 65).

I. Umsatzsteuer

15.) Ist bei einer Vermietung von Praxisräumen an einen Allgemeinarzt eine Option nach § 9 UStG möglich?

Eine Option ist nicht möglich, da der Arzt nur steuerfreie Ausgangsumsätze tätigt (Tz. 74).

16.) Ein Möbelhändler verkauft seiner Tochter einen Schreibtisch aus privaten Gründen zu einem verbilligten Preis. Wie bestimmt sich die umsatzsteuerliche Bemessungsgrundlage?

Die Mindestbemessungsgrundlage im Sinne des § 10 Abs. 5 UStG richtet sich nach den Selbstkosten des Möbelhändlers (Tz. 75).

17.) Ein Versandhändler belastet die ihm entstehenden Portokosten seinen Kunden. Handelt es sich hierbei um durchlaufende Posten?

Es liegen keine durchlaufenden Posten vor, die Portokosten zählen vielmehr zum steuerbaren Entgelt (Tz. 77).

18.) Was versteht man unter „Istversteuerung"?

Bei der Istversteuerung wird eine Besteuerung nach vereinnahmten Entgelten vorgenommen (§ 13 Abs. 1 Nr. 1 Buchst. b UStG i.V.m. § 20 UStG; Tz. 82).

19.) In welchem Paragraphen ist die Steuerschuldnerschaft des Leistungsempfängers geregelt?

§ 13b UStG nennt die Umsatzarten, bei denen die Steuerschuldnerschaft auf den Leistungsempfänger verlagert wird (Tz. 83).

20.) Ist die Übersendung einer Rechnung als Word-Dokument zulässig?

Seit 1.7.2011 kann eine Rechnung auch elektronisch, beispielsweise als Word-Dokument, übermittelt werden (Tz. 85).

21.) Unter welchen Voraussetzungen muss ein privater Leistungsempfänger Rechnungen aufbewahren?

Ein privater Leistungsempfänger muss Rechnungen über Werklieferungen oder sonstige Leistungen im Zusammenhang mit einem Grundstück mindestens zwei Jahre aufbewahren (§ 14b Abs. 1 Satz 5 UStG, Tz. 93).

22.) In welchen Fällen muss eine Sondervorauszahlung geleistet werden? Wie wird diese berechnet?

Die Umsatzsteuervorauszahlung ist am 10. Tag nach Ablauf des Voranmeldungszeitraums fällig (§ 18 Abs. 1 Satz 4 UStG). Diese Frist kann nach § 46 UStDV auf Antrag um einen Monat verlängert werden. In diesem Fall ist eine Sondervorauszahlung in Höhe von einem Elftel der Summe der Vorauszahlungen für das vorangegangene Kalenderjahr zu entrichten (§ 47 Abs. 1 UStDV, Tz. 103).

23.) Ist die Vorsteuer aus Bewirtungsaufwendungen im Sinne des § 4 Abs. 5 Satz 1 Nr. 2 EStG abzugsfähig?

Die Vorsteuer ist ungeachtet des eingeschränkten Betriebsausgabenabzugs nach § 15 Abs. 1a Satz 2 UStG in voller Höhe abzugsfähig (Tz. 107).

24.) Ein Bauunternehmer erwirbt in 2011 einen fabrikneuen Bagger, den er für steuerfreie Ausgangsumsätze verwendet. In 2012 wird der Bagger ausschließlich für steuerpflichtige Ausgangsumsätze verwendet. Was ist in 2012 umsatzsteuerlich veranlasst?

Die Vorsteuer kann in 2012 nach § 15a Abs. 1 UStG anteilig geltend gemacht werden (Tz. 112).

25.) Erbringt ein Kleinunternehmer steuerbare Ausgangsumsätze?

Die Ausgangsumsätze sind steuerbar, die Umsatzsteuer wird jedoch nicht erhoben (Tz. 116).

26.) M betreibt in der Rechtsform eines Einzelunternehmens eine Metzgerei und eine Gaststätte. Liegt eine umsatzsteuerliche Organschaft vor?

Es liegt keine Organschaft im Sinne des § 2 Abs. 2 Nr. 2 UStG, sondern insgesamt ein Unternehmen vor (Tz. 122 und Tz. 10).

27.) Welche Rechtsfolgen sieht das UStG vor, wenn die in einer Rechnung ausgewiesene Umsatzsteuer nicht entrichtet wird?

Gemäß § 26b UStG kann in so einem Fall ein Bußgeld von bis zu 50.000 € festgesetzt werden (Tz. 131).

II. Einkommensteuer

1. Einkommensteuerpflicht

1.1 Unbeschränkte Einkommensteuerpflicht

Tz. 135

Nur natürliche Personen können einkommensteuerpflichtig sein (§ 1 Abs. 1 Satz 1 EStG). Jeder Mensch ist somit mit Vollendung der Geburt (vgl. § 1 BGB) bis zu seinem Tod steuerpflichtig.

Steuerpflicht von der Geburt bis zum Tod

Die unbeschränkte Steuerpflicht des § 1 Abs. 1 EStG richtet sich nach dem Wohnsitz bzw. gewöhnlichen Aufenthalt einer natürlichen Person. Wohnsitz oder gewöhnlicher Aufenthalt müssen sich im Inland befinden, um eine unbeschränkte Steuerpflicht auszulösen.

Tz. 136

Nach § 8 AO hat jemand seinen Wohnsitz dort, wo er eine Wohnung unter Umständen innehat, die darauf schließen lassen, dass er die Wohnung beibehalten und benutzen wird.

Wohnsitz

Eine Wohnung kann auch eine bescheidene Bleibe sein. Es ist nicht erforderlich, dass es sich um eine abgeschlossene Wohnung mit Küche und separater Waschgelegenheit handelt (vgl. Nr. 3 AEAO zu § 8). Ein Wohnwagen oder ein Zelt kann jedoch grundsätzlich nicht als Wohnung angesehen werden.

Weitere Voraussetzung des § 8 AO ist, dass die Person die Wohnung „innehat". Dies bedeutet, dass sie die ständige Verfügungsmacht über die Räume hat. Somit kann beispielsweise eine Schlafstelle im Büro oder eine Wohngelegenheit bei einem Bekannten kein Wohnsitz sein (vgl. Nr. 4 AEAO zu § 8).

Des Weiteren muss die Wohnung beibehalten und benutzt werden. Dies muss mit einer gewissen Regelmäßigkeit, jedoch nicht durchgehend erfolgen.

Tz. 137

Ob ein gewöhnlicher Aufenthalt im Inland vorliegt, wird nur geprüft, wenn kein inländischer Wohnsitz besteht.

gewöhnlicher Aufenthalt

Den gewöhnlichen Aufenthalt hat jemand dort, wo er sich unter Umständen aufhält, die erkennen lassen, dass er an diesem Ort oder in diesem Gebiet nicht nur vorübergehend verweilt (§ 9 Satz 1 AO).

Es ist also zum einen erforderlich, dass sich jemand an einem Ort gewöhnlich aufhält. Gewöhnlich bedeutet, dass keine ununterbrochene Anwesenheit erforderlich ist. So hat ein durch Deutschland reisender Künstler seinen Aufenthaltsort im Inland. Ein Grenzgänger, der arbeitstäglich zu seiner Wohnung im Ausland heimkehrt, hält sich jedoch nicht im Inland auf (vgl. Nr. 2 AEAO zu § 9).

Zum anderen setzt § 9 Satz 1 AO eine nicht nur vorübergehende Verweilabsicht voraus. Diese wird in § 9 Satz 2 AO konkretisiert: Als gewöhnlicher Aufenthalt (…) ist ein zeitlich zusammenhängender Aufenthalt von mehr als sechs Monaten Dauer anzusehen; kurzfristige Unterbrechungen bleiben unberücksichtigt.

BEISPIEL

Der spanische Zauberer El Magico beginnt am 27.10.2011 seine Deutschlandtournee in München. Seit dem 15.10.2011 wohnt er in einem Münchner Hotel. Die Tournee, die Auftritte in mehreren deutschen Städten zum Ziel hat, wird am 20.4.2012 in Leipzig beendet. In der Zeit vom 20.12.2011 bis 10.1.2012 macht El Magico Winterurlaub in Kufstein.

Natürliche Personen sind nach § 1 Abs. 1 Satz 1 EStG unbeschränkt steuerpflichtig, wenn sie im Inland einen Wohnsitz (§ 8 AO) bzw. einen gewöhnlichen Aufenthalt (§ 9 AO) haben. El Magico hat keinen Wohnsitz im Sinne des § 8 AO in Deutschland. Er wird die Hotelzimmer nicht beibehalten und dauerhaft nutzen.

Er hat jedoch einen gewöhnlichen Aufenthalt im Inland. Dieser wird nach § 9 Satz 2 AO unwiderlegbar begründet, weil El Magico sich länger als sechs Monate in Deutschland aufhält. Die sechs Monate müssen nicht zusammenhängend verlaufen und nicht in einem Veranlagungszeitraum (Kalenderjahr) vorlie-

II. Einkommensteuer

gen. Der vorübergehende Zwischenaufenthalt in Kufstein wird als kurzfristige Unterbrechung nicht berücksichtigt, zählt also im Ergebnis bei der Fristberechnung wie ein Inlandsaufenthalt. Da die Tournee von Beginn an bis 20.4.2012 geplant war, ist von einem einheitlichen Aufenthalt auszugehen. Die Zeit des inländischen Aufenthalts überschreitet sechs Monate (vgl. AEAO zu § 9 Nr. 1). El Magico ist deshalb vom ersten Tag an unbeschränkt steuerpflichtig. Die Steuerpflicht endet mit dem Verlassen der Bundesrepublik am 20.4.2012. In der Zeit der unbeschränkten Steuerpflicht unterliegt El Magico mit seinen inländischen und ausländischen Einkünften (Welteinkommen) der deutschen Einkommensteuer (H 1a „Allgemeines" EStH).

Es sind Einkommensteuerveranlagungen für 2011 und 2012 durchzuführen. Dabei ist aber das zwischen der BRD und Spanien geschlossene bilaterale Abkommen (Doppelbesteuerungsabkommen) zu beachten (§ 2 AO).

Tz. 138

erweiterte unbeschränkte Steuerpflicht

Gemäß § 1 Abs. 2 EStG sind deutsche Staatsangehörige, die zu einer inländischen juristischen Person des öffentlichen Rechts in einem Dienstverhältnis stehen und dafür Arbeitslohn aus einer inländischen öffentlichen Kasse beziehen, unbeschränkt einkommensteuerpflichtig. Dazu gehören insbesondere die von der Bundesrepublik Deutschland in das Ausland entsandten Mitglieder einer diplomatischen Mission oder konsularischen Vertretung. Die unbeschränkte Steuerpflicht erstreckt sich auch auf die zum Haushalt dieser Person gehörenden Angehörigen, die die deutsche Staatsangehörigkeit besitzen. Für einen ausländischen Ehegatten gilt dies auch, wenn er die Staatsangehörigkeit des Empfangsstaates besitzt (vgl. R 1a Satz 2 EStR).

Tz. 139

unbeschränkte Steuerpflicht auf Antrag

Nach Art. 45 des EWG-Vertrages hat jeder Mitgliedstaat Bürger eines anderen EU- oder EWR-Staates den eigenen Staatsbürgern gleich zu behandeln (sog. Diskriminierungsverbot). Ausfluss dieser Regelung sind die § 1 Abs. 3 und § 1a EStG.

Hiernach werden natürliche Personen auf Antrag als unbeschränkt steuerpflichtig behandelt, die im Inland weder einen Wohnsitz noch ihren gewöhnlichen Aufenthalt haben, soweit sie inländische Einkünfte im Sinne des § 49 EStG haben. Voraussetzung ist, dass die Einkünfte im Kalenderjahr mindestens zu 90 % der deutschen Einkommensteuer unterliegen oder dass die nicht der deutschen Einkommensteuer unterliegenden Einkünfte den Grundfreibetrag von 8.004 € nicht übersteigen.

1.2 Beschränkte Einkommensteuerpflicht

Tz. 140

beschränkte Steuerpflicht

Personen, die im Inland weder einen Wohnsitz noch ihren gewöhnlichen Aufenthalt haben, die nicht unbeschränkt steuerpflichtig nach § 1 Abs. 2 EStG sind oder die nicht auf Antrag als unbeschränkt steuerpflichtig behandelt werden, sind beschränkt einkommensteuerpflichtig, soweit sie inländische Einkünfte im Sinne des § 49 EStG beziehen (§ 1 Abs. 4 EStG).

Dies bedeutet, dass bei beschränkt Steuerpflichtigen die Steuerpflicht nicht nach dem Wohnsitzprinzip, sondern nach dem Quellenprinzip ausgelöst wird.

Weitere Einzelheiten können Kapitel VI „Internationales Steuerrecht" entnommen werden.

2. Einkunftsarten

2.1 Methoden der Einkunftsermittlung

Tz. 141

Einkunftsarten

Der Einkommensteuer unterliegen die in § 2 Abs. 1 Satz 1 EStG aufgezählten Einkünfte. Die Aufzählung ist abschließend. Die sieben Einkunftsarten lassen sich nach § 2 Abs. 2 Satz 1 EStG in zwei Gruppen einteilen:

▶ **Gewinneinkünfte**
- Einkünfte aus Land- und Forstwirtschaft (§ 13 EStG)
- Einkünfte aus Gewerbebetrieb (§ 15 EStG)
- Einkünfte aus selbständiger Arbeit (§ 18 EStG)

    => Einkünfte sind der Gewinn (§ 2 Abs. 2 Satz 1 Nr. 1 EStG)

▶ **Überschusseinkünfte**
- Einkünfte aus nichtselbständiger Arbeit (§ 19 EStG)
- Einkünfte aus Kapitalvermögen (§ 20 EStG)
- Einkünfte aus Vermietung und Verpachtung (§ 21 EStG)
- Sonstige Einkünfte (§ 22 EStG)

    => Einkünfte sind der Überschuss der Einnahmen über die Werbungskosten (§ 2 Abs. 2 Satz 1 Nr. 2 EStG)

2.2 Umfang der Gewinneinkunftsarten

Tz. 142

Bei den Gewinneinkunftsarten ermitteln sich die Einkünfte aus der Differenz zwischen den Betriebseinnahmen und den Betriebsausgaben. Eine Definition der Betriebseinnahmen existiert im EStG nicht, wogegen die Betriebsausgaben in § 4 Abs. 4 EStG definiert sind. Hiernach sind Betriebsausgaben Aufwendungen, die betrieblich veranlasst sind. Dagegen sind Aufwendungen für private Zwecke als Kosten der Lebensführung nicht abzugsfähig (§ 12 Nr. 1 EStG).

Betriebseinnahmen
- Betriebsausgaben
= Gewinn

2.3 Umfang der Überschusseinkünfte

Tz. 143

Bei den Überschusseinkunftsarten werden die Einkünfte als Differenz zwischen den Einnahmen und den Werbungskosten ermittelt. So zählen beispielsweise zum Arbeitslohn alle Einnahmen – in Geld oder Geldeswert (vgl. § 8 Abs. 1 EStG) – die dem Arbeitnehmer aus dem Dienstverhältnis zufließen (§ 2 Abs. 1 LStDV).

Einnahmen
- Werbungskosten
= Überschuss

Der allgemeine Werbungskostenbegriff ist § 9 Abs. 1 Satz 1 EStG zu entnehmen:

„Werbungskosten sind Aufwendungen zur Erwerbung, Sicherung und Erhaltung der Einnahmen."

Dem Steuerpflichtigen müssen also tatsächliche Aufwendungen erwachsen, es muss folglich eine tatsächliche „Entreicherung" stattfinden.[9] Ersparte Ausgaben sind damit keine Werbungskosten. Werden Aufwendungen des Steuerpflichtigen durch den Arbeitgeber oder einen anderen Dritten steuerfrei erstattet (z. B. Umzugs- oder Reisekosten), liegen insoweit keine Werbungskosten vor.

2.4 Subsidiaritätsprinzip

Tz. 144

Bei der Ermittlung der Einkünfte ist das Subsidiaritätsprinzip zu beachten. Dieses regelt die Zuordnung von Einkünften zu einer bestimmten Einkunftsart, wenn mehrere Einkunftsarten für die Erfassung in Frage kommen.

Subsidiarität

Gemäß § 20 Abs. 8 EStG haben beispielsweise die Gewinneinkünfte sowie die Einkünfte aus Vermietung und Verpachtung Vorrang vor den Einkünften aus Kapitalvermögen. So gehören Kapitalerträge aus betrieblichen Guthaben oder Beteiligungen zu den Gewinneinkünften.

Der Gewerbetreibende G hält in seinem Betriebsvermögen diverse Aktien. Die anfallenden Dividenden werden auf Grund der Regelung des § 20 Abs. 8 EStG im Rahmen der gewerblichen Einkünfte erfasst.

BEISPIEL

---

9 Zur Abzugsfähigkeit von Drittaufwand wird auf das BMF-Schreiben vom 7.7.2008 hingewiesen (IV C 1 – S 2211/07/10007).

Tz. 145

Ein anderes Beispiel für die Subsidiarität ist Folgendes: Guthabenzinsen aus einem Bausparvertrag, die in einem engen zeitlichen Zusammenhang mit einem der Einkunftserzielungsabsicht dienenden Grundstück stehen, zählen zu den Einkünften aus Vermietung und Verpachtung (H 21.2 „Einnahmen" 2. Spiegelstrich EStH). Zinsen, die aus der Anlage einer Instandhaltungsrücklage erzielt werden, gehören jedoch zu den Einkünften aus Kapitalvermögen (R 21.2 Abs. 2 EStR).

Tz. 146

Für Vermietungseinkünfte findet sich in § 21 Abs. 3 EStG ebenfalls eine Subsidiaritätsklausel.

> **BEISPIEL**
>
> Der Gewerbetreibende G hält in seinem Betriebsvermögen eine Eigentumswohnung, die er an einen Studenten vermietet. Die anfallenden Mieteinnahmen werden auf Grund der Regelung des § 21 Abs. 3 EStG im Rahmen der gewerblichen Einkünfte erfasst.

3. Schema zur Ermittlung des zu versteuernden Einkommens

Tz. 147

zu versteuerndes Einkommen

Das zu versteuernde Einkommen ist nach R 2 Abs. 1 EStR wie folgt zu ermitteln:

1		Summe der Einkünfte aus den Einkunftsarten
2	=	Summe der Einkünfte
3	–	Altersentlastungsbetrag (§ 24a EStG)
4	–	Entlastungsbetrag für Alleinerziehende (§ 24b EStG)
5	–	Freibetrag für Land- und Forstwirte (§ 13 Abs. 3 EStG)
6	+	Hinzurechnungsbetrag (§ 52 Abs. 3 Satz 3 EStG sowie § 8 Abs. 5 Satz 2 AIG)
7	=	Gesamtbetrag der Einkünfte (§ 2 Abs. 3 EStG)
8	–	Verlustabzug nach § 10d EStG
9	–	Sonderausgaben (§§ 10, 10a, 10b, 10c EStG)
10	–	außergewöhnliche Belastungen (§§ 33 bis 33b EStG)
11	–	Steuerbegünstigung für Wohnungen, Gebäude und Baudenkmale sowie der schutzwürdigen Kulturgüter (§§ 10e bis 10i EStG und § 7 FördG)
12	+	zuzurechnendes Einkommen gem. § 15 Abs. 1 AStG
13	=	Einkommen (§ 2 Abs. 4 EStG)
14	–	Freibeträge für Kinder (§§ 31, 32 Abs. 6 EStG)
15	–	Härteausgleich nach § 46 Abs. 3 EStG, § 70 EStDV
16	=	zu versteuerndes Einkommen (§ 2 Abs. 5 EStG)

4. Steuerlicher Gewinnbegriff

Tz. 148

Betriebsvermögensvergleich

Die gesetzliche Definition des Betriebsvermögensvergleiches findet sich in § 4 Abs. 1 Satz 1 EStG:

„*Gewinn ist der Unterschiedsbetrag zwischen dem Betriebsvermögen am Schluss des Wirtschaftsjahres und dem Betriebsvermögen am Schluss des vorangegangenen Wirtschaftsjahres, vermehrt um den Wert der Entnahmen und vermindert um den Wert der Einlagen.*"

Tz. 149

Beim Betriebsvermögensvergleich ist demgemäß das Vermögen eines Betriebes am Ende eines Wirtschaftsjahres mit dem Vermögen zu Beginn des Wirtschaftsjahres zu vergleichen. Zur Ermittlung dieses Betriebsvermögens ist die Aufstellung einer Bilanz erforderlich.

Eine Bilanz ist nichts Anderes als eine Vermögensübersicht, eine Gegenüberstellung von Vermögen und Schulden zu einem bestimmten Zeitpunkt, also eine Momentaufnahme des Betriebsvermögens zu einem bestimmten Stichtag. Daher ist der Betriebsvermögensvergleich auch nichts Anderes als der Vergleich zweier Bilanzen zu zwei verschiedenen Zeitpunkten. Aus diesem Grundsatz ergibt sich die Gewinnermittlungsformel des § 4 Abs. 1 EStG.

Die Berücksichtigung von Entnahmen und Einlagen dient dazu, Betriebsvermögensänderungen, die sich aus privaten Gründen ergeben haben, auszugleichen.

BEISPIEL

Die Bilanz des im Handelsregister eingetragenen Malermeisters Josef Kögel weist zum 1.1.2011 ein Eigenkapital von 100.000 € aus.

Am 31.12.2011 beträgt das Eigenkapital 220.000 €.

Kögel hat in 2011 50.000 € vom betrieblichen Bankkonto für private Zwecke entnommen. Aus einer Erbschaft hat Kögel 60.000 € auf ein betriebliches Festgeldkonto eingezahlt.

Ermitteln Sie bitte den Gewinn 2011.

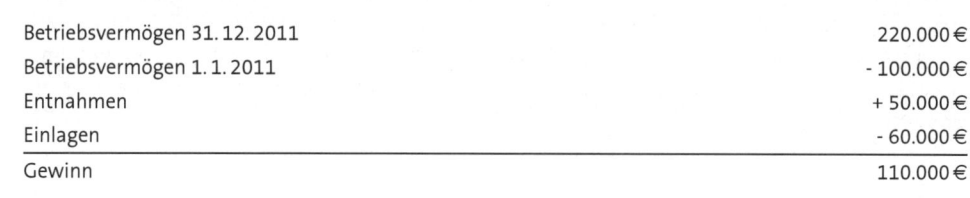

LÖSUNG

Betriebsvermögen 31.12.2011	220.000 €
Betriebsvermögen 1.1.2011	- 100.000 €
Entnahmen	+ 50.000 €
Einlagen	- 60.000 €
Gewinn	110.000 €

5. Einnahmen-Überschussrechnung

5.1 Grundlagen

Tz. 150

Land- und Forstwirte sowie Gewerbetreibende, die weder auf Grund gesetzlicher Vorschriften (§§ 140 und 141 AO) zur Bilanzierung verpflichtet sind noch dies freiwillig tun, können ihren Gewinn durch Einnahmen-Überschussrechnung nach § 4 Abs. 3 EStG ermitteln (R 4.5 Abs. 1 Satz 1 EStR). Gleiches gilt für selbständig Tätige im Sinne des § 18 EStG, die nicht freiwillig bilanzieren.

EÜR

Im Rahmen einer Einnahmen-Überschussrechnung werden die zugeflossenen Betriebseinnahmen den abgeflossenen Betriebsausgaben gegenübergestellt. Dies erfolgt grundsätzlich nach dem Zu- und Abflussprinzip des § 11 EStG. Eine ordnungsgemäße Einnahmen-Überschussrechnung setzt keine Buchführung voraus, sondern erfordert nur eine formlose Aufzeichnung der betrieblich veranlassten Zahlungsströme. Ab dem Veranlagungszeitraum 2005 ist der Steuererklärung grundsätzlich eine Gewinnermittlung nach amtlich vorgeschriebenem Vordruck beizufügen (§ 60 Abs. 4 EStDV). Auf die Abgabe einer Anlage EÜR kann verzichtet werden, wenn die Betriebseinnahmen unter der Grenze von 17.500 € liegen (BMF-Schreiben vom 24.1.2005, BStBl 2005 I S. 320).

Anlage EÜR

Tz. 151

Die wesentlichen Unterschiede der Einnahmen-Überschussrechnung zum Betriebsvermögensvergleich sind folgende:

BVV vs. EÜR

▶ **Erfassungszeitpunkt von Betriebseinnahmen und -ausgaben**
Bei der Einnahmen-Überschussrechnung gilt grundsätzlich das Zu- und Abflussprinzip des § 11 EStG. Folglich werden weder Forderungen noch Schulden im Rahmen der Einnahmen-Überschussrechnung berücksichtigt.

▶ **Bewertung**
Es erfolgt grundsätzlich keine Bewertung der Vermögensgegenstände nach § 6 EStG (§ 6 Abs. 1 Satz 1 EStG). Aus diesem Grund können beispielsweise keine Teilwertabschreibungen vorgenommen werden.

5.2 Betriebseinnahmen

Tz. 152

Betriebseinnahmen — Der Begriff der Betriebseinnahmen ist gesetzlich nicht definiert. Analog zu § 8 Abs. 1 EStG bzw. in Umkehrung zu § 4 Abs. 4 EStG zählen zu den Betriebseinnahmen alle Zuflüsse in Geld oder Geldeswert, die im Rahmen der betrieblichen Tätigkeit zufließen. Dies bedeutet, dass zu den Betriebseinnahmen neben Entgelten aus Lieferungen und Leistungen auch Erträge aus Hilfs- und Nebengeschäften sowie Zinseinnahmen aus betrieblichen Guthaben zählen. Die Betriebseinnahmen sind stets in Höhe des Bruttobetrags anzusetzen (H 9b „Gewinnermittlung ..." EStH).

Tz. 153

durchlaufende Posten — Vereinnahmt der Steuerpflichtige Gelder im Namen und für Rechnung eines anderen – so genannte durchlaufende Posten – zählen diese nicht zu den Betriebseinnahmen (§ 4 Abs. 3 Satz 2 EStG). Zu den durchlaufenden Posten zählen beispielsweise Gerichtskosten, die ein Rechtsanwalt für seinen Mandanten verauslagt. Die Erstattung von Auslagen eines Rechtsanwalts für Porto und Telekommunikation zählen dagegen nicht dazu. Ebenso stellt die vereinnahmte Praxisgebühr beim behandelnden Arzt keinen durchlaufenden Posten, sondern eine Betriebseinnahme dar.[10]

Tz. 154

Verkauf von AV — Zu den Betriebseinnahmen gehören auch die Erlöse aus der Veräußerung von Anlagevermögen (R 4.5 Abs. 3 Satz 1 EStR). Der Ansatz der Betriebseinnahmen erfolgt im Jahr des Zuflusses, das vom Jahr der Veräußerung abweichen kann (H 4.5 Abs. 2 „Zufluss von Betriebseinnahmen" 3. Spiegelstrich EStH). In der Regel ist der Buchwert des veräußerten Wirtschaftsguts im Jahr der Veräußerung als Betriebsausgabe anzusetzen (H 4.5 Abs. 3 „Veräußerung abnutzbarer Wirtschaftsgüter" EStH). Gemäß § 4 Abs. 3 Satz 4 EStG sind jedoch die Anschaffungskosten nicht abnutzbarer Anlagegüter im Jahr des Zuflusses des Veräußerungserlöses als Betriebsausgabe abziehbar.

Tz. 155

Entnahmen — Werden Entnahmen getätigt, sind diese als fiktive Betriebseinnahmen anzusetzen. § 6 Abs. 1 Nr. 4 EStG kommt bei der Bewertung analog zur Anwendung. Die Umsatzsteuer auf Entnahmen (§ 3 Abs. 1b Satz 1 Nr. 1 bzw. § 3 Nr. 9a UStG) wird im Zeitpunkt der Entnahme aus Vereinfachungsgründen ebenfalls als fiktive Betriebseinnahme angesetzt. Im Gegenzug wird die Umsatzsteuer bei Zahlung als fiktive Betriebsausgabe angesetzt. Dies ist zwar entgegen dem Wortlaut des § 12 Nr. 3 EStG, erfüllt aber dessen Zweck.

5.3 Betriebsausgaben

Tz. 156

Betriebsausgaben — Betriebsausgaben im Sinne des § 4 Abs. 4 EStG sind stets in Höhe des Bruttobetrags anzusetzen (H 9b „Gewinnermittlung ..." EStH). Bei der Ermittlung von Anschaffungs- bzw. Herstellungskosten ist § 9b Abs. 1 EStG zu beachten. Erstattete Vorsteuerbeträge sind im Zeitpunkt der Erstattung als Betriebseinnahme anzusetzen (H 9b „Gewinnermittlung ..." EStH).

5.4 Zu- und Abflussprinzip des § 11 EStG

5.4.1 Grundfälle

Tz. 157

Zu- und Abflussprinzip — Im Rahmen der Überschusseinkünfte und bei der Gewinnermittlung nach § 4 Abs. 3 EStG werden Einnahmen und Ausgaben grundsätzlich im Zeitpunkt des Geldflusses steuerwirksam. So ist in der Regel eine Einnahme bei Geldzufluss (§ 11 Abs. 1 Satz 1 EStG), eine Ausgabe bei Geld-

---

10 H 4.5 Abs. 2 „Praxisgebühr" 1. Spiegelstrich EStH.

abfluss (§ 11 Abs. 2 Satz 1 EStG) steuerlich zu erfassen. Die Bestimmung des Zeitpunktes des Geldflusses ist bei Barzahlungen unproblematisch. Es gibt jedoch einige Fälle, deren Lösung nicht unmittelbar auf der Hand liegt. Zu diesen ist jedoch in den Hinweisen zu § 11 EStG einiges zu finden:

▶ **Aufrechnung**
Eine wirksame Aufrechnung führt zu einem Zu- bzw. Abfluss.

▶ **Damnum**
Wird ein Damnum einbehalten, findet bei Auszahlung des Darlehens ein Abfluss statt. Außerdem ist ein Damnum abziehbar, wenn es vor der Auszahlung des Darlehens gezahlt wird. Voraussetzung ist hier jedoch, dass die Zahlung des Damnums nicht mehr als drei Monate vor Auszahlung des Darlehens stattfindet.

▶ **Scheck**
Der Zufluss erfolgt bei Annahme des Schecks. Als Annahme gilt auch der Einwurf des Schecks durch den Schuldner in den Briefkasten des Gläubigers.

▶ **Überweisung**
Eine Überweisung ist abgeflossen, sobald der Überweisungsauftrag erteilt wurde.

> Eine Warenlieferung wird am 18.12.2011 per Scheck bezahlt. Die Scheckzahlung wird erst am 2.1.2012 dem Konto des Unternehmers belastet.
> Der Abfluss findet nach § 11 Abs. 2 Satz 1 EStG am 18.12.2011 statt, da der Leistende zu diesem Zeitpunkt die Verfügungsmacht über den Scheck verliert (H 11 „Scheck" 2. Spiegelstrich EStH).

Tz. 158

Der Zufluss von **Arbeitslohn** ist eigens normiert. Nach § 11 Abs. 1 Satz 4 in Verbindung mit § 38a Abs. 1 Satz 2 EStG gilt laufender Arbeitslohn in dem Kalenderjahr als bezogen, in dem der Lohnzahlungszeitraum endet. Dem Wortlaut der Norm zur Folge müsste auch eine Gehaltsnachzahlung im März des Folgejahres noch im alten Jahr berücksichtigt werden. Dies ist jedoch beispielsweise wegen der Erfordernis des Abschlusses des Lohnkontos zum 28.2. nicht praktikabel. In der Literatur wird somit der vorliegende Fall dahingehend gelöst, dass die Nachzahlung im aktuellen Jahr berücksichtigt wird.[11]

Arbeitslohn

Handelt es sich nicht um laufenden Arbeitslohn, sondern um sonstige Bezüge, ist der Arbeitslohn in dem Kalenderjahr zu versteuern, in dem der Zufluss stattfindet (§ 38a Abs. 1 Satz 3 EStG).

> Ein Arbeitnehmer erhält seinen laufenden Dezemberlohn erst am 15. Januar des folgenden Jahres.
> Gemäß § 11 Abs. 1 Satz 4 EStG in Verbindung mit § 38a Abs. 1 Satz 2 EStG gilt der Lohn im alten Jahr als zugeflossen.

5.4.2 Zehn-Tage-Regel

Tz. 159

Bei regelmäßig wiederkehrenden Zahlungen erfolgt der Ansatz nach der wirtschaftlichen Zuordnung der Einnahmen bzw. Ausgaben. Regelmäßig wiederkehrend sind Zahlungen, die sich in gewissen Zeitabständen auf Grund eines Dauerrechtsverhältnisses (z. B. Mietzahlungen, Schuldzinsen, Unterhaltszahlungen, Versicherungsbeiträge) wiederholen. Die Zahlungen müssen nur gleichartig sein, auf eine Gleichwertigkeit kommt es nicht an. Daraus folgt, dass die Höhe der einzelnen Beträge durchaus schwanken kann.

10-Tage-Regel

Grundvoraussetzung für den Ansatz nach der wirtschaftlichen Zugehörigkeit ist jedoch, dass der Zu- bzw. Abfluss kurze Zeit vor Beginn oder kurze Zeit nach Beendigung des Kalenderjahres, zu dem er wirtschaftlich gehört, stattfindet (§ 11 Abs. 1 Satz 2 bzw. Abs. 2 Satz 2 EStG). Als kurze Zeit gilt ein Zeitraum von zehn Tagen. Innerhalb dieses Zeitraums müssen die Zahlungen fällig und geleistet worden sein (H 11 „Allgemeines – Kurze Zeit" EStH).

---

11 Z.B. *Tillmann*, in: HHR, Anm. 18 zu § 38a EStG.

II. Einkommensteuer

> **BEISPIEL**
>
> A bezahlt die Ladenmiete für Januar 2012 bereits am 28.12.2011.
>
> Da es sich um eine regelmäßig wiederkehrende Ausgabe handelt, die innerhalb kurzer Zeit geleistet wird, wird die Ausgabe in 2012 erfasst (§ 11 Abs. 2 Satz 2 EStG, H 11 „Allgemeines – Kurze Zeit" EStH).

5.4.3 Zahlungen für Nutzungsüberlassungen

Tz. 160

Nutzungsüberlassungen

Eine Ausnahme des Zu- bzw. Abflussprinzips des § 11 EStG gibt es bei im Voraus geleisteten Ausgaben für eine Nutzungsüberlassung von mehr als fünf Jahren. Die Ausgaben sind insgesamt auf den Zeitraum gleichmäßig zu verteilen, für den die Vorauszahlung geleistet wird (§ 11 Abs. 2 Satz 3 EStG). Gemäß § 11 Abs. 2 Satz 4 EStG muss eine Verteilung des Aufwands für ein Damnum oder Disagio nur vorgenommen werden, soweit dieses nicht den marktüblichen Konditionen entspricht. Die Marktüblichkeit liegt nach herrschender Meinung vor, wenn für ein Darlehen mit einem Zinsfestschreibungszeitraum von mindestens fünf Jahren ein Damnum von bis zu 5 % vereinbart worden ist[12].

Diese Ausnahme besteht grundsätzlich auch bei Zufluss. Hier existiert jedoch ein Wahlrecht, ob eine Verteilung vorgenommen wird (§ 11 Abs. 1 Satz 3 EStG).

> **BEISPIEL**
>
> Steuerberater S ermittelt seinen Gewinn nach § 4 Abs. 3 EStG. Er hat seine Kanzleiräume ab dem 1.7.2011 für die Dauer von 10 Jahren von T gemietet. Der Mietzins beträgt monatlich 1.000 €. S und T vereinbaren, dass S am 1.7.2011 die Miete für den gesamten Mietzeitraum im Voraus entrichtet. Er erhält dafür einen Nachlass von 20 %. S hat am 10.7.2011 an T einen Betrag von 96.000 € (120 Monate × 1.000 €, hiervon 80 %) überwiesen.
>
> § 11 Abs. 2 Satz 3 EStG führt dazu, dass S die Betriebsausgabe von 96.000 € nicht in voller Höhe in 2011 abziehen kann, sondern auf die Laufzeit des Mietvertrags verteilen muss. Er kann in 2011 lediglich 4.800 € (96.000 € / 10 Jahre, hiervon 50 %) als Betriebsausgabe abziehen. Er wird also hinsichtlich seiner Mietvorauszahlungen einem bilanzierenden Steuerpflichtigen gleichgestellt.
>
> T kann nach § 11 Abs. 1 Satz 3 EStG die Mieteinnahmen analog zu S auf den Mietzeitraum verteilen, so dass er in 2011 lediglich 4.800 € versteuern muss.

5.4.4 Beispiel zur Einnahmen-Überschussrechnung

Tz. 161

> **BEISPIEL**
>
> Dr. Willi Wichtig (WW) hat eine Zahnarztpraxis in Würzburg. Der Gewinn wird nach § 4 Abs. 3 EStG ermittelt. Die Steuererklärung für das Jahr 2011 ist unter dem Vorbehalt der Nachprüfung (§ 164 Abs. 1 AO) veranlagt worden. Hierbei wurde der angegebene Gewinn von 500.000 € übernommen. Bei einer im Mai 2012 stattfindenden Betriebsprüfung stellte der Betriebsprüfer Folgendes fest:
>
> 1.) Auf Grund der nachhaltig gesunkenen Preise für Zahngold hat WW einen zutreffend ermittelten Betrag von 11.000 € für Wertminderung seines bevorrateten Zahngolds als Betriebsausgabe abgesetzt.
>
> 2.) Am 23.12.2011 wurde WW ein neuer Behandlungsstuhl geliefert, den er nach der im Kaufvertrag vereinbarten Montage durch den Hersteller am 7.1.2012 sofort in Betrieb nahm. WW machte in 2011 AfA für den Behandlungsstuhl (betriebsgewöhnliche Nutzungsdauer: sechs Jahre) i.H.v. 30 % von 400.000 € (Anschaffungskosten) = 120.000 € nach § 7 Abs. 2 EStG geltend. (Hinweis: Auf § 7g EStG ist nicht einzugehen.)
>
> 3.) WW hat am 31.12.2011 seinen alten Behandlungsstuhl (zutreffender Restbuchwert 31.12.2011: 30.000 €) für 40.000 € an einen Berufskollegen verkauft. Dieser hat den Stuhl zwar noch am 31.12.2011 abgeholt, den fälligen Kaufpreis i.H.v. 40.000 € aber erst am 3.1.2012 in bar an WW übergeben. Diesen Vorgang hat WW bisher in seiner Gewinnermittlung unberücksichtigt gelassen.

---

12 Gesetzesbegründung (BT-Drucksache 16/2712 S. 44).

4.) WW hat am 28.12.2011 ein Handy, das er ausschließlich beruflich nutzt, angeschafft. Den Kaufpreis i.H.v. 490 € hat WW am 5.1.2012 unter Abzug von 3 % Skonto (15 €) bezahlt. WW hat in 2011 die Anschaffungskosten i.H.v. 475 € als Betriebsausgabe behandelt.

5.) WW hat am 27.12.2011 ein Beistelltischchen für den Warteraum bestellt und den Kaufpreis i.H.v. 120 € sofort bar bezahlt und auch noch in 2011 als Betriebsausgabe aufgezeichnet. Die Lieferung erfolgte am 10.1.2012.

6.) Am 26.12.2011 wurde in die Praxisräume eingebrochen. Hierbei wurde das im Schreibtisch des WW befindliche Geld in Höhe von 1.000 €, das aus einer Honorarzahlung eines Patienten stammte, entwendet. WW hat den Geldverlust in 2011 als Gewinnminderung berücksichtigt.

7.) Eine Zahnarzthelferin von WW hat von den Bareinnahmen des Jahres 2011 2.000 € für sich behalten. Diese Unterschlagung wurde vom Steuerberater im Rahmen der Abschlussarbeiten in 2012 aufgedeckt. Daraufhin hat die Zahnarzthelferin den Schaden in voller Höhe ersetzt. Bei den Betriebseinnahmen für 2011 sind die 2.000 € bisher nicht berücksichtigt worden.

Stellen Sie die sich aus den Sachverhalten ergebenden Gewinnkorrekturen für 2011 dar. Unterstellen Sie dabei, dass WW von der Regelung des § 6 Abs. 2a EStG in 2011 bereits Gebrauch gemacht hat.

1.) Gemäß § 6 Abs. 1 Satz 1 EStG ist eine Teilwertabschreibung nur beim Betriebsvermögensvergleich möglich, da bei der Gewinnermittlung nach § 4 Abs. 3 EStG der Wert des Vermögens unberücksichtigt bleibt. Die von WW vorgenommene Teilwertabschreibung in Höhe von 11.000 € ist daher wieder rückgängig zu machen.

2.) Gemäß § 4 Abs. 3 Satz 3 EStG gelten auch bei der Einnahmen-Überschussrechnung die Vorschriften über die AfA. Der Zahlungszeitpunkt ist bei Wirtschaftsgütern, die dem Unternehmen längerfristig dienen (Anlagevermögen), für den Betriebsausgabenzeitpunkt unerheblich. WW erhält in 2011 trotz der Lieferung am 23.12.2011 keine Abschreibung. Da die Montage durch den Hersteller erfolgt, gilt das Wirtschaftsgut erst in 2012 als angeschafft (R 7.4 Abs. 1 Satz 3 EStR). Der Gewinn 2011 ist um 120.000 € zu erhöhen.

3.) Bei Ausscheiden eines Wirtschaftsgutes ist der Anlagenabgang als Betriebsausgabe (§ 4 Abs. 4 EStG) zu erfassen. Der bei der Veräußerung erzielte Erlös zählt zu den Betriebseinnahmen (R 4.5 Abs. 3 Satz 1 EStR). Der Restbuchwert von 30.000 € ist folglich noch in 2011 als Betriebsausgabe zu berücksichtigen (H 4.5 Abs. 3 „Veräußerung abnutzbarer Wirtschaftsgüter" EStH). Die Einnahme in Höhe von 40.000 € fließt dagegen erst in 2012 zu. Sie ist demnach erst zu diesem Zeitpunkt gemäß § 11 Abs. 1 Satz 1 EStG zu berücksichtigen (H 4.5 Abs. 2 „Zufluss..." EStH). Die Ausnahmeregel des § 11 Abs. 1 Satz 2 EStG greift nicht, da es sich nicht um regelmäßig wiederkehrende Einnahmen handelt.

4.) Hier gilt grundsätzlich das bei 2. dargelegte. Darüber hinaus sind auch die Vorschriften des § 6 Abs. 2 bzw. 2a EStG anzuwenden (§ 4 Abs. 3 Satz 3 EStG). WW hat daher ein Wahlrecht. Da die Anschaffungskosten (netto, § 6 Abs. 2 Satz 1 EStG) mehr als 410 € betragen, ist ein Sofortabzug ausgeschlossen. Er kann die Anschaffungskosten somit entweder auf die betriebsgewöhnliche Nutzungsdauer verteilen oder in den Sammelposten einstellen und gleichmäßig auf fünf Jahre verteilen. Laut Aufgabenstellung hat sich WW in 2011 bereits für die Bildung eines Pools entschieden. Da es sich um ein wirtschaftsjahrbezogenes Wahlrecht handelt,[13] muss er daher die Anschaffungskosten (brutto, § 9b Abs. 1 EStG) für das Handy in den Sammelposten einstellen und verteilen. Es ergibt sich somit für 2011 eine Betriebsausgabe von 98 € (490 € : 5) und per Saldo eine Gewinnerhöhung von 377 € (475 € - 98 €). Die Inanspruchnahme des Skontos wird nach H 6.2 „Skonto" EStH erst in 2012 berücksichtigt.

---

13 BMF-Schreiben vom 30.9.2010 (IV C6 – 2180/09/10001), Rn. 7.

5.) Im Jahr der Zahlung (2011) können 120 € als Betriebsausgabe geltend gemacht werden (§ 11 Abs. 2 Satz 1 EStG).

6.) Da hier aus Sicht des WW ein Vermögensabfluss vorliegt (§ 11 Abs. 2 Satz 1 EStG; H 4.5 Abs. 2 „Diebstahl" EStH), hat er korrekt gehandelt.

7.) Nachdem die Gelder der betrieblichen Sphäre in 2011 zugeflossen sind, stellen sie grundsätzlich eine Betriebseinnahme dar. Da aber unmittelbar nach dem Zufluss der Abfluss durch die Unterschlagung erfolgt, kann im Ergebnis eine Erfassung unterbleiben. Die Erstattung in 2012 ist hier nicht gegenzurechnen, da noch kein Geldfluss erfolgt ist. WW hat folglich richtig gehandelt.

6. Wechsel der Gewinnermittlungsart

Tz. 162

Wechsel: BVV zur EÜR

Wechselt nun ein Steuerpflichtiger von einer Gewinnermittlungsart zu einer anderen, sind wegen der unterschiedlichen Ansatzvorschriften von Einnahmen und Ausgaben zur Wahrung des gleichen Totalgewinns Gewinnkorrekturen veranlasst.

Im Folgenden wird wegen der entsprechenden Theorie- und Praxisrelevanz nur auf die Besonderheiten beim Wechsel vom Betriebsvermögensvergleich zur Einnahmen-Überschussrechnung und umgekehrt eingegangen.

6.1 Allgemeines

Tz. 163

Eröffnungsbilanz

Im Zeitpunkt des Übergangs ist auf den Übergangszeitpunkt eine Eröffnungsbilanz zu erstellen, in der alle Wirtschaftsgüter des Unternehmens mit den Werten anzusetzen sind, mit denen sie zu Buch stehen würden, wenn von Anfang an der Gewinn durch Betriebsvermögensvergleich ermittelt worden wäre (H 4.6 „Bewertung von Wirtschaftsgütern" EStH).

Einige Geschäftsvorfälle verursachen, wie oben dargestellt, Gewinnkorrekturen. Es ist beim Übergang darauf zu achten, dass sich erfolgswirksame Geschäftsvorfälle durch den Übergang auf keinen Fall gar nicht oder doppelt auswirken. Erfolgsneutrale Geschäftsvorfälle, die bei der Einnahmen-Überschussrechnung den Gewinn beeinflusst haben, sind zu korrigieren (z. B. Vereinnahmung der USt).

6.2 Bilanzposten, die keine Korrekturen veranlassen

Tz. 164

keine Korrekturen erforderlich

Abnutzbare Wirtschaftsgüter des Anlagevermögens

Da bei beiden Gewinnermittlungsarten die Abschreibungsvorschriften in gleichem Umfang gelten, ist hier grundsätzlich keine Korrektur veranlasst. Ist der Teilwert eines Wirtschaftsguts niedriger als dessen Buchwert und kann dieser steuerlich angesetzt werden, ist die Abwertung erst in der ersten Schlussbilanz nach dem Zeitpunkt des Übergangs möglich (H 4.6 „Ansatz- oder Bewertungswahlrechte" EStH).

Tz. 165

Nicht abnutzbare Wirtschaftsgüter des Anlagevermögens

Bei beiden Gewinnermittlungsarten wirken sich die Anschaffungs- bzw. Herstellungskosten erst im Zeitpunkt der Veräußerung oder Entnahme erfolgswirksam aus. Folglich ist hier keine Gewinnkorrektur erforderlich.

Tz. 166

Teilfertige Arbeiten des Anlagevermögens

Wirtschaftsgüter des Anlagevermögens, die im Zeitpunkt des Übergangs noch nicht fertiggestellt waren, sind in der Eröffnungsbilanz mit den bisher angefallenen Herstellungskosten auszuweisen. Bei korrekter Behandlung mindern die Ausgaben, die für die Herstellung anfallen, bei der Einnahmen-Überschussrechnung den Gewinn erst nach Fertigstellung über die AfA. Aus diesem Grund ist keine Gewinnkorrektur veranlasst.

Tz. 167
Darlehen
Grundsätzlich sind weder bei erhaltenen noch bei gewährten Darlehen Korrekturen veranlasst. Eine Ausnahme bilden neben den Teilwertabschreibungen nur im Voraus bezahlte Zinsen, da hier in der Eröffnungsbilanz ein Rechnungsabgrenzungsposten auszuweisen ist.

Tz. 168
Finanzkonten
Sämtliche Finanzkonten (z. B. Kasse, Girokonto, Festgeld) berühren bei keiner Gewinnermittlungsart den Gewinn. Eine Korrektur ist also nicht veranlasst.

Tz. 169
Rücklage für Ersatzbeschaffung
Wegen der Gleichbehandlung der RfE bei beiden Gewinnermittlungsarten (vgl. R 6.6 Abs. 5 EStR bzgl. EÜR) ist keine Korrektur vorzunehmen.

Tz. 170
Rücklage nach § 6b EStG
Wurde bei der Einnahmen-Überschussrechnung eine Rücklage nach § 6c EStG gebildet, darf diese in der Eröffnungsbilanz als Rücklage nach § 6b EStG fortgeführt werden (R 6b.2 Abs. 11 Satz 2 EStR). Eine Gewinnberichtigung ist folglich nicht durchzuführen.

6.3 Bilanzposten, die eine Korrektur veranlassen
Tz. 171
Damnum   *Korrekturen erforderlich*
Der in der Eröffnungsbilanz auszuweisende Posten ist beim Wechsel der Gewinnermittlungsart zu korrigieren, da das Damnum in der Einnahmen-Überschussrechnung bereits im Zahlungszeitpunkt voll als Betriebseinnahme bzw. -ausgabe erfasst wurde und es beim Betriebsvermögensvergleich durch die Auflösung wieder erfolgswirksam erfasst wird.

Tz. 172
Forderungen
Bei der Einnahmen-Überschussrechnung wurden die Forderungsbeträge bisher noch nicht erfasst, da kein Zahlungsfluss erfolgt ist. Beim Betriebsvermögensvergleich erfolgt keine erfolgswirksame Berücksichtigung mehr, da bei Forderungseingang lediglich ein Aktivtausch stattfindet. Aus diesem Grund ist der aktivierte Forderungsbetrag – nach etwaigen Delkredere – dem Gewinn hinzuzurechnen.
Werden in der Eröffnungsbilanz Forderungen abgeschrieben, ändert dies an der aufgestellten Regel nichts, da Forderungsabschreibungen bei der Einnahmen-Überschussrechnung nicht verbucht werden.

Tz. 173
Teilfertige Arbeiten des Umlaufvermögens
Bei den teilfertigen Arbeiten des Umlaufvermögens ist in Höhe der Herstellungskosten eine Hinzurechnung vorzunehmen, da ihre Aufwendungen bereits bei Geldabfluss als Betriebsausgabe erfasst wurden. Beim Betriebsvermögensvergleich mindern die zu aktivierenden Aufwendungen im Verkaufszeitpunkt über den Wareneinsatz erneut den Gewinn.

Tz. 174
Erhaltene Anzahlungen
Von Kunden erhaltene Anzahlungen wurden bei der Einnahmen-Überschussrechnung im Zuflusszeitpunkt bereits als Betriebseinnahme erfasst. In der Eröffnungsbilanz sind diese Anzahlungen mit dem Bruttobetrag zu passivieren. Bei Leistungsausführung wird dieser Passivposten aufgelöst. Durch die Auflösung wird in Höhe des Nettobetrags ein Ertrag versteuert. Aus diesem Grund ist beim Übergang eine Abrechnung des Bruttobetrags erforderlich.
Neben dem passivierten Bruttobetrag der Anzahlung ist in der Eröffnungsbilanz gemäß § 5 Abs. 5 Satz 2 Nr. 2 EStG ein Aktivposten „Umsatzsteuer auf erhaltene Anzahlungen" und – sofern die Umsatzsteuer noch nicht an das Finanzamt abgeführt wurde – ein Passivposten „Umsatzsteuerverbindlichkeit" auszuweisen. Diese beiden Posten sind bei der Ermittlung des Übergangsgewinns zu korrigieren, da die Auflösung beim Betriebsvermögensvergleich erfolgsneutral verläuft, die Umsatzsteuer bei Vereinnahmung aber gewinnerhöhend erfasst wurde.

Tz. 175
Aktive Rechnungsabgrenzungsposten
Die in den aktiven Rechnungsabgrenzungsposten aktivierten Ausgaben haben bei der Einnahmen-Überschussrechnung bereits im Zahlungszeitpunkt den Gewinn verringert. Bei der Auflösung des Aktivpostens tritt erneut eine Gewinnminderung ein. Um diesen Effekt zu neutralisieren, ist in Höhe des Bilanzansatzes eine Zurechnung erforderlich. Wurden auf Grund der Vorschrift des § 11 Abs. 2 Satz 2 EStG die Ausgaben bei der Einnahmen-Überschussrechnung nicht erfasst, ist keine Korrektur vorzunehmen.

Tz. 176
Passive Rechnungsabgrenzungsposten
In Höhe der ausgewiesenen passiven Rechnungsabgrenzungsposten ist eine Abrechnung vorzunehmen. Wurden auf Grund der Vorschrift des § 11 Abs. 1 Satz 2 EStG die Einnahmen bei der Einnahmen-Überschussrechnung nicht erfasst, ist keine Korrektur vorzunehmen.

Tz. 177
Rückstellungen
Werden in der Eröffnungsbilanz Rückstellungen ausgewiesen, ist in Höhe des passivierten Betrags eine Abrechnung vorzunehmen, da die Auflösung der Rückstellung erfolgsneutral verläuft und bei der Einnahmen-Überschussrechnung noch kein Aufwand geltend gemacht wurde.

Tz. 178
Umsatzsteuerzahllast
Bei der Einnahmen-Überschussrechnung mindern Umsatzsteuerzahlungen den Gewinn im Zeitpunkt der Begleichung. Bei in der Eröffnungsbilanz passivierten Beträgen kann wegen der erfolgsneutralen Ausbuchung keine Gewinnminderung mehr eintreten. Folglich ist hier eine Abrechnung veranlasst. Bei in der Eröffnungsbilanz aktivierten Vorsteuerüberschüssen (Forderung an das Finanzamt) tritt der umgekehrte Effekt ein.

Tz. 179
Verbindlichkeiten aus Warenlieferungen
Bei der Einnahmen-Überschussrechnung ist Vorratsvermögen durch die Bezahlung als Betriebsausgabe zu erfassen. Beim Betriebsvermögensvergleich ist der Bezahlungsvorgang dagegen erfolgsneutral. Aus diesem Grund ist der Bruttobetrag der Warenverbindlichkeiten abzurechnen.

Tz. 180
Sonstige Verbindlichkeiten
Da hier bezüglich der Gewinnauswirkung das gleiche wie für Warenverbindlichkeiten gilt, sind auch die sonstigen Verbindlichkeiten abzurechnen. Bei regelmäßig wiederkehrenden Ausgaben kann aber die Norm des § 11 Abs. 2 Satz 2 EStG greifen.

6. Wechsel der Gewinnermittlungsart

Tz. 181
Anzahlungen auf den Erwerb von Vorratsvermögen
Anzahlungen auf den Erwerb von Waren oder anderem Vorratsvermögen sind bei der Einnahmen-Überschussrechnung bereits im Zeitpunkt der Zahlung als Aufwand erfasst worden. Die nach dem Übergang zugehenden Waren werden über den Wareneinsatz erneut als Aufwand erfasst. Daher ist in Höhe des in der Eröffnungsbilanz aktivierten Anzahlungspostens eine Hinzurechnung durchzuführen.

Tz. 182
Warenbestand
Da in der Einnahmen-Überschussrechnung die Waren bei Bezug als Aufwand erfasst wurden und dies beim Betriebsvermögensvergleich im Rahmen des Wareneinsatzes erneut geschieht, muss der aktivierte Warenbestand dem Übergangsgewinn zugerechnet werden.

Tz. 183
Besitzwechsel
Im Rahmen der Einnahmen-Überschussrechnung findet der Zufluss erst mit Einlösung oder Diskontierung des Wechsels statt (vgl. H 11 „Wechsel" EStH). Beim Betriebsvermögensvergleich ist die Einlösung dagegen erfolgsneutral. Aus diesem Grund muss der Übergangsgewinn um die aktivierten Besitzwechsel erhöht werden.

Tz. 184
Schuldwechsel
Gegengleich zu den Besitzwechseln muss für den passivierten Wechselbestand eine Abrechnung vorgenommen werden. Eine Ausnahme stellt die durch Wechsel gesicherte Anschaffung von Anlagevermögen dar, da hier bei beiden Gewinnermittlungsarten der Aufwand erst durch die Abschreibungen entsteht.

6.4 Besteuerungszeitpunkt

Tz. 185
Grundsätzlich wird der Übergangsgewinn als laufender Gewinn in dem Kalenderjahr versteuert, in dem erstmals der Gewinn nach Betriebsvermögensvergleich ermittelt wird. Auf Antrag des Steuerpflichtigen kann der Übergangsgewinn gleichmäßig entweder auf das Jahr des Übergangs (= erstes Jahr mit BVV) und das folgende Jahr oder auf das Jahr des Übergangs und die beiden folgenden Jahre verteilt werden (R 4.6 Abs. 1 Satz 4 EStR).

Verteilung des Übergangsgewinns

6.5 Wechsel zur Einnahmen-Überschussrechnung

Tz. 186
Wechselt ein Steuerpflichtiger vom Betriebsvermögensvergleich zur Einnahmen-Überschussrechnung, sind prinzipiell bei den gleichen Posten wie im umgekehrten Übergangsfall Korrekturen veranlasst. Diese müssen selbstverständlich mit umgekehrtem Vorzeichen stattfinden. Ein entstehender Übergangsgewinn ist gemäß R 4.6 Abs. 2 EStR ohne Verteilungsmöglichkeit im Jahr nach dem Übergang zu versteuern.

Wechsel: BVV zur EÜR

Eine Übersicht über die Berichtigung des Gewinns bei Wechsel der Gewinnermittlungsart gibt Anlage 1 zu R 4.6 EStR.

6.6 Bindung nach Wechsel der Gewinnermittlungsart

Tz. 187
Nach dem (freiwilligen) Wechsel der Gewinnermittlungsart ist der Steuerpflichtige grundsätzlich für drei Wirtschaftsjahre an diese gebunden (H 4.6 „Erneuter Wechsel…" EStH). Ein Dreijahreszeitraum wurde gewählt, da dies

erneuter Wechsel

▶ der übliche Betriebsprüfungszeitraum ist und somit die Arbeit der Betriebsprüfung nicht unnötig erschwert wird und
▶ dem maximalen Verteilungszeitraum der R 4.6 Abs. 1 EStR entspricht.

6.7 Beispiel zum Wechsel der Gewinnermittlungsart

Tz. 188

Thomas Schneider, der kein Kaufmann ist, betreibt in München ein kleines Plattenlabel. Die Gewinnermittlung für dieses Unternehmen führte er seit Betriebsgründung (2001) bis einschließlich 2011 an Hand einer Einnahmen-Überschussrechnung durch. Zum 1.1.2012 stellt er die Gewinnermittlung freiwillig auf den Betriebsvermögensvergleich um.

Er bittet Sie, anhand der folgenden Angaben die Eröffnungsbilanz zu erstellen und den Übergangsgewinn zu ermitteln. Thomas Schneider möchte in der Eröffnungsbilanz möglichst geringe Wertansätze ausweisen.

Gehen Sie davon aus, dass der laufende Gewinn für 2011 korrekt ermittelt wurde.

1.) Finanzkonten

Der Bestand an Barvermögen beträgt zum 31.12.2011 7.590 €.
Das betriebliche Girokonto weist zum selben Zeitpunkt einen Saldo zu Ungunsten von Schneider in Höhe von 18.358 € aus.

2.) Fuhrpark

Schneider hat mit Kaufvertrag vom 22.12.2011 einen gebrauchten Pkw erworben, den er ausschließlich betrieblich nutzen wird. Bei Abschluss des Kaufvertrages hat er dem nicht zum Umsatzsteuerausweis berechtigten Verkäufer den Kaufpreis in Höhe von 25.000 € in bar gegeben.
Den Pkw erhält Schneider erst Anfang 2012, da der Verkäufer bis zum Übergabezeitpunkt noch einige Reparaturen durchführen lässt.

3.) Verpackungsmaschine

Am 7.1.2009 hat Schneider für 40.000 € (netto) eine fabrikneue Verpackungsmaschine erworben. Er hat bis zum 31.12.2011 die lineare Abschreibung (Nutzungsdauer 8 Jahre) geltend gemacht. Der Teilwert der Verpackungsmaschine beträgt am 31.12.2011 unbestritten 22.000 €.

4.) Büroausstattung

Zum 31.12.2011 sind im Anlageverzeichnis des Schneider folgende weitere Wirtschaftsgüter aufgeführt (alle Werte in €):

Bezeichnung	Anschaffung	31.12.2011
PC Dell PT 550	7.12.2006	2.150 €
Büromöbel	22.3.2001	7.115 €
Stehlampe	12.5.2006	705 €
Telefonanlage	23.7.2006	600 €
Summe		10.570 €

Bei keinem dieser Wirtschaftsgüter ist der Teilwert bekannt.

5.) Mietverhältnis

Die Geschäftsräume, in denen sich das Plattenlabel befindet, werden von der Landesbank angemietet. Im Mietvertrag ist die Mehrwertsteuer offen ausgewiesen. Laut Mietvertrag ist die Miete am ersten Werktag des laufenden Monats fällig.
Die Mietzahlung für Januar 2012 (3.000 € + 570 € USt) hat Schneider bereits am 27.12.2011 überwiesen.
Schneider hat von der Landesbank am 15.12.2011 einen Scheck über 406 € (brutto) wegen zu viel bezahlter Nebenkosten des ersten Halbjahres 2011 erhalten. Diesen Scheck löst Schneider erst Anfang Januar auf seinem betrieblichen Girokonto ein.

6.) Warenbestand
Schneider vertreibt in Eigenregie nur einige Tonträger (vgl. 7.). Zum 31.12.2011 hat er einen Warenbestand, dem Anschaffungskosten von 16.000 € zu Grunde liegen. Diese Waren haben zum 31.12.2011 einen nachhaltigen Teilwert von 15.500 €. Die Bezahlung der Waren ist zu diesem Zeitpunkt erst zu 85 % erfolgt.

7.) Erhaltene Anzahlungen
Um für die produzierten Werke eine optimale Vertriebsplattform zu haben, hat Schneider diesen Bereich größtenteils an einen Medienkonzern abgegeben.
Von diesem hat er Anfang Dezember 2011 eine Anzahlung in Höhe von 48.790 € für Produktionen des Jahres 2012 erhalten.

8.) Umsatzsteuer 12/2011
Die Umsatzsteuerschuld für den Voranmeldungszeitraum Dezember 2011 beträgt 9.320 €.

9.) Darlehen
Per 1.7.2011 hat Schneider bei seiner Hausbank ein Tilgungsdarlehen über 80.000 € für betriebliche Zwecke aufgenommen. Von dem Darlehensbetrag wurden 72.000 € ausbezahlt. Der einbehaltene Betrag garantiert Schneider während der halben Darlehenslaufzeit einen Zinssatz von 5 %. Nach Ablauf dieses Zeitraums am 1.7.2016 wird der Zins neu vereinbart.
Die Tilgung des Darlehens erfolgt in acht gleichen Jahresraten, beginnend am 1.7.2014. Die Zinszahlung für 2011 wurde bei Fälligkeit (31.12.2011) vom betrieblichen Girokonto abgebucht.

10.) Sonstige Verbindlichkeiten
Die sonstigen Verbindlichkeiten zum 31.12.2011 betragen 34.739 €.

11.) Entnahmen
Schneider hat vom betrieblichen Bankkonto in 2011 insgesamt 42.500 € für private Zwecke entnommen.
Die Dezemberbeiträge für seine Lebensversicherung hat Schneider am 2.1.2012 vom betrieblichen Girokonto überwiesen (Höhe: 2.450 €).

12.) Steuerzahlungen
Für 2011 erwartet Schneider folgende Steuer-Abschlusszahlungen:

Einkommensteuer	1.233 €
Solidaritätszuschlag	68 €
Gewerbesteuer	3.725 €
Umsatzsteuer	2.320 €

Diese Zahlungen werden alle in 2012 ausgeführt.

Aktiva	Eröffnungsbilanz 1.1.2012		Passiva
Kasse	7.590	Bank	18.358
Maschinen	25.000	erhaltene Anzahlungen	48.790
gel. Anzahlungen	25.000	Verb. L & L	2.856
Büroausstattung	10.570	USt 12/2011	9.320
ARA (Miete)	3.000	Darlehen	80.000
Scheck	406	sonst. Verb.	34.739
Waren	16.000	Gewerbesteuer-RS	3.725
USt auf Anzahlungen	7.790	USt 2011	2.320
Damnum	7.000		
Kapital	97.752		
	200.108		200.108

II. Einkommensteuer

Gewinnkorrekturen	
Waren	+ 16.000
Verb. L & L	- 2.856
erhalt. Anzahlungen	- 48.790
USt auf Anzahlungen	+ 7.790
USt 12/2011	- 9.320
Damnum	+ 7.000
sonst. Verb.	- 34.739
Gewerbesteuer-RS	- 3.725
USt 2011	- 2.320
Übergangsergebnis	*-70.960*

Erläuterungen

S hat zum 1.1.2012 eine Eröffnungsbilanz aufzustellen. In dieser ist so zu bewerten, als hätte er von Beginn seiner Tätigkeit an den Gewinn mittels Betriebsvermögensvergleich ermittelt (H 4.6 „Bewertung von Wirtschaftsgütern" EStH). Der Wechsel der Gewinnermittlungsart erfordert Gewinnkorrekturen, sofern sich erfolgswirksame Vorgänge nicht bzw. doppelt auf den Gewinn auswirken würden (H 4.6 „Gewinnberichtigungen..." EStH). Da es sich bei S laut Angabe um keinen Kaufmann handelt, wird im Folgenden grundsätzlich nicht auf handelsrechtliche Fundstellen eingegangen.

zu 1.)

Das Barvermögen ist nach § 6 Abs. 1 Nr. 2 Satz 1 EStG mit dem Nennwert in der Eröffnungsbilanz zu aktivieren. Die Bankschuld wird nach § 6 Abs. 1 Nr. 3 EStG passiviert. Eine Abzinsung ist nicht erforderlich, da davon ausgegangen werden kann, dass die Schuld verzinslich ist (§ 6 Abs. 1 Nr. 3 Satz 2 EStG).

Eine Gewinnkorrektur ist nicht erforderlich.

zu 2.)

Die geleistete Anzahlung wird nach § 6 Abs. 1 Nr. 2 Satz 1 EStG aktiviert. Eine Gewinnkorrektur ist nicht erforderlich.

zu 3.)

Die Verpackungsmaschine ist mit den Anschaffungskosten abzüglich der planmäßigen AfA anzusetzen (§ 6 Abs. 1 Nr. 1 Satz 1 EStG). Die AfA wird der Angabe zu Folge linear nach § 7 Abs. 1 EStG vorgenommen. Ein Wechsel zur degressiven AfA ist nach § 7 Abs. 3 Satz 3 EStG nicht möglich.

Anschaffungskosten	40.000 €
bisherige AfA ($^{40.000}/_8 \times 3$)	15.000 €
Buchwert zum 31.12.2011	25.000 €

S konnte im Rahmen der Einnahmen-Überschussrechnung keine Teilwertabschreibung vornehmen, da diese nur bei einer Bilanzierung möglich ist (vgl. § 6 Abs. 1 Satz 1 EStG). In 2012 wird unabhängig hiervon auch keine Teilwertabschreibung vorgenommen, da der Teilwert innerhalb der halben Restnutzungsdauer durch reguläre Abschreibungen erreicht wird und der Teilwert folglich nicht als nachhaltig anzusehen ist (vgl. Rn. 6 des BMF-Schreibens vom 25. 2. 2000, BStBl 2000 I S. 372).

Eine Gewinnkorrektur ist nicht erforderlich.

zu 4.)

Die Büroausstattung wird mit dem angegebenen Wert angesetzt (§ 6 Abs. 1 Nr. 1 Satz 1 EStG). Eine Gewinnkorrektur ist nicht erforderlich.

zu 5.)

Die vorausbezahlte Miete ist in Höhe des Nettobetrages nach § 5 Abs. 5 Satz 1 Nr. 1 EStG in der Eröffnungsbilanz aktiv abzugrenzen. Die Vorsteuer kann nach § 15 Abs. 1 Satz 1 Nr. 1 Satz 3 UStG bereits in 2011 geltend gemacht werden[14].

In 2011 war der Mietaufwand auf Grund der „10-Tage-Regel" (§ 11 Abs. 2 Satz 2 EStG in Verbindung mit H 11 „Allgemeines – Kurze Zeit" EStH) nicht abziehbar. Aus diesem Grund ist keine Gewinnkorrektur erforderlich.

Der erhaltene Scheck wird in der Eröffnungsbilanz aktiviert (§ 6 Abs. 1 Nr. 2 Satz 1 EStG). Er war bereits bei Zufluss zu versteuern (§ 11 Abs. 1 Satz 1 EStG i.V. m. H 11 „Scheck" 1. Spiegelstrich EStH). Insofern ist keine Gewinnkorrektur erforderlich.

zu 6.)

Der Warenbestand ist in der Eröffnungsbilanz grundsätzlich mit den Anschaffungskosten zu aktivieren (§ 6 Abs. 1 Nr. 2 Satz 1 EStG). Auf Grund der nachhaltigen Wertminderung kann eine Teilwertabschreibung vorgenommen werden (§ 6 Abs. 1 Nr. 2 Satz 2 EStG). Dieses Wahlrecht steht S jedoch nicht in der Eröffnungsbilanz zu (vgl. H 4.6 „Ansatz- oder Bewertungswahlrechte" EStH).

Die Verbindlichkeiten aus der Warenlieferung in Höhe von 2.856 € (15 % von 16.000 € zzgl. 19 % USt) sind zu passivieren und auf Grund ihrer voraussichtlichen Laufzeit nicht abzuzinsen (§ 6 Abs. 1 Nr. 3 EStG).

Da sich der Warenbestand bereits im Kaufzeitpunkt als Aufwand ausgewirkt hat und sich nun bei Verkauf als Wareneinsatz nochmals gewinnmindernd auswirken wird, erfolgt eine entsprechende Gewinnkorrektur in Höhe von 16.000 €. Da nur 85 % des Warenbestandes bis zum 31. 12. 2011 bezahlt wurden, erfolgt eine Gewinnminderung in Höhe der restlichen 15 % (2.856 €).

zu 7.)

Die erhaltene Anzahlung ist in der Eröffnungsbilanz als Schuldposten auszuweisen. Eine Abzinsung kann nach § 6 Abs. 1 Nr. 3 Satz 2 EStG unterbleiben. Die in der Anzahlung enthaltene Umsatzsteuer ($^{19}/_{119}$ von 48.790 € = 7.790 €) ist als aktiver Rechnungsabgrenzungsposten auszuweisen (§ 5 Abs. 5 Satz 2 Nr. 2 EStG).

Da die Anzahlung bei Zufluss nach § 11 Abs. 1 Satz 1 EStG bereits versteuert wurde und bei Leistungserbringung nochmals zu versteuern ist, erfolgt eine Minderung des Übergangsergebnisses in Höhe von 48.790 €. Der Rechnungsabgrenzungsposten wird zugerechnet.

zu 8.)

Die Umsatzsteuerschuld des Voranmeldungszeitraumes Dezember ist nach § 6 Abs. 1 Nr. 3 EStG zu passivieren. Eine Abzinsung ist auf Grund der kurzen Laufzeit der Schuld nicht erforderlich.

---

14 Vgl. hierzu auch Art. 167 MwStSysRL.

Da die Umsatzsteuerschuld im Rahmen der Einnahmen-Überschussrechnung Aufwand dargestellt hätte, erfolgt eine entsprechende Abrechnung.

zu 9.)

Das Darlehen ist mit dem Rückzahlungsbetrag (80.000 €) nach § 6 Abs. 1 Nr. 3 EStG auszuweisen (vgl. H 6.10 „Damnum" EStH). Eine Abzinsung ist nicht erforderlich, da das Darlehen verzinslich ist (§ 6 Abs. 1 Nr. 3 Satz 2 EStG).

Das Damnum wird nach § 5 Abs. 5 Satz 1 Nr. 1 EStG als aktiver Rechnungsabgrenzungsposten ausgewiesen. Das Damnum wird degressiv auf den Zinsfestschreibungszeitraum verteilt aufgelöst (H 6.10 „Zinsfestschreibung" EStH). Der zu aktivierende Wert ermittelt sich wie folgt:

Berechnung Nenner:

Tilgungszeit: 1 + 2 + 3 =	6
Aufschubzeit: 2 × 3 =	6
Nenner	12

Somit ergibt sich eine Auflösung von $^3/_{12} \times ^1/_2$

Damnum 1. 7. 2011	8.000 €
- Auflösung 2011	1.000 €
Bilanzansatz 1. 1. 2012	7.000 €

Dieser Betrag wird bei der Ermittlung des Übergangsergebnisses zugerechnet, da er sich sonst doppelt als Aufwand auswirken würde.

zu 10.)

Die sonstigen Verbindlichkeiten sind mit dem Bruttobetrag zu passivieren (§ 6 Abs. 1 Nr. 3 Satz 1 in Verbindung mit Nr. 2 Satz 1 EStG). Es erfolgt eine Abrechnung der Schuld bei der Ermittlung des Übergangsergebnisses.

zu 11.)

Die Entnahmen des Jahres 2011 haben sich nicht auf den Gewinn ausgewirkt und veranlassen somit keine Korrektur. Die Lebensversicherung stellt in 2012 nicht abziehbare Kosten der Lebensführung (§ 12 Nr. 1 EStG) dar.

zu 12.)

Die betrieblichen Steuern führen zu einer Passivierung in der Eröffnungsbilanz (§ 6 Abs. 1 Nr. 3 bzw. Nr. 3a EStG) und zu einer Abrechnung bei der Ermittlung des Übergangsergebnisses. Die Abrechnung der Gewerbesteuer wird jedoch nach § 4 Abs. 5b EStG wieder neutralisiert.

Die Personensteuern stellen bei Zahlung nicht abziehbare Ausgaben dar (§ 12 Nr. 3 EStG i.V.m. H 12.4 „Personensteuern" EStH).

7. Regelungen über den Gewinnermittlungszeitraum und das Wirtschaftsjahr

Tz. 189

Dauer eines Wirtschaftsjahres

Nach § 8b EStDV umfasst das Wirtschaftsjahr einen Zeitraum von zwölf Monaten. Es darf sich über weniger als zwölf Monate erstrecken („Rumpf-Wirtschaftsjahr"), wenn ein Betrieb eröffnet, erworben, aufgegeben oder veräußert wird oder wenn ein Steuerpflichtiger – einvernehmlich mit dem Finanzamt – zu einem anderen Abschlusszeitpunkt übergeht.

Der Zeitraum, für den Kaufleute regelmäßig Abschlüsse machen, stellt das Wirtschaftsjahr dar (§ 4a Abs. 1 Satz 2 Nr. 2 EStG). Die Umstellung des Wirtschaftsjahres auf einen vom Kalenderjahr abweichenden Zeitraum ist steuerlich nur wirksam, wenn sie im Einvernehmen mit dem Finanzamt vorgenommen wird (vgl. § 8b Nr. 2 EStDV). Bei Gewerbetreibenden, die ein abweichendes Wirtschaftsjahr gewählt haben, ist keine Gewinnaufteilung vorzunehmen. Bei ihnen gilt nach § 4a Abs. 2 Nr. 2 EStG der Gewinn (oder Verlust) des Wirtschaftsjahres als in dem Kalenderjahr bezogen, in dem das Wirtschaftsjahr endet.

abweichendes Wirtschaftsjahr

Tz. 190

Gewerbetreibende, die keine Kaufleute sind, haben als Wirtschaftsjahr das Kalenderjahr (§ 4a Abs. 1 Satz 2 Nr. 3 EStG).

8. Verlustabzug

Tz. 191

Im Rahmen des Verlustabzugs wird das Prinzip der Abschnittsbesteuerung durchbrochen, da Verluste in folgende Veranlagungszeiträume vorgetragen und in die davor liegenden zurückgetragen werden können:

Verlustabzug

- ▶ **Verlustrücktrag**
  Verluste, die im Jahr ihrer Entstehung nicht ausgeglichen werden können, werden bis zu einem Betrag von 511.500 € (bei zusammenveranlagten Ehegatten: 1.023.000 €) im vorangegangenen Veranlagungszeitraum berücksichtigt (§ 10d Abs. 1 Satz 1 EStG). Der Steuerpflichtige kann beantragen, dass der Verlustrücktrag nicht bzw. nur in einer bestimmten Höhe durchgeführt wird (§ 10d Abs. 1 Sätze 5 und 6 EStG).

Verlustrücktrag

- ▶ **Verlustvortrag**
  Soweit negative Einkünfte nicht im Wege des Verlustrücktrags abgezogen werden, sind diese nach § 10d Abs. 2 Satz 1 EStG in folgenden Veranlagungszeiträumen zu berücksichtigen. Bis zu einem Betrag von 1 Mio. € (bei zusammenveranlagten Ehegatten: 2 Mio. €, § 10d Abs. 2 Satz 2 EStG) ist dies unbeschränkt möglich. Darüber hinaus ist ein Abzug bis zu 60 % des 1 Mio. € (bzw. 2 Mio. €) übersteigenden Gesamtbetrags der Einkünfte möglich. Der Abzug des Verlustvortrags ist „vorrangig vor den Sonderausgaben, außergewöhnlichen Belastungen und sonstigen Abzugsbeträgen" vorzunehmen (§ 10d Abs. 2 Satz 1 EStG; vgl. R 2 Abs. 1 EStR). Er ist nicht antragsabhängig, sondern wird von Amts wegen bis zu einem Einkommen von 0 € vorgenommen.

Verlustvortrag

Zum 31. 12. 2010 wurde ein Verlustvortrag von 1.400.000 € gesondert festgestellt. Der Gesamtbetrag der Einkünfte in 2011 beträgt 1.400.000 €.

Führen Sie die Verlustverrechnung für 2011 durch. Unterstellen Sie hierbei, dass eine Einzelveranlagung durchgeführt wird.

Berechnung 2011 (Verlustabzug nach § 10d Abs. 2 Satz 1 EStG):

Gesamtbetrag der Einkünfte	1.400.000 €
- Verlustabzug (Sockelbetrag)	1.000.000 €
Verbleiben	400.000 €
- Verlustabzug i. H. v. 60 % von 400.000 €	240.000 €
Gesamtbetrag der Einkünfte nach Verlustabzug	160.000 €

Der in 2011 nicht ausgleichsfähige Verlust von 160.000 € wird zum 31. 12. 2011 gesondert festgestellt (§ 10d Abs. 4 Sätze 1 und 2 EStG).

9. Nicht abzugsfähige Betriebsausgaben und nicht abzugsfähige Ausgaben

9.1 Schuldzinsenabzug

Tz. 192

Schuldzinsenabzug

Der Umfang der als Betriebsausgaben abzugsfähigen Schuldzinsen ist in § 4 Abs. 4a EStG geregelt. Die Vorschrift wurde durch das Steuerentlastungsgesetz 1999/2000/2002 zum 1.1.1999 eingeführt. Durch sie soll verhindert werden, dass durch Zwei- und Mehr-Konten-Modelle dem Grunde nach privat veranlasste Schuldzinsen vollumfänglich als Betriebsausgaben abgezogen werden.

§ 4 Abs. 4a EStG schränkt den Schuldzinsenabzug generell ein, sobald Überentnahmen getätigt worden sind. Dabei wird gesetzlich fingiert, dass die Finanzierung solcher Überentnahmen privat veranlasst ist und somit keine Betriebsausgabe darstellt.

Der Norm des § 4 Abs. 4a EStG unterliegen nur Schuldzinsen, die betrieblich veranlasst sind. Dies folgt aus den allgemeinen Grundsätzen des Betriebsausgabenabzugs. Für die Frage der steuerlichen Abzugsfähigkeit ist also eine zweistufige Prüfung erforderlich. Zuerst ist zu ermitteln, ob und in welcher Höhe die angefallenen Schuldzinsen betrieblich veranlasst sind. Dann wird geprüft, ob der Betriebsausgabenabzug durch § 4 Abs. 4a EStG eingeschränkt ist.

Tz. 193

Bei der Beurteilung, ob die Schuldzinsen betrieblich oder privat veranlasst sind, kommt es auf die tatsächliche Verwendung der Darlehensmittel an. Wird ein Darlehen nicht zur Finanzierung betrieblicher Aufwendungen, sondern zur Finanzierung privater Aufwendungen oder einer Entnahme verwendet, sind die Schuldzinsen in voller Höhe nicht abzugsfähig.

BEISPIEL

X benötigt zur Finanzierung einer selbstgenutzten Eigentumswohnung 300.000 €. Da die Entnahme des erforderlichen Betrags mangels Liquidität nicht möglich ist, nimmt X ein betriebliches Darlehen über 300.000 € auf und zahlt dieses auf sein betriebliches Girokonto ein. Anschließend wird der für private Zwecke benötigte Geldbetrag entnommen.

Die Schuldzinsen für das Darlehen sind nicht abzugsfähig, da die Darlehensaufnahme nicht betrieblich veranlasst war. Die Schuldzinsen sind nicht als Betriebsausgabe abziehbar. Der entnommene Betrag in Höhe von 300.000 € wird bei der Ermittlung der Entnahmen im Sinne des § 4 Abs. 4a EStG nicht berücksichtigt.

Tz. 194

Investitionskredite

Nach § 4 Abs. 4a Satz 5 EStG sind Schuldzinsen zur Finanzierung von Anschaffungs- oder Herstellungskosten betrieblicher Anlagegüter unbegrenzt als Betriebsausgaben abziehbar.

Hierzu ist grundsätzlich erforderlich, dass zur Finanzierung von Wirtschaftsgütern des Anlagevermögens ein gesondertes Darlehen aufgenommen wird. Die Finanzierung durch Belastung des Kontokorrentkontos reicht nicht aus, um die Abzugsfähigkeit der Schuldzinsen von der Überentnahmeregelung auszunehmen.

Wird ein gesondertes Darlehen aufgenommen, mit dem teilweise Wirtschaftsgüter des Anlagevermögens finanziert, teilweise aber auch sonstiger betrieblicher Aufwand bezahlt wird, können die Schuldzinsen nach § 4 Abs. 4a Satz 5 EStG – ungeachtet etwaiger Überentnahmen – als Betriebsausgaben abgezogen werden, soweit sie nachweislich auf die Anschaffungs- oder Herstellungskosten der Wirtschaftsgüter des Anlagevermögens entfallen. Der Steuerpflichtige ist hierfür nachweispflichtig.[15]

Tz. 195

Überentnahmen

In § 4 Abs. 4a Satz 2 EStG ist der Begriff der Überentnahmen gesetzlich definiert. Hiernach liegt eine Überentnahme vor, wenn die Entnahmen die Summe aus Einlagen und Gewinn des Wirtschaftsjahres übersteigen. Daneben ist das Vorjahresergebnis in die Berechnung einzubeziehen. Der Saldo ist die Berechnungsgrundlage für die nicht abziehbaren Schuldzinsen.

---

15 Rn. 28 des BMF-Schreibens vom 17.11.2005 (IV B 2 – S 2144 – 50/05).

9. Nicht abzugsfähige Betriebsausgaben und nicht abzugsfähige Ausgaben

Tz. 196

In § 4 Abs. 4a Satz 3 EStG findet sich die Legaldefinition der Unterentnahmen. Unterentnahmen sind der Betrag, um den die Summe aus Gewinn und Einlagen die Entnahmen übersteigt. Liegen Unterentnahmen vor, verbleibt ein Entnahmepotenzial für Folgejahre. Darüber hinaus können Unterentnahmen mit Verlusten bzw. Überentnahmen aus Vorjahren verrechnet werden.

Unterentnahmen

Tz. 197

Die Regelung enthält zu den Begriffen Gewinn, Entnahme und Einlage keine von § 4 Abs. 1 Satz 2 bzw. 8 EStG abweichenden Bestimmungen. Es gelten daher die allgemeinen Grundsätze. Maßgebend ist der steuerliche Gewinn unter Berücksichtigung außerbilanzieller Hinzurechnungen vor Anwendung des § 4 Abs. 4a EStG. Das bedeutet, dass bei der Ermittlung der Bemessungsgrundlage die betrieblichen Schuldzinsen in voller Höhe berücksichtigt werden (§ 4 Abs. 4a Satz 3 EStG).

maßgeblicher Gewinn

Zum Gewinn gehört auch der Gewinn aus der Veräußerung oder Aufgabe eines Betriebs (§ 16 EStG). Zu den Entnahmen gehören auch Überführungen von Wirtschaftsgütern des Betriebsvermögens in das Privatvermögen anlässlich einer Betriebsaufgabe sowie der Erlös aus der Veräußerung eines Betriebs, soweit er in das Privatvermögen überführt wird.[16]

Werden Wirtschaftsgüter in ein anderes Betriebsvermögen überführt, ist dieser Vorgang bei der Berechnung der abziehbaren Schuldzinsen als Entnahme aus dem abgebenden Betriebsvermögen und als Einlage in das aufnehmende Betriebsvermögen zu behandeln. Die anders lautende Regelung des § 6 Abs. 5 EStG ist insoweit zu ignorieren.[17]

Tz. 198

Um den Steuerpflichtigen in Verlustjahren nicht doppelt zu belasten, ist in einem Verlustjahr die Überentnahme nicht höher als der Betrag anzusetzen, um den die Entnahmen die Einlagen des Wirtschaftsjahres übersteigen. Besteht ein Entnahmeüberschuss und wird aus dem Vorjahr keine Unterentnahme vorgetragen, wird der Verlust nicht berücksichtigt. Er wird aber so lange fortgeführt, bis Einlageüberschüsse oder Unterentnahmen zur Verrechnung vorhanden sind.[18]

Verlustjahre

> A hat 2011 mit einem Verlust von 100.000 € abgeschlossen. Dem Betrieb wurden Einlagen in Höhe von 80.000 € zugeführt. A entnimmt keine liquiden Mittel, er nutzt aber einen zum Betriebsvermögen gehörenden Pkw auch für Privatfahrten. Die Nutzungsentnahme wird nach der 1 %-Methode, bezogen auf einen Bruttolistenpreis von 60.000 €, mit 7.200 € angesetzt. Aus dem vorangegangenen Wirtschaftsjahr stammt eine Unterentnahme von 10.000 €.
>
> Zunächst ist der Einlagenüberschuss zu ermitteln. Die Einlagen von 80.000 € abzüglich Entnahmen von 7.200 € ergeben einen Einlagenüberschuss von 72.800 €. Dann ist der Einlagenüberschuss mit dem Verlust zu verrechnen. Soweit der Verlust von 100.000 € nicht mit dem Einlagenüberschuss von 72.800 € verrechnet werden kann, ist er mit der Unterentnahme des Vorjahres zu verrechnen. Der verbleibende Verlust von 17.200 € ist mit künftigen Unterentnahmen zu verrechnen.

BEISPIEL

Tz. 199

§ 4 Abs. 4a Satz 3 EStG bestimmt, dass die betrieblich veranlassten Schuldzinsen pauschal in Höhe von 6 % der Überentnahme des Wirtschaftsjahres zuzüglich der verbliebenen Überentnahme oder abzüglich der verbliebenen Unterentnahme des vorangegangenen Wirtschaftsjahres zu nicht abziehbaren Betriebsausgaben umqualifiziert werden müssen. Der sich dabei ergebende Betrag, höchstens jedoch der um 2.050 € verminderte Betrag der im Wirtschaftsjahr angefallenen Schuldzinsen, ist nach § 4 Abs. 4a Satz 4 EStG dem Gewinn hinzuzurechnen.

Pauschalierung

---

16 Dies gilt nicht bei Betrieben, die vor dem 1.1.1999 eröffnet wurden (§ 52 Abs. 11 Satz 3 EStG).
17 Rn. 10 des BMF-Schreibens vom 17.11.2005 (a.a.O.).
18 Rn. 12 des BMF-Schreibens vom 17.11.2005 (a.a.O.).

> **BEISPIEL**
>
> C hat in 2011 eine Überentnahme von 100.000 € ermittelt. Seine betrieblichen Schuldzinsen betragen 15.000 €. Von diesem Betrag entfallen 8.000 € auf Zinsen für ein Investitionsdarlehen.
>
> Es ergibt sich grundsätzlich ein Hinzurechnungsbetrag von 6.000 € (6 % von 100.000 €). Der Höchstbetrag ermittelt sich wie folgt:
>
> | | |
> |---|---:|
> | Betriebliche Schuldzinsen | 15.000 € |
> | - Zinsen für Investitionsdarlehen | 8.000 € |
> | Zwischensumme | 7.000 € |
> | - Sockelbetrag | 2.050 € |
> | Maximaler Hinzurechnungsbetrag | 4.950 € |

9.2 Nicht abziehbare Betriebsausgaben nach § 4 Abs. 5 und 7 EStG

Tz. 200

nicht abziehbare Betriebsausgaben

§ 4 Abs. 5 EStG ist als so genannte Lenkungsnorm zu verstehen. Dies bedeutet hier konkret, dass es sich bei den anfallenden Ausgaben zwar um Betriebsausgaben handelt, der Abzug jedoch eingeschränkt ist, um beispielsweise Spesenmissbrauch einzudämmen. Die Norm gilt zwar unmittelbar nur im Bereich der Betriebsausgaben, ist aber wegen § 9 Abs. 5 Satz 1 EStG auf Werbungskosten entsprechend anzuwenden. Zu beachten ist jedoch, dass das Abzugsverbot nach § 12 EStG Vorrang vor § 4 Abs. 5 und 7 EStG hat (§ 4 Abs. 5 Satz 3 EStG)[19].

Tz. 201

Katalog des § 4 Abs. 5 EStG

Nach § 4 Abs. 5 Satz 1 EStG dürfen folgende Betriebsausgaben nicht abgezogen werden:

- Geschenke an Geschäftsfreunde über 35 € (Nr. 1);
- Bewirtung von Geschäftsfreunden in Höhe von 30 % (Nr. 2);
- Gästehäuser (Nr. 3);
- Jagden, Fischereien, Jachten usw. (Nr. 4);
- Mehraufwendungen für Verpflegung, sofern sie die Pauschbeträge übersteigen (Nr. 5);
- Aufwendungen für Fahrten zwischen Wohnung und Betriebsstätte, sofern diese die Entfernungspauschale übersteigen (Nr. 6);
- Häusliches Arbeitszimmer, sofern es nicht Mittelpunkt der Tätigkeit ist, bzw. kein anderer Arbeitsplatz zur Verfügung steht (Nr. 6b)
- Unangemessene Aufwendungen (Nr. 7);
- Geldbußen, Ordnungs- und Verwarnungsgelder (Nr. 8);
- Hinterziehungszinsen (Nr. 8a);
- Ausgleichszahlungen im Rahmen einer körperschaftsteuerlichen Organschaft (Nr. 9);
- Schmiergelder (Nr. 10);
- Bestimmte Zuwendungen bei Anwendung der Tonnagebesteuerung (Nr. 11);
- Zuschlag bei fehlenden oder nicht ordnungsgemäßen Aufzeichnungen bei Sachverhalten mit Auslandsbezug (Nr. 12).

Tz. 202

formelle Einschränkung

Neben den sachlichen Einschränkungen des § 4 Abs. 5 EStG gilt es noch die formellen Einschränkungen des § 4 Abs. 7 EStG zu beachten. Gemäß § 4 Abs. 7 Satz 1 EStG sind Aufwendungen im Sinne des § 4 Abs. 5 Satz 1 Nr. 1 bis 4, 6b und 7 EStG einzeln und getrennt von den sonstigen Betriebsausgaben aufzuzeichnen. Dies muss fortlaufend und zeitnah erfolgen (H 4.11 „Besondere Aufzeichnung" 1. Spiegelstrich EStH). Eine Aufzeichnung der Geschäftsvorfälle nach Ablauf des Geschäftsjahres ist nicht zeitnah (BFH-Urteil vom 22. 1. 1988, BStBl 1988 II S. 535). Dies gilt grundsätzlich auch für die Aufwendungen für ein häusliches Arbeitszimmer.

---

19 Vgl. BFH-Urteil vom 12. 12. 1991, BStBl 1992 II S. 524.

Es ist hierbei jedoch nicht zu beanstanden, wenn die Kosten unterjährig geschätzt und nach Ablauf des Jahres konkret aufgezeichnet werden (Rn. 17 des BMF-Schreibens vom 3. 4. 2007, BStBl 2007 I S. 442).

BEISPIEL 1

Anlässlich einer Geschäftsreise zur Automobilausstellung in Frankfurt/Main hatte der Deggendorfer Kfz-Händler Horst Schraube die Gelegenheit wahrgenommen, in einem historischen Hotel zu übernachten. Auf seinen besonderen Wunsch wurde er in einem Zimmer, in dem einst Goethe genächtigt haben soll, untergebracht. Der Zimmerpreis für fünf Übernachtungen belief sich daher auf 1.500 € + 105 € USt. Es wurde die Buchung Aufwand = 1.500 € und VoSt = 105 € an Bank vorgenommen.

Im benachbarten Hotel, in dem Schraube bisher immer untergebracht war, hätte er für ein Zimmer mit Dusche lediglich 150 € (netto) pro Übernachtung aufwenden müssen.

Die Kosten der Übernachtung anlässlich einer Geschäftsreise sind Betriebsausgabe (§ 4 Abs. 4 EStG; R 4. 12 Abs. 2 EStR i.V. m. R 9.4 Abs. 1, 9.7 LStR) und daher zutreffend als Aufwand gebucht.

Da die Übernachtung im historischen Hotel jedoch auch die Lebensführung des Schraube berührt (Repräsentation), muss eine außerbilanzmäßige Hinzurechnung nach § 4 Abs. 5 Satz 1 Nr. 7 EStG insoweit vorgenommen werden, als die Übernachtungsaufwendungen unangemessen sind (R 4. 10 Abs. 12 Nr. 1 EStR).

▶ angemessener Aufwand: 150 € × 5 = 750 €
▶ außerbilanzmäßige Zurechnung: 1.500 € - 750 € = 750 €

Die auf die nicht abziehbaren Betriebsausgaben entfallende Umsatzsteuer ist nicht als Vorsteuer abzugsfähig (§ 15 Abs. 1a Satz 1 UStG):

▶ 7 % von 750 € = 52,50 €

Die USt-Verbindlichkeit muss um 52,50 € erhöht werden. Die auf den unangemessenen Teil der Übernachtungskosten entfallende, nicht abzugsfähige Vorsteuer unterliegt dem Abzugsverbot des § 12 Nr. 3 EStG und ist daher außerbilanzmäßig zuzurechnen (R 9b Abs. 3 Satz 1 EStR)[20].

▶ gesamte außerbilanzielle Zurechnung: 802,50 €

BEISPIEL 2

Modehersteller F mit Sitz in München unterhält in Bad Tölz, wo er weder einen Betrieb noch eine Betriebsstätte hat, ein Gästehaus mit 15 gleichwertigen Zimmern. Davon werden 10 Zimmer für Arbeitnehmer und 5 Zimmer für Geschäftsfreunde genutzt. Das Haus (Baujahr 1998) wurde zum 1. 1. 2010 für 1.000.000 € (1/4 Grund und Boden) erworben und voll aktiviert. Die laufenden Unterhaltskosten betrugen im Jahr 2011 30.000 €; für den Hausmeister mussten 8.000 € aufgewendet werden. Das Haus wird zum 31. 12. 2011 für 1. 200.000 € verkauft.

Das ausschließlich betrieblich genutzte Grundstück ist nach R 4.2 Abs. 7 Satz 1 EStR als notwendiges Betriebsvermögen im Anlagevermögen (R 6.1 Abs. 1 Satz 1 EStR) auszuweisen und mit den fortgeführten Anschaffungskosten zu bewerten (§ 6 Abs. 1 Nr. 1 Satz 1 EStG).

▶ Soweit ein Gästehaus an Geschäftsfreunde überlassen wird, sind die Aufwendungen nach § 4 Abs. 5 Satz 1 Nr. 3 EStG nicht abzugsfähig, da sich das Gästehaus außerhalb des Ortes eines Betriebs des Steuerpflichtigen befindet.
▶ Soweit ein Gästehaus an Arbeitnehmer überlassen wird, kommt eine Zurechnung der entsprechenden Aufwendungen nicht in Betracht.

=> Zu den nicht abzugsfähigen Aufwendungen rechnen $^1/_3$ aller mit dem Betrieb des Gästehauses in Zusammenhang stehenden Aufwendungen (R 4. 10 Abs. 11 Satz 1 EStR).

Berechnung:

Die AfA wird nach § 7 Abs. 4 Satz 1 Nr. 1 EStG vorgenommen, da das Gebäude Betriebsvermögen ist und nicht Wohnzwecken dient (R 7.2 Abs. 1 Satz 3 EStR). Der Bauantrag ist wohl nach dem 31. 3. 1985 gestellt worden.

3 % v. 750.000 € =	22.500 €
lfd. Hausaufwendungen	30.000 €
Kosten für Hausmeister	8.000 €
Aufwendungen insgesamt	60.500 €
Davon anteilig für Überlassung an Geschäftsfreunde $^1/_3$	20.167 €
Zurechnung außerhalb Bilanz	**20.167 €**

---

20 Die Richtlinie verweist auf § 12 Nr. 3 EStG. Somit wäre eigentlich eine Privatentnahme im Sinne des § 4 Abs. 1 Satz 2 EStG anzusetzen.

Ermittlung Veräußerungsgewinn:

Erlös			1.200.000 €
./.	Buchwert im Zeitpunkt der Veräußerung:		
	Grund und Boden, § 6 Abs. 1 Nr. 2 EStG		250.000 €
	Gebäude, § 6 Abs. 1 Nr. 1 EStG:		
	Anschaffungskosten	750.000 €	
	./. volle AfA 2010 und 2011 = 2 × 22.500 €	45.000 €	705.000 €
	Steuerpflichtiger Veräußerungsgewinn		245.000 €

Entsteht beim Verkauf ein Veräußerungsgewinn, so ist dieser voll zu versteuern (H 4.10 Abs. 1 „Veräußerung…" EStH). Die Gegenrechnung der sich nicht auswirkenden AfA käme wirtschaftlich einer nachträglichen Gewinnminderung gleich. Genau dies ist vom Gesetzgeber ausdrücklich nicht gewollt.

Eine Berücksichtigung der aufgedeckten stillen Reserve nach § 6b EStG ist nicht möglich, da das Grundstück nicht sechs Jahre Betriebsvermögen gewesen ist (§ 6b Abs. 4 Satz 1 Nr. 2 EStG).

BEISPIEL 3

Ein kaufmännischer Angestellter eines Industrieunternehmens ist nebenbei als Mitarbeiter für einen Lohnsteuerhilfeverein selbständig tätig und nutzt für letztere Tätigkeit sein häusliches Arbeitszimmer als „Beratungsstelle", in dem er Steuererklärungen erstellt, Beratungsgespräche führt und Rechtsbehelfe bearbeitet. An Kosten für das Arbeitszimmer sind in 2011 3.000 € angefallen.

Für die Nebentätigkeit ist das Arbeitszimmer zwar der Tätigkeitsmittelpunkt. Auf Grund der erforderlichen Gesamtbetrachtung ist das Arbeitszimmer jedoch nicht Mittelpunkt der gesamten betrieblichen und beruflichen Betätigung. Somit sind die Aufwendungen nach § 4 Abs. 5 Satz 1 Nr. 6b EStG nicht vollumfänglich abzugsfähig.

Da für die gewerbliche Tätigkeit kein anderer Arbeitsplatz zur Verfügung steht, können Aufwendungen bis zu 1.250 € als Betriebsausgaben geltend gemacht werden.

9.3 Gewerbesteuer

Tz. 203

Gewerbesteuer

Gemäß § 4 Abs. 5b EStG stellt die Gewerbesteuer ebenso wie die darauf entfallenden Nebenleistungen seit 2008 keine Betriebsausgabe mehr dar. Dies bedeutet, dass sämtliche Gewerbesteueraufwendungen innerhalb der Bilanz als Aufwand gebucht, aber außerhalb wieder zugerechnet werden. Die Behandlung erfolgt analog zur Körperschaftsteuer (§ 10 Nr. 2 KStG).

9.4 Mitgliedsbeiträge und Spenden

Tz. 204

Spenden

Mitgliedsbeiträge und Spenden bzw. Zuwendungen an politische Parteien stellen keine Betriebsausgaben dar (§ 4 Abs. 6 EStG). Entsprechendes gilt im Bereich der Werbungskosten (§ 9 Abs. 5 Satz 1 EStG).

9.5 Nicht abzugsfähige Kosten der Lebensführung

Tz. 205

Kosten der Lebensführung

§ 12 EStG grenzt die Kosten der privaten Lebensführung von den bei der Ermittlung der Einkünfte und des Einkommens abzugsfähigen Kosten ab. Die Aufwendungen werden wie folgt in abziehbare und nicht abziehbare Aufwendungen unterteilt:

ABB. 9: Abziehbare und nicht abziehbare Aufwendungen

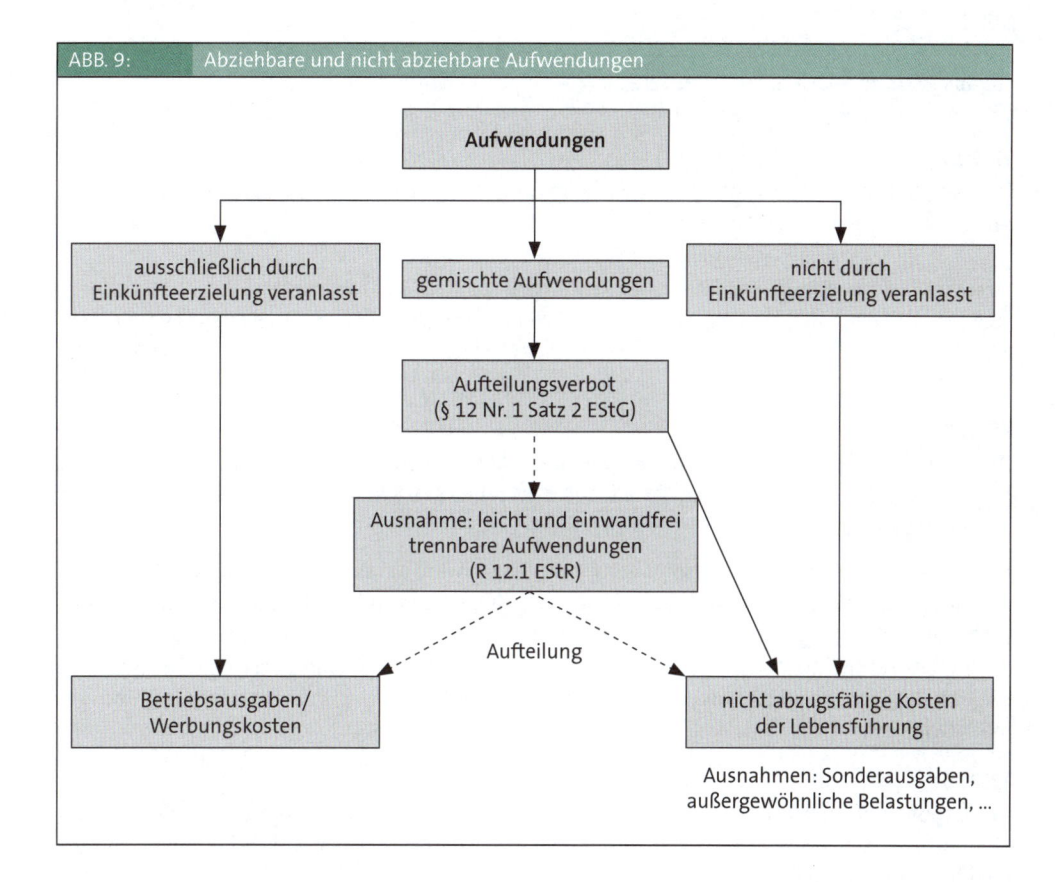

```
                           Aufwendungen
            ┌───────────────────┼───────────────────┐
            ▼                   ▼                   ▼
   ausschließlich durch   gemischte Aufwendungen   nicht durch
  Einkünfteerzielung veranlasst                  Einkünfteerzielung veranlasst
            │                   │                   │
            │                   ▼                   │
            │          Aufteilungsverbot            │
            │         (§ 12 Nr. 1 Satz 2 EStG)      │
            │                   │                   │
            │                   ▼                   │
            │      Ausnahme: leicht und einwandfrei │
            │         trennbare Aufwendungen        │
            │              (R 12.1 EStR)            │
            │              ╱         ╲              │
            │         Aufteilung                    │
            ▼         ╱                ╲            ▼
      Betriebsausgaben/              nicht abzugsfähige Kosten
      Werbungskosten                 der Lebensführung

                                    Ausnahmen: Sonderausgaben,
                                    außergewöhnliche Belastungen, ...
```

9.5.1 Kosten der Lebensführung

Tz. 206

§ 12 Nr. 1 EStG normiert, dass Aufwendungen für den Haushalt des Steuerpflichtigen und für den Unterhalt seiner Familienangehörigen grundsätzlich steuerlich nicht berücksichtigt werden dürfen. Hierunter fallen beispielsweise Aufwendungen für

- Ernährung,
- Krankheitskosten,
- die private Wohnung,
- Unterhaltsaufwendungen und
- Kleidung.

Es gibt jedoch bei den genannten Positionen im Rahmen der Sonderausgaben und der außergewöhnlichen Belastungen eingeschränkte Abzugsmöglichkeiten.

9.5.2 Gemischte Aufwendungen

Tz. 207

Aufwendungen, die der privaten Lebensführung dienen und gleichzeitig die berufliche bzw. betriebliche Tätigkeit des Steuerpflichtigen fördern, sind gemischte Aufwendungen. Diese sind nach § 12 Nr. 1 Satz 2 EStG grundsätzlich nicht aufteilbar und damit nicht abziehbar. Beispielsfälle sind:

gemischte Aufwendungen

- Bürgerliche Kleidung, die beruflich getragen wird (BFH-Urteil vom 20. 11. 1979, BStBl 1980 II S. 75);
- Konzertbesuch einer Oberstudienrätin für Musik (BFH-Urteil vom 8. 2. 1971, BStBl 1971 II S. 368);
- Aufwendungen für mehrere Tageszeitungen bei einem Journalisten (BFH-Urteil vom 7. 9. 1989, BStBl 1990 II S. 19).

Der BFH hat in allen Fällen geurteilt, dass gemischte Aufwendungen vorliegen, die einen Abzug als Werbungskosten bzw. Betriebsausgaben ausschließen.

Tz. 208

Das Aufteilungsverbot für gemischte Aufwendungen greift auch, wenn zu einem beruflichen Anlass später ein privater Umstand dazukommt.

BEISPIEL

A erleidet auf einer beruflichen Fahrt einen Verkehrsunfall infolge Alkoholgenusses.

Da der Unfall durch den Alkoholgenuss verursacht wurde, tritt die berufliche Veranlassung in den Hintergrund. Die Aufwendungen sind insgesamt nicht abzugsfähig (BFH-Urteil vom 28.11.1977, BStBl 1978 II S. 105).

Tz. 209

Die bisherige Rechtsprechung zum allgemeinen Aufteilungs- und Abzugsverbot basierte auf zwei Entscheidungen des Großen Senats aus dem Jahr 1970[21] (allgemein für Betriebsausgaben und Werbungskosten) und 1978[22] (speziell für Reisekosten).

Allerdings krankte diese Rechtsprechung von Beginn an daran, dass sie nicht konsequent durchgehalten wurde. War eine Aufteilung der Aufwendungen zum Beispiel auf Grund eines objektiven Aufteilungsmaßstabs einfach und leicht möglich (z. B. Kilometerleistung bei einem Pkw) oder trat die private Mitveranlassung in den Hintergrund (Kopiergerät wird gelegentlich für Privatkopien benutzt), konnten die Aufwendungen bereits bisher (anteilig) geltend gemacht werden.

Tz. 210

BFH lockert Aufteilungsverbot.

Der Große Senat hatte im Jahr 2009[23] erneut Gelegenheit über die Frage zu entscheiden, ob eine Aufteilung von teilweise privat und teilweise betrieblich oder beruflich veranlassten Aufwendungen möglich ist.

Im vorliegenden Streitfall flog der Steuerpflichtige für vier Messetage insgesamt sieben Tage nach Las Vegas und machte ursprünglich sämtliche Kosten in voller Höhe als Werbungskosten geltend. Das Finanzamt folgte dem nicht und schloss mit Hinweis auf das allgemeine Aufteilungs- und Abzugsverbot alle Aufwendungen (mit Ausnahme der Seminargebühren) vom Abzug aus.

Der BFH ließ letztendlich den Werbungskostenabzug der Flugkosten in Höhe von $^4/_7$ der Aufwendungen zu.

9.5.3 Nicht abziehbare Steuern

Tz. 211

„Privatsteuern"

Nach § 12 Nr. 3 EStG sind Steuern vom Einkommen nicht abziehbar. Hierzu zählen neben der Einkommensteuer auch deren besondere Erhebungsformen wie die Lohnsteuer und Kapitalertragsteuer, die Kirchensteuer[24], der Solidaritätszuschlag und die Erbschaftsteuer (vgl. H 12.4 „Personensteuern" EStH).

Nicht abziehbar ist nach § 12 Nr. 3 EStG auch die Umsatzsteuer für Umsätze, die Entnahmen sind, und die Vorsteuerbeträge auf Aufwendungen, für die das Abzugsverbot des § 4 Abs. 5 Satz 1 Nr. 1 bis 5, 7 oder Abs. 7 EStG gilt.

Darüber hinaus können steuerliche Nebenleistungen wie Nachforderungszinsen, Säumniszuschläge, Verspätungszuschläge und dergleichen nicht abgezogen werden (vgl. H 12.4 „Nebenleistungen" EStH).

---

21 BStBl 1971 II S. 17.
22 BStBl 1979 II S. 149.
23 BFH, Beschluss vom 21.9.2009, GrS 1/06, BStBl 2010 II S. 672.
24 Auf die Abzugsmöglichkeit der Kirchensteuer als Sonderausgabe nach § 10 Abs. 1 Nr. 4 EStG wird hingewiesen.

Gegen den Kfz-Händler L sind zu folgenden Steuern Hinterziehungszinsen im Sinne des § 235 AO festgesetzt worden:

▶ zur Umsatzsteuer: 15.000 €

▶ zur Einkommensteuer: 10.000 €

Ursache für die Festsetzung der Hinterziehungszinsen war eine Nichterfassung von Umsätzen.

Darüber hinaus setzt die Buß- und Strafsachenstelle des zuständigen Finanzamts ein Bußgeld in Höhe von 1.000 € fest.

Bei den Hinterziehungszinsen zur Einkommensteuer handelt es sich um nicht abzugsfähige Aufwendungen im Sinne des § 12 Nr. 3 EStG (vgl. H 12.4 „Nebenleistungen" EStH). Die Hinterziehungszinsen für die Umsatzsteuer sind dagegen als Betriebsausgabe zu behandeln. Es erfolgt hier jedoch wegen § 4 Abs. 5 Satz 1 Nr. 8a EStG eine Zurechnung des Betrages außerhalb der Bilanz.

Das festgesetzte Bußgeld stellt ebenfalls eine nicht abziehbare Betriebsausgabe dar, die nach § 4 Abs. 5 Satz 1 Nr. 8 EStG außerbilanziell zugerechnet wird.

9.5.4 Geldstrafen und ähnliche Rechtsnachteile

Tz. 212

Nach § 12 Nr. 4 EStG sind in einem Strafverfahren festgesetzte Geldstrafen und ähnliche Rechtsnachteile, auch wenn diese mit einer der Besteuerung unterliegenden Tätigkeit zusammenhängen, nicht abziehbar. Zu den Geldstrafen zählen auch die von einem ausländischen Gericht verhängten Geldstrafen, außer diese widersprechen wesentlichen Grundsätzen der deutschen Rechtsprechung (R 12.3 EStR).

Geldstrafen

Da Verfahrenskosten wie Strafverteidigungs- und Gerichtskosten nur eine Folge der Strafe sind, sind diese abzugsfähig. Voraussetzung ist jedoch, dass die dem Strafverfahren zugrunde liegende Tat in Ausübung der betrieblichen oder beruflichen Tätigkeit begangen wurde.

Ein Fotolaborant hat Chemikalien in unzulässiger Weise entsorgt. Hierfür erhält er eine Geldstrafe über 10.000 €. Die Verfahrenskosten belaufen sich auf 1.000 €.

Alternative: Es wird eine Geldbuße über 2.000 € festgesetzt. Die Verfahrenskosten belaufen sich auf 200 €.

Die Geldstrafe ist eine nicht abzugsfähige Ausgabe (§ 12 Nr. 4 EStG). Deren Begleichung über ein betriebliches Konto führt zu einer Entnahme. Die Verfahrenskosten können als Betriebsausgabe geltend gemacht werden (H 12.3 „Kosten des Strafverfahrens" EStH).

Die Geldbuße ist ebenso wie die im Zusammenhang stehenden Verfahrenskosten als Betriebsausgabe abzugsfähig. Die Geldbuße muss jedoch außerhalb der Bilanz nach § 4 Abs. 5 Satz 1 Nr. 8 EStG wieder zugerechnet werden. Hinsichtlich der Verfahrenskosten kann eine Zurechnung unterbleiben (H 4.13 „Verfahrenskosten" EStH).

9.5.5 Berufsausbildungskosten

Tz. 213

Aufwendungen für die erstmalige Berufsausbildung oder ein Erststudium sind nach § 12 Nr. 5 EStG grundsätzlich nicht abzugsfähig, es sei denn, die Bildungsmaßnahme findet im Rahmen eines Dienstverhältnisses statt (Ausbildungsdienstverhältnis)

Ausbildungskosten

Aufwendungen für die eigene Berufsausbildung, die nicht Betriebsausgaben oder Werbungskosten darstellen, können nach § 10 Abs. 1 Nr. 7 EStG bis zu 4.000 € (ab dem Veranlagungszeitraum 2012: 6.000 €, § 52 erster Abs. 24a Satz 3 EStG) im Kalenderjahr als Sonderausgaben abgezogen werden.

10. Einkünfte aus Gewerbebetrieb

Tz. 214

Einkünfte aus Gewerbebetrieb (§ 15 EStG) kann sowohl ein Einzelgewerbetreibender (§ 15 Abs. 1 Satz 1 Nr. 1 EStG) als auch ein Mitunternehmer (§ 15 Abs. 1 Satz 1 Nr. 2 EStG) erzielen. In § 15 Abs. 2 EStG sind die Merkmale eines Gewerbebetriebs genannt:

Einkünfte aus Gewerbebetrieb

Selbständigkeit ▶ **Selbständigkeit:**
Eine selbständige Tätigkeit liegt vor, wenn die Tätigkeit auf eigene Rechnung und auf eigene Verantwortung ausgeübt wird. Es muss also Unternehmerrisiko und Unternehmerinitiative vorliegen (H 15.1 „Allgemeines" EStH). Es liegt demnach keine Selbständigkeit vor, wenn jemand im Rahmen eines Dienstverhältnisses in den Betrieb eines anderen eingegliedert ist (H 15.1 „Freie Mitarbeit" bzw. „Gesamtbeurteilung" EStH). Liegt eine sozialversicherungsrechtliche Scheinselbständigkeit vor, führt dies nicht zwangsläufig zu der Annahme einer nichtselbständigen Tätigkeit im Steuerrecht (R 15.1 Abs. 3 EStR).

Nachhaltigkeit ▶ **Nachhaltigkeit:**
Eine gewerbliche Betätigung ist dann nachhaltig, wenn sie nicht nur einmalig ausgeführt wird (H 15.2 „Einmalige Handlung" EStH). So führt ein einmaliges Vermittlungsgeschäft – auch wenn es laufende Provisionseinnahmen zur Folge hat – nicht zu einer gewerblichen Tätigkeit, sondern zu sonstigen Einkünften im Sinne des § 22 Nr. 3 EStG.

Gewinnerzielungsabsicht ▶ **Gewinnerzielungsabsicht:**
Das Gesetz definiert den Begriff der Gewinnerzielungsabsicht nicht, stellt jedoch in § 15 Abs. 2 Satz 2 EStG klar, dass eine durch die Betätigung verursachte Minderung der Steuern vom Einkommen keine Gewinnerzielungsabsicht begründet. Es reicht jedoch aus, wenn die Gewinnerzielungsabsicht Nebenzweck der Betätigung ist (§ 15 Abs. 2 Satz 3 EStG).
Entscheidend ist, dass die Tätigkeit darauf ausgerichtet ist, einen Totalgewinn zu erzielen. Hiermit ist ein positives Gesamtergebnis des Betriebs von der Gründung bis zur Veräußerung, Aufgabe oder Liquidation gemeint (H 15.3 „Totalgewinn" EStH). Anlaufverluste sind hierbei grundsätzlich unschädlich, außer es ist von Beginn an erkennbar, dass die Tätigkeit keinen Totalgewinn bringen wird (H 15.3 „Anlaufverluste" 1. Spiegelstrich EStH). In der Praxis ist hier oftmals eine Abgrenzung zur Liebhaberei vorzunehmen, beispielsweise bei einem Künstler, der Vercharterung eines Motorbootes, aber gegebenenfalls auch bei einem hauptberuflich tätigen Rechtsanwalt bzw. Steuerberater (H 15.3 „Abgrenzung..." EStH).

Teilnahme am wirtschaftl. Verkehr ▶ **Beteiligung am allgemeinen wirtschaftlichen Verkehr:**
Von einer Beteiligung am allgemeinen wirtschaftlichen Verkehr spricht man, wenn der Steuerpflichtige mit Gewinnerzielungsabsicht am Leistungs- oder Gütertausch teilnimmt (H 15.4 „Allgemeines" EStH). Diese kann auch bei einer Tätigkeit für nur einen bestimmten Vertragspartner vorliegen (H 15.4 „Kundenkreis" 1. Spiegelstrich EStH).

Tz. 215
Die genannten Voraussetzungen gelten auch für die selbständige Arbeit im Sinne des § 18 Abs. 1 Nr. 1 und Nr. 2 EStG (H 15.6 „Allgemeines" EStH).

10.1 Umfang der Einkünfte aus Gewerbebetrieb

10.1.1 Abgrenzung gegenüber der Vermögensverwaltung

Tz. 216

Vermögensverwaltung Werden Einkünfte durch bloße Nutzungsüberlassung von Vermögensgegenständen, wie beispielsweise im Bereich der Vermietung und Verpachtung von Grundstücken, bzw. bei bloßer Kapitalnutzung erzielt, liegt eine vermögensverwaltende Tätigkeit vor (R 15.7 Abs. 1 EStR).

Tz. 217

gewerblicher Grundstückshandel Werden Grundstücke, die sich im Privatvermögen befinden, veräußert, handelt es sich um eine gewerbliche Tätigkeit, wenn sich die Veräußerungsgeschäfte in ihrer Gesamtheit als selbständige, nachhaltige und mit Gewinnerzielungsabsicht unter Beteiligung am allgemeinen wirtschaftlichen Verkehr ausgeübte Tätigkeit darstellen, die über den üblichen Umfang einer privaten Vermögensverwaltung hinausgehen.

Tz. 218

„Drei-Objekt-Grenze" Neben zahlreichen Sonderfällen ist ein wichtiges Indiz für das Vorliegen eines gewerblichen Grundstückshandels die Überschreitung der „Drei-Objekt-Grenze". Das BMF hat in seinem

Schreiben vom 26.3.2004 (BStBl 2004 I S.434) die diesbezügliche Auffassung des BFH[25] übernommen. Hiernach ist die Veräußerung von mehr als drei Objekten innerhalb eines Fünfjahreszeitraums grundsätzlich gewerblich. Der Fünfjahreszeitraum ist jedoch kein starrer Zeitraum. So kann ein gewerblicher Grundstückshandel beispielsweise auch bei einer höheren Anzahl von Veräußerungen nach Ablauf der fünf Jahre, aber auch bei einer hauptberuflichen Tätigkeit im Baubereich vorliegen (Rn. 5 des BMF-Schreibens vom 26.3.2004, a.a.O.).

Bei Ehegatten werden die Grundstücksgeschäfte in der Regel nicht zusammengefasst. Folglich kann jeder Ehegatte bis zu drei Objekte unschädlich veräußern[26]. Die Grundstücksgeschäfte von Ehegatten werden jedoch dann zusammengerechnet, wenn die Ehegatten neben ihrer ehelichen Lebensgemeinschaft auch eine zusätzliche enge Wirtschaftsgemeinschaft, beispielsweise in Form einer GbR, in der die Grundstücke eingebracht wurden, eingegangen sind (Rn. 12 des BMF-Schreibens vom 26.3.2004, a.a.O.).

Objekt im Sinne der „Drei-Objekt-Grenze" sind nur solche Objekte, bei denen ein enger zeitlicher Zusammenhang[27] zwischen Errichtung, Erwerb oder Modernisierung und der Veräußerung besteht. Hinsichtlich der eventuellen Zurechnung von Veräußerungen durch eine Mitunternehmerschaft, an der der Steuerpflichtige beteiligt ist, wird auf die Rn. 14 bis 17 des BMF-Schreibens vom 26.3.2004 (a.a.O.) verwiesen.

Tz. 219

Sofern der gewerbliche Grundstückshandel erst nachträglich erkannt wird (Regelfall), kann der Gewinn nur durch Betriebsvermögensvergleich ermittelt werden (Rn. 33 des BMF-Schreibens vom 26.3.2004, a.a.O.). Wird ausnahmsweise eine Gewinnermittlung nach § 4 Abs. 3 EStG aufgestellt, ist die Abzugsbeschränkung des § 4 Abs. 3 Satz 4 EStG und die Aufstellungspflicht eines besonderen Verzeichnisses (§ 4 Abs. 3 Satz 5 EStG) zu beachten.

10.1.2 Betriebsaufspaltung

Tz. 220

Eine Betriebsaufspaltung entsteht meist aus Gründen der Haftungsbegrenzung: Ein erster Schritt, die Haftung gegenüber Gläubigern zu begrenzen, ist die Gründung einer Kapitalgesellschaft. Wenn diese jedoch mit größeren Vermögenswerten (z. B. Grundstücke und Maschinen) ausgestattet ist, gehen diese ebenfalls in die Haftungsmasse ein. Um dieses Risiko zu umgehen, bedient man sich oftmals einer Betriebsaufspaltung. Hier werden die wesentlichen Vermögensgegenstände in einem Einzelunternehmen zurückbehalten und der eigentliche Betrieb wird in eine Kapitalgesellschaft ausgegliedert. Diese hat selbst kein wesentliches Vermögen, sondern mietet bzw. pachtet von dem Einzelunternehmen die Gegenstände. Das Einzelunternehmen wird bei diesem Konstrukt als Besitzunternehmen, die Kapitalgesellschaft als Betriebsunternehmen bezeichnet.

Betriebsaufspaltung

Tz. 221

Eine echte Betriebsaufspaltung ist dadurch charakterisiert, dass neben einem bisher bestehenden Unternehmen ein neues Unternehmen (i.d.R. eine Kapitalgesellschaft) gegründet wird, das den Betrieb des bisherigen Unternehmens fortführt. Das bisherige Unternehmen behält sein Anlagevermögen im Wesentlichen zurück und vermietet bzw. verpachtet dieses an das neue Betriebsunternehmen.

echte Betriebsaufspaltung

> Der Einzelunternehmer Z hat bis zum 31.12.2011 eine Zimmerei betrieben. Zum 1.1.2012 gründet Z eine GmbH, deren alleiniger Gesellschafter er ist. Z überträgt der GmbH im Rahmen der Gründung alle Vermögensgegenstände des Anlage- und Umlaufvermögens. Das Betriebsgrundstück mit allen aufstehenden Bauten (inkl. Betriebsvorrichtungen) behält Z zurück und verpachtet es zu einem angemessenen Pachtzins an die GmbH.

BEISPIEL

---

25 Insbesondere BFH-Beschluss vom 10.12.2001, BStBl 2002 II S. 291.
26 Vgl. Urteil des BVerfG vom 27.2.1985, BStBl 1985 II S. 476.
27 Rn. 20 des BMF-Schreibens vom 26.3.2004, a.a.O.

> Die zurückbehaltenen Wirtschaftsgüter stellen ebenso wie die Anteile an der GmbH bei der Besitzgesellschaft notwendiges Betriebsvermögen dar. Die Pachtzahlungen sowie etwaige Dividenden zählen bei Z zu den Einkünften aus Gewerbebetrieb (H 15.7 Abs. 4 „Allgemeines" EStH).

Tz. 222

unechte Betriebsaufspaltung

Von einer unechten Betriebsaufspaltung spricht man, wenn das Besitz- und das Betriebsunternehmen nicht durch die Aufspaltung eines einheitlichen Unternehmens entstanden sind, sondern wenn zu einem bereits bestehenden Betriebsunternehmen ein Besitzunternehmen hinzukommt.

> **BEISPIEL**
>
> A hält im Privatvermögen alle Anteile an einem Architektenbüro, das in Form einer GmbH betrieben wird. Ab dem 1.1.2012 vermietet A an die GmbH ein im Privatvermögen gehaltenes Bürogebäude, das bisher einer Steuerkanzlei überlassen wurde. Die GmbH zieht Anfang 2012 mit ihrem gesamten Betrieb in die neuen Räumlichkeiten.
>
> Mit Beginn der Verpachtung am 1.1.2012 werden sowohl das Grundstück als auch die Anteile an der GmbH notwendiges Betriebsvermögen der neu entstandenen Besitzgesellschaft, da ab diesem Zeitpunkt eine Betriebsaufspaltung vorliegt. Die Pachtzahlungen sowie etwaige Dividenden zählen bei A zu den Einkünften aus Gewerbebetrieb (H 15.7 Abs. 4 „Allgemeines" EStH).

Die Unterscheidung, ob eine echte oder eine unechte Betriebsaufspaltung vorliegt, ist steuerlich grundsätzlich irrelevant. In beiden Fällen erzielt das Besitzunternehmen Einkünfte aus Gewerbebetrieb (BFH-Urteil vom 3.11.1959, BStBl 1960 III S. 50).

Tz. 223

sachliche Verflechtung

Eine Voraussetzung für eine Betriebsaufspaltung ist die sachliche Verflechtung. Diese liegt vor, wenn mindestens eine wesentliche Betriebsgrundlage an die Betriebsgesellschaft überlassen wird. Eine wesentliche Betriebsgrundlage liegt vor, wenn ihr ein besonderes wirtschaftliches Gewicht nach dem Gesamtbild der Verhältnisse für die Betriebsführung der Betriebsgesellschaft zukommt (H 15.7 Abs. 5 „Wesentliche Betriebsgrundlagen – Betriebszweck/-führung" EStH). Es ist nicht entscheidend, ob das Wirtschaftsgut jederzeit ersetzbar ist (H 15.7 Abs. 5 „... – Ersetzbarkeit" EStH). So können nicht nur Büro-/Verwaltungsgebäude, sondern auch Räume in einem Einfamilienhaus wesentliche Betriebsgrundlage sein (H 15.7 Abs. 5 „... – Einfamilienhaus" EStH).

Tz. 224

personelle Verflechtung

Neben der sachlichen Verflechtung muss auch eine personelle Verflechtung vorliegen. Dies bedeutet, dass die hinter beiden Unternehmen stehenden Personen einen einheitlichen Betätigungswillen haben, also Beherrschungsidentität besteht (H 15.7 Abs. 6 „Allgemeines" EStH). Diese liegt vor, wenn die Personen, die das Besitzunternehmen beherrschen, in der Lage sind, auch im Betriebsunternehmen ihren Willen durchzusetzen.

Eine Zusammenrechnung von Ehegattenanteilen kommt grundsätzlich nicht in Betracht, da Ehegatten nicht zwangsläufig gleichgerichtete wirtschaftliche Interessen haben müssen (H 15.7 Abs. 7 „Allgemeines" EStH). Ausnahmen von diesem Grundsatz gelten vor allem in Fällen der Gütergemeinschaft (H 15.7 Abs. 6 „Gütergemeinschaft" EStH).

Die Anteile von minderjährigen Kindern werden den Eltern grundsätzlich zugerechnet (R 15.7 Abs. 8 EStR). Wenn jedoch nur ein Elternteil an einem Unternehmen die Mehrheit hält, wird der Anteil des Kindes nur zugerechnet, wenn diesem Elternteil die alleinige Vermögenssorge zusteht. Wird ein minderjähriges Kind, das bei der Berechnung der personellen Verflechtung berücksichtigt wird, volljährig, wird die Betriebsaufspaltung in der Regel beendet. Aus Billigkeitsgründen kann jedoch zu einer Betriebsverpachtung optiert werden, wodurch die Besteuerung der eventuell angefallenen stillen Reserven hinausgezögert wird (R 16 Abs. 2 Sätze 4 ff. EStR).

A ist gemeinsam mit seinem Bruder B Eigentümer eines Grundstücks (jeweils 50 % Miteigentumsanteil). Nachdem sie dieses bis Ende 2010 an den Unternehmer U verpachtet haben, verpachten sie es ab dem 1.1.2011 an die

a) A-GmbH. Bei dieser ist A alleiniger Gesellschafter und Geschäftsführer.
b) AC-GmbH. Bei dieser halten A und C jeweils 50 %.
c) AB-GmbH. Bei dieser halten A und B jeweils 50 %.
d) AB-GmbH. Bei dieser hält A 60 % und B 40 %.

Das Grundstück ist in allen Fällen wesentliche Betriebsgrundlage der GmbH.

In den Varianten a) und b) liegt keine Betriebsaufspaltung vor, da A **und** B nicht die GmbH beherrschen. Die so genannte Beteiligungsidentität liegt nur in der Variante c) vor. Bei Variante d) liegt zwar keine Beteiligungs-, jedoch eine Beherrschungsidentität vor (H 15.7 Abs. 6 „Personengruppentheorie" EStH). Folglich handelt es sich bei den Konstellationen c) und d) ab dem 1.1.2011 um eine Betriebsaufspaltung: A und B erzielen Einkünfte nach § 15 Abs. 1 Satz 1 Nr. 2 EStG.

10.1.3 Verluste bei beschränkter Haftung (§ 15a EStG)

Tz. 225

Die Gesellschafter einer Personengesellschaft partizipieren grundsätzlich sowohl am Gewinn als auch am Verlust der Gesellschaft. Ein etwaiger Verlustanteil wird beim Gesellschafter von dessen Kapitalkonto abgebucht. Während die Gesellschafter einer OHG und der Komplementär einer KG über seine Einlage hinaus für die Schulden der Gesellschaft haftet, beschränkt sich die Haftung eines Kommanditisten auf seine Einlage. Ein Ausgleich von übersteigenden Verlusten findet nur mit künftigen Gewinnen statt.

§ 15a EStG

Aus diesem Grund sind nach § 15a EStG Verluste bei beschränkter Haftung nur in Höhe ihres Kapitalkontos ausgleichsfähig. In die Berechnung des Verlustausgleichsvolumens sind Wertkorrekturen in steuerlichen Ergänzungsbilanzen einzubeziehen (BMF-Schreiben vom 30.5.1997, BStBl 1997 I S. 627), während Ergebnisse aus Sonderbilanzen nicht einbezogen werden (H 15a „Saldierung ... Sonderbetriebsvermögen" EStH).

Verlustausgleichsvolumen

Die eingetragene Hafteinlage des Kommanditisten A beträgt 200.000 €. Hiervon sind 110.000 € tatsächlich eingezahlt. In 2010 wird A ein Verlust von 300.000 € zugewiesen. Anfang 2011 leistet A die restliche ausstehende Einlage von 90.000 €. Der Gewinn für 2011 beträgt 30.000 €.

Das Kapitalkonto des A beträgt grundsätzlich zum 31.12.2010: -190.000 €

Ausgleichsfähig ist ein Verlust	nach § 15a Abs. 1 Satz 1 EStG:	110.000 €
	nach § 15a Abs. 1 Satz 2 EStG:	90.000 €
		200.000 €
Verrechenbar mit Gewinnen der Folgejahre sind (§ 15a Abs. 2 Satz 1 EStG)		100.000 €

Daraus folgt, dass nach der Verrechnung mit dem Gewinn in Höhe von 30.000 € für 2011 ein gesondert festzustellender Verlust von 70.000 € verbleibt, der wiederum auf das Jahr 2012 und auf die darauf folgenden Jahre übertragen werden kann.

10.2 Personengesellschaften und Mitunternehmerschaften

Tz. 226

Steuerrechtlich wird eine Personengesellschaft unabhängig von der Qualifikation als Handelsgesellschaft nicht als Rechtssubjekt anerkannt. Folglich ist sie weder in der abschließenden Aufzählung der §§ 1 und 2 KStG noch als Steuersubjekt in § 1 EStG enthalten. Die Einkünfte der Personengesellschaft werden somit nicht von dieser selbst versteuert, sondern vielmehr ihren Gesellschaftern unmittelbar als originäre eigene Einkünfte zugerechnet.

Personengesellschaften

Das Kapital einer Personengesellschaft wird den einzelnen Gesellschaftern in Form von Kapitalanteilen zugeordnet, deren Höhe sich auf Auseinandersetzungsansprüche und auf die Gewinnverteilung auswirken kann.

Tz. 227

Handelsrechtlich gilt die Personengesellschaft im Verhältnis zu den Gesellschaftern als eigenes Rechtssubjekt. Dies ermöglicht der Personengesellschaft den Abschluss von uneingeschränkt

Trennungstheorie

anerkannten Verträgen mit den Gesellschaftern. Voraussetzung ist lediglich, dass die Verträge zu fremdüblichen Bedingungen geschlossen werden.

Die Trennung von Gesellschafts- und Gesellschafterebene wird als Trennungstheorie bezeichnet.

Tz. 228

Einheitstheorie

Steuerrechtlich wird der Personengesellschaft gegenüber den Gesellschaftern eine eigenständige Rechtsfähigkeit aberkannt. Das bedeutet, dass sämtliche Erträge, die die Personengesellschaft und der Gesellschafter aus der Personengesellschaft erwirtschaften, einheitlich beim Gesellschafter versteuert werden (vgl. hierzu § 15 Abs. 1 Nr. 2 EStG).

Diese Verknüpfung von Gesellschafts- und Gesellschafterebene wird als Einheitstheorie bezeichnet.

Tz. 229

Zentrale Rechtsnorm im Bereich der Besteuerung der Personengesellschaften ist § 15 Abs. 1 Nr. 2 EStG. Gemäß § 13 Abs. 7 EStG bzw. § 18 Abs. 4 Satz 2 EStG gilt die Funktionalität der Vorschrift auch im Bereich der nichtgewerblichen Gewinneinkunftsarten.

Tz. 230

Gewinnanteile

Zu den „Gewinnanteilen" im Sinne des § 15 Abs. 1 Nr. 2 Satz 1 1. Halbsatz EStG zählt der Anteil des jeweiligen Gesellschafters am laufenden Gewinn oder Verlust der Gesellschaft. Grundlage hierfür ist die Steuerbilanz der Gesellschaft, die ebenso wie die Handelsbilanz sämtliche schuldrechtlichen Beziehungen zwischen dem Gesellschafter und der Gesellschaft beinhaltet.

Neben der Steuerbilanz der Gesellschaft ist hier bereits das Ergebnis einer etwaigen Ergänzungsbilanz zu berücksichtigen.

Tz. 231

Vergütungen

Auf der zweiten Stufe der Gewinnermittlung (§ 15 Abs. 1 Nr. 2 Satz 1 2. Halbsatz EStG) werden die Vergütungen erfasst, die die Gesellschaft auf Grund schuldrechtlicher Verträge an den Gesellschafter geleistet hat. Zu diesen Vergütungen zählen beispielsweise Gehaltszahlungen, Zinsen und Mieten.

Durch diese Sondervergütungen, die neben dem Gewinn gewährt werden, wird eine persönliche Leistung des Gesellschafters honoriert. Die Leistung und die dieser Leistung eventuell zu Grunde liegenden Wirtschaftsgüter (Darlehen, Grundstück) wurden nicht gesamthänderisch erwirtschaftet. Folglich dürfen sie in der Gesamthandsbilanz nicht erscheinen. Sie werden dagegen in einer Sonderbilanz erfasst (vgl. R 4.2 Abs. 2 und Abs. 12 EStR sowie H 4.7 „Sonderbetriebseinnahmen und -ausgaben" EStH).

BEISPIEL

Gesellschafter A, der an der ABC-OHG beteiligt ist, ist Eigentümer eines unbebauten Grundstücks (Anschaffungskosten: 180.000 €), das er der OHG für eine Jahrespacht von 12.000 € als Lagerplatz zur Verfügung stellt. Die Pachtzahlungen werden auf das Privatkonto des A überwiesen. Für das Grundstück fallen jährlich 700 € an Aufwendungen an, die von A getragen werden.

Das Grundstück stellt notwendiges Sonderbetriebsvermögen des A dar (R 4.2 Abs. 12 Satz 1 EStR) und ist in einer Sonderbilanz mit den Anschaffungskosten zu aktivieren. Die Pachterträge sowie die Grundstücksaufwendungen führen als Sonderbetriebseinnahmen bzw. -ausgaben zu Einkünften aus Gewerbebetrieb im Sinne des § 15 Abs. 1 Nr. 2 EStG. Es liegen keine Einkünfte aus Vermietung und Verpachtung vor (Subsidiarität des § 21 Abs. 3 EStG).

Tz. 232

Vorabgewinn

Beruht die Tätigkeitsvergütung auf einer gesellschaftsrechtlichen Regelung, ist keine Aufwandsbuchung vorzunehmen. Der Vorabgewinn wird bei der Gewinnverteilung in der Regel durch eine entsprechende Zurechnung berücksichtigt. Bei Auszahlung ist dann eine entsprechende Entnahme zu buchen (z. B. Kapital II an Bank).

Beruht die Tätigkeitsvergütung dagegen auf einer schuldrechtlichen Vereinbarung (Arbeitsvertrag), so ist zu beachten, dass sie den Gewinn der Gesellschaft mittels einer aufwandswirksamen Buchung (Lohn- und Gehaltsaufwand an Bank) vermindert hat. Innerhalb der einheitlichen und gesonderten Gewinnfeststellung ist der betreffende Betrag dem Gewinn der Gesellschaft wieder hinzuzurechnen und dem jeweiligen Mitunternehmer mit steuerlicher Wirkung zuzuweisen. Dies gilt auch, wenn eine Personengesellschaft einem Gesellschafter auf Grund eines mit ihm geschlossenen Arbeitsvertrags eine Pension zusagt (BMF-Schreiben vom 29.1.2008, IV B 2 – S 2176/04/0001).

BEISPIEL

An der Sand KG sind der Komplementär Sand (S) zu 70 % und die Kommanditisten T, U und V zu je 10 % am Vermögen und Betriebsergebnis beteiligt. V, der zuvor bereits als Prokurist bei der KG tätig war, ist am 1.1.2011 in die KG eingetreten. Der von der KG ermittelte Jahresüberschuss laut Handelsbilanz für 2011 beträgt 500.000 €. Folgende Sachverhalte haben unter Anderem den Gewinn beeinflusst:

1.) In den Pensionsrückstellungen in der Schlussbilanz zum 31.12.2010 ist für die dem Prokuristen V erteilte unverfallbare Pensionszusage ein zutreffender Betrag von 80.000 € enthalten. Der Wert zum 31.12.2011 beträgt ebenfalls 80.000 €.
2.) V hat der KG vor Jahren ein Darlehen (fällig in 2014) i. H. v. 100.000 € gewährt. Der angemessene Jahreszins von 6.000 € wurde als Aufwand erfasst.
3.) Die Ehefrau des S ist als Angestellte in der Firma tätig. Sie hat, wie alle vergleichbaren Angestellten, eine Zusage über Alters-, Invaliden- und Witwenrente erhalten. In 2011 wurden der Pensionsrückstellung 6.000 € zugeführt. Hiervon entfielen je $1/3$ auf die rechtsverbindlich zugesagten Renten.
4.) Mitunternehmer T ist außerdem Steuerberater und Rechtsanwalt. Er übernimmt, wie im Gesellschaftsvertrag vereinbart, die gesamte steuerliche und rechtliche Beratung der KG gegen ein Pauschalhonorar von jährlich 34.000 €. Das Honorar wurde als Aufwand erfasst.
5.) Der Mitunternehmer U ist für die Firma als Sachbearbeiter tätig. Das dafür gezahlte Gehalt beträgt 55.000 €. An Arbeitgeberanteilen wurden weitere 5.000 € als Aufwand erfasst.

Gewinnverteilung

alle Werte in €	gesamt	S	T	U	V
Jahresüberschuss	500.000	350.000	50.000	50.000	50.000
Zinsen V	6.000				6.000
Honorar T	34.000		34.000		
Gehalt U	60.000			60.000	
	600.000	350.000	84.000	110.000	56.000

Zur umsatzsteuerlichen Behandlung der Einnahmen wird auf A 1.6 UStAE, insbesondere auf A 1.6 Abs. 4 Beispiele 4 und 7 UStAE, sowie auf A 2.2 Abs. 2 Beispiel 3 UStAE verwiesen.

Tz. 233

Die Vergütungen, die ein Gesellschafter für Leistungen erhält, die er im Rahmen seines eigenen Gewerbebetriebs erbringt, zählen auf jeden Fall zu den Einkünften aus Gewerbebetrieb. Es ist lediglich zu klären, ob diese Einkünfte aus Gewerbebetrieb nach § 15 Abs. 1 Nr. 2 Satz 1 2. Halbsatz EStG oder nach § 15 Abs. 1 Nr. 1 Satz 1 EStG darstellen.

Tätigkeitsvergütungen

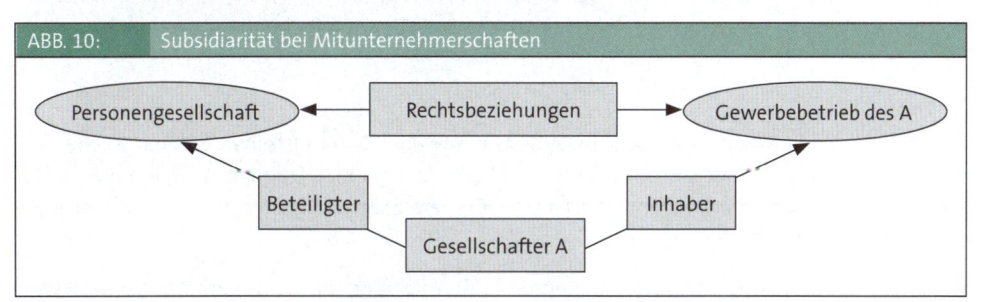

ABB. 10: Subsidiarität bei Mitunternehmerschaften

Personengesellschaft ← Rechtsbeziehungen → Gewerbebetrieb des A
Beteiligter — Gesellschafter A — Inhaber

Grundsätzlich wird der Subsidiaritätsnorm des § 15 Abs. 1 Nr. 2 Satz 1 2. Halbsatz EStG Vorrang gegeben. Das bedeutet, dass die Vergütungen nicht Einnahmen des Gewerbebetriebs des A darstellen, sondern dem A als Einkünfte aus der Personengesellschaft zuzurechnen sind.

Eine Ausnahme wird nur für Vergütungen, die aus dem üblichen Geschäftsverkehr des Einzelunternehmens (z. B. Warengeschäfte) resultieren, gesehen (vgl. H 15.8 Abs. 3 „Tätigkeitsvergütungen" 2. Spiegelstrich EStH).

Tz. 234

Ergänzungsbilanzen de Gesellschafter weisen Wertkorrekturen gegenüber den Vermögensansätzen in der Handelsbilanz aus.

BEISPIEL

Die Sportartikelhandel Maier KG hatte folgende Gesellschafter:
- Herbert Maier (Komplementär; 80 %),
- Florian Müller (Kommanditist; 20 %).

Zum 31.12.2011 (24 Uhr) scheidet Florian Müller aus der KG aus und Bertram Huber tritt zum 1.1.2012 (0 Uhr) als neuer Gesellschafter ein.

Am 15.1.2012 verkauft die KG ein Grundstück, das ihr schon seit 2002 gehört. Bei dem Verkauf werden stille Reserven i. H. v. 100.000 € aufgedeckt.

Kann bei Vorliegen der übrigen Voraussetzungen eine Rücklage nach § 6b EStG i. H. v. 100.000 € gebildet werden? Welche Konsequenzen ergeben sich, wenn die KG Ende 2012 ein Ersatzgrundstück für 400.000 € anschafft?

LÖSUNG

Da der neue Mitunternehmer Huber nicht die Voraussetzungen des § 6b Abs. 4 Satz 1 Nr. 2 EStG (Zugehörigkeitsdauer mindestens sechs Jahre) erfüllt, kann dieser keine Rücklage bilden. Es bietet sich hier eine Ergänzungsbilanz für den Komplementär Maier an, in der 80.000 € als Rücklage ausgewiesen werden.

Bei Erwerb des Ersatzgrundstücks wird dieses in der Gesamthandsbilanz nach §§ 253 Abs. 1 Satz 1, 255 Abs. 1 Satz 1 HGB mit den Anschaffungskosten aktiviert. In der Ergänzungsbilanz des Maier wird die Rücklage in voller Höhe auf den Grund und Boden übertragen.

10.3 Veräußerungsgewinne

10.3.1 Veräußerung des Betriebs (§ 16 EStG)

Tz. 235

Veräußerungsgewinne

Da im betrieblichen Bereich die Einkunftsquelle steuerverhaftet ist, rechnen Gewinne, die aus der Veräußerung bzw. Aufgabe eines Betriebs erzielt werden, auch zu den Einkünften aus Gewerbebetrieb. Gemäß § 16 Abs. 1 Satz 1 EStG sind folgende Vorgänge betroffen:

- Veräußerung eines ganzen Gewerbebetriebs;
- Veräußerung eines Teilbetriebs (auch 100 %iger Anteil an einer Kapitalgesellschaft);
- Veräußerung eines gesamten Mitunternehmeranteils;
- Veräußerung eines gesamten Anteils eines persönlich haftenden Gesellschafters einer KGaA.

Tz. 236

§ 16 EStG findet bei den Einkünften aus Land- und Forstwirtschaft (§§ 14, 14 a EStG) sowie bei den Einkünften aus selbständiger Arbeit (§ 18 Abs. 3 EStG) entsprechende Anwendung.

Tz. 237

Gewerbesteuer

Betriebliche Veräußerungsgewinne unterliegen, soweit sie unmittelbar auf natürliche Personen entfallen, nicht der Gewerbesteuer, weil sie nicht mehr Ertrag eines nach außen in Erscheinung tretenden, werbenden Betriebs sind (§ 7 Satz 2 GewStG, H 7.1 Abs. 3 „Veräußerungs- und Aufgabegewinn" 1. Spiegelstrich GewStR).

Umsatzsteuerlich kann bei einer Betriebsveräußerung eine nicht steuerbare Geschäftsveräußerung im Ganzen vorliegen (§ 1 Abs. 1a UStG).

Tz. 238

Betriebsveräußerung im Ganzen

Eine Betriebsveräußerung im Ganzen liegt vor, wenn der Betrieb mit seinen wesentlichen Betriebsgrundlagen an einen Erwerber übergeht (R 16 Abs. 1 EStR). Der bisherige Betriebsinhaber muss somit seine mit dem veräußerten Betriebsvermögen verbundene Tätigkeit grundsätzlich einstellen (H 16 Abs. 1 „Aufgabe der bisherigen Tätigkeit" 1. Spiegelstrich EStH). Eine Fortführung der Tätigkeit in geringem Umfang ist jedoch unproblematisch (vgl. H 18.3 „Veräußerung 1. Einzelunternehmen Buchst. a" EStH).

Behält der Veräußerer Wirtschaftsgüter zurück, die keine wesentliche Betriebsgrundlage sind, ist dies nicht schädlich (H 16 Abs. 1 „Zurückbehaltene Wirtschaftsgüter" EStH).

Wird der Betrieb bzw. Mitunternehmeranteil unentgeltlich übertragen, liegt keine Betriebsveräußerung vor. Der Rechtsnachfolger führt hier die Buchwerte des bisherigen Inhabers fort (sog. Fußstapfentheorie; § 6 Abs. 3 Satz 1 EStG).

Tz. 239

Neben der Veräußerung eines Betriebs ist auch dessen Aufgabe begünstigt (§ 16 Abs. 3 EStG). Eine begünstigte Betriebsaufgabe ist dann gegeben, wenn der Steuerpflichtige seine bisherige gewerbliche Tätigkeit einstellt, indem er das Betriebsvermögen innerhalb kurzer Zeit an eine oder mehrere Personen veräußert (R 16 Abs. 2 EStR und H 16 Abs. 2 „Allgemeines" EStH). Als kurze Zeit wird hier ein Zeitraum von bis zu 36 Monaten angesehen (H 16 Abs. 2 „Zeitraum für die Betriebsaufgabe" EStH). Der maßgebliche Zeitraum beginnt nicht mit dem Aufgabeentschluss, sondern mit den ersten (vorbereitenden) Veräußerungshandlungen (z. B. Veräußerungsanzeigen, Einschalten eines Maklers). Die Betriebsaufgabe endet mit der Veräußerung der letzten wesentlichen Betriebsgrundlage bzw. mit deren Überführung in das Privatvermögen.

Betriebsaufgabe

Eine Änderung des Unternehmenszweckes bzw. eine Umstrukturierung stellt keine Betriebsaufgabe dar (H 16 Abs. 2 „Strukturwandel" EStH).

Tz. 240

In § 16 Abs. 2 EStG ist eine Gewinnermittlung eigener Art normiert. Hiernach ermittelt sich der Veräußerungsgewinn wie folgt:

Veräußerungsgewinn

    Veräußerungspreis

+   gemeiner Wert der in das Privatvermögen überführten Wirtschaftsgüter (§ 16 Abs. 3 Satz 7 EStG)

    Summe

-   Veräußerungskosten[28] (H 16 Abs. 12 „Veräußerungskosten" EStH)
-   Buchwerte des Betriebsvermögens (Buchkapital)

    Veräußerungsgewinn vor Freibetrag

Wurde bisher der Gewinn durch Einnahmen-Überschussrechnung ermittelt, ist im Zeitpunkt der Betriebsveräußerung bzw. bei Beendigung des Betriebsaufgabezeitraums eine Bilanz zu erstellen (R 4.5 Abs. 6 EStR).

Tz. 241

Gemäß § 16 Abs. 4 Satz 1 EStG wird auf Antrag ein personenbezogener Freibetrag von 45.000 € gewährt. Der Freibetrag kann jedoch nur gewährt werden, wenn der Steuerpflichtige bereits das 55. Lebensjahr vollendet hat bzw. dauernd berufsunfähig ist.[29] Der Freibetrag wird nur einmal gewährt (§ 16 Abs. 4 Satz 2 EStG), eventuell nicht verbrauchte Teile gehen verloren (R 16 Abs. 13 Satz 4 EStR). Bis zum 31.12.1995 beanspruchte Freibeträge bleiben hierbei jedoch unberücksichtigt (§ 52 Abs. 34 Satz 5 EStG, R 16 Abs. 13 Satz 5 EStR). Bei der Veräußerung bzw. Aufgabe eines Betriebs und gleichzeitiger Veräußerung eines zum Betriebsvermögen dieses Betriebs gehörenden Mitunternehmeranteils liegen zwei Tatbestände des § 16 EStG vor – somit wird der Freibetrag nur für einen der beiden Vorgänge gewährt (R 16 Abs. 13 Sätze 6 und 7 EStR).

Freibetrag

---

28 Die Vorsteuer aus dem Veräußerungsvorgang ist auch bei einer nicht umsatzsteuerbaren Geschäftsveräußerung im Ganzen grundsätzlich abzugsfähig (EuGH-Urteil vom 22.2.2001 – Rs. C-408/98, Abbey National).

29 Zu den Anforderungen an den Nachweis der dauernden Berufsunfähigkeit wird auf R 16 Abs. 14 EStR verwiesen.

Der Freibetrag wird nur in voller Höhe gewährt, sofern der Veräußerungsgewinn 136.000 € nicht übersteigt. Ist der Veräußerungsgewinn größer als 136.000 €, ist der Freibetrag von 45.000 € entsprechend zu kürzen (§ 16 Abs. 4 Satz 3 EStG). Folglich entfällt der Freibetrag, wenn der Veräußerungsgewinn 181.000 € oder mehr beträgt.

BEISPIEL

Die sechzigjährige Gemüsehändlerin Gerda Moos veräußerte zum 31.10.2011 ihr Geschäft zum Preis von 211.000 € an Beate Blum. Im Zusammenhang mit der Veräußerung entstanden Gerda Moos Notarkosten in Höhe von 1.000 €.

Auszug aus der Kapitalkontenentwicklung der Gerda Moos:

Anfangskapital 1.1.2011	75.000 €
Privatentnahmen 2011	− 50.000 €
Gewinn 1.1. bis 31.10.2011	+ 25.000 €
Schlusskapital 31.10.2011	50.000 €

Es ergeben sich folgende Berechnungen:

Veräußerungspreis			211.000 €
Wert des Betriebsvermögens am 31.10.2011 (Kapitalkonto)			− 50.000 €
Veräußerungskosten			− 1.000 €
Veräußerungsgewinn			**160.000 €**
Freibetrag nach § 16 Abs. 4 EStG, da älter als 55 Jahre		45.000 €	
Kappungsgrenze	136.000 €		
Veräußerungsgewinn	160.000 €		
Abschmelzung des Freibetrags	24.000 €	− 24.000 €	
Verbleibender Freibetrag		21.000 €	− 21.000 €
Veräußerungsgewinn nach § 16 Abs. 2 EStG			**139.000 €**
Laufende Einkünfte aus Gewerbebetrieb nach § 15 EStG			25.000 €
Gesamte Einkünfte aus Gewerbebetrieb			**164.000 €**

Tz. 242

Bei einer Betriebsaufgabe ist es ausreichend, wenn das 55. Lebensjahr bei Beendigung der Aufgabe erreicht ist. Vollendet der Steuerpflichtige das 55. Lebensjahr nach Abschluss der Betriebsaufgabe, aber noch vor Ablauf des Veranlagungszeitraums, sind weder der Freibetrag noch die Tarifermäßigung zu gewähren (BMF-Schreiben vom 20.12.2005, BStBl 2006 I S. 7, VI.).

BEISPIEL

X veräußert die letzte wesentliche Betriebsgrundlage im Mai 2010. Anfang Juli 2010 vollendet er das 55. Lebensjahr.

Da X das 55. Lebensjahr nach Beendigung der Betriebsaufgabe vollendet, stehen ihm weder der Freibetrag nach § 16 Abs. 4 EStG noch die Tarifermäßigung nach § 34 Abs. 3 EStG zu. Er kann lediglich die Fünftel-Regelung des § 34 Abs. 1 EStG in Anspruch nehmen.

Stehen sich auf der Seite des Verkäufers und des Erwerbers teilweise dieselben Personen gegenüber, zählt der Gewinn zum laufenden Gewinn (§ 16 Abs. 2 Satz 3 EStG).

Tz. 243

Veräußerung gegen laufende Bezüge

Wird der Betrieb gegen laufende Bezüge veräußert, hat der Steuerpflichtige nach R 16 Abs. 11 Satz 1 EStR ein Wahlrecht. Er kann den Gewinn unter Anwendung von § 16 EStG entweder sofort versteuern (R 16 Abs. 11 Sätze 2 bis 5 EStR) oder die laufende Besteuerung (R 16 Abs. 11 Sätze 6 und 7 EStR) wählen. Entscheidet sich der Steuerpflichtige für die Sofortbesteuerung, ist der Barwert im Zeitpunkt der Veräußerung nach § 16 EStG zu versteuern, die enthaltenen Zinsanteile stellen bei Zufluss sonstige Einkünfte nach § 22 Nr. 1 EStG dar. Bevorzugt der Steuerpflichtige dagegen die laufende Besteuerung, bleibt die Einkunftsquelle nach § 15 EStG erhalten. Hier sind die Tilgungsanteile zunächst erfolgsneutral mit den Veräußerungskosten und dem Buchkapital zu verrechnen. Danach liegen bei Zufluss in voller Höhe nachträgliche Einkünfte aus Gewerbebetrieb vor (§ 24 Nr. 2 EStG i.V.m. § 15 Abs. 1 Satz 1 Nr. 1 EStG). Die enthaltenen Zinsanteile werden unmittelbar bei Zufluss als nachträgliche Einkünfte aus Gewerbebetrieb behandelt.

Der 61jährige Jolly Jumper (JJ) veräußerte zum 1.7.2011 seinen Gewerbebetrieb gegen eine monatliche Leibrente von 4.000 €. Der Kapitalwert der Leibrente beträgt am 1.7.2011 452.640 € und am 31.12.2011 442.640 €. Das Buchkapital beläuft sich am 1.7.2011 auf 98.000 €. JJ entstanden Veräußerungskosten von 2.000 €. Ihm ist kein Feibetrag nach § 16 Abs. 4 EStG zu gewähren.

Es besteht nach R 16 Abs. 11 Satz 1 EStR eine Wahlmöglichkeit zwischen:

a) **Sofortbesteuerung (R 16 Abs. 11 Sätze 2 bis 5 EStR)**

§ 16 Abs. 1 Nr. 1 EStG; § 16 Abs. 2 EStG

Veräußerungserlös (Rentenbarwert)	452.640 €
Buchkapital	- 98.000 €
Veräußerungskosten	- 2.000 €
Veräußerungsgewinn (begünstigt nach § 34 EStG)	352.640 €

Rentenzahlung 2011:
Sonstige Einkünfte: 24.000 € × Ertragsanteil (22 %) = 5.280 €
(§ 22 Nr. 1 Satz 3 Buchst. a Doppelbuchst. bb EStG)

b) **Laufende Besteuerung (R 16 Abs. 11 Sätze 6 und 7 EStR)**

Veräußerungsfreibetrag und ermäßigter Steuersatz werden bei Wahl der laufenden Besteuerung nicht gewährt.

		Restkapital
Buchkapital und Kosten		100.000 €
Rentenzahlungen (Tilgungsanteil: 452.640 € - 442.640 €)	10.000 €	
Verrechnung mit Kapital	- 10.000 €	- 10.000 €
Verbleiben		90.000 €

Wenn das Buchkapital und die Kosten durch die Tilgungsanteile der Renten aufgezehrt sind, sind nach § 24 Nr. 2 EStG und § 15 Abs. 1 Satz 1 Nr. 1 EStG nachträgliche Betriebseinnahmen zu versteuern.

In Höhe des Zinsanteils der Renten von 14.000 € (6 × 4.000 € - 10.000 €) liegen nachträgliche gewerbliche Einkünfte vor (§ 24 Nr. 2 EStG i.V. m. § 15 Abs. 1 Satz 1 Nr. 1 EStG, R 16 Abs. 11 Satz 7 EStR).

10.3.2 Veräußerung von in Privatvermögen befindlichen Anteilen an Kapitalgesellschaften (§ 17 EStG)

Tz. 244

Gemäß § 17 Abs. 1 Satz 1 EStG gehört zu den Einkünften aus Gewerbebetrieb auch der Gewinn aus der

▶ Veräußerung;

▶ von Anteilen an einer Kapitalgesellschaft,

▶ die zum Privatvermögen gehören (vgl. R 17 Abs. 1 Satz 1 EStR),

▶ bei Vorliegen einer mindestens 1 %igen Beteiligung des Veräußerers,

▶ innerhalb der letzten fünf Jahre vor der Veräußerung.

Anteilsverkäufe

Tz. 245

In § 17 Abs. 1 Satz 3 EStG sind die Anteile an Kapitalgesellschaften abschließend aufgezählt. Betroffen sind Aktien, GmbH-Anteile und Genussscheine[30] und ähnliche Beteiligungen. Unter § 17 EStG fallen jedoch nur Genussscheine, die eine Beteiligung am Liquidationserlös enthalten, da nur insofern körperschaftsteuerliches Eigenkapital vorliegt (H 17 Abs. 2 „Genussrechte" EStH). Ähnliche Beteiligungen sind beispielsweise Anteile an ausländischen Kapitalgesellschaften (vgl. H 17 Abs. 2 „Ausländische Kapitalgesellschaft" EStH), jedoch keine stillen Beteiligungen.

Steuergegenstand

---

30 Genussscheine verbriefen Vermögensrechte, jedoch keine Stimmrechte. Sie sind in der Regel nachrangig ausgestaltet und beinhalten meist einen Anspruch auf eine Gewinnbeteiligung sowie auf einen etwaigen Liquidationserlös. Sie sind somit eine Mezzanine-Finanzierung.

Tz. 246

1 %-Beteiligung

§ 17 Abs. 1 Satz 1 EStG setzt das Vorliegen einer mindestens 1 %igen Beteiligung voraus. Hierbei wird die nominelle Beteiligungsquote am gezeichneten Kapital betrachtet (H 17 Abs. 2 „Nominelle Beteiligung" EStH). Der Umfang der Stimmrechte ist nicht relevant. Eigenkapitalersetzende Maßnahmen, wie z. B. eigenkapitalersetzende Darlehen, erhöhen den Anteil an der Kapitalgesellschaft nicht (vgl. H 17 Abs. 5 „Darlehensverluste" EStH), sie können aber zu nachträglichen Anschaffungskosten einer bestehenden Beteiligung führen (siehe unten).

Hat ein Anteilseigner Bezugsrechte und übt er diese durch den Erwerb neuer Anteile aus, ändert sich an der Beteiligungshöhe nichts. Werden die Bezugsrechte jedoch veräußert, fällt ein entstehender Gewinn unter § 17 EStG, wenn der Veräußerer vor der Kapitalerhöhung zu mindestens 1 % beteiligt war (H 17 Abs. 4 „Bezugsrechte" EStH).

Tz. 247

mittelbare Beteiligung

Liegt neben einer unmittelbaren Beteiligung eine mittelbare über eine andere Gesellschaft vor, sind die Beteiligungen zur Ermittlung der Beteiligungshöhe zusammenzurechnen. Es ist hierbei nicht relevant, ob der Steuerpflichtige die Gesellschaft, über die er beteiligt ist, beherrscht (H 17 Abs. 2 „Mittelbare Beteiligung" 1. Spiegelstrich EStH).

BEISPIEL

A hält 4 % an der A-GmbH und 0,5 % an der B-GmbH. Die A-GmbH hält wiederum 20 % an der B-GmbH.

A ist an der B-GmbH im Sinne des § 17 Abs. 1 Satz 1 EStG beteiligt, da er unmittelbar 0,5 % und mittelbar 0,8 % (4 % von 20 %) und somit insgesamt 1,3 % an Anteilen besitzt.

Tz. 248

Anteile im BV

Obwohl von der Vorschrift des § 17 EStG nur Anteile, die im Privatvermögen gehalten werden, betroffen sind, werden bei der Ermittlung der maßgeblichen Beteiligungshöhe Anteile des Betriebsvermögens mit eingerechnet (H 17 Abs. 2 „Anteile im Betriebsvermögen" EStH).

BEISPIEL

A hält 0,5 % der Anteile an der A-GmbH im Privatvermögen. Weitere 0,8 % hält er zulässigerweise im gewillkürten Betriebsvermögen seines Einzelunternehmens.

Wird der 0,5 %ige Anteil von A veräußert, liegen gewerbliche Einkünfte im Sinne des § 17 EStG vor, da A vor der Veräußerung 1,3 % der Anteile an der A-GmbH besessen hatte.

Tz. 249

eigene Anteile

Werden von der Kapitalgesellschaft eigene Anteile gehalten, werden diese bei der Ermittlung der maßgeblichen Beteiligungshöhe von dem Nennkapital der Kapitalgesellschaft abgezogen (H 17 Abs. 2 „Eigene Anteile" EStH).

BEISPIEL

A hält 0,9 % der Aktien (gesamter Nennwert: 4.500 €) der X-AG. Die X-AG (Grundkapital: 500.000 €) erwirbt eigene Anteile im Nennwert von 50.000 €.

A ist nun zu 1 %[31] beteiligt. Veräußert er die Aktien, liegen Einkünfte im Sinne des § 17 Abs. 1 Satz 1 EStG vor.

Tz. 250

5-Jahres-Frist

Es ist nicht erforderlich, dass im Zeitpunkt der Veräußerung eine Beteiligungshöhe von mindestens 1 % besteht. Vielmehr genügt es, wenn die Mindestbeteiligungshöhe zu irgendeinem Zeitpunkt innerhalb der letzten fünf Jahre vorgelegen hat (§ 17 Abs. 1 Satz 1 EStG). Es ist auch ausreichend, wenn das Beteiligungskriterium nur für kurze Zeit erfüllt war (H 17 Abs. 2 „Kurzfristige Beteiligung" EStH). Selbst Anteile, die am Tag des Erwerbs veräußert werden, zählen mit.

BEISPIEL

A hat im Mai 2008 20 % der Anteile an der X-AG erworben. Diese veräußert er im November 2008. Im Juli 2010 kauft A 0,7 % der Anteile an der X-AG. Diese werden im Oktober 2011 veräußert.

Bei der Veräußerung in 2011 liegt ein Fall des § 17 EStG vor, da A an der X-AG innerhalb der letzten fünf Jahre zu mindestens 1 % beteiligt war (H 17 Abs. 2 „Fünfjahreszeitraum" 2. Spiegelstrich EStH).

---

31 4.500 € : (500.000 € - 50.000 €) × 100 = 1 %.

11. Einkünfte aus selbständiger Arbeit

Tz. 251

Zu den Einkünften aus selbständiger Arbeit zählen: selbständige Arbeit

- Einkünfte aus freiberuflicher Tätigkeit (§ 18 Abs. 1 Nr. 1 EStG);
- Einkünfte der Einnehmer einer staatlichen Lotterie, wenn sie nicht Gewerbetreibende sind (§ 18 Abs. 1 Nr. 2 EStG);[32]
- Einkünfte aus sonstiger selbständiger Arbeit (§ 18 Abs. 1 Nr. 3 EStG);
- Einkünfte aus bestimmten Wagnis-Kapitalgesellschaften und Carried Interests (§ 18 Abs. 1 Nr. 4 EStG).[33]

Tz. 252

Gemäß § 18 Abs. 1 Nr. 1 EStG übt eine freiberufliche Tätigkeit jeder aus, der selbständig eine wissenschaftliche, künstlerische, schriftstellerische, unterrichtende oder erzieherische Tätigkeit, einen so genannten Katalogberuf oder einen ähnlichen Beruf ausübt. Die für einen Gewerbebetrieb geltenden positiven Voraussetzungen gelten auch für die selbständige Arbeit (H 15.6 „Allgemeines" EStH). Zu beachten ist hierbei jedoch, dass auch eine vorübergehende Tätigkeit nach § 18 Abs. 2 EStG zu selbständigen Einkünften führen kann.   freiberufliche Tätigkeit

Problematisch ist in Prüfung und Praxis oftmals die Abgrenzung zwischen gewerblicher und freiberuflicher Tätigkeit. Prüfungsprobleme dürften jedoch regelmäßig mittels des ABC in H 15.6 EStH gelöst werden können.

Tz. 253

Es ist zwar nicht erforderlich, dass der Berufsträger die gesamte Tätigkeit, die für seinen Beruf bestimmend ist, selbst leistet. Er kann sich hierbei durchaus fachlich vorgebildeter Hilfskräfte bedienen. Es ist jedoch nötig, dass der Berufsträger leitend und eigenverantwortlich tätig ist (§ 18 Abs. 1 Nr. 1 Satz 3 EStG). Lässt sich der Freiberufler während einer vorübergehenden Erkrankung oder Ähnlichem vertreten, ist dies unschädlich (§ 18 Abs. 1 Nr. 1 Satz 4 EStG).   Hilfskräfte

> Z betrieb bis zu seinem Tod am 17. 5. 2011 eine Arztpraxis. Nach dessen Tod führt die Ehefrau des Z, selbst als Arzthelferin in der Praxis tätig, die Praxis mit Hilfe eines Arztvertreters fort. Am 10. 2. 2012 gibt sie die Praxis auf.
>
> Da der Frau von Z selbst die berufliche Qualifikation zur Führung der Praxis fehlt und die Qualifikation an sich nicht vererbt werden kann, liegen bei Frau Z sowohl in 2011 als auch in 2012 Einkünfte aus Gewerbebetrieb vor (H 15.6 „Mithilfe ..." EStH).

Tz. 254

Freiberufler können ihre Tätigkeit selbstverständlich auch in Form einer Personengesellschaft ausüben. Hierbei ist jedoch notwendig, dass alle Gesellschafter freiberuflich tätig sind. Ist die Gesellschaft teilweise gewerblich tätig, liegen insgesamt gewerbliche Einkünfte vor (§ 15 Abs. 3 Nr. 1 EStG). Es spielt hierbei grundsätzlich keine Rolle, in welchem Umfang die gewerbliche Tätigkeit ausgeübt wird (so genannter Abfärbeeffekt). Ausgenommen sind hierbei nach Ansicht des BFH[34] nur Tätigkeiten von ganz untergeordneter Bedeutung (im Urteilsfall: 1,25 % der Gesamtumsätze).   Personengesellschaft

---

32 Wird eine Lottoannahmestelle als Nebengeschäft beispielsweise in einem Schreibwarenladen betrieben, liegt insgesamt ein Gewerbebetrieb vor (BFH-Urteil vom 19. 11. 1985, BStBl 1986 II S. 719).
33 Dieses Thema ist für die schriftliche Prüfung wohl zu komplex. Aus diesem Grund wird hier nicht näher darauf eingegangen.
34 H 15.8 Abs. 5 „Geringfügige gewerbliche Tätigkeit" EStH.

II. Einkommensteuer

> **BEISPIEL**
>
> Ein Rechtsanwalt, ein Wirtschaftsprüfer und ein Steuerberater schließen sich zu einer Gesellschaft des bürgerlichen Rechts zusammen, um ihren Mandanten eine umfassende steuerliche und rechtliche Beratung anbieten zu können.
>
> Da alle Angehörigen der Gesellschaft einen Katalogberuf im Sinne des § 18 Abs. 1 Nr. 1 EStG ausüben, erzielt die GbR Einkünfte aus selbständiger Tätigkeit.

Tz. 255

Testamentsvollstreckung — Gemäß § 18 Abs. 1 Nr. 3 EStG sind auch die Vergütungen für Testamentsvollstreckung, für Vermögensverwaltung und für die Tätigkeit als Aufsichtsratsmitglied Einkünfte aus selbständiger Arbeit.

Aufsichtsrat — Der Begriff des Aufsichtsrats umfasst sämtliche Arten der Überwachung der Geschäftsleitung, wie beispielsweise die Tätigkeit von Aufsichtsräten, Verwaltungsräten, Medien- und Rundfunkräten.[35]

> **BEISPIEL**
>
> Friederike Fritz ist Arbeitnehmerin der Friedrich AG in München. Im Aufsichtsrat dieser AG ist F als Arbeitnehmervertreterin tätig. Am 30.4.2012 erhält sie die Aufsichtsratsvergütung für 2011 in Höhe von 8.000 €.
>
> Die Aufsichtsratsvergütungen fallen unter die Einkünfte aus selbständiger Tätigkeit (§ 18 Abs. 1 Nr. 3 EStG). Folglich ist keine Lohnsteuer einzubehalten.
>
> Gemäß § 11 Abs. 1 Satz 1 EStG muss F die Einkünfte in 2012 versteuern (Zuflussprinzip).

Tz. 256

Veräußerungsgewinne — Zu den Einkünften aus selbständiger Arbeit zählt auch der Gewinn, der bei der Veräußerung oder Aufgabe von Vermögen, das der Einkunftserzielung nach § 18 EStG dient, entsteht (§ 18 Abs. 3 EStG). Voraussetzung für einen begünstigten Veräußerungsvorgang ist, dass insbesondere der gesamte Mandanten- bzw. Patientenstamm auf den Erwerber übergeht und der Veräußerer die freiberufliche Tätigkeit nicht mehr ausübt. Geschieht dies jedoch in geringem Umfang, ist dies unschädlich (H 18.3 „Veräußerung – 1. Einzelunternehmen Buchst. a)" EStH).

> **BEISPIEL**
>
> A und B betreiben zusammen eine Steuerberatungsgesellschaft in der Rechtsform der GbR. Sie sind zu gleichen Teilen an der Personengesellschaft beteiligt. A möchte sich aus der GbR aus Altersgründen zum Teil zurückziehen und veräußert aus diesem Grund an B die Hälfte seines Gesellschaftsanteils. A hält somit nach diesem Vorgang 25 % und B 75 % der Anteile.
>
> Gemäß § 18 Abs. 3 Satz 2 i.V. m. § 16 Abs. 1 Satz 2 EStG liegen im vorliegenden Fall wegen des nur teilweisen Verkaufs des Mitunternehmeranteils laufende Einkünfte vor.

12. Einkünfte aus Kapitalvermögen

Tz. 257

Kapitaleinkünfte — Einkünfte aus Kapitalvermögen sind Entgelte aus der Nutzungsüberlassung von Kapital, also die Früchte aus der Kapitalnutzung. Mehrungen des Kapitals, und somit der Substanz, gehören in der Regel nicht zu den Einkünften aus Kapitalvermögen. Seit dem Veranlagungszeitraum 2009 zählen jedoch alle privaten Veräußerungsgewinne aus Anteilen an Körperschaften, Dividendenscheinen, Zertifikaten und dergleichen zu den Einkünften aus Kapitalvermögen (§ 20 Abs. 2 EStG).

Tz. 258

Subsidiarität — Bei der Ermittlung der Einkünfte aus Kapitalvermögen ist das Subsidiaritätsprinzip (§ 20 Abs. 8 EStG) zu beachten. Hiernach haben die Gewinneinkünfte sowie die Einkünfte aus Vermietung und Verpachtung Vorrang vor den Einkünften aus Kapitalvermögen. So gehören Kapitalerträge aus betrieblichen Guthaben oder Beteiligungen zu den Gewinneinkünften. Guthabenzinsen aus einem Bausparvertrag, die in einem engen zeitlichen Zusammenhang mit einem der Einkunftserzielungsabsicht dienenden Grundstück stehen, zählen zu den Einkünften aus Vermietung und Verpachtung (H 21.2 „Einnahmen" 2. Spiegelstrich EStH). Zinsen, die aus der Anlage einer Instandhaltungsrücklage erzielt werden, gehören jedoch zu den Einkünften aus Kapitalvermögen (R 21.2 Abs. 2 EStR).

---

35 *Schmidt/Wacker*, EStG, § 18 Rz. 150.

12. Einkünfte aus Kapitalvermögen

Tz. 259

Zum 1.1.2009 ist die so genannte Abgeltungsteuer eingeführt worden.[36] Kernstück dieser ist ein Steuerabzug von 25 % auf private Kapitaleinkünfte unmittelbar an der Quelle (§ 32d Abs. 1 Satz 1 EStG). Für natürliche Personen, die Einkünfte nach § 20 EStG erzielen, ist die Einkommensteuer durch den Steuerabzug abgegolten. Dies bedeutet, dass in der persönlichen Einkommensteuererklärung grundsätzlich keine Einkünfte aus Kapitalvermögen mehr anzugeben sind und die Steuerabwicklung von den Banken vollständig übernommen wird. Die Banken haben neben der Abgeltungsteuer von 25 % den Solidaritätszuschlag und gegebenenfalls die Kirchensteuer einzubehalten.

Abgeltungsteuer

Durch die Steuerabgeltung werden Kapitalerträge bei der Ermittlung der Einkünfte und des Einkommens nicht mehr berücksichtigt. Hiervon machte aber bis einschließlich 2011 § 2 Abs. 5b Satz 2 EStG bei der Ermittlung des abzugsfähigen Spendenabzugsbetrags, bei der Ermittlung der zumutbaren Eigenbelastung bei außergewöhnlichen Belastungen und bei der Berechnung der Einkünfte eines Kindes nach § 32 Abs. 4 Satz 2 EStG eine Ausnahme.

Tz. 260

Werden Dividendenerträge im Sinne des § 20 Abs. 2 Satz 1 Nr. 1 Satz 1 EStG im Betriebsvermögen erzielt, kommt das Teileinkünfteverfahren zur Anwendung. Dies bedeutet, dass Dividendenerträge, die eine natürliche Person im Rahmen eines Betriebsvermögens erzielt, zu 60 % steuerpflichtig sind (§ 3 Nr. 40 Satz 1 Buchst. d i.V.m. Satz 2 EStG). Mit den Erträgen in Zusammenhang stehende Aufwendungen können zu 60 % geltend gemacht werden (§ 3c Abs. 2 Satz 1 EStG). Die Besteuerung erfolgt mit dem regulären Steuersatz und nicht durch den pauschalen Steuersatz.

Teileinkünfteverfahren

> Der ledige Korbinian Schnitzelhuber (KS) erhielt in 2011 für seine im Privatvermögen gehaltenen Aktien Dividenden in Höhe von insgesamt 44.175 € auf seinem Bankkonto gutgeschrieben. Da er keinen Freistellungsauftrag erteilt hat, erfolgten sämtliche Ausschüttungen nach Abzug der entsprechenden Steuerabzugsbeträge. An Depotführungskosten und sonstigen mit den Aktien in Zusammenhang stehenden Aufwendungen fielen in 2011 insgesamt 4.000 € an.

> Ermitteln Sie die Einkünfte aus Kapitalvermögen des KS.
> Stellen Sie außerdem dar, was sich an der Lösung ändert, wenn KS die Anteile im Betriebsvermögen halten würde. Erforderliche Buchungen sind vorzunehmen.

KS erzielt Einkünfte nach § 20 Abs. 1 EStG. Einkünfte sind grundsätzlich der Überschuss der Einnahmen über den Sparerpauschbetrag (§ 2 Abs. 2 Satz 2 EStG).

Dividenden nach § 20 Abs. 1 Nr. 1 Satz 1 EStG, Zufluss in 2011 (§ 11 Abs. 1 Satz 1 EStG); 44.175 € = 73,625 %	44.175 €
zzgl. Kapitalertragsteuer (§ 12 Nr. 3 EStG); $^{25}/_{73,625}$ von 44.175 € (§ 43 Abs. 1 Satz 1 Nr. 1 i.V.m. § 43a Abs. 1 Satz 1 Nr. 1 EStG)	15.000 €
zzgl. Solidaritätszuschlag (§ 12 Nr. 3 EStG); $^{1,375}/_{73,625}$ von 44.175 € (§ 3 Abs. 1 Nr. 5 i.V.m. § 4 Satz 1 SolZG)	825 €
Einnahmen nach § 20 Abs. 1 Nr. 1 Satz 1 EStG	60.000 €
abzgl. Sparer-Pauschbetrag anstelle von tatsächlichen Werbungskosten (§ 20 Abs. 9 Satz 1 EStG)	801 €
Einkünfte aus Kapitalvermögen	__59.199 €__

Die Einkünfte unterliegen dem besonderen Steuersatz von 25 % (§ 32d Abs. 1 Satz 1 EStG) und zählen grundsätzlich nicht zum Gesamtbetrag der Einkünfte (§ 2 Abs. 5b EStG).

---

36 Die Übergangsregeln befinden sich in § 52a EStG.

Befinden sich die Aktien im Betriebsvermögen, ist auf Grund der Ausschüttungen folgende Buchung vorzunehmen:

	Bank	44.175 €
	Privat	15.825 €
an	Erträge aus Wertpapieren	60.000 €
	sonstige betriebliche Aufwendungen	4.000 €
an	Bank	4.000 €

Abrechnung außerhalb der Bilanz (§ 3 Nr. 40 Satz 1 Buchst. d Satz 2 EStG)	24.000 €
Zurechnung außerhalb der Bilanz (§ 3c Abs. 2 Satz 1 EStG)	1.600 €

13. Außerordentliche Einkünfte

Tz. 261

außerordentliche Einkünfte

Außerordentliche Einkünfte sind Zuflüsse, die außerhalb der regelmäßigen Einkunftserzielung liegen. Sie werden in § 34 Abs. 2 EStG abschließend aufgezählt:

- Veräußerungsgewinne im Sinne der §§ (...) 16 und 18 Abs. 3 EStG mit Ausnahme des steuerpflichtigen Teils der Veräußerungsgewinne, die nach § 3 Nr. 40 Buchst. b EStG in Verbindung mit § 3c Abs. 2 EStG teilweise steuerbefreit sind;
- Entschädigungen im Sinne des § 24 Nr. 1 EStG;
- Nutzungsvergütungen und Zinsen im Sinne des § 24 Nr. 3 EStG, soweit sie für einen Zeitraum von mehr als drei Jahren nachgezahlt werden;
- Vergütungen für mehrjährige Tätigkeiten; mehrjährig ist eine Tätigkeit, soweit sie sich über mindestens zwei Veranlagungszeiträume erstreckt und einen Zeitraum von mehr als zwölf Monaten umfasst.

Tz. 262

Betriebsveräußerung

Verbleibt im Rahmen einer Betriebsveräußerung nach Abzug des Freibetrags des § 16 Abs. 4 EStG noch ein Veräußerungsgewinn, kann der Steuerpflichtige grundsätzlich die Tarifermäßigungen des § 34 EStG in Anspruch nehmen (§ 34 Abs. 2 Nr. 1 EStG). Wenn die entsprechenden Voraussetzungen vorliegen kann der Steuerpflichtige zwischen der Fünftelmethode (§ 34 Abs. 1 EStG) und dem ermäßigten Steuersatz (§ 34 Abs. 3 EStG) wählen. Die Ermäßigung nach § 34 Abs. 3 EStG kann nur einmal im Leben gewährt werden (§ 34 Abs. 3 Satz 4 EStG). Veräußerungen bis zum 31.12.2000 werden hierbei nicht berücksichtigt (§ 52 Abs. 47 Satz 8 EStG).

Ausführliche Beispiele finden sich in H 34.2 „Berechnungsbeispiele" EStH.

1.) Wann beginnt die persönliche Einkommensteuerpflicht einer im Inland lebenden Person?

Die persönliche Einkommensteuerpflicht beginnt mit der Vollendung der Geburt (Tz. 135).

2.) Ein Asylbewerber ist für ein Jahr in einer Massenunterkunft in Köln untergebracht. Ist er steuerpflichtig?

Der Asylbewerber hat seinen gewöhnlichen Aufenthalt im Sinne des § 9 AO im Inland und ist somit nach § 1 Abs. 1 EStG unbeschränkt einkommensteuerpflichtig (Tz. 137).

3.) Ist der von der Bundesrepublik Deutschland nach Indien entsandte Botschafter nach deutschem Recht einkommensteuerpflichtig?

Der Botschafter ist nach § 1 Abs. 2 EStG unbeschränkt einkommensteuerpflichtig (Tz. 138).

4.) Was versteht man unter dem Subsidiaritätsprinzip?

Die Subsidiarität regelt die Zuordnung von Einkünften zu einer bestimmten Einkunftsart, wenn mehrere Einkunftsarten für die Erfassung in Frage kommen (Tz. 144).

5.) Kann ein selbständig Tätiger im Sinne des § 18 EStG zur Bilanzierung verpflichtet werden?

Ein Selbständiger kann weder nach § 140 AO noch nach § 141 AO zur Bilanzierung gezwungen werden (Tz. 150).

6.) Wie wird die vereinnahmte Umsatzsteuer im Rahmen der Einnahmen-Überschussrechnung behandelt?

Die vereinnahmte Umsatzsteuer zählt zu den Betriebseinnahmen (Tz. 152).

7.) Wann sind die Einnahmen im Rahmen einer Einnahmen-Überschussrechnung grundsätzlich zu erfassen?

Die Einnahmen sind nach § 11 Abs. 1 Satz 1 EStG grundsätzlich bei Zufluss zu erfassen (Tz. 157).

8.) Welche Ausnahme von dem strikten Zuflussprinzip des § 11 Abs. 1 Satz 1 EStG gibt es für regelmäßig wiederkehrende Einnahmen?

Bei regelmäßig wiederkehrenden Einnahmen erfolgt der Ansatz nach der wirtschaftlichen Zuordnung (§ 11 Abs. 1 Satz 2 EStG, Tz. 159).

9.) Was ist beim Wechsel von der Einnahmen-Überschussrechnung zur Bilanzierung hinsichtlich der Forderungen aus Lieferungen und Leistungen zu beachten?

In Höhe des Ausweises der Forderungen aus Lieferungen und Leistungen in der Eröffnungsbilanz ist eine Erhöhung des Übergangsgewinns vorzunehmen (Tz. 172).

10.) Was ist beim Wechsel von der Einnahmen-Überschussrechnung zur Bilanzierung hinsichtlich der passiven Rechnungsabgrenzungsposten zu beachten?

In Höhe des Ausweises der passiven Rechnungsabgrenzungsposten in der Eröffnungsbilanz ist eine Verringerung des Übergangsgewinns vorzunehmen (Tz. 176).

11.) Wann ist beim Wechsel von der Einnahmen-Überschussrechnung zur Bilanzierung der Übergangsgewinn zu versteuern?

Auf Antrag des Steuerpflichtigen kann der Übergangsgewinn gleichmäßig entweder auf das Jahr des Übergangs (= erstes Jahr mit BVV) und das folgende Jahr oder auf das Jahr des Übergangs und die beiden folgenden Jahre verteilt werden (Tz. 185).

12.) In welcher Höhe kann ein lediger Steuerpflichtiger Verluste zurücktragen?

Der Verlustrücktrag ist nach § 10d Abs. 1 Satz 1 EStG auf 511.500 € beschränkt (Tz. 191).

13.) Welcher Prozentsatz wird bei der Berechnung des Schuldzinsenabzugs nach § 4 Abs. 4a EStG unterstellt?

Nach § 4 Abs. 4a Satz 3 EStG werden 6 % unterstellt (Tz. 199).

14.) Ab welchem Veranlagungszeitraum stellt die Gewerbesteuer eine nicht abzugsfähige Betriebsausgabe dar?

Die Gewerbesteuer ist stellt seit dem Veranlagungszeitraum 2008 eine nicht abzugsfähige Betriebsausgabe dar (Tz. 203).

15.) Kann ein Arbeitnehmer, der bürgerliche Kleidung ausschließlich beruflich trägt, deren Anschaffungskosten als Werbungskosten abziehen?

Ein Abzug der Aufwendungen als Werbungskosten ist nach § 12 Nr. 1 EStG nicht möglich (Tz. 207).

16.) Sind Säumniszuschläge auf die Einkommensteuer steuerlich berücksichtigungsfähig?

Nach § 12 Nr. 3 EStG können steuerliche Nebenleistungen zur Einkommensteuer nicht steuermindernd berücksichtigt werden (Tz. 211).

17.) Auf Grund einer betrieblich veranlassten Straftat wird gegen einen Gewerbetreibenden eine Geldstrafe festgesetzt. Ist diese steuerlich abzugsfähig?

Der Abzug ist nach § 12 Nr. 4 EStG nicht möglich (Tz. 212).

18.) Welche zwei Voraussetzungen müssen erfüllt sein, damit eine Betriebsaufspaltung vorliegt?

Das Besitzunternehmen muss mit dem Betriebsunternehmen sowohl sachlich als auch personell verflochten sein (Tz. 223 und 224).

19.) In welcher Vorschrift ist die eingeschränkte Verlustverrechnung von Kommanditisten geregelt?
Die Normierung ist in § 15a EStG zu finden (Tz. 225).

20.) Ein Mitunternehmer verpachtet an die OHG, an der er beteiligt ist, ein Grundstück. Welcher steuerlichen Vermögenskategorie ist dieses Grundstück zuzuordnen?
Das Grundstück stellt notwendiges Sonderbetriebsvermögen I des Mitunternehmers dar (vgl. R 4.2 Abs. 12 EStR, Tz. 231).

21.) Wann ist es erforderlich, eine Ergänzungsbilanz zu erstellen? Nennen Sie ein Beispiel.
Eine Ergänzungsbilanz muss beispielsweise erstellt werden, wenn die Mitunternehmer einer Personengesellschaft auf Grund vorhandener stiller Reserven unterschiedliche Anschaffungskosten für ihre Anteile hatten (Tz. 234).

22.) Ab welcher Höhe des Veräußerungsgewinns kommt ein Freibetrag nach § 16 Abs. 4 EStG nicht mehr in Betracht?
Auf Grund der Abschmelzungsklausel des § 16 Abs. 4 Satz 3 EStG ist ein Freibetrag nicht zu gewähren, wenn der Veräußerungsgewinn 181.000 € (136.000 € + 45.000 €) oder mehr beträgt (Tz. 241).

23.) Unter welche Einkunftsart fällt die Veräußerung einer im Privatvermögen gehaltenen 10 %igen Beteiligung an einer GmbH?
Gemäß § 17 Abs. 1 Satz 1 EStG wird der Veräußerungsgewinn als Einkünfte aus Gewerbebetrieb behandelt (Tz. 244).

24.) Eine GbR, bestehend aus zwei Ärzten, führt auch eine gewerbliche Tätigkeit aus. Welche Einkünfte erzielt die GbR?
Die GbR erzielt auf Grund der „Abfärbetheorie" (§ 15 Abs. 3 Nr. 1 EStG) insgesamt Einkünfte aus Gewerbebetrieb (Tz. 254).

25.) Unter welche Einkunftsart fallen Aufsichtsratsvergütungen?
Vergütungen eines Aufsichtsrats werden als Einkünfte aus selbständiger Arbeit erfasst (§ 18 Abs. 1 Nr. 3 EStG, Tz. 255).

26.) In welcher Höhe sind im Betriebsvermögen erzielte Dividendenerträge einkommensteuerpflichtig?
Die Dividendenerträge sind nach § 3 Nr. 40 Satz 1 Buchst. d i.V.m. Satz 2 EStG zu 60 % steuerpflichtig (Tz. 260).

III. Körperschaftsteuer

1. Abgrenzung unbeschränkte und beschränkte KSt-Pflicht

Tz. 263

Die Körperschaftsteuer ist die Einkommensteuer für Körperschaften, Vereine und Vermögensmassen. Das Körperschaftsteuergesetz unterscheidet wie das Einkommensteuergesetz nach unbeschränkter (§ 1 KStG) und beschränkter (§ 2 KStG) Steuerpflicht.

Steuerpflicht

Der unbeschränkten Steuerpflicht unterliegen alle Körperschaften,

- die in § 1 Abs. 1 KStG aufgeführt sind
- und ihren Sitz oder ihre Geschäftsleitung im Inland haben.

Tz. 264

Folgende Rechtssubjekte sind nach § 1 Abs. 1 KStG körperschaftsteuerpflichtig:

Steuersubjekte

- Nr. 1: Kapitalgesellschaften (AG, GmbH, Europäische Gesellschaften etc.);
- Nr. 2: Genossenschaften einschließlich der Europäischen Genossenschaften;
- Nr. 3: Versicherungs- und Pensionsfondsvereine auf Gegenseitigkeit;
- Nr. 4: sonstige juristische Personen des privaten Rechts;
- Nr. 5: nichtrechtsfähige Vereine, Anstalten, Stiftungen und andere Zweckvermögen des privaten Rechts;
- Nr. 6: Betriebe gewerblicher Art von juristischen Personen des öffentlichen Rechts.

Tz. 265

Wie bei der Einkommensteuer gilt das Welteinkommensprinzip. Dies bedeutet, dass nach § 1 Abs. 2 KStG grundsätzlich sämtliche in- und ausländischen Einkünfte der Steuerpflicht unterliegen. Dieser Grundsatz ist jedoch durch Doppelbesteuerungsabkommen (DBA) stark eingeschränkt.

Welteinkommensprinzip

> Die A-AG mit Sitz und Geschäftsleitung in Aachen hat je eine Betriebsstätte in Aachen und in Amsterdam (Niederlande).
> Die A-AG ist gemäß § 1 Abs. 1 KStG unbeschränkt steuerpflichtig und unterliegt nach § 1 Abs. 2 KStG mit sämtlichen in- und ausländischen Einkünften der Körperschaftsteuer. Aufgrund des DBA mit den Niederlanden ist Deutschland jedoch das Besteuerungsrecht hinsichtlich der niederländischen Einkünfte entzogen.

BEISPIEL

Tz. 266

Die beschränkte Steuerpflicht umfasst nach § 2 KStG

- Nr. 1: ausländische Körperschaften (ohne Sitz oder Geschäftsleitung im Inland);
- Nr. 2: inländische Körperschaften des öffentlichen Rechts.

> Die Stadt München erzielt eine Dividende aus der Beteiligung an einer inländischen GmbH. Bei der Auszahlung wurden nach § 43 Abs. 1 Nr. 1 EStG i.V.m. § 44a Abs. 8 Satz 1 Nr. 2 EStG 15 % (60 % von 25 %) Kapitalertragsteuer einbehalten.
> Die Stadt München ist nach § 2 Nr. 2 KStG beschränkt steuerpflichtig. Eine Veranlagung findet jedoch nicht statt, die Körperschaftsteuer ist durch den Steuerabzug abgegolten (§ 32 Abs. 1 Nr. 2 KStG).

BEISPIEL

Tz. 267

Die Steuerpflicht beginnt bei Kapitalgesellschaften nicht erst mit Erlangung der Rechtsfähigkeit durch Eintragung in das Handelsregister, sondern erstreckt sich auch auf die mit Abschluss des notariellen Gesellschaftsvertrages oder durch notarielle Feststellung der Satzung errichtete Vorgesellschaft, das heißt die Kapitalgesellschaft im Gründungsstadium ist bereits steuerpflichtig (H 2 „Beginn der Steuerpflicht" KStH).

Beginn der Steuerpflicht

Vor Abschluss der notariellen Urkunde besteht noch keine Körperschaftsteuerpflicht. Erzielt diese Vorgründungsgesellschaft Einkünfte, sind diese bei den Gesellschaftern nach den einkommensteuerlichen Grundsätzen zu erfassen.

III. Körperschaftsteuer

> **BEISPIEL**
>
> A und B entschließen sich am 20.2.2012, die AB-GmbH zu gründen. Zum 1.3.2012 wird der Mietvertrag über die Geschäftsräume abgeschlossen, so dass Anfang März bereits eine Mietzahlung fällig ist. Außerdem werden Anfang März bereits Einrichtungsgegenstände und Waren angeschafft. Am 15.3.2012 wird der Gesellschaftsvertrag notariell beurkundet, die Eintragung in das Handelsregister findet am 21.3.2012 statt.
>
> Die Einkünfte, die A und B bis zum Abschluss des Gesellschaftsvertrages am 15.3.2012 erzielen, unterliegen nach § 15 Abs. 1 Satz 1 Nr. 2 EStG der Einkommensteuer. Die Körperschaftsteuerpflicht beginnt erst am 15.3.2012. Die Eintragung in das Handelsregister hat hierauf keinen Einfluss.

Tz. 268

unechte Vorgesellschaft

Kommt es nach Abschluss des notariellen Gesellschaftsvertrages nicht zur Eintragung ins Handelsregister, entsteht keine Körperschaftsteuerpflicht. In diesem Fall wird die so genannte unechte Vorgesellschaft endgültig nach einkommensteuerlichen Aspekten behandelt (H 2 „Unechte Vorgesellschaft" KStH).

Tz. 269

befreite Körperschaften

§ 5 KStG enthält in 23 Nummern eine Aufzählung von Körperschaften, die zwar unter § 1 Abs. 1 KStG fallen, aber nach § 5 Abs. 1 KStG von der Körperschaftsteuer befreit sind. Darunter fallen beispielsweise:

- die Deutsche Bundesbank (Nr. 2),
- politische Parteien (Nr. 7),
- gemeinnützige Körperschaften (Nr. 9),
- Gewerkschaften (Nr. 22).

Von der Steuerbefreiung sind nach § 5 Abs. 2 Nr. 1 KStG die inländischen Kapitalerträge ausgenommen, von denen die Kapitalertragsteuer einbehalten wurde (partielle Steuerpflicht). Die auf diese Kapitalerträge entfallende Körperschaftsteuer ist durch den Steuerabzug abgegolten (§ 32 Abs. 1 Nr. 1 KStG).

2. Berechnung des zu versteuernden Einkommens

2.1 Ausgangsgröße: Handelsrechtliches Jahresergebnis

Tz. 270

Bemessungsgrundlage

Bemessungsgrundlage für die Körperschaftsteuer ist wie bei der Einkommensteuer das zu versteuernde Einkommen (§ 7 Abs. 1 KStG). Es ist in § 7 Abs. 2 KStG als das um Freibeträge verminderte Einkommen definiert. Freibeträge stehen insbesondere Vereinen (§ 24 Nr. 2 KStG) und Erwerbs- und Wirtschaftsgenossenschaften sowie Vereinen, die Land- und Forstwirtschaft betreiben (§ 25 KStG), zu.

Wirtschaftsjahr

Die Körperschaftsteuer ist nach § 7 Abs. 3 Satz 1 KStG eine Jahressteuer, Ermittlungszeitraum ist somit regelmäßig das Kalenderjahr. Eine Ausnahme hiervon besteht bei Rumpfwirtschaftsjahren oder bei abweichenden Wirtschaftsjahren (§ 7 Abs. 4 Satz 1 KStG). In letzterem Fall gilt der Gewinn als in dem Kalenderjahr bezogen, in dem das Wirtschaftsjahr endet (§ 7 Abs. 4 Satz 2 KStG).

Tz. 271

Anwendung EStG

Das Einkommen wird nach den Vorschriften des EStG und des KStG ermittelt (§ 8 Abs. 1 Satz 1 KStG). Aufgrund der Tatsache, dass Körperschaften keine Privatsphäre haben, sind solche Vorschriften, die persönliche Verhältnisse natürlicher Personen und einen Privatbereich voraussetzen, nicht auf Körperschaften anwendbar. Hierzu zählen beispielsweise:

- Abgrenzung der Kosten privater Lebensführung (§ 12 EStG),
- Sonderausgaben (§§ 10, 10c EStG),
- außergewöhnliche Belastungen (§§ 33 bis 33b EStG).

Eine gesetzliche Abgrenzung der für die Körperschaftsteuer anwendbaren Vorschriften des EStG gibt es nicht. In R 32 Abs. 1 KStR ist jedoch eine Aufzählung anwendbarer Normen enthalten.

Tz. 272

Gemäß § 8 Abs. 2 KStG werden alle Einkünfte einer in § 1 Abs. 1 Nr. 1 bis 3 KStG aufgezählten, unbeschränkt steuerpflichtigen Körperschaft als gewerbliche Einkünfte behandelt.

gewerbliche Einkünfte

> A und B sind Steuerberater und gründen gemeinsam die AB Steuerberatungsgesellschaft mbH.
> Ein Steuerberater erzielt dem Grunde nach Einkünfte aus selbständiger Tätigkeit (§ 18 Abs. 1 Nr. 1 EStG). Da die GmbH in § 1 Abs. 1 Nr. 1 KStG aufgeführt ist, erfolgt nach § 8 Abs. 2 KStG eine Umqualifizierung in gewerbliche Einkünfte.

BEISPIEL

2.2 Außerbilanzielle Ermittlung mit dem Ausgangswert Jahresergebnis

Tz. 273

Die bei der Ermittlung des zu versteuernden Einkommens zu berücksichtigenden Einkünfte können durch gesellschaftsrechtliche Einlagen, steuerfreie Erträge und nicht abziehbare Aufwendungen beeinflusst werden. Die hierdurch erforderlichen Korrekturen sind außerhalb der Steuerbilanz durchzuführen. Wurde keine eigene Steuerbilanz aufgestellt, ist das handelsrechtliche Ergebnis – gegebenenfalls unter Berücksichtigung der Korrekturen nach § 60 Abs. 2 EStDV – maßgeblich.

Korrekturen außerhalb der Bilanz

Tz. 274

Nach R 29 Abs. 1 Satz 2 KStR ergibt sich für das zu versteuernde Einkommen folgendes Ermittlungsschema:

Ermittlungsschema

1		Gewinn/Verlust laut Steuerbilanz bzw. nach § 60 Abs. 2 EStDV korrigierter Jahresüberschuss/Jahresfehlbetrag laut Handelsbilanz
2	+	Hinzurechnung von vGA (§ 8 Abs. 3 Satz 2 KStG)
3	–	Abzug von Gewinnerhöhungen im Zusammenhang mit bereits in vorangegangenen Veranlagungszeiträumen versteuerten vGA
4	+	Berichtigungsbetrag nach § 1 AStG
5	–	Einlagen (§ 4 Abs. 1 Satz 5 EStG)
6	+	nichtabziehbare Aufwendungen (z. B. § 10 KStG, § 4 Abs. 5 EStG, § 160 AO)
7	+	Gesamtbetrag der Zuwendungen nach § 9 Abs. 1 Nr. 2 KStG
8	+/–	Kürzungen/Hinzurechnungen nach § 8b KStG und § 3c Abs. 1 EStG
9	–	sonstige inländische steuerfreie Einnahmen (z. B. Investitionszulagen)
10	+/–	Korrekturen bei körperschaftsteuerlicher Organschaft
11	+/–	Hinzurechnungen und Kürzungen bei ausländischen Einkünften
12	+/–	Hinzurechnungen und Kürzungen bei Umwandlung und dergleichen
13	+/–	sonstige Hinzurechnungen und Kürzungen (z. B. §§ 2b, 6b Abs. 7 und 15a EStG)
14	=	steuerlicher Gewinn
15	–	abzugsfähige Zuwendungen nach § 9 Abs. 1 Nr. 2 KStG
16	+/–	Korrekturen bei Organträgern und Organgesellschaften
17	=	Gesamtbetrag der Einkünfte im Sinne des § 10d EStG
18	–	bei der übernehmenden Körperschaft im Jahr des Vermögensübergangs zu berücksichtigender Verlust nach § 12 Abs. 3 Satz 2 bzw. § 15 Abs. 4 UmwStG
19	–	Verlustabzug nach § 10d EStG
20	=	Einkommen
21	–	Freibetrag für bestimmte Körperschaften (§ 24 KStG)
22	–	Freibetrag für Erwerbs- und Wirtschaftsgenossenschaften sowie Vereine, die Land- und Forstwirtschaft betreiben (§ 25 KStG)
23	=	zu versteuerndes Einkommen

2.3 Nicht abzugsfähige Aufwendungen

Tz. 275

nicht abzugsfähige Aufwendungen

Der Katalog der nicht abziehbaren Betriebsausgaben des § 4 Abs. 5 EStG (vgl. Kap. II.9.2), der über § 8 Abs. 1 Satz 1 KStG anwendbar ist, wird durch § 10 KStG, der mit § 12 EStG vergleichbar ist, ergänzt. § 10 KStG ist für alle Körperschaftsteuerpflichtigen, nicht nur für Kapitalgesellschaften anwendbar. Folgende Betriebsausgaben sind im Einzelnen von § 10 KStG betroffen:

Tz. 276

Satzungszwecke

Aufwendungen zur Erfüllung von Satzungszwecken (§ 10 Nr. 1 KStG):
Nach § 10 Nr. 1 Satz 1 KStG sind Aufwendungen für die Erfüllung von Zwecken des Steuerpflichtigen, die durch Stiftungsgeschäft, Satzung oder sonstige Verfassung vorgeschrieben sind, nicht abzugsfähig, da insoweit eine Einkommensverwendung vorliegt. Aufgrund des Vorbehalts des § 10 Nr. 1 Satz 2 KStG ist der Spendenabzug nach § 9 Abs. 1 Nr. 2 KStG vom Abzugsverbot ausgeschlossen.

Tz. 277

Steuern

Nichtabziehbare Steuern (§ 10 Nr. 2 KStG):
Nach § 10 Nr. 2 KStG dürfen insbesondere Steuern vom Einkommen (Körperschaftsteuer, Kapitalertragsteuer und Solidaritätszuschlag) sowie Personensteuern (z. B. Erbschaftsteuer bei Familienstiftungen) bei der Einkommensermittlung nicht abgezogen werden. Da diese Steuern innerhalb der Gewinnermittlung als Aufwand berücksichtigt sind, müssen sie im Rahmen der Einkommensermittlung außerhalb der Bilanz durch eine Zurechnung neutralisiert werden. Hierbei wird immer der Betrag zugerechnet, der innerhalb der Gewinnermittlung als Aufwand erfasst wurde.

> **BEISPIEL**
>
> Die A-GmbH leistete im vergangenen Jahr laufende Körperschaftsteuer-Vorauszahlungen in Höhe von insgesamt 8.800 € sowie Vorauszahlungen zum Solidaritätszuschlag in Höhe von insgesamt 484 €. Die Zahlungen wurden als Aufwand erfasst. Die voraussichtliche Körperschaftsteuerschuld übersteigt um 2.000 €, die voraussichtliche Solidaritätszuschlagsschuld um 110 € die jeweiligen Vorauszahlungen.
>
> In der Bilanz des betreffenden Jahres sind die voraussichtlichen Steuerschulden in Höhe von 2.110 € zu passivieren. Nach § 10 Nr. 2 KStG sind insgesamt 11.394 € (8.800 € + 484 € + 2.110 €) dem Gewinn hinzuzurechnen.

Auch ausländische Steuern sind von der Norm des § 10 Nr. 2 KStG betroffen (H 48 „Nichtabziehbare Steuern" KStH).

Steuerliche Nebenleistungen, wie Säumniszuschläge, Verspätungszuschläge und Zinsen, teilen nach § 10 Nr. 2 2. Halbsatz KStG das Schicksal der jeweiligen Steuer (R 48 Abs. 2 Satz 1 KStR).

Das Abzugsverbot erstreckt sich auch auf die Umsatzsteuer für Umsätze, die Entnahmen oder verdeckte Gewinnausschüttungen sind, und die Vorsteuerbeträge auf Aufwendungen, für die das Abzugsverbot des § 4 Abs. 5 EStG greift.

Erstattungen von Steuern, die unter § 10 Nr. 2 KStG fallen, dürfen den steuerlichen Gewinn nicht erhöhen. Sie werden, sofern sie als Ertrag erfasst sind, außerbilanziell wieder abgerechnet. Etwas anderes gilt nur für Erstattungszinsen im Sinne des § 233a AO (R 48 Abs. 2 Satz 2 KStR).

Tz. 278

Geldstrafen

Geldstrafen und ähnliche Rechtsnachteile (§ 10 Nr. 3 KStG):
Nach § 10 Nr. 3 KStG dürfen Strafen das Einkommen nicht mindern. Körperschaften können nach deutschem Rechtsverständnis aber keine Straftaten begehen, somit können gegen sie keine Strafen nach deutschem Recht verhängt werden (R 49 Satz 2 KStR). Von § 10 Nr. 3 KStG sind damit nur solche Strafen betroffen, die von ausländischen Gerichten gegen inländische Körperschaften verhängt werden.

2. Berechnung des zu versteuernden Einkommens

Gegen juristische Personen können jedoch sonstige Rechtsfolgen vermögensrechtlicher Art, bei denen der Strafcharakter überwiegt, verhängt werden (§ 75 StGB). In Betracht kommt insbesondere die Einziehung von Gegenständen nach § 74 StGB (R 49 Satz 4 KStR).

> Bei einer von der Staatsanwaltschaft angeordneten Durchsuchung der A-AG werden Plagiate von Markenmode beschlagnahmt und eingezogen. Der Aufwand aus der Ausbuchung der beschlagnahmten Ware ist nach § 10 Nr. 3 KStG nicht abzugsfähig.

Nicht unter das Abzugsverbot fallen die mit den Rechtsnachteilen zusammenhängenden Verfahrenskosten, insbesondere Gerichts- und Anwaltskosten (R 49 Satz 5 KStR), da diese weder eine Strafe noch eine strafähnliche Rechtsfolge darstellen.

Tz. 279

Aufsichtsratsvergütungen (§ 10 Nr. 4 KStG):   *Aufsichtsräte*
Nach § 10 Nr. 4 KStG ist die Hälfte der an die Überwachungsorgane von Körperschaften gezahlten Vergütungen nicht abzugsfähig. Betroffen sind Vergütungen jeder Art, die an Mitglieder des Aufsichtsrats, des Verwaltungsrats, Beirats oder andere mit der Überwachung der Geschäftsführung beauftragte Personen bezahlt werden. Nachgewiesene Einzelaufwendungen, wie Reisekosten, können jedoch nach R 50 Abs. 1 Satz 3 KStR erstattet werden, ohne dass eine Zurechnung erfolgt.

> Die A-AG zahlte ihren Aufsichtsräten im abgelaufenen Jahr ein Sitzungsgeld von insgesamt 50.000 € sowie pauschale Reisekosten von insgesamt 10.000 €.
> Der Gesamtaufwand in Höhe von 60.000 € ist nach § 10 Nr. 4 KStG hälftig außerbilanziell zuzurechnen.

Die Hinzurechnung erfolgt vom Nettobetrag, wenn bei der Körperschaft der volle Vorsteuerabzug möglich ist (R 50 Abs. 2 Satz 1 KStR). Bei anteiligem oder keinem Vorsteuerabzug (wegen steuerfreier Umsätze) wird die Hälfte der anteilig nicht abzugsfähigen Vorsteuer ebenfalls zugerechnet (R 50 Abs. 2 Satz 2 KStR). Im Ergebnis erfolgt also stets die hälftige Zurechnung der Aufwendungen inklusive der als Aufwand gebuchten Vorsteuerbeträge.

> Der A-AG, die zu 50 % vorsteuerabzugsberechtigt ist, wurden im abgelaufenen Jahr von ihren Aufsichtsräten 100.000 € zzgl. 19.000 € Umsatzsteuer in Rechnung gestellt.
> Es ergibt sich ein Aufwand in Höhe von 109.500 € (100.000 € zzgl. 50 % von 19.000 €) und somit nach § 10 Nr. 4 KStG eine Hinzurechnung in Höhe von 54.750 € (50 % von 109.500 €).

Tz. 280
Die Zinsschranke im Sinne des § 8a KStG i.V. m. § 4h EStG ist ein Instrument, das den Betriebsausgabenabzug für Zinsaufwendungen einschränkt. Von der Zinsschrankenregelung sind nicht nur Kapitalgesellschaften, sondern alle Rechtsformen betroffen, also auch Einzelunternehmen und Personengesellschaften.   *Zinsschranke*

Greift die Zinsschranke, werden Teile der Zinsaufwendungen bei der Ermittlung des steuerlichen Gewinns bzw. bei der Ermittlung des Einkommens bei Körperschaften als nicht abziehbare Betriebsausgabe durch eine außerbilanzielle Zurechnung neutralisiert. Nicht abzugsfähige Zinsaufwendungen gehen nicht verloren, sondern stehen als Zinsvortrag in späteren Veranlagungszeiträumen zur Verfügung (§ 4h Abs. 4 EStG).

Tz. 281
Allerdings kann es zu einer – zumindest temporären – Doppelbesteuerung kommen, wenn die Gesellschaft, die das Darlehen aufgenommen hat, ihre Zinsaufwendungen nicht voll abziehen kann, die Empfängergesellschaft aber ihre Zinserträge versteuern muss.

Zinsaufwendungen sind bis zur Höhe der Zinserträge in voller Höhe abzugsfähig. Damit kommt es zu keiner Zurechnung, wenn ein positives Zinsergebnis erzielt wird. Sind die Zinsaufwendungen höher als die Zinserträge, können die Zinsaufwendungen nach § 4h Abs. 1 Sätze 1 und 2 EStG nur bis zur Höhe von 30 % des maßgeblichen Gewinns vor Zinsen, Steuern und vor Abschreibungen (Steuerlicher EBITDA[37]) abgezogen werden. Maßgeblicher Gewinn ist der steuerliche Gewinn vor Anwendung der Zinsschranke.

Tz. 282

Ein Unternehmen mit einem maßgeblichen Gewinn von 10.000.000 € hat Zinserträge von 1.000.000 €, Zinsaufwendungen von 16.000.000 € und Abschreibungen von 5.000.000 €.

	€
Gewinn vor Zinsen und Abschreibungen	30.000.000
AfA	- 5.000.000
Zinsertrag	1.000.000
Zinsaufwand	- 16.000.000
Steuerbilanzgewinn = maßgeblicher Gewinn	10.000.000

Die Zinsaufwendungen sind zunächst bis zur Höhe der Zinserträge von 1.000.000 € uneingeschränkt abzugsfähig.

In einem zweiten Schritt wird geprüft, inwieweit der nach Abzug der Zinserträge verbleibende Nettozinsaufwand abzugsfähig ist. Er kann bis zur Höhe von 30 % des um Abschreibungen und Zinsen bereinigten Gewinns berücksichtigt werden.

	€	€
Zinsaufwand gesamt	16.000.000	16.000.000
abzugsfähig bis zur Höhe des Zinsertrages	- 1.000.000	- 1.000.000
Nettozinsaufwand	15.000.000	
Maßgeblicher Gewinn	10.000.000	
+ Nettozinsaufwand (Zinsaufwand - Zinsertrag)	15.000.000	
+ AfA	5.000.000	
Steuerlicher Gewinn vor Zinsergebnis und vor AfA	30.000.000	
davon abzugsfähig 30 %	9.000.000	- 9.000.000
nicht abzugsfähige Zinsaufwendungen nach § 4h EStG		6.000.000

Dieser übersteigende Betrag in Höhe von 6.000.000 € wird außerbilanziell zugerechnet. Außerdem wird der nicht abzugsfähige Betrag gesondert festgestellt und kann in spätere Jahre vorgetragen werden (Zinsvortrag).

Endgültiger steuerlicher Gewinn (nach Zinsschranke)

	€
Maßgeblicher Gewinn	10.000.000
nicht abzugsfähige Zinsen nach § 4h EStG	6.000.000
zu versteuernder Gewinn	16.000.000

Tz. 283

Freigrenze 3 Mio. €

Nach § 4h Abs. 2 Satz 1 Buchst. a EStG kommt die Zinsschranke bis zu einer Freigrenze von 3.000.000 € nicht zur Anwendung. In der Nähe der Freigrenze kann es durch den so genannten Fallbeileffekt zu gravierenden Auswirkungen kommen. Bei auch nur geringfügiger Überschreitung der Grenze werden alle Zinsaufwendungen oberhalb von 30 % des EBITDA außerbilanziell zugerechnet. Wird die Freigrenze nicht erreicht, bleibt es beim vollen Schuldzinsenabzug.

Die Freigrenze ist betriebsbezogen. Sie kann von Einzelunternehmern mit mehreren Betrieben entsprechend mehrmals ausgenutzt werden. Dagegen besteht bei einer Organschaft die Freigrenze für alle Betriebe des Organkreises insgesamt nur einmal.

Ist der maßgebliche Gewinn vor Abschreibungen und vor dem Zinsergebnis bereits negativ, können Zinsaufwendungen nur bis zur Höhe der Zinserträge abgezogen werden. Der nicht abzugsfähige Teil der Zinsen wird gesondert festgestellt und in spätere Veranlagungszeiträume vorgetragen (§ 4h Abs. 4 EStG).

---

37 Earnings Before Interest, Taxes, Depreciation and Amortisation.

2.4 Spendenabzug

Tz. 284

Auch Körperschaften haben die Möglichkeit im Rahmen der Einkommensermittlung Spenden steuermindernd geltend zu machen. Dies geschieht in einem ersten Schritt dadurch, dass die Spenden als Betriebsausgabe erfasst werden. Da das Körperschaftsteuerrecht jedoch den Abzug von Spenden begrenzt, müssen diese in einem zweiten Schritt wieder außerbilanziell zugerechnet werden. In einem dritten Schritt erfolgt dann der tatsächliche Abzug bei der Einkommensermittlung nach § 9 Abs. 1 Nr. 2 KStG und § 9 Abs. 2 KStG.

Spendenabzug

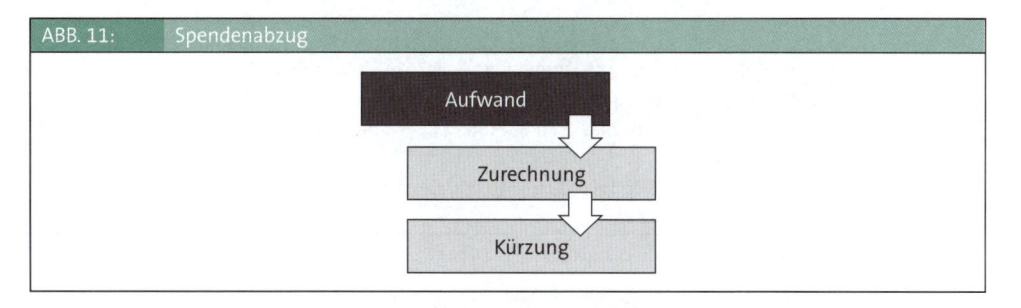

ABB. 11: Spendenabzug

Aufwand → Zurechnung → Kürzung

Tz. 285

Unter dem in § 9 Abs. 1 Nr. 2 KStG verwendeten Begriff „Zuwendungen" versteht man Spenden und Mitgliedsbeiträge an steuerbegünstigte Institutionen zur Förderung steuerbegünstigter Zwecke im Sinne der §§ 52 bis 54 AO. Von den Zuwendungen an folgende Körperschaften sind ausnahmsweise nur Spenden, nicht aber Mitgliedsbeiträge abzugsfähig (§ 9 Abs. 1 Nr. 2 Satz 8 KStG):

Spendenbegriff

- Sportvereine;
- Körperschaften, die kulturelle Betätigungen fördern, die in erster Linie der Freizeitgestaltung dienen;
- Körperschaften, die Heimatkunde und Heimatpflege fördern;
- Körperschaften im Sinne des § 52 Abs. 2 Nr. 23 AO, die
  - Tierzucht, Pflanzenzucht, Kleingärtnerei, traditionelles Brauchtum einschließlich Karneval, Fastnacht und Fasching,
  - Soldaten- und Reservistenbetreuung,
  - Amateurfunken,
  - Modellflug und Hundesport fördern.

Tz. 286

Parteispenden sind nach § 8 Abs. 1 Satz 1 KStG i.V.m. § 4 Abs. 6 EStG nicht steuerlich abzugsfähig. Sie werden bei Körperschaften stets außerbilanziell zugerechnet. Sonderregelungen wie § 10b Abs. 2 EStG oder § 34g EStG existieren im Bereich des Körperschaftsteuerrechts nicht.

Parteispenden

Tz. 287

Wichtigste materielle Voraussetzung für den Spendenabzug ist der so genannte Zuwendungsnachweis, den der Empfänger der Zuwendung nach amtlichem Vordruck auszustellen hat (§ 50 Abs. 1 EStDV). In folgenden Sonderfällen genügt als Zuwendungsnachweis jedoch der Zahlungsbeleg:

Spendenbelege

- Spendeneinzahlungen auf Sonderkonten für Katastrophenfälle nach § 50 Abs. 2 Nr. 1 EStDV;
- Spenden bis 200 € unter den in § 50 Abs. 2 Nr. 2 EStDV aufgeführten Voraussetzungen.

Tz. 288

Höchstbeträge Die begünstigten Zuwendungen sind insgesamt unter Berücksichtigung folgender Höchstbeträge abzugsfähig (§ 9 Abs. 1 Nr. 2 Satz 1 KStG):

- 20 % des Einkommens oder
- 4 ‰ der Summe der gesamten Umsätze und der im Kalenderjahr[38] aufgewendeten Löhne und Gehälter.

Abziehbare Beträge, die die Grenzen übersteigen, sind im Rahmen der Höchstbeträge in den folgenden Veranlagungszeiträumen abziehbar (§ 9 Abs. 1 Nr. 2 Sätze 9 und 10 KStG).

BEISPIEL

Die A-AG hat in 2011 ein vorläufiges zu versteuerndes Einkommen (vor Spendenabzug) in Höhe von 200.000 €. In 2011 wurden Spenden für gemeinnützige Zwecke in Höhe von 50.000 € geleistet.

Nach § 9 Abs. 1 Nr. 2 Satz 1 Buchst. a KStG sind Spenden in Höhe von maximal 40.000 € (20 % von 200.000 €) abzugsfähig, so dass das endgültige zu versteuernde Einkommen 160.000 € (200.000 € - 40.000 €) beträgt.

Der übersteigende Betrag von 10.000 € (50.000 € - 40.000 €) ist auf 2012 ff. vorzutragen (§ 9 Abs. 1 Nr. 2 Sätze 9 und 10 KStG).

Tz. 289

Sachspenden Nach § 9 Abs. 2 Satz 2 KStG kann auch die Zuwendung eines Wirtschaftsguts bei der Einkommensermittlung als so genannte Sachspende abgezogen werden. Je nachdem, mit welchem Wert das gespendete Wirtschaftsgut aus dem Betriebsvermögen der Kapitalgesellschaft ausscheidet, kann es nach § 9 Abs. 2 Satz 3 KStG

- entweder mit dem Teilwert (§ 6 Abs. 1 Nr. 4 Satz 1 und Abs. 1 Nr. 1 Satz 3 EStG)
- oder mit dem Buchwert (Buchwertprivileg nach § 6 Abs. 1 Nr. 4 Satz 4 EStG)

im Rahmen der Höchstbeträge als Spende abgezogen werden.

BEISPIEL

Die G-GmbH spendet einem örtlichen Sportverein ein Kfz.

- Buchwert: 10.000 €
- Teilwert: 15.000 €

Die G-GmbH kann das Kfz zum Buchwert (10.000 €) oder zum Teilwert (15.000 €) als Spende zuwenden. Wurde bei dem Erwerb Vorsteuer geltend gemacht, löst die Spende Umsatzsteuer aus (§ 3 Abs. 1b UStG).

Tz. 290

Die höchstmögliche Einkommensminderung wird durch den Buchwertabgang innerhalb der Bilanz erreicht. Dieser Betrag kann sich aufgrund der Höchstbetragsberechnung noch zum Nachteil der Körperschaft mindern.

Bei der Teilwertmethode führt die Aufdeckung der stillen Reserven zunächst zu einer Einkommenserhöhung, die unter Umständen wegen der Höchstbeträge für den Spendenabzug nicht ausgeglichen wird. Die Teilwertmethode kann somit zum gleichen Ergebnis wie die Buchwertmethode führen, ist aber häufig ungünstiger. In Aufgaben ist folglich stets die Buchwertmethode anzuwenden.

2.5 Verdeckte Gewinnausschüttungen

Tz. 291

Definition: vGA Zivilrechtliche Verträge jeder Art zwischen einer Körperschaft und ihren Gesellschaftern werden grundsätzlich auch steuerrechtlich akzeptiert. Bei diesen Rechtsgeschäften bestehen aber oftmals keine wirtschaftlichen Interessensgegensätze, wie sie unter fremden Dritten vorliegen. Aus diesem Grund sind die Verträge kritisch zu prüfen, weil die Gefahr besteht, dass Gewinne aus steuerlichen Gründen auf die Gesellschafter verlagert werden.

Liegen die Vergütungen für Leistungen zwischen einer Kapitalgesellschaft und ihren Gesellschaftern über dem, was unter fremden Vertragsparteien üblich ist, etwa durch eine überhöh-

---

38 Die Vorschrift des § 9 Abs. 1 Nr. 2 KStG bezieht sich auch im Fall eines abweichenden Wirtschaftsjahres auf die Ausgaben im Wirtschaftsjahr (R 47 Abs. 3 KStR).

te Vergütung für die Tätigkeit des Gesellschafter-Geschäftsführers, liegt eine Einkommensverwendung in Form einer verdeckten Gewinnausschüttung (vGA) vor, die das Einkommen nicht mindern darf (§ 8 Abs. 3 Satz 2 KStG) und folglich außerbilanziell wieder hinzugerechnet werden muss.

Tz. 292

Gemäß R 36 Abs. 1 Satz 1 KStR ist eine vGA eine Vermögensminderung (zu hoher Aufwand) oder verhinderte Vermögensmehrung (zu geringer Erlös),

- die durch das Gesellschaftsverhältnis veranlasst ist (gilt auch hinsichtlich nahe stehender Personen),
- die sich auf die Höhe des Gewinns auswirkt und
- die nicht auf einem den gesellschaftsrechtlichen Vorschriften entsprechenden Gewinnverteilungsbeschluss beruht.

für eine vGA (vgl. H 36 „V. Einzelfälle" KStH):
- Eine GmbH gewährt dem Gesellschafter-Geschäftsführer ein zinsloses Darlehen.
- Ein Gesellschafter-Geschäftsführer gewährt „seiner" GmbH ein Darlehen zu überhöhten Zinsen.
- Ein Gesellschafter-Geschäftsführer verkauft „seiner" GmbH ein Grundstück zu einem überhöhten Preis.
- Eine GmbH zahlt dem Geschäftsführer ein Gehalt, das über dem Fremdüblichen liegt.
- Eine privat veranlasste Auslandsreise des Gesellschafter-Geschäftsführers wird von „seiner" GmbH gezahlt.

Tz. 293

Eine vGA setzt ein Gesellschaftsverhältnis voraus, da ansonsten die Ursache für die Vorteilsgewährung nicht im Gesellschaftsverhältnis liegen kann. Die Vorteilsgewährung kann auch darin bestehen, dass die Zuwendung an eine dem Gesellschafter nahe stehende Person erfolgt (vgl. R 36 Abs. 1 Satz 3 KStR). Die verdeckte Gewinnausschüttung ist auch in diesem Fall dem Gesellschafter unmittelbar zuzurechnen. Eine Zurechnung bei der nahe stehenden Person scheidet mangels Beteiligungsverhältnis aus.

nahe stehende Person

Die A-GmbH, deren Alleingesellschafter A ist, erhält von der Frau des A ein Darlehen zu überhöhten Zinsen.
Die vGA ist A und nicht dessen Frau zuzurechnen.

Tz. 294

Verdeckte Gewinnausschüttungen liegen darüber hinaus bei einem beherrschenden Gesellschafter vor, wenn folgende formalen Erfordernisse nicht erfüllt sind (R 36 Abs. 2 KStR):

formale Erfordernisse

Jede Vereinbarung zwischen Gesellschaft und Gesellschafter muss
- im Voraus abgeschlossen sein,
- zivilrechtlich wirksam sein und
- klar und eindeutig sein.

Diese Vereinbarung muss enthalten
- ob ein Entgelt zu zahlen ist,
- in welcher Höhe ggf. ein Entgelt zu zahlen ist und
- wie das Entgelt zu berechnen ist.

Wird nicht nach den getroffenen Vereinbarungen verfahren, so ist dies ein wichtiges Indiz dafür, dass diese nicht ernstlich gemeint sind und deshalb eine vGA vorliegt.

Tz. 295

Liegt eine vGA vor, führt dies beim Gesellschafter zu Einkünften aus Kapitalvermögen (§ 20 Abs. 1 Nr. 1 Satz 2 EStG). Da die Kapitalerträge in diesem Fall keinem Kapitalertragsteuerabzug unterlegen haben, sind diese bei der Veranlagung zur Einkommensteuer zwingend anzusetzen

Folgen beim Gesellschafter

(§ 32d Abs. 3 EStG). Sie unterliegen grundsätzlich dem besonderen Steuersatz von 25 % (§ 32d Abs. 1 EStG).

> **BEISPIEL**
>
> Die A-GmbH liefert an den Alleingesellschafter A Waren im Wert von netto 8.000 €. Der Einkaufspreis für die GmbH betrug netto 5.000 €. Die A-GmbH stellt A 4.000 € zuzüglich 760 € Umsatzsteuer in Rechnung.
>
> Aufgrund der verbilligten Lieferung liegt eine vGA in Höhe des Unterschiedsbetrags aus dem gemeinen Wert (8.000 € + 1.520 € USt = 9.520 €) und der Zahlung des A (4.000 € + 760 € = 4.760 €), also in Höhe von 4.760 € (9.520 € - 4.760 €) vor. Somit erfolgt eine außerbilanzielle Zurechnung bei der A-GmbH in Höhe von 4.760 €.
>
> Umsatzsteuerlich ist der Vorgang als Lieferung gegen Entgelt nach § 1 Abs. 1 Nr. 1 UStG zu beurteilen. Die Mindestbemessungsgrundlage (§ 10 Abs. 5 UStG) kommt zur Anwendung, da das Entgelt (4.000 €) unter dem Einkaufspreis (5.000 €) liegt. Es entsteht also eine Umsatzsteuerschuld von insgesamt 950 € (5.000 € × 19 %), die jedoch keine weitere außerbilanzielle Zurechnung auslöst.
>
> A hat die vGA in Höhe von 4.760 € nach § 20 Abs. 1 Nr. 1 Satz 2 EStG als Einkünfte aus Kapitalvermögen zu versteuern.

Tz. 296

Subsidiarität

Wird die Beteiligung im Betriebsvermögen gehalten, erfolgt aufgrund der Subsidiaritätsnorm des § 20 Abs. 8 EStG eine Umqualifizierung in gewerbliche Einkünfte. Diese fallen nach § 3 Nr. 40 Satz 1 Buchst. d Satz 2 EStG i. V. m. § 3 Nr. 40 Satz 2 EStG unter das Teileinkünfteverfahren.

Tz. 297

Korrespondenz

§ 32a KStG enthält eine Norm zur formellen Korrespondenz von vGA und verdeckten Einlagen (vE) auf Gesellschafts- und Gesellschafterebene. Hierdurch wird sichergestellt, dass bei einer festgestellten vGA das Einkommen bei der Kapitalgesellschaft nach § 8 Abs. 3 Satz 2 KStG korrigiert und die Körperschaftsteuerfestsetzung geändert wird. Darüber hinaus wird der korrespondierende Steuerbescheid beim Gesellschafter aufgehoben, erlassen oder geändert.

Zudem enthält § 3 Nr. 40 Satz 1 Buchst. d Satz 3 EStG eine Norm zur materiellen Korrespondenz, die bezweckt, dass bei natürlichen Personen, die ihre Beteiligung im Betriebsvermögen halten, nur dann das Teileinkünfteverfahren zur Anwendung kommt, wenn die vGA bei der Kapitalgesellschaft dem Einkommen nach § 8 Abs. 3 Satz 2 KStG hinzugerechnet werden konnte.

2.6 Verdeckte Einlagen

Tz. 298

Definition: vE

Gemäß § 8 Abs. 3 Satz 3 KStG erhöhen verdeckte Einlagen (vE) nicht das Einkommen. Nach R 40 Abs. 1 KStR liegt eine vE vor, wenn die Körperschaft

- vom Gesellschafter oder einer ihm nahe stehenden Person
- einen einlagefähigen Vermögensvorteil zugewendet bekommt
- und diese Zuwendung durch das Gesellschaftsverhältnis veranlasst ist.

Die vE ist folglich das Gegenstück zur vGA.

Tz. 299

einlagefähiger Vermögensvorteil

Ein einlagefähiger Vermögensvorteil, der Voraussetzung für eine vE ist, liegt nach H 40 „Einlagefähiger Vermögensvorteil" KStH vor, wenn dieser in der Steuerbilanz der Gesellschaft entweder

- zum Ansatz bzw. zur Erhöhung eines Aktivpostens oder
- zum Wegfall bzw. zur Minderung eines Passivpostens

geführt hat. Betroffen können beispielsweise alle Arten von Wirtschaftsgütern wie Grundstücke, Forderungen und Anteile an anderen Kapitalgesellschaften sein. Eine verdeckte Einlage liegt auch vor, wenn der Gesellschafter gegenüber der Körperschaft auf eine Forderung, z. B. auf einen bereits entstandenen Lohnanspruch, verzichtet.

Verzichtet jedoch beispielsweise ein Gesellschafter-Geschäftsführer im Voraus auf eine Entlohnung, ergeben sich hieraus keine steuerlichen Konsequenzen, weil die unentgeltliche Leistung kein Wirtschaftsgut ist, das eingelegt werden könnte. Es ist steuerlich nichts veranlasst (H 40 „Verzicht auf Tätigkeitsvergütungen – Verzicht vor Entstehung" KStH).

Tz. 300

Eine vE führt innerhalb der Bilanz zu einem außerordentlichen Ertrag, der außerhalb der Bilanz wieder zu neutralisieren ist.

bilanzielle Erfassung

Erfolgt die Buchung dagegen nicht gewinnwirksam, sondern erfolgsneutral als Zuführung zur Kapitalrücklage, hat sich der Gewinn nicht erhöht. In diesem Fall erfolgt keine außerbilanzielle Kürzung, da durch die verdeckte Einlage kein Ertrag entstanden ist.

> Der Gesellschafter A der A-GmbH verzichtet auf die Rückzahlung eines privat gegebenen voll werthaltigen Darlehens von 50.000 €, da sich die A-GmbH in Liquiditätsschwierigkeiten befindet. Die A-GmbH hat den Darlehensverzicht als außerordentlichen Ertrag (alternativ: als Zuführung zur Kapitalrücklage) erfasst.
>
> Der Schulderlass stellt eine vE i. S. d. R 40 KStR dar. Das Einkommen der A-GmbH ist im Grundfall außerhalb der Bilanz um 50.000 € zu mindern. In der Alternative wurde das Einkommen der A-GmbH innerbilanziell nicht erhöht. Aus diesem Grund findet hier keine außerbilanzielle Abrechnung statt.

Tz. 301

Auf der Ebene des Gesellschafters führt eine vE grundsätzlich zu nachträglichen Anschaffungskosten der Beteiligung (§ 6 Abs. 6 Satz 2 EStG, H 40 „Behandlung beim Gesellschafter"), die sich bei der Veräußerung der Beteiligung mindernd auf das Veräußerungsergebnis auswirken.

Behandlung beim Gesellschafter

> Die A-GmbH hat das Dezembergehalt 2011 des Gesellschafters A in Höhe von 8.000 € aufgrund eines Liquiditätsengpasses nicht fristgerecht ausgezahlt und zum 31. 12. 2011 passiviert. Im April 2012 verzichtet A auf das ausstehende Dezembergehalt. Daraufhin bucht die A-GmbH die voll werthaltige Schuld erfolgswirksam aus.
>
> Auf Ebene der A-GmbH liegt eine verdeckte Einlage vor, die außerbilanziell wieder abgerechnet wird.
>
> Auf Ebene des A führt der Verzicht zu Einkünften i. S. d. § 19 EStG, die in 2012 anzusetzen sind (§ 38a Abs. 1 Satz 3 EStG, R 39b.2 Abs. 2 Nr. 8 Satz 2 LStR, H 40 „Verzicht auf Tätigkeitsvergütungen – Verzicht nach Entstehung" KStH). Darüber hinaus erhöhen sich bei A die Anschaffungskosten der Beteiligung.

Tz. 302

Verzichtet der Gesellschafter auf eine Forderung gegen eine Körperschaft, an der er beteiligt ist, ist es relevant, ob und inwieweit die Forderung im Zeitpunkt des Verzichts noch werthaltig war. Innerhalb der Bilanz ist der Wegfall der Verbindlichkeit zwar stets in voller Höhe gewinnerhöhend aufzulösen. Der Gesellschafter kann jedoch wirtschaftlich nur werthaltige Forderungen erlassen. Den wertlosen Teil hätte er nicht mehr realisieren können. Deshalb liegt auch nur in Höhe des werthaltigen Teilbetrags eine verdeckte Einlage vor (H 40 „Forderungsverzicht" KStH).

Forderungsverzicht

> Der Gesellschafter A der A-GmbH verzichtet auf die Rückzahlung eines privat gegebenen Darlehens von 50.000 €, da sich die A-GmbH in Liquiditätsschwierigkeiten befindet. Die A-GmbH hat den Darlehensverzicht als außerordentlichen Ertrag erfasst. Im Erlasszeitpunkt hätte die A-GmbH die Forderung lediglich in Höhe von 20.000 € begleichen können.
>
> Der Schulderlass stellt in Höhe des werthaltigen Teils eine vE i. S. d. R 40 KStR dar. Das Einkommen der A-GmbH ist außerhalb der Bilanz um 20.000 € zu mindern.

Tz. 303

Die in Tz. 297 dargestellte formelle (§ 32a Abs. 2 KStG) und materielle (§ 8 Abs. 3 Sätze 3 bis 6 KStG) Korrespondenz gilt bei der vE entsprechend.

Korrespondenz

2.7 Beteiligung an anderen Kapitalgesellschaften

Tz. 304

Steuerfreistellung — Um bei mehrgliedrigen Kapitalgesellschaften eine Mehrfachbesteuerung von Dividenden und anderen Ausschüttungserträgen zu vermeiden, stellt § 8b Abs. 1 KStG diese steuerfrei. Die Steuerbefreiung gilt für in- und ausländische Dividendenerträge und wird außerbilanziell vorgenommen.

nicht abzugsfähige Betriebsausgabe — Die mit den steuerfreien Dividendenerträgen im Zusammenhang stehenden Betriebsausgaben (z. B. Finanzierungskosten) sind aus steuersystematischen Gründen nicht abzugsfähig (vgl. § 3c Abs. 2 EStG). Aus Vereinfachungsgründen gelten jedoch nach § 8b Abs. 5 KStG 5 % der Dividendeneinnahmen als nicht abzugsfähige Betriebsausgabe. Auch hier erfolgt die Korrektur außerhalb der Bilanz. Im Ergebnis sind somit 95 % des Dividendenertrags steuerfrei.

BEISPIEL

An der X-GmbH ist unter anderem die Y-GmbH zu 25 % beteiligt. Die X-GmbH hat im Wirtschaftsjahr 2011 einen Jahresüberschuss in Höhe von 400.000 € erwirtschaftet. Vom Jahresergebnis werden auf Grund gesellschaftsrechtlicher Bestimmungen 10 % den satzungsmäßigen Rücklagen zugeführt. Hierbei wird eine Aufrundung auf volle 100 € vorgenommen.

Auf der im Jahr 2012 stattfindenden Gesellschafterversammlung wird der Beschluss gefasst, vom Jahresüberschuss 2011 250.000 € auszuschütten. Die Kapitalertragsteuer beträgt hieraus 62.500 €, der Solidaritätszuschlag 3.437,50 €.

X-GmbH

Buchungen in 2011

Jahresüberschuss		an Gewinnrücklagen	40.000 €
Jahresüberschuss		an Bilanzgewinn	360.000 €

Buchungen in 2012

Bilanzgewinn	250.000 €	an Verbindlichkeiten ggü. Unternehmen, mit denen ein Beteiligungsverhältnis besteht	184.062,50 €
		Verbindlichkeiten ggü. FA	65.937,50 €

Y-GmbH

Bei der Y-GmbH bleiben die Brutto-Gewinnanteile gemäß § 8b Abs. 1 und Abs. 5 Satz 1 KStG bei der Einkommensermittlung in Höhe von 95 % außer Ansatz. Die Steuern vom Einkommen und Ertrag sind nach § 10 Nr. 2 KStG nicht abziehbar. Da die Y-GmbH zu mehr als 20 % am Vermögen der X-GmbH beteiligt ist, gilt die Beteiligungsvermutung des § 271 Abs. 1 Satz 3 HGB.

Buchungen in 2012

Forderungen ggü. Unternehmen, mit denen ein Beteiligungsverhältnis besteht	46.015,62 €		
Kapitalertragsteuer	15.625,00 €		
Solidaritätszuschlag	859,38 €	an Erträge aus Beteiligungen	62.500 €

Es ergeben sich folgende Korrekturen außerhalb der Bilanz:

Beteiligungserträge	− 62.500,00 €
nichtabzugsfähige Aufwendungen	+ 3.125,00 €
KapESt	+ 15.625,00 €
SolZ	+ 859,38 €
Gesamt	− 42.890,62 €

Tz. 305

Anteilsveräußerung — Werden Anteile an Kapitalgesellschaften veräußert, werden grundsätzlich die gleichen steuerlichen Wirkungen wie bei Dividendenzuflüssen ausgelöst. Aus diesem Grund stellt § 8b Abs. 2 KStG Veräußerungsgewinne steuerfrei. Die entsprechende Abrechnung wird außerhalb der Bilanz vorgenommen. Auch werden nach § 8b Abs. 3 Satz 1 KStG 5 % des abgerechneten Veräußerungsgewinns als nicht abzugsfähige Betriebsausgabe ebenfalls außerbilanziell berücksichtigt. Im Ergebnis sind somit 95 % des Veräußerungsgewinns steuerfrei.

Die A-GmbH veräußert Anteile an der B-GmbH für 25.000 €. Der Buchwert der Beteiligung an der B-GmbH beträgt 10.000 €. Im Zusammenhang mit der Veräußerung fallen 1.000 € an Veräußerungskosten an.

Der Veräußerungsgewinn beträgt 14.000 € (25.000 € - 10.000 € - 1.000 €). Dieser ist nach § 8b Abs. 2 KStG steuerfrei und wird außerbilanziell abgerechnet. Nach § 8b Abs. 3 Satz 1 KStG werden 5 % des Veräußerungsgewinns (5 % von 14.000 € = 700 €) außerhalb der Bilanz wieder hinzugerechnet.

Tz. 306

Veräußerungsverluste sind nach § 8b Abs. 3 Satz 3 KStG in voller Höhe nicht abzugsfähig. Eine pauschale Berücksichtigung von nicht abzugsfähigen Betriebsausgaben findet nicht statt.

Veräußerungsverluste

Der Steuerbilanzgewinn der G-GmbH beträgt 2.000.000 €. In der GuV der G-GmbH ist ein Erlös aus der Veräußerung ihrer Beteiligung an der Z-GmbH in Höhe von 800.000 € enthalten, der Buchwert der Beteiligung betrug 800.000 €. An Veräußerungskosten fielen 10.000 € an.

Der Steuerbilanzgewinn in Höhe von 2.000.000 € ist um den Veräußerungsverlust von 10.000 € (800.000 € - 800.000 € - 10.000 €) zu erhöhen. Das zu versteuernde Einkommen beträgt somit 2.010.000 €.

Tz. 307

Gemäß § 8b Abs. 6 KStG gelten die Abs. 1 bis 5 auch für die dort genannten Bezüge, Gewinne und Gewinnminderungen, die dem Steuerpflichtigen im Rahmen des Gewinnanteils aus einer Mitunternehmerschaft zugerechnet werden, sowie für die Gewinne und Verluste, soweit sie bei der Veräußerung oder Aufgabe eines Mitunternehmeranteils auf Anteile an Körperschaften entfallen.

Mitunternehmerschaften

Die XY-GmbH & Co KG hat folgende Anteilseigner:
- X als Kommanditist (X ist eine natürliche Person),
- Y-GmbH als Komplementär.

Die XY-GmbH & Co KG ist an der Z-GmbH beteiligt. Die Z-GmbH schüttet an die XY-GmbH & Co KG eine Dividende von 200.000 € aus.

Der Gewinn der XY-GmbH & Co KG beträgt nach der Erfassung der Dividende 500.000 €. Dieser wird in voller Höhe an die Gesellschafter ausgeschüttet. Der Gewinnanteil der Y-GmbH beträgt laut Gesellschaftsvertrag 80 %.

Die Steuerfreiheit des § 8b Abs. 1 KStG gilt gemäß § 8b Abs. 6 KStG auch für Bezüge im Rahmen eines Mitunternehmeranteils und für mittelbare Beteiligungen. Von dem Gewinnanteil der Y-GmbH i. H. v. 400.000 € (500.000 € × 80 %) sind 160.000 € (200.000 € × 80 %) steuerfrei und werden außerbilanziell abgerechnet. Hiervon werden nach § 8b Abs. 6 i. V. m. § 8b Abs. 5 KStG 8.000 € (5 % von 160.000 €) wieder zugerechnet.

Der Gewinnanteil des X unterliegt dem Teileinkünfteverfahren (§§ 3 Nr. 40 Satz 1 Buchst. d, 3 Nr. 40 Satz 2 EStG), sofern die Anteile von X im (Sonder-)Betriebsvermögen gehalten werden.

2.8 Verlustabzug

Tz. 308

Zur Ermittlung des Einkommens einer Körperschaft sind nach § 8 Abs. 1 Satz 1 KStG die einkommensteuerlichen Vorschriften anzuwenden. Aus diesem Grund gilt § 10d EStG zur Behandlung eines etwaigen Verlustabzugs auch für Körperschaften. Auf die entsprechenden Ausführungen in Tz. 191 wird hingewiesen.

Verlustabzug

Tz. 309

Grundsätzliche Voraussetzung für den Verlustabzug ist die zivilrechtliche und wirtschaftliche Identität der Körperschaft. Nach § 8c KStG geht der Verlustabzug allein aufgrund eines schädlichen Anteilswechsels verloren.

Anteilsübertragungen bis zu 25 % sind unschädlich. Bei Anteilsübertragungen von über 25 % bis 50 % erfolgt eine anteilige Kürzung des Verlustabzugs. Werden mehr als 50 % der Anteile übertragen, verfällt der Verlustabzug vollends.

	Übertragung von Anteilen	
↙	↓	↘
≤ 25 %	> 25 % bis ≤ 50 %	> 50 %
Verlustabzug bleibt erhalten	Verlustabzug verfällt anteilig	Verlustabzug verfällt vollständig

§ 8c KStG findet gemäß § 34 Abs. 7b KStG erstmals für den Veranlagungszeitraum 2008 und auf Beteiligungserwerbe Anwendung, bei denen das wirtschaftliche Eigentum nach dem 31.12.2007 übergeht. Die zeitlichen Voraussetzungen müssen kumulativ vorliegen.

Tz. 310

Erwerbe im 5-Jahres-Zeitraum

Zur Ermittlung des schädlichen Beteiligungserwerbs nach § 8c Abs. 1 Satz 1 KStG werden alle Erwerbe durch den Erwerberkreis innerhalb eines Fünf-Jahres-Zeitraums zusammengefasst. Ein Fünf-Jahres-Zeitraum beginnt mit dem ersten unmittelbaren oder mittelbaren Beteiligungserwerb an der Verlustgesellschaft durch einen Erwerberkreis. Zu diesem Zeitpunkt muss noch kein Verlustvortrag der späteren Verlustgesellschaft vorhanden sein.

Wird die 25-%-Grenze durch einen Erwerberkreis überschritten, beginnt, unabhängig davon, ob zu diesem Zeitpunkt ein nicht genutzter Verlust vorliegt, mit dem nächsten Beteiligungserwerb ein neuer Fünf-Jahres-Zeitraum im Sinne des § 8c Abs. 1 Satz 1 KStG für diesen Erwerberkreis. Die mehrfache Übertragung der Anteile ist schädlich, soweit sie je Erwerberkreis die Beteiligungsgrenzen des § 8c KStG übersteigt. Wird mit einer unmittelbaren Übertragung einer Verlustgesellschaft gleichzeitig im Erwerberkreis auch eine mittelbare Übertragung verwirklicht, wird bei der Ermittlung der übertragenen Quote nur die unmittelbare Übertragung berücksichtigt.

Erfolgt der schädliche Beteiligungserwerb während des laufenden Wirtschaftsjahres, unterliegt auch ein bis zu diesem Zeitpunkt erzielter Verlust der Verlustabzugsbeschränkung nach § 8c KStG.

BEISPIEL

A hält 100 % der Anteile an einer GmbH. B erwirbt per 31.12.2010 25 % und per 31.12.2011 weitere 25 % der Anteile. Die GmbH erzielte in 2010 einen Gewinn von 20.000 € und in 2011 einen Verlust von 200.000 €.

Es kommt zu einem quotalen Untergang (zu 50 %) des nicht genutzten Verlusts der GmbH per 31.12.2011 in Höhe von 100.000 €. Der Anteilserwerb per 31.12.2010 ist ebenfalls zu berücksichtigen, obwohl er in einer Gewinnphase der GmbH erfolgte und zum Erwerbszeitpunkt noch keine nicht genutzten Verluste der GmbH vorhanden waren.

Tz. 311

Sanierungsklausel

Durch das Bürgerentlastungsgesetz Krankenversicherung wurde wie in der Vorgängerregelung eine Sanierungsklausel eingeführt. Gemäß dem neuen § 8c Abs. 1a KStG ist ein Beteiligungserwerb zum Zweck der Sanierung für die Anwendung der Mantelkaufregelung unschädlich. Gemäß dem Gesetzestext muss die Sanierung darauf ausgerichtet sein, „die Zahlungsunfähigkeit oder Überschuldung zu verhindern oder zu beseitigen und zugleich die wesentlichen Betriebsstrukturen zu erhalten". Dies bedeutet, dass die Sanierungsklausel erst greift, wenn die Gesellschaft voraussichtlich nicht in der Lage sein wird, die bestehenden Zahlungsverpflichtungen im Zeitpunkt der Fälligkeit zu erfüllen bzw. das Vermögen der Gesellschaft nicht mehr die bestehenden Verbindlichkeiten abdeckt.

Voraussetzung für die Anwendung der Sanierungsklausel ist, dass die wesentlichen Betriebsstrukturen erhalten werden. Dies setzt nach § 8c Abs. 1a Satz 3 KStG die Erhaltung oder Sicherung der Arbeitsplätze **oder** eine Zuführung wesentlichen Betriebsvermögens voraus.

Die Europäische Kommission hat mit Schreiben vom 24.2.2010 mitgeteilt, dass sie Zweifel an der Vereinbarkeit der Regelung zur Sanierungsklausel des § 8c Abs. 1a KStG mit dem Gemeinsamen Markt hat. Sie hat daher das förmliche Prüfverfahren nach Art. 108 Abs. 2 AEUV eröffnet. Ab der Veröffentlichung des BMF-Schreibens vom 30.4.2010 im BStBl 2010 I durfte § 8c

Abs. 1a KStG nicht mehr angewendet werden. Durch das Beitreibungsrichtlinien-Umsetzungsgesetz wurde eine gesetzliche Suspendierung der Anwendung der Sanierungsklausel normiert.

Tz. 312

Durch das Wachstumsbeschleunigungsgesetz wurde erstmalig eine so genannte Konzernklausel eingeführt (§ 8c Abs. 1 Satz 5 KStG). Diese besagt, dass kein schädlicher Beteiligungserwerb vorliegt, wenn an dem übertragenden und an dem übernehmenden Rechtsträger dieselbe Person zu jeweils 100 % mittelbar oder unmittelbar beteiligt ist. Gemäß der Gesetzesdefinition muss grundsätzlich folgende Konstellation vorliegen:

Konzernklausel

ABB. 12: Konzernklausel

Muttergesellschaft (auch natürliche Person denkbar) → 100 % → Tochter 1; → 100 % → Tochter 2

Tochter 1 → 100 % → Verlustgesellschaft

Verkauf der Verlustgesellschaft von Tochter 1 an Tochter 2

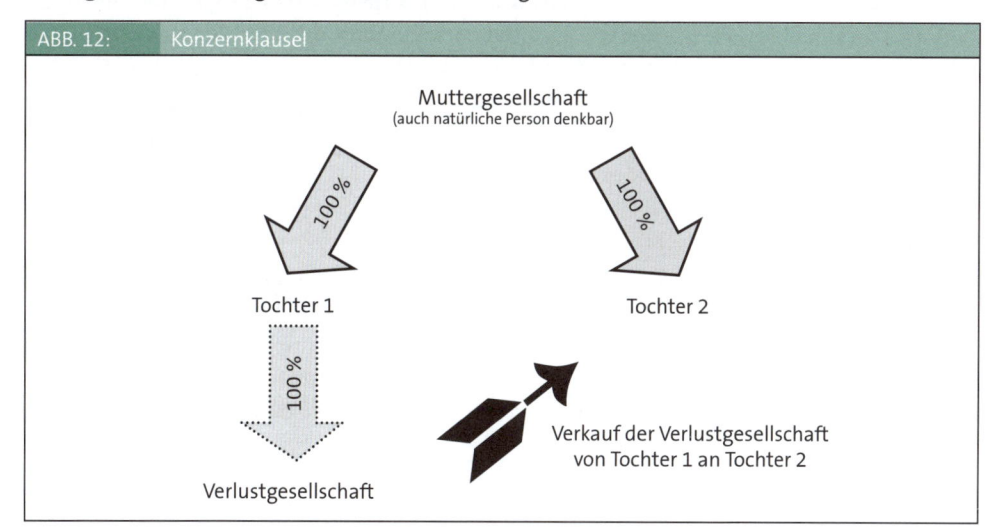

Die Höhe der Beteiligung an der Verlustgesellschaft kann durchaus auch weniger als 100 % betragen.

HINWEIS

Tz. 313

Wie oben ausgeführt, liegt ein privilegierter konzerninterner Erwerb nur dann vor, wenn an dem übertragenden und an dem übernehmenden Unternehmen dieselbe Person mittelbar oder unmittelbar zu 100 % beteiligt ist. Wird auch nur ein Zwerganteil von einem Dritten – hier beispielsweise an Tochter 2 – gehalten, kann die Konzernklausel nicht angewendet werden. Eventuelle Verlustvorträge gehen gegebenenfalls vollständig unter.

3. Körperschaftsteuertarif-Belastung

Tz. 314

Seit 2008 beträgt der Körperschaftsteuersatz 15 % des zu versteuernden Einkommens (§ 23 Abs. 1 KStG). Für bestimmte Körperschaften ergeben sich Freibeträge nach §§ 24 und 25 KStG. Da diese jedoch nicht für Kapitalgesellschaften anwendbar sind, wird hierauf nicht näher eingegangen.

KSt-Tarif

4. KSt-Guthaben

Tz. 315

Kapitalgesellschaften, die bereits in der Zeit des Anrechnungsverfahrens bestanden haben, verfügen meist über ein sog. Körperschaftsteuerguthaben.

KSt-Guthaben

Der bei Beendigung des Anrechnungsverfahrens noch bestehende Minderungsanspruch sollte nach dem Willen des Gesetzgebers nicht verfallen, sondern nach dem ursprünglichen Gesetzesplan in einem Übergangszeitraum von 2002 bis 2019 durch die Vornahme offener Gewinnausschüttungen realisiert werden können.

Dieses Körperschaftsteuerguthaben wird seitdem gesondert festgestellt und fortgeschrieben (§ 37 KStG). Die Ausbezahlung des Guthabens über offene Gewinnausschüttungen führte zu einer Minderung der tariflichen Körperschaftsteuer um 10/60 der im Wirtschaftsjahr abgeflossenen offenen Gewinnausschüttungen. Zum Abruf des gesamten Guthabens war damit ein Ausschüttungsvolumen in Höhe des Sechsfachen des Guthabens erforderlich.

Tz. 316

Moratorium Wegen eines so genannten Moratoriums konnte aber für Ausschüttungen, die in der Zeit vom 11. 4. 2003 bis zum 31. 12. 3003 erfolgten, das Guthaben aus finanzpolitischen Gründen nicht abgerufen werden. Für Ausschüttungen, die ab dem 1. 1. 2006 erfolgen, war nach § 37 Abs. 2a Nr. 2 KStG eine zeitliche Streckung des Abrufs des Guthabens bis zum Jahr 2019 vorgesehen.

Aufgrund der Änderungen durch das SEStEG wurde das Körperschaftsteuerguthaben letztmals zum 31. 12. 2006 ermittelt. Der ausschüttungsabhängige Abruf des Guthabens erfolgte letztmals für Ausschüttungen, die vor dem 31. 12. 2006 abflossen.

Nach § 37 Abs. 5 KStG in der aktuellen Gesetzesfassung wird das KSt-Guthaben im Zeitraum von 2008 bis 2017 in zehn gleichen Jahresbeträgen – unabhängig von der Vornahme von Ausschüttungen – jeweils am 30. 9. eines Jahres ausbezahlt.

Tz. 317

KSt-Forderung Der Anspruch auf Auszahlung des Körperschaftsteuerguthabens ist per 31. 12. 2006 als Forderung gegenüber dem Finanzamt zu aktivieren. Die gewinnerhöhende Aktivierung der Forderung, der Aufwand aus der Abzinsung der Forderung und der Ertrag aus der Wertaufholung der Forderung beeinflussen zwar den Gewinn, gehören aber nach § 37 Abs. 7 KStG nicht zu den Einkünften. Sie sind im Rahmen der Einkommensermittlung außerbilanziell zu neutralisieren.

5. KSt-Erhöhung

Tz. 318

EK 02 Im Gegensatz zum Körperschaftsteuerguthaben wird die gesonderte Feststellung des EK 02 und die Erhöhung der Körperschaftsteuer bis zum Ende des Übergangszeitraums fortgeführt. In der Übergangszeit vom Anrechnungsverfahren zum Halbeinkünfteverfahren kann jede Leistung zu einer Erhöhung der Körperschaftsteuer führen, wenn das ehemalige EK 02 für die Leistung verwendet wird (§ 38 KStG).

Dies ist immer dann der Fall, wenn die Leistung höher ist als der verminderte ausschüttbare Gewinn (neutrales Vermögen). Der ausschüttbare Gewinn setzt sich aus dem unversteuerten EK 02 und dem neutralen Vermögen zusammen. Das neutrale Vermögen ist der um das EK 02 verminderte ausschüttbare Gewinn.

6. Steuerliches Einlagekonto

Tz. 319

steuerliches Einlagekonto In § 27 KStG finden sich Regelungen über das sog. steuerliche Einlagekonto. Es ist erforderlich ein steuerliches Einlagekonto zu führen, da Einlagen eines Gesellschafters in die Gesellschaft im Falle der Rückgewähr nicht der Besteuerung beim Anteilseigner zu unterwerfen sind. Diese Beträge sind nach § 20 Abs. 1 Nr. 1 Satz 3 EStG nicht steuerbar. Außerdem mindern sich beim Gesellschafter infolge der Rückzahlung der Einlagen die Anschaffungskosten auf seine Beteiligung.

Einlagen in das Nennkapital, wie etwa bei Gründung einer Kapitalgesellschaft, werden nicht auf dem steuerlichen Einlagekonto erfasst, obwohl die entsprechende Auskehrung auch nicht steuerbar ist. Vielmehr sind im steuerlichen Einlagekonto insbesondere offene Einlagen in die Kapitalrücklage gemäß § 272 Abs. 2 Nr. 4 HGB, verdeckte Einlagen, organschaftliche Minder- und Mehrabführungen (§ 27 Abs. 6 KStG) sowie Nennkapitalherabsetzungen und -erhöhungen (§ 28 Abs. 2 Satz 1 KStG) zu erfassen. Das steuerliche Einlagekonto kann jedoch nicht negativ werden.

Tz. 320

Das steuerliche Einlagekonto ist nach § 27 Abs. 2 Satz 1 KStG zum Ende eines jeden Wirtschaftsjahres gesondert festzustellen. Der Bescheid über die gesonderte Feststellung des steuerlichen Einlagekontos ist nach § 27 Abs. 2 Satz 2 KStG Grundlagenbescheid für die Feststellung des steuerlichen Einlagekontos zum Schluss des folgenden Wirtschaftsjahres.

Gemäß § 27 Abs. 2 Satz 4 KStG ist für die gesonderte Feststellung des steuerlichen Einlagekontos eine Feststellungserklärung abzugeben, die vom gesetzlichen Vertreter der Kapitalgesellschaft eigenhändig zu unterschreiben ist (§ 27 Abs. 2 Satz 5 KStG).

gesonderte Feststellung

Tz. 321

Das steuerliche Einlagekonto darf nur für Leistungen an die Gesellschafter verwendet werden, wenn die Summe der Leistungen den auf den Schluss des vorangegangenen Wirtschaftsjahres ermittelten ausschüttbaren Gewinn übersteigt. Nach § 27 Abs. 1 Satz 5 gilt als ausschüttbarer Gewinn das um das gezeichnete Kapital geminderte in der Steuerbilanz ausgewiesene Eigenkapital abzüglich des Bestands des steuerlichen Einlagekontos.

ausschüttbarer Gewinn

> Das steuerliche Eigenkapital der A-GmbH beträgt zum 31.12.2010 400.000 €, hiervon entfallen 50.000 € auf das Nennkapital. Der Bestand des steuerlichen Einlagekontos beträgt zum 31.12.2010 30.000 €. In 2011 werden 330.000 € offen ausgeschüttet.
>
> Für die Ausschüttung wird zunächst der ausschüttbare Gewinn verbraucht. Dieser beläuft sich auf 320.000 € (400.000 € - 50.000 € - 30.000 €). Der übersteigende Betrag von 10.000 € (330.000 € - 320.000 €) wird dem steuerlichen Einlagekonto belastet. Die Ausschüttung ist somit nur in Höhe von 320.000 € steuerbar.

BEISPIEL

7. Berechnung zur Körperschaftsteuer

7.1 Festzusetzende Körperschaftsteuer

Tz. 322

Die Körperschaftsteuer entsteht gemäß § 30 KStG

Entstehung der KSt

1.) für Steuerabzugsbeträge in dem Zeitpunkt, in dem die steuerpflichtigen Einkünfte zufließen;

2.) für Vorauszahlungen mit Beginn des Kalendervierteljahres, in dem die Vorauszahlungen zu entrichten sind, oder, wenn die Steuerpflicht erst im Laufe des Kalenderjahres begründet wird, mit Begründung der Steuerpflicht;

3.) für die veranlagte Steuer mit Ablauf des Veranlagungszeitraums, soweit nicht die zuvor genannten Tatbestände greifen.

Der zahlenmäßige Anspruch der Körperschaftsteuer wird durch einen Körperschaftsteuerbescheid festgesetzt.

7.2 Abschlusszahlung/Erstattung

Tz. 323

Die Körperschaftsteuerabschlusszahlung bzw. -erstattung errechnet sich nach folgendem Schema:

Abschlusszahlung / Erstattung

	vorläufiger Jahresüberschuss
+	nicht abziehbare Aufwendungen
=	zu versteuerndes Einkommen
x	15 % (Steuersatz)
=	tarifliche Körperschaftsteuer
-	anzurechnende ausländische Steuer
=	Tarifbelastung

−	KSt-Minderungsbetrag
+	KSt-Erhöhungsbetrag
=	festzusetzende Körperschaftsteuer
−	bereits geleistete Vorauszahlungen auf die festgesetzte Körperschaftsteuer
=	zu erstattende oder nachzuzahlende Körperschaftsteuer

Tz. 324

Vorauszahlungen — Nach § 31 Abs. 1 KStG i.V.m. § 37 Abs. 1 EStG sind jeweils am 10. 3., 10. 6., 10. 9. und 10. 12. Vorauszahlungen auf die Jahressteuerschuld zu leisten.

7.3 Rückstellung/Erstattungsanspruch

Tz. 325

Forderung / Rückstellung — Ergibt sich nach der in Tz. 323 dargestellten Berechnung ein Erstattungsanspruch, ist im jeweiligen Jahresabschluss eine Forderung zu aktivieren. Ist noch eine Zahlung zu leisten, muss eine Rückstellung passiviert werden.

FRAGEN

1.) Sind nichtrechtsfähige Vereine körperschaftsteuerpflichtig?
Nach § 1 Abs. 1 Nr. 5 KStG besteht eine Steuerpflicht (Tz. 264).

2.) Wann beginnt die Körperschaftsteuerpflicht bei einer GmbH?
Die Körperschaftsteuerpflicht beginnt mit Abschluss des notariellen Gesellschaftsvertrages (Tz. 267).

3.) Welche Einkünfte erzielt eine Rechtsanwalts-GmbH?
Eine Rechtsanwalts-GmbH erzielt keine freiberuflichen, sondern nach § 8 Abs. 2 KStG gewerbliche Einkünfte (Tz. 272).

4.) Wie werden Vorauszahlungen auf die Körperschaftsteuer bilanziell und steuerlich behandelt?
Innerhalb der Bilanz stellen die Vorauszahlungen Aufwand dar. Außerhalb der Bilanz werden diese dann nach § 10 Nr. 2 KStG zugerechnet (Tz. 277).

5.) In welcher Höhe wirken sich Aufsichtsratsvergütungen steuermindernd aus?
Aufsichtsratsvergütungen werden nach § 10 Nr. 4 KStG in Höhe von 50 % steuermindernd berücksichtigt (Tz. 279).

6.) Was versteht man unter dem EBITDA?
Das EBITDA ist der Gewinn vor Zinsen, Steuern und Abschreibungen (Tz. 281).

7.) Können Kapitalgesellschaften geleistete Parteispenden steuermindernd berücksichtigen?
Nach § 8 Abs. 1 Satz 1 KStG i.V.m. § 4 Abs. 6 EStG sind Parteispenden nicht steuerlich abzugsfähig (Tz. 286).

8.) Bis zu welchem Betrag kann unter gewissen Voraussetzungen auf eine Spendenbescheinigung verzichtet werden?
Für Spenden bis 200 € ist grundsätzlich keine Spendenbescheinigung erforderlich (Tz. 287).

9.) In welchen Fällen kann eine vGA vorliegen? Nennen Sie drei Beispiele.
Auf die Beispiele in H 36 „V. Einzelfälle" KStH wird hingewiesen (Tz. 292).

10.) Welche Folge hat eine vGA für den begünstigten Gesellschafter?
Eine vGA führt auf Ebene des Gesellschafters zu Einkünften im Sinne des § 20 Abs. 1 Nr. 1 Satz 2 EStG (Tz. 295).

11.) Liegt bei einem im Voraus ausgesprochenen Gehaltsverzicht eine vE vor?
Da es sich hierbei um kein einlagefähiges Wirtschaftsgut handelt, liegt keine vE vor (Tz. 299).

12.) Wie wird eine vE außerbilanziell behandelt?
Eine vE ist außerbilanziell abzurechnen, wenn sie sich innerhalb der Bilanz gewinnerhöhend ausgewirkt hat (Tz. 300).

13.) Welche Auswirkungen ergeben sich auf der Ebene des Gesellschafters durch eine vE?
Auf der Ebene des Gesellschafters liegen nach § 6 Abs. 6 Satz 2 EStG grundsätzlich nachträgliche Anschaffungskosten der Beteiligung vor (Tz. 301).

14.) In welcher Höhe ist die Ausschüttung, die eine Kapitalgesellschaft von einer anderen empfängt, steuerfrei?
Die Ausschüttung ist nach § 8b Abs. 1 und 5 KStG in Höhe von 95 % steuerfrei (Tz. 304).

15.) Welche Folgen hat der Verkauf von 60 % der Anteile einer GmbH mit Verlustvorträgen?
Die Verluste gehen nach § 8c Abs. 1 KStG grundsätzlich unter (Tz. 309).

16.) Bis wann kommt das Körperschaftguthaben nach § 37 KStG zur Auszahlung?
Die Auszahlung endet grundsätzlich 2017 (Tz. 316).

17.) Wie wird eine Ausschüttung aus dem steuerlichen Einlagekonto (§ 27 KStG) behandelt?
Die Ausschüttung ist nach § 20 Abs. 1 Nr. 1 Satz 3 EStG nicht steuerbar (Tz. 319).

IV. Abgabenordnung

1. Inhalt und Aufbau der AO

Tz. 326

Die Abgabenordnung (= AO) ist das Mantelgesetz für das Steuerrecht. Sie wird deshalb oftmals als Steuergrundgesetz bezeichnet. In der AO finden sich die grundlegenden Bestimmungen der Besteuerung. Neben den verfahrensrechtlichen Bestimmungen (formelles Recht) gibt es in der AO auch materiell-rechtliche Regelungen. Diese normieren das Entstehen und Erlöschen von Steueransprüchen. Die AO ist in neun Teile untergliedert und umfasst mehr als 400 Paragraphen.

Aufbau der AO

1. Teil	§§ 1 – 32 AO	Einleitende Vorschriften
2. Teil	§§ 33 – 77 AO	Steuerschuldrecht
3. Teil	§§ 78 – 133 AO	Verfahrensvorschriften
4. Teil	§§ 134 – 217 AO	Durchführung der Besteuerung
5. Teil	§§ 218 – 248 AO	Erhebungsverfahren
6. Teil	§§ 249 – 346 AO	Vollstreckung
7. Teil	§§ 347 – 367 AO	Außergerichtliches Rechtsbehelfsverfahren
8. Teil	§§ 369 – 412 AO	Straf- und Bußgeldverfahren
9. Teil	§§ 413 – 415 AO	Schlussvorschriften

Tz. 327

Die AO gilt nach § 1 Abs. 1 AO für alle bundesgesetzlich geregelten Steuern sowie Steuern, die durch das Recht der Europäischen Gemeinschaften geregelt sind, soweit sie durch Bundesfinanzbehörden oder durch Landesfinanzbehörden verwaltet werden (vgl. § 3 Abs. 1 AO). Außerdem ist ein großer Teil der AO nach § 1 Abs. 2 AO für Realsteuern (Grundsteuer und Gewerbesteuer) anwendbar (vgl. § 3 Abs. 2 AO). Gemäß § 1 Abs. 3 AO erstreckt sich die Anwendung der Vorschriften auch auf steuerliche Nebenleistungen.

Geltungsbereich

1.1 Steuerliche Begriffsbestimmungen

Tz. 328

Gemäß § 3 Abs. 1 AO werden Steuern wie folgt definiert:

Definition: Steuern

Gesetzestext	Anmerkungen
Steuern sind	
Geldleistungen,	Es kann sich um einmalige oder fortlaufende Geldleistungen handeln.
die nicht eine Gegenleistung für eine besondere Leistung darstellen	Anders verhält es sich bei Gebühren und Beiträgen. Hierbei handelt es sich um Entgelte für die Inanspruchnahme der Verwaltung.
und von einem öffentlich-rechtlichen Gemeinwesen zur Erzielung von Einnahmen	Hierbei kann es sich um den Bund, ein Land, eine Gemeinde oder eine Körperschaft des öffentlichen Rechts handeln.
allen	Die Gleichmäßigkeit der Besteuerung soll stets angestrebt werden.
auferlegt werden,	Der Rechtsgrund für die einseitige Verpflichtung muss durch einen hoheitlichen Akt bestimmt sein.
bei denen der Tatbestand zutrifft, an den das Gesetz die Leistungspflicht knüpft;	Die Tatbestandsmäßigkeit der Besteuerung muss erfüllt sein.

| die Erzielung von Einnahmen kann Nebenzweck sein. | Bußgelder, Geldstrafen, Zwangsgelder, Säumnis- und Verspätungszuschläge haben vor allem Präventions- und Erziehungscharakter. Sie sind daher keine Steuern. |

Tz. 329

Nebenleistungen

§ 3 Abs. 4 AO zählt die steuerlichen Nebenleistungen abschließend auf:

Nebenleistung	Norm	Anmerkungen
Verzögerungsgelder	§ 146 Abs. 2b AO	Insbesondere bei Verletzung der Pflichten zur Einräumung des Datenzugriffs oder der Erteilung von Auskünften kann im Rahmen von Außenprüfungen ein Verzögerungsgeld festgesetzt werden.
Verspätungszuschläge	§ 152 AO	Ein Verspätungszuschlag kann festgesetzt werden, wenn die Verpflichtung zur Abgabe einer Steuererklärung nicht oder nicht fristgerecht erfüllt wird.
Zuschläge im Rahmen von Schätzungen	§ 162 Abs. 4 AO	Werden Aufzeichnungen im Sinne des § 90 Abs. 3 AO nicht vorgelegt oder sind diese nicht verwertbar, ist grundsätzlich ein Zuschlag festzusetzen.
Zinsen	§§ 233 ff. AO	In § 233 AO ist geregelt, dass Ansprüche aus dem Steuerschuldverhältnis nur verzinst werden, soweit dies gesetzlich vorgeschrieben ist. Ansprüche auf steuerliche Nebenleistungen und die entsprechenden Erstattungsansprüche werden nicht verzinst. Die Zinsen belaufen sich nach § 238 Abs. 1 AO auf 0,5 % je vollen Monat.
Nachforderungs- und Erstattungszinsen	§ 233a AO	Steuernachzahlungen und -erstattungen werden grundsätzlich verzinst. Der Zinslauf beginnt 15 Monate nach Ablauf des Kalenderjahres, in dem die Steuer entstanden ist.
Stundungszinsen	§ 234 AO	Für die Dauer einer gewährten Stundung von Ansprüchen aus dem Steuerschuldverhältnis werden grundsätzlich Zinsen erhoben.
Hinterziehungszinsen	§ 235 AO	Nach § 235 AO sind hinterzogene Steuern zu verzinsen. Der Zinslauf beginnt grundsätzlich mit dem Eintritt der Verkürzung oder der Erlangung des Steuervorteils.
Prozesszinsen	§ 236 AO	Wird durch eine rechtskräftige gerichtliche Entscheidung eine festgesetzte Steuer herabgesetzt oder eine Steuervergütung gewährt, so ist nach § 236 AO der zu erstattende oder zu vergütende Betrag zu verzinsen.

1. Inhalt und Aufbau der AO

Aussetzungszinsen	§ 237 AO	Wurde eine Aussetzung der Vollziehung (AdV) gewährt, werden nach § 237 AO Zinsen festgesetzt, wenn der Einspruch endgültig keinen Erfolg hat.
Zinsen im Sinne des Zollkodexes	Art. 214 Abs. 3 ZK Art. 232 Abs. 1b ZK	Hierbei handelt es sich um Ausgleichs- und Säumniszinsen im Rahmen der Zollerhebung.
Säumniszuschläge	§ 240 AO	Wird eine festgesetzte oder angemeldete Steuer nicht bis zum Ablauf des Fälligkeitstags entrichtet, ist ein Säumniszuschlag zu zahlen. Dieser beträgt für jeden angefangenen Monat 1 %.
Zwangsgelder	§§ 328, 329 AO	Zwangsgelder können nach vorheriger Androhung (§ 332 AO) festgesetzt werden, um steuerliche Handlungen, Duldungen oder Unterlassungen zu erzwingen.
Kosten	§§ 89, 178, 178a AO §§ 337 bis 345 AO	Im Rahmen der verbindlichen Auskunft (§ 89 AO), des Zollverfahrens (§ 178 AO), besonderer Aufgaben der Finanzverwaltung (z. B. Verständigungsverfahren; § 178a AO) oder des Vollstreckungsverfahrens (§§ 337 bis 345 AO) werden entstehende Kosten an den Steuerpflichtigen weiterbelastet.
Verspätungsgelder	§ 22a Abs. 5 EStG	Wird eine Rentenbezugsmitteilung nicht fristgerecht übermittelt, so ist nach § 22a Abs. 5 EStG für jeden angefangenen Monat, in dem die Rentenbezugsmitteilung noch aussteht, ein Betrag in Höhe von 10 € für jede ausstehende Rentenbezugsmitteilung zu entrichten.

Tz. 330
Bei der Festsetzung zahlreicher steuerlicher Nebenleistungen steht der Finanzverwaltung ein Ermessen zu. Gemäß § 5 AO muss die Finanzverwaltung das Ermessen entsprechend dem Zweck der Ermächtigung ausüben und die gesetzlichen Grenzen des Ermessens einhalten.

Ermessen

Tz. 331
Grundlegende steuerliche Begriffe im privaten und betrieblichen Sektor sind vor allem:

Grundbegriffe

Begriff	Norm	Anmerkungen
Wohnsitz	§ 8 AO	Der Wohnsitz ist gemäß § 8 AO dort, wo eine natürliche Person eine Wohnung innehat und diese auch beibehalten und benutzen wird.
Gewöhnlicher Aufenthalt	§ 9 AO	Den gewöhnlichen Aufenthalt hat nach § 9 AO eine natürliche Person dort, wo sie sich unter Umständen aufhält, die erkennen lassen, dass sie dort nicht nur vorübergehend verweilt. Als gewöhnlicher Aufenthalt ist stets und von Beginn an ein zeitlich zusammenhängender Aufenthalt von mehr als sechs Monaten Dauer anzusehen (180-Tage-Regel).

Geschäftsleitung	§ 10 AO	Die Geschäftsleitung ist der Mittelpunkt der geschäftlichen Oberleitung.
Sitz	§ 11 AO	Den Sitz hat eine Körperschaft, Personenvereinigung oder Vermögensmasse an einem gesetzlich oder vertraglich bestimmten Ort.
Betriebsstätte	§ 12 AO	Eine Betriebsstätte ist jede feste Geschäftseinrichtung, die der Tätigkeit des Unternehmens dient.
Ständiger Vertreter	§ 13 AO	Ein ständiger Vertreter ist eine Person, die nachhaltig die Geschäfte eines Unternehmens besorgt.
Wirtschaftlicher Geschäftsbetrieb	§ 14 AO	Ein wirtschaftlicher Geschäftsbetrieb ist die Ausübung einer selbständigen, dauerhaften Tätigkeit mit Einnahmeerzielungsabsicht, die über eine reine Vermögensverwaltung hinausgeht.
Angehörige	§ 15 AO	In § 15 AO sind die Angehörigen im steuerlichen Sinn abschließend aufgezählt.

1.2 Zuständigkeit der Finanzbehörden

Tz. 332

sachliche Zuständigkeit

Gemäß § 16 AO i.V. m. § 17 Abs. 2 Satz 1 FVG (sachliche Zuständigkeit) sind die Finanzämter für alle Aufgaben zuständig, die mit der Verwaltung von Steuern zusammenhängen, soweit keine Sondervorschriften eingreifen. Der Verstoß gegen die sachliche Zuständigkeit macht den Verwaltungsakt bei absoluter Unzuständigkeit (z. B. Erlass eines Einkommensteuerbescheids durch das Landratsamt) nichtig (§ 125 Abs. 1 AO) und damit unwirksam (§ 124 Abs. 3 AO).

Im Sinne der AO ist die jeweilige Behörde als Ganzes, nicht etwa ein bestimmtes Sachgebiet oder ein bestimmter Bearbeiter zuständig. Intern wird jedoch jedem Mitarbeiter durch den so genannten Geschäftsverteilungsplan ein bestimmter Tätigkeits- oder Aufgabenbereich zugewiesen. Der Verstoß gegen Bestimmungen bezüglich der örtlichen Zuständigkeit führt nicht zur Nichtigkeit (§ 125 Abs. 3 Nr. 1 AO).

Tz. 333

örtliche Zuständigkeit

Die örtliche Zuständigkeit grenzt den Aufgabenbereich gleichartiger Behörden – beispielsweise Finanzämter – unter räumlichen Gesichtspunkten ab. Die §§ 17 bis 29 AO regeln im Wesentlichen die örtliche Zuständigkeit von Finanzämtern.

Tz. 334

gesonderte Feststellungen

Gesonderte Feststellungen (§ 18 AO)
Soweit Einkünfte durch Feststellungsbescheid gesondert festgestellt werden (§ 180 Abs. 1 Nr. 2 AO), sind folgende Finanzämter zuständig:
- *Lagefinanzamt* bei Einkünften aus Land- und Forstwirtschaft (§ 18 Abs. 1 Nr. 1 AO);
- *Betriebsstättenfinanzamt* bei Einkünften aus Gewerbebetrieb (§ 18 Abs. 1 Nr. 2 AO);
- *Tätigkeitsfinanzamt* bei Einkünften aus freiberuflicher Tätigkeit (§ 18 Abs. 1 Nr. 3 AO);
- *Verwaltungsfinanzamt* bei Einkünften aus Kapitalvermögen (§ 18 Abs. 1 Nr. 4 AO).

Tz. 335

Einkommensteuer

Steuern vom Einkommen und Vermögen natürlicher Personen (§ 19 AO)
Für die Festsetzung der Einkommensteuer ist grundsätzlich das Wohnsitzfinanzamt zuständig (§ 19 Abs. 1 Satz 1 AO). Bei mehreren Wohnsitzen im Inland ist das Finanzamt zuständig, in dessen Bezirk sich ein lediger Steuerpflichtiger vorwiegend aufhält bzw. in dessen Bezirk sich bei verheirateten Steuerpflichtigen die Familie vorwiegend aufhält (§ 19 Abs. 1 Satz 2 AO).

Bei unbeschränkt steuerpflichtigen Arbeitnehmern, die im Ausland beschäftigt werden, beispielsweise bei Botschaftsangehörigen, ist das Finanzamt zuständig, in dessen Bezirk sich die den Lohn auszahlende öffentliche Kasse befindet (§ 19 Abs. 1 Satz 3 AO).

> A ist bei der Deutschen Botschaft in Moskau angestellt. Dort lebt er auch. Sein Gehalt wird vom Bundesaußenministerium in Berlin ausgezahlt.
>
> A ist nach § 1 Abs. 2 EStG unbeschränkt einkommensteuerpflichtig. Das Finanzamt Berlin ist für A gemäß § 19 Abs. 1 Satz 3 AO zuständig.
>
> Bei beschränkt einkommensteuerpflichtigen Personen ist das Finanzamt zuständig, in dessen Bezirk sich das Vermögen bzw. der wertvollste Teil seines Vermögens befindet (§ 19 Abs. 2 Satz 1 AO).

> B lebt in Brasilien. Er hat in Freising eine Spedition.
>
> B ist nach § 1 Abs. 4 EStG beschränkt einkommensteuerpflichtig. Für B ist nach § 19 Abs. 2 Satz 1 AO das Finanzamt Freising zuständig.

Hat ein beschränkt Steuerpflichtiger im Inland kein Vermögen, ist das Finanzamt örtlich zuständig, in dessen Bezirk der Steuerpflichtige tätig ist bzw. seine Tätigkeit verwertet wird (§ 19 Abs. 2 Satz 2 AO). Diese Norm gilt insbesondere für Grenzgänger, Künstler und Berufssportler.

> Ö wohnt in Österreich und arbeitet in Berchtesgaden. Er kehrt jeden Tag zu seiner Familie nach Österreich zurück.
>
> Ö ist nach § 1 Abs. 4 EStG beschränkt einkommensteuerpflichtig. Für Ö ist nach § 19 Abs. 2 Satz 2 AO das Finanzamt Berchtesgaden zuständig.

Tz. 336

Steuern vom Einkommen und Vermögen der Körperschaften u. a. (§ 20 AO) *Körperschaftsteuer*

Für die Veranlagung von Körperschaften, Personenvereinigungen und Vermögensmassen zur Körperschaftsteuer ist nach § 20 Abs. 1 AO das Finanzamt zuständig, in dessen Bezirk sich die Geschäftsleitung (§ 10 AO) befindet. Ist weder die Geschäftsleitung noch der Sitz im Geltungsbereich des Gesetzes, so ist das Finanzamt örtlich zuständig, in dessen Bezirk sich der wertvollste Teil des inländischen Vermögens befindet (§ 20 Abs. 3 AO).

Tz. 337

Steuern vom Einkommen bei Bauleistungen (§ 20a AO) *Bauabzugsteuer*

In Angelegenheiten der Bauabzugsteuer ist nach § 20a AO das Finanzamt des Leistenden zuständig.

Tz. 338

Umsatzsteuer (§ 21 AO) *Umsatzsteuer*

Für die Umsatzsteuer ist nach § 21 Abs. 1 AO grundsätzlich das Finanzamt zuständig, von dessen Bezirk aus der Unternehmer sein Unternehmen ganz oder vorwiegend betreibt.[39] Soweit Umsatzsteuer von Nichtunternehmern erhoben wird – beispielsweise in Fällen des § 2a UStG – ist das Finanzamt zuständig, das für die Besteuerung nach dem Einkommen zuständig ist (§ 21 Abs. 2 AO).

Tz. 339

Realsteuern (§ 22 AO) *Realsteuern*

Bei der Grundsteuer und der Gewerbesteuer ist das Lage- bzw. Betriebsstättenfinanzamt für die Festsetzung des jeweiligen Messbetrags örtlich zuständig. Die anschließende Festsetzung, Erhebung und Beitreibung der Realsteuern obliegt grundsätzlich den Gemeinden.

Tz. 340

Einfuhr- und Ausfuhrabgaben (§ 23 AO) *Zoll*

Für die Einfuhr- und Ausfuhrabgaben im Sinne des Artikels 4 Nr. 10 und 11 des Zollkodexes und Verbrauchsteuern ist nach § 23 Abs. 1 AO das Hauptzollamt örtlich zuständig, in dessen Bezirk der Tatbestand verwirklicht wird, an den das Gesetz die Steuer knüpft.

---

39 Entsprechendes gilt nach § 41a Abs. 1 Satz 1 Nr. 1 EStG für die Lohnsteuer.

Tz. 341

Ersatzzuständigkeit *(Ersatzzuständigkeit)*

Ersatzzuständigkeit (§ 24 AO)

Ist es nicht möglich, aus den Vorschriften der Steuergesetze die Zuständigkeit eines bestimmten Finanzamts zu bestimmen, ist die Finanzbehörde zuständig, in deren Bezirk der Anlass für die Amtshandlung als objektives Kriterium hervortritt.

> **BEISPIEL**
>
> Das Finanzamt Rosenheim möchte einen in Dresden lebenden Steuerpflichtigen für hinterzogene Steuern eines in Rosenheim ansässigen Betriebes in Haftung nehmen.
>
> Da das Finanzamt Rosenheim die Steuern gegen den Betrieb festgesetzt hat und die daraus folgenden Beitreibungsmaßnahmen durchführt, ist das Finanzamt Rosenheim nach § 24 AO auch für den Erlass des Haftungsbescheides zuständig.

Tz. 342

mehrfache örtliche Zuständigkeit

Mehrfache örtliche Zuständigkeit (§ 25 AO)

In den Fällen mehrfacher örtlicher Zuständigkeit, beispielsweise bei mehreren Wohnsitzen, ist grundsätzlich das Finanzamt zuständig, das sich als erstes mit dem Fall befasst hat.

> **BEISPIEL**
>
> Adam Bock hat eine Wohnung in Chemnitz und eine in Hamburg. Beide Wohnungen werden in etwa gleichem Umfang genutzt.
>
> Es sind nach § 19 Abs. 1 Satz 1 AO grundsätzlich die Finanzämter Chemnitz und Hamburg örtlich für die Einkommensteuerveranlagung zuständig. Reicht Adam Bock nun beispielsweise zuerst beim Finanzamt Chemnitz eine Einkommensteuererklärung ein, ist dieses nach § 25 AO zuständig.

Tz. 343

Zuständigkeitswechsel

Zuständigkeitswechsel (§ 26 AO)

Ändert sich die örtliche Zuständigkeit, beispielsweise bei Wohnortwechsel oder Verlegung des Betriebssitzes, tritt der Wechsel der Zuständigkeit in dem Zeitpunkt ein, in dem eine der beiden Finanzbehörden hiervon erfährt.

Tz. 344

Zuständigkeitsvereinbarung

Zuständigkeitsvereinbarung (§ 27 AO)

Gemäß § 27 AO besteht die Möglichkeit, dass mit Zustimmung des Steuerpflichtigen eine andere Finanzbehörde als die eigentlich zuständige die Zuständigkeit übernimmt.

> **BEISPIEL**
>
> A hat seinen Familienwohnsitz in Hof und seinen Betrieb in Starnberg. A hält sich während der Woche an seinem Betriebssitz auf und fährt nur am Wochenende nach Hof.
>
> Da das Finanzamt Starnberg für die betrieblichen Steuern und für die Feststellung der gewerblichen Einkünfte zuständig ist, wäre es sinnvoll, wenn dieses auch die Zuständigkeit für die Einkommensteuer übernimmt.

Tz. 345

Zuständigkeitsstreit

Zuständigkeitsstreit (§ 28 AO)

Halten sich mehrere Finanzämter für zuständig oder für unzuständig, hat nach § 28 Abs. 1 AO die fachlich zuständige Aufsichtsbehörde über die Zuständigkeit zu entscheiden.

Tz. 346

Gefahr im Verzug

Zuständigkeit bei Gefahr im Verzug (§ 29 AO)

Selbst wenn ein anderes Finanzamt örtlich zuständig ist, kann ein Finanzamt unaufschiebbare Maßnahmen treffen, die in seinem Finanzamtsbezirk veranlasst sind.

1.3 Aufbau und Zuständigkeit der Finanzgerichtsbarkeit

Tz. 347

Die Finanzgerichtsbarkeit wird durch unabhängige, von den Verwaltungsbehörden getrennte, besondere Verwaltungsgerichte ausgeübt (§ 1 FGO). Es handelt sich hierbei um ein zweistufiges Verfahren (§ 2 FGO): die Finanzgerichte als obere Landesgerichte und der Bundesfinanzhof mit Sitz in München.

Finanzgerichte und BFH

Ein Finanzgericht besteht aus dem Präsidenten, den Vorsitzenden Richtern und weiteren Richtern (§ 5 Abs. 1 FGO). Diese Struktur ist auch beim BFH wiederzufinden (§ 10 Abs. 1 FGO). Örtlich zuständig ist grundsätzlich das Finanzgericht, in dem das beklagte Finanzamt seinen Sitz hat (§ 38 Abs. 1 FGO).

Die Finanzgerichte sind die einzige Tatsacheninstanz im Rahmen der Finanzgerichtsbarkeit (§ 35 FGO). Der BFH ist Rechtsmittelinstanz und Revisionsinstanz (§ 36 FGO). Er ist an die tatsächlichen Feststellungen des Finanzgerichts gebunden, es können keine neuen Tatsachen vorgebracht werden.

Tz. 348

Der Finanzrechtsweg stellt sich somit regelmäßig wie folgt dar:

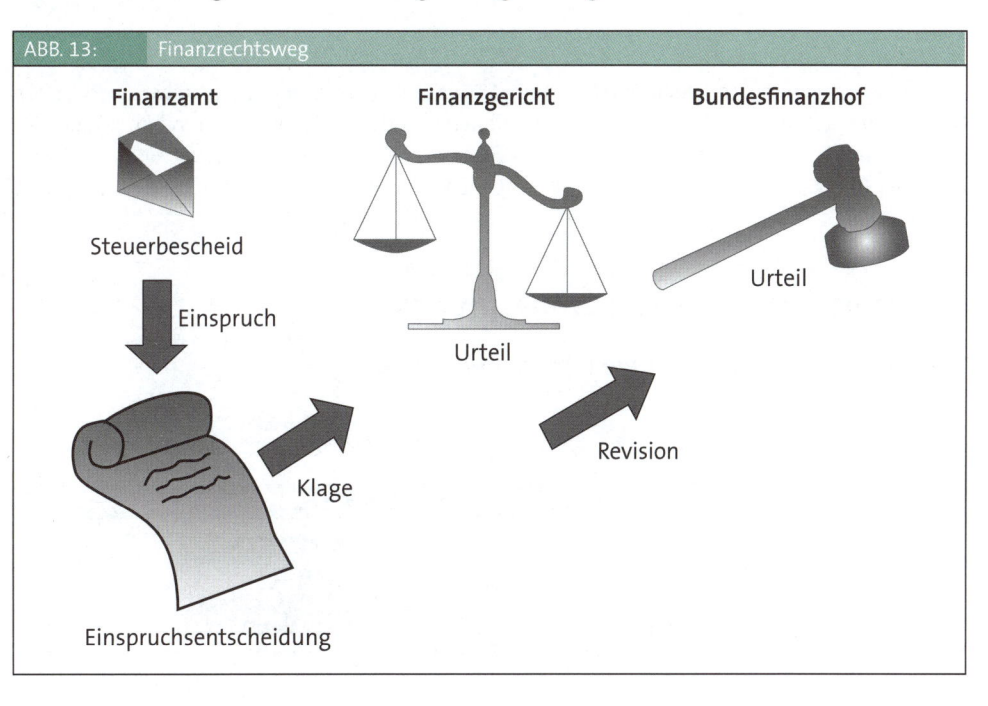

Finanzrechtsweg

ABB. 13: Finanzrechtsweg

Finanzamt → Steuerbescheid → Einspruch → Einspruchsentscheidung → Klage → Finanzgericht → Urteil → Revision → Bundesfinanzhof → Urteil

Tz. 349

Gemäß §§ 40, 41 FGO werden drei mögliche Klagearten unterschieden:

Klagearten

- **Anfechtungsklage (§ 40 Abs. 1 FGO)**
  Mit einer Anfechtungsklage wird die Aufhebung oder Änderung eines Verwaltungsaktes begehrt. Klagegegenstand ist der ursprüngliche Verwaltungsakt in Form einer Rechtsbehelfsentscheidung.

- **Verpflichtungsklage (§ 40 Abs. 1 FGO)**
  Durch eine Verpflichtungsklage soll das Finanzamt zum Erlass eines abgelehnten oder unterlassenen Verwaltungsaktes verurteilt werden. Wird beispielsweise ein Antrag auf Stundung oder Erlass einer Steuerschuld abgelehnt, kann hiergegen mit einer Verpflichtungsklage vorgegangen werden.

▶ **Feststellungsklage (§ 41 FGO)**
Mit einer Feststellungsklage wird die Feststellung des Bestehens oder Nichtbestehens eines gegenwärtigen Rechtsverhältnisses oder die Nichtigkeit eines Verwaltungsaktes begehrt.

Für Anfechtungs- und Verpflichtungsklagen beträgt die Klagefrist einen Monat ab Bekanntgabe der Rechtsbehelfsentscheidung bzw. des Verwaltungsaktes (§ 47 Abs. 1 FGO).

Tz. 350

Sprungklage

Darüber hinaus gibt es die Möglichkeit der Sprungklage (§ 45 FGO). Der Steuerpflichtige hat hier die Möglichkeit, das Einspruchsverfahren zu vermeiden und unmittelbar gegen einen Verwaltungsakt eine Anfechtungs- oder Verpflichtungsklage zu erheben. Hierdurch ergibt sich für den Steuerpflichtigen insbesondere ein Zeitgewinn. Darüber hinaus kann durch eine Sprungklage eine Verböserung im Einspruchsverfahren (§ 367 Abs. 2 Satz 2 AO) vermieden werden, da das Finanzgericht nicht über das Klagebegehren hinausgehen darf (§ 96 Abs. 1 Satz 2 FGO).

Tz. 351

Untätigkeitsklage

Kommt es bei einer Entscheidung über einen außergerichtlichen Rechtsbehelf zu einer Verzögerung von mindestens sechs Monaten (§ 46 Abs. 1 Satz 2 FGO), ist eine Untätigkeitsklage zulässig (§ 46 Abs. 1 Satz 1 FGO).

Tz. 352

Urteile und Revision

Das Finanzgericht entscheidet durch Urteil (§ 95 FGO) oder durch Gerichtsbescheid (§ 90a FGO). Gegen Urteile und Gerichtsbescheide ist nach §§ 115 ff. FGO die Revision beim Bundesfinanzhof möglich. Voraussetzung hierfür ist aber, dass die Revision zugelassen wurde. Ist dies nicht der Fall, kann hiergegen gemäß § 116 Abs. 1 FGO Nichtzulassungsbeschwerde eingelegt werden.

2. Ermittlung der Besteuerungsgrundlagen

2.1 Besteuerungsgrundsätze und Beweismittel

Tz. 353

Besteuerungsverfahren

Das Besteuerungsverfahren ist in drei Abschnitte untergliedert:

ABB. 14: Gliederung des Besteuerungsverfahrens

Ermittlung ⇒ Festsetzung ⇒ Erhebung

Tz. 354

Besteuerungsgrundsätze

Die Finanzbehörden müssen im Rahmen des Veranlagungsverfahrens folgende Besteuerungsgrundsätze wahren:

▶ **Gleichmäßigkeitsgrundsatz**
Die Finanzbehörden müssen die Steuern gleichmäßig festsetzen. Dieser Grundsatz ergibt sich auch aus Art. 3 Abs. 1 GG. Er verbietet willkürliche Unterschiede bei der Festsetzung und Erhebung von Steuern; gleiche Sachverhalte sollten also gleich behandelt werden.

▶ **Gesetzmäßigkeitsgrundsatz**
Der Grundsatz der Gesetzmäßigkeit der Besteuerung lässt sich auch aus Art. 20 Abs. 3 GG ableiten. Er bedeutet, dass nach dem Gesetz entstandene Steueransprüche geltend gemacht werden müssen und verbietet somit Verträge bzw. Vergleiche über Steueransprüche.

2. Ermittlung der Besteuerungsgrundlagen

Tz. 355

In § 87 Abs. 1 AO ist geregelt, dass die Amtssprache deutsch ist. Die Finanzbehörde kann nach § 87 Abs. 2 AO die unverzügliche Übersetzung von vorgelegten Unterlagen, die in einer fremden Sprache verfasst sind, verlangen. Es ist jedoch zu beachten, dass es sich hierbei um eine Ermessensvorschrift im Sinne des § 5 AO handelt. Eine komplette Übersetzung von Unterlagen, die in einer gängigen Fremdsprache vorgelegt wurden, dürfte also ermessensfehlerhaft sein. Die Finanzbehörde soll vor der Anforderung einer Übersetzung zunächst prüfen, ob eine ausreichende Übersetzung durch eigene Bedienstete oder im Wege der Amtshilfe möglich ist (vgl. Nr. 1 AEAO zu § 87).

Amtssprache

Tz. 356

Die Übermittlung elektronischer Dokumente an die Finanzbehörden ist nach § 87a Abs. 1 AO grundsätzlich zulässig. Übermittelt die Finanzbehörde Daten, die dem Steuergeheimnis unterliegen, hat sie für eine entsprechende Verschlüsselung zu sorgen.

elektronische Übermittlung

Tz. 357

Die erforderlichen Ermittlungen im Besteuerungsverfahren sind von Amts wegen durchzuführen (§ 88 Abs. 1 Satz 1 AO). Die Finanzbehörde bestimmt hierbei die Art und den Umfang der Ermittlungen und ist hierbei nicht an ein konkretes Vorbringen oder an Beweisanträge gebunden (§ 88 Abs. 1 Satz 2 AO). Es sind im Rahmen der Ermittlungen auch die für den Steuerpflichtigen günstigen Umstände zu berücksichtigen (§ 88 Abs. 2 AO). Hierdurch soll die objektiv zutreffende Steuer festgesetzt werden können.

Amtsermittlungsgrundsatz

Tz. 358

Aufgrund der Norm des § 89 AO haben die Finanzbehörden Beratungs- und Auskunftspflichten. Diese ergeben sich aus der Fürsorgepflicht gegenüber dem Steuerpflichtigen. Hiervon betroffen sind Anträge und Erklärungen der Steuerpflichtigen, die sich bei bestimmten Konstellationen aufdrängen. Die Verpflichtung des § 89 AO betrifft nach § 89 Abs. 1 Satz 2 AO nur Verfahrensvorschriften und somit nicht die Erteilung von Rechtsauskünften, die einen materiellen Anspruch des Steuerpflichtigen betreffen.

Beratungs- und Auskunftspflichten

> Versäumt ein Steuerpflichtiger schuldlos die Einspruchsfrist, ist er auf die Möglichkeit, einen Antrag auf Wiedereinsetzung in den vorigen Stand (§ 110 AO) zu stellen, hinzuweisen. Ein Hinweis darauf, welche Werbungskosten abzugsfähig sein könnten, muss jedoch von der Finanzbehörde nicht erteilt werden.

BEISPIEL

Tz. 359

Auf Antrag können die Finanzbehörden verbindliche Auskünfte über die steuerliche Beurteilung von genau bestimmten, noch nicht verwirklichten steuerlichen Sachverhalten erteilen (§ 89 Abs. 2 Satz 1 AO). Für die Bearbeitung von Anträgen auf Erteilung einer verbindlichen Auskunft werden nach § 89 Abs. 3 AO Gebühren erhoben. Die Gebühr richtet sich grundsätzlich – wie die Gerichtsgebühren – nach dem Gegenstandswert. Maßgebend für die Bestimmung des Gegenstandswerts ist die steuerliche Auswirkung des vom Antragsteller dargelegten Sachverhalts, nicht die Investitionssumme beziehungsweise die Summe der Betriebsausgaben oder Werbungskosten.

verbindliche Auskünfte

Durch § 89 Abs. 5 AO wird die Gebührenpflicht für die verbindliche Auskunft auf wesentliche und aufwändige Fälle beschränkt. Dies sind Fälle, in denen der Gegenstandswert nicht weniger als 10.000 € beträgt.

Tz. 360

Mitwirkungspflicht

Der Untersuchungsgrundsatz des § 88 Abs. 1 AO ist durch die Mitwirkungspflicht der Beteiligten flankiert. Nach § 90 Abs. 1 Satz 1 AO sind die Beteiligten zur Mitwirkung bei der Ermittlung des Sachverhalts verpflichtet. Dies ist dadurch begründet, dass dem Steuerpflichtigen oftmals die steuerlich erheblichen Tatsachen am besten bekannt sind, er ist aufgrund seiner Beweisnähe der entscheidende Wissensträger.

Bei Sachverhalten mit Auslandsbezug besteht nach § 90 Abs. 2 und 3 AO eine erhöhte Mitwirkungspflicht. Den Steuerpflichtigen wird hier die Verpflichtung zur Aufklärung der Sachverhalte und zur Beschaffung der erforderlichen Beweismittel übertragen.

Tz. 361

Kommt der Steuerpflichtige seinen Mitwirkungspflichten nicht oder nur eingeschränkt nach, hat die Finanzbehörde nach § 93 AO die Möglichkeit, von anderen Personen Informationen anzufordern.

> **BEISPIEL**
>
> Der selbständige A vermittelt unter anderem im Auftrag der B-AG Beteiligungen an Windparks. Das Finanzamt vermutet aufgrund vorliegender Unterlagen, dass A die hierfür geleisteten Provisionseinnahmen nicht vollständig erklärt hat.
>
> Die Finanzbehörde hat nun die Möglichkeit, unmittelbar von der B-AG die an A geleisteten Provisionszahlungen abzufragen.

Tz. 362

rechtliches Gehör

Nach § 91 Abs. 1 AO gilt der Grundsatz des rechtlichen Gehörs. Die Finanzbehörde soll vor Erlass eines belastenden Verwaltungsaktes (z. B. bei einer erheblichen Abweichung von einer eingereichten Steuererklärung) den Betroffenen Gelegenheit geben, sich zu den für die Entscheidung erheblichen Tatsachen zu äußern.

> **BEISPIEL**
>
> Arbeitnehmer A macht in seiner Einkommensteuererklärung 10.000 € für eine Sprachreise nach Australien als Werbungskosten geltend. Das Finanzamt beabsichtigt die Kosten nicht anzuerkennen, da es der Auffassung ist, dass es sich um eine Urlaubsreise gehandelt hat.
>
> Bevor das Finanzamt den Steuerbescheid abweichend von der Steuererklärung erlässt, soll A die Gelegenheit zur Stellungnahme bezüglich der strittigen Aufwendungen gegeben werden.
>
> Wird der Steuerbescheid ohne Anhörung erlassen, ist er nicht nach § 125 AO nichtig, da es sich um einen heilbaren Verfahrensfehler handelt, die Anhörung kann nach § 126 Abs. 1 Nr. 3 und Abs. 2 AO nachgeholt werden.
>
> Wurde aufgrund einer unterbliebenen Anhörung eine Rechtsbehelfsfrist versäumt, ist gegebenenfalls Wiedereinsetzung in den vorigen Stand zu gewähren (§ 126 Abs. 3 AO).

Tz. 363

Beweismittel

Im Rahmen des Besteuerungsverfahrens kann sich die Finanzbehörde diverser Beweismittel bedienen. Konkret stehen der Finanzbehörde nach §§ 93 ff. AO folgende Möglichkeiten offen:

2. Ermittlung der Besteuerungsgrundlagen

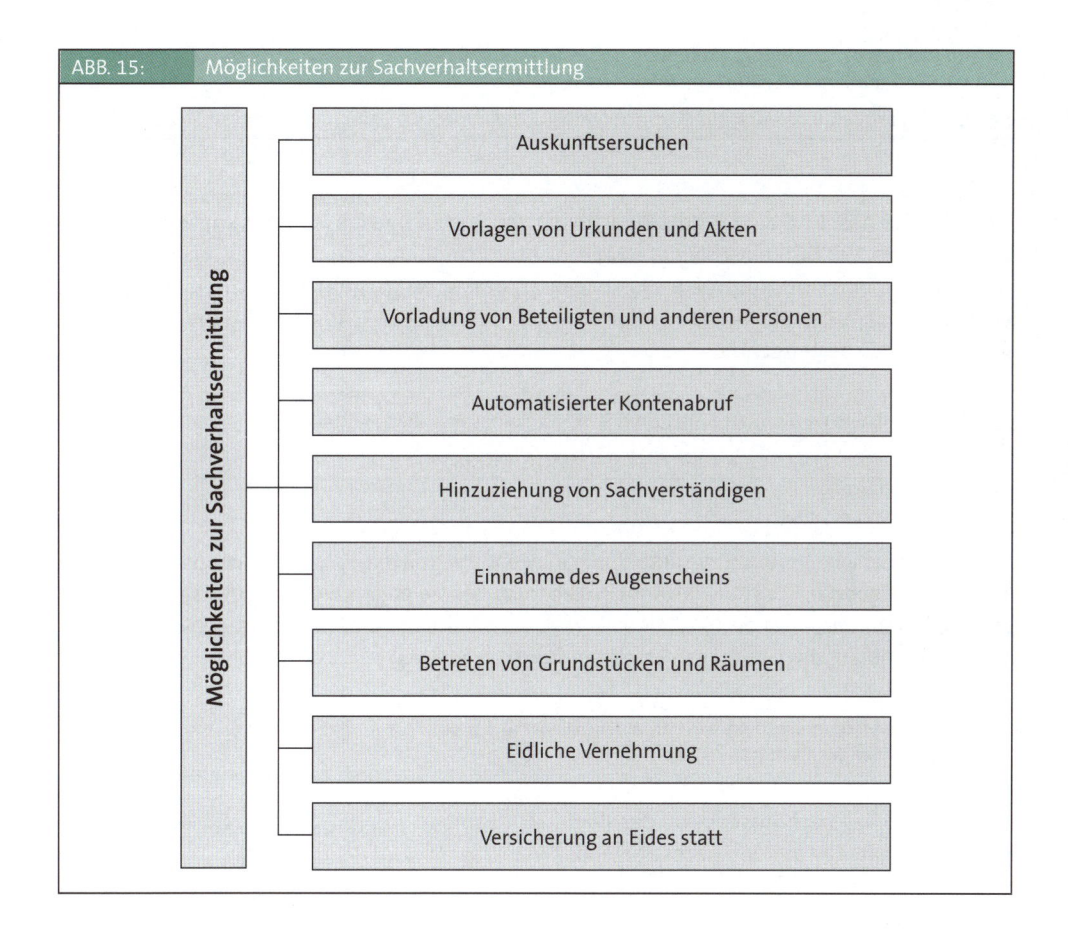

ABB. 15: Möglichkeiten zur Sachverhaltsermittlung

Möglichkeiten zur Sachverhaltsermittlung:
- Auskunftsersuchen
- Vorlagen von Urkunden und Akten
- Vorladung von Beteiligten und anderen Personen
- Automatisierter Kontenabruf
- Hinzuziehung von Sachverständigen
- Einnahme des Augenscheins
- Betreten von Grundstücken und Räumen
- Eidliche Vernehmung
- Versicherung an Eides statt

2.2 Fristen und Termine, Wiedereinsetzung in den vorigen Stand

Tz. 364

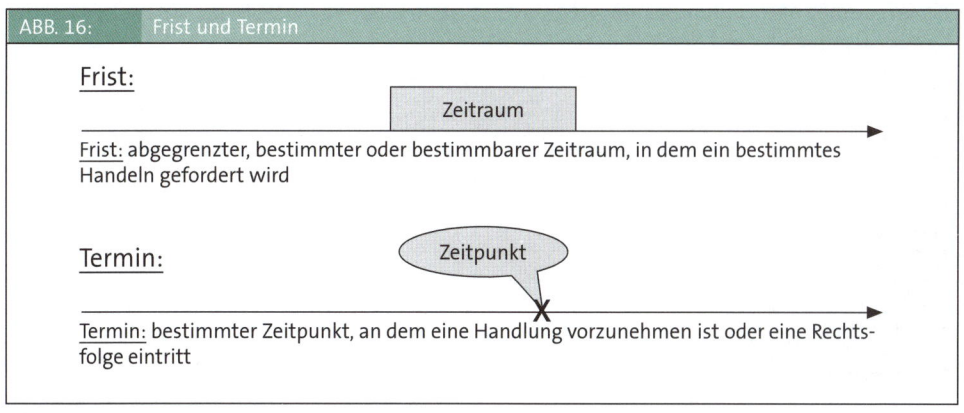

ABB. 16: Frist und Termin

Frist / Termin

Frist: Zeitraum

Frist: abgegrenzter, bestimmter oder bestimmbarer Zeitraum, in dem ein bestimmtes Handeln gefordert wird

Termin: Zeitpunkt

Termin: bestimmter Zeitpunkt, an dem eine Handlung vorzunehmen ist oder eine Rechtsfolge eintritt

für eine Frist:
- Ein Einspruch kann nur innerhalb der Rechtsbehelfsfrist eingelegt werden (§ 355 Abs. 1 AO).
- Nach Ablauf der Zahlungsverjährungsfrist sind die Ansprüche aus dem Steuerschuldverhältnis erloschen (§ 232 AO).
- Eine Versteigerung findet frühestens eine Woche nach Pfändung statt (§ 298 Abs. 1 AO).[40]

für einen Termin:
- Die drei Gesellschafter einer GbR werden zu einer gemeinsamen Erörterung eines Sachverhalts am 7.5.2012 um 14:00 Uhr in das Finanzamt gebeten.

---

[40] Hierbei handelt es sich um eine sog. uneigentliche Frist, da das Recht erst nach Ablauf der Frist ausgeübt werden kann.

▶ Im Rahmen einer Prüfungsanordnung im Sinne des § 196 AO wird der Beginn der Außenprüfung nach § 197 AO auf den 14. 5. 2012 um 09:00 Uhr festgesetzt.

▶ Die Zahlungsaufforderung auf einem Steuerbescheid fordert die Zahlung bis spätestens 21. 5. 2012.[41]

Tz. 365

Anwendung des BGB

Gemäß § 108 Abs. 1 AO sind für die Berechnung von Fristen und die Bestimmung von Terminen die §§ 187 bis 193 BGB einschlägig, soweit nicht durch die AO oder durch ein Einzelsteuergesetz etwas anderes bestimmt ist. Dies bedeutet, dass eine Ereignisfrist mit Ablauf des Tages beginnt, an dem das auslösende Ereignis eingetreten ist (§ 187 Abs. 1 BGB). Dies wird durch § 108 Abs. 2 AO bestätigt.

BEISPIEL
Ein Steuerbescheid wird am 28. 5. 2012 mit Postzustellungsurkunde zugestellt.
Die Einspruchsfrist beginnt am 29. 5. 2012 um 0.00 Uhr zu laufen.

Tz. 366

Übermittlung durch Post

Werden schriftliche Verwaltungsakte durch die Post übermittelt, so gelten sie mit dem dritten Tag nach Aufgabe zur Post als bekannt gegeben, außer sie gehen nicht oder tatsächlich zu einem späteren Zeitpunkt zu (§ 122 Abs. 2 Nr. 1 AO). Bei einer Übermittlung per Post löst der Zugang vor Ablauf der Dreitagesfrist keinen früheren Fristbeginn aus.

BEISPIEL
Ein Einkommensteuerbescheid wird an einem Dienstag bei der Post aufgegeben. Die Einspruchsfrist beginnt mit Ablauf des Freitags.

Sams-, Sonn- oder Feiertag

Ist der dritte Tag nach Absendung des Briefes ein Sams-, Sonn- oder Feiertag, verschiebt sich der Bekanntgabetag auf den nächstfolgenden Werktag (Nr. 2 AEAO zu § 108).

BEISPIEL
Ein Einkommensteuerbescheid wird an einem Donnerstag bei der Post aufgegeben. Da der dritte Tag ein Sonntag ist, beginnt die Rechtsbehelfsfrist mit Ablauf des Montags zu laufen.

Tz. 367

Fristende

Das Ende einer nach Tagen bestimmten Frist ist nach § 188 Abs. 1 BGB der Ablauf des letzten Tages der Frist.

BEISPIEL
Eine Einkommensteuernachzahlung ist am 11. 6. 2012 fällig. Die entsprechende Überweisung geht jedoch erst am 14. 6. 2012 beim Finanzamt ein.
Da bei einer Zahlung durch Überweisung Säumniszuschläge bei einer Säumnis von bis zu drei Tagen nicht erhoben werden (§ 240 Abs. 3 AO), fallen bei einer Gutschrift vor Ablauf des 14. 6. 2012 keine Säumniszuschläge an.

Tz. 368

Monatsfrist

Monatsfristen enden mit Ablauf des Tages, der die gleiche Zahl trägt wie der Ereignistag (Tag der Bekanntgabe; § 188 Abs. 2 BGB).

BEISPIEL
Eine Rechtsbehelfsfrist beginnt mit Ablauf des 8. 5. 2012 zu laufen. Sie endet am 8. 6. 2012.

Tz. 369

Fehlt bei einer nach Monaten bestimmten Frist in dem letzten Monat der für ihren Ablauf maßgebende Tag, so endet die Frist mit Ablauf des letzten Tages dieses Monats (§ 188 Abs. 3 BGB).

BEISPIEL
Eine Rechtsbehelfsfrist beginnt mit Ablauf des 31. 1. 2012 zu laufen. Sie endet am 29. 2. 2012.

---

41 Hierbei handelt es sich um einen sog. uneigentlichen Termin, da nur der letzte Tag einer Frist zur genauen Abgrenzung eben jener Frist genannt wird.

2. Ermittlung der Besteuerungsgrundlagen

Tz. 370
Ist der letzte Tag einer Frist ein Samstag, Sonntag oder gesetzlicher Feiertag, dann endet die Frist erst mit Ablauf des nächstfolgenden Werktages (§ 108 Abs. 3 AO).

Sams-, Sonn- oder Feiertag

> Eine Rechtsbehelfsfrist beginnt mit Ablauf des 23. 5. 2012 (Mittwoch) zu laufen. Sie endet grundsätzlich am 23. 6. 2012 (Samstag). Nach § 108 Abs. 3 AO endet die Frist am 25. 6. 2012 (Montag).

Zusammenfassendes Beispiel zur Fristberechnung:

Der Einkommensteuerbescheid für 2011 wird am Mittwoch, den 8. 8. 2012, zur Post gegeben.

Die Einspruchsfrist beginnt mit wirksamer Bekanntgabe des Verwaltungsaktes (§ 355 Abs. 1 AO). Bei Aufgabe zur Post mittels einfachen Briefs ist dies mittels der Dreitagesregelung zu bestimmen (§ 122 Abs. 2 Nr. 1 AO). Gemäß § 108 Abs. 1 AO i.V. m. § 187 Abs. 1 BGB zählt für den Fristbeginn der Tag des Ereignisses, also die Aufgabe zur Post, nicht mit. Fristbeginn ist daher Donnerstag, der 9. 8. 2012. Die Dreitagesfrist endet nach § 188 Abs. 1 BGB am Samstag, den 11. 8. 2012, wird aber auf den Montag, den 13. 8. 2012 verlängert.

Folglich beginnt die Einspruchsfrist nach § 187 Abs. 1 BGB mit Ablauf des 13. 8. 2012 bzw. mit Beginn des 14. 8. 2012 (Dienstag), zu laufen und endet nach § 108 Abs. 1 AO i.V. m. § 188 Abs. 2 BGB am 13. 9. 2012 (Donnerstag[42]).

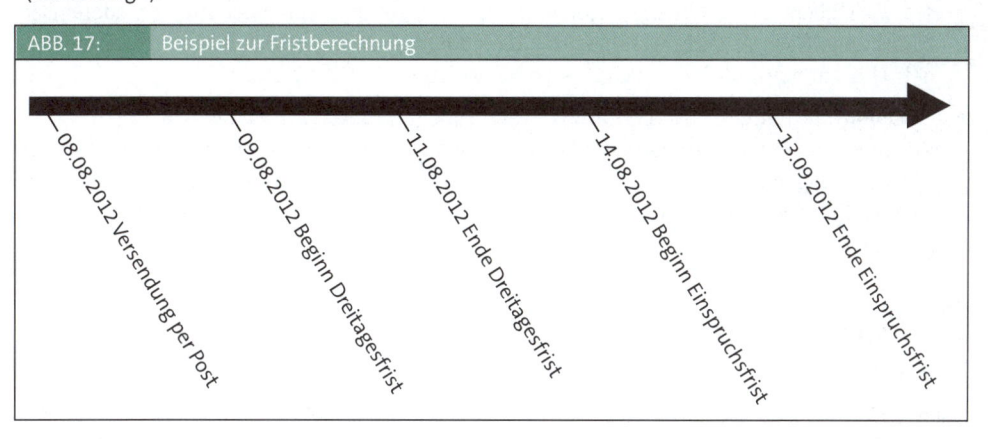

ABB. 17: Beispiel zur Fristberechnung

- 08.08.2012 Versendung per Post
- 09.08.2012 Beginn Dreitagesfrist
- 11.08.2012 Ende Dreitagesfrist
- 14.08.2012 Beginn Einspruchsfrist
- 13.09.2012 Ende Einspruchsfrist

Tz. 371
Behördliche Fristen, wie die Frist zur Vorlage von Belegen (§ 97 AO) oder die Stundungsfrist (§ 222 AO) sind nach § 109 Abs. 1 AO verlängerbar. Dies gilt ausnahmsweise auch für die Frist zur Abgabe von Steuererklärungen (§ 149 Abs. 2 AO), obwohl es sich hierbei um eine gesetzliche Frist handelt. Ansonsten ist bei gesetzlichen Ausschlussfristen grundsätzlich keine Fristverlängerung möglich.

Fristverlängerung

Es besteht jedoch ein Anspruch auf Wiedereinsetzung in den vorigen Stand, wenn jemand ohne Verschulden an der Fristeinhaltung verhindert war (§ 110 Abs. 1 Satz 1 AO). Die Voraussetzungen der Wiedereinsetzung nach § 110 AO sind im Einzelnen:

Wiedereinsetzung

▶ **Versäumung einer wiedereinsetzungsfähigen Frist (§ 110 Abs. 1 Satz 1 AO)**
Gesetzliche Fristen sind Fristen, deren Dauer im Gesetz selbst bestimmt sind, beispielsweise §§ 355 Abs. 1, 172 Abs. 1 Satz 1 Nr. 2 Buchst. a AO, § 19 Abs. 2 UStG. Verlängerbare gesetzliche Fristen, wie z. B. die Steuererklärungsfrist nach § 149 AO, sind nicht von § 110 AO betroffen.

▶ **Tatsächliche Verhinderung an der Fristeinhaltung (§ 110 Abs. 1 Satz 1 AO)**
Entscheidend ist, dass der Steuerpflichtige wegen äußerer Umstände oder aus persönlichen Gründen nicht in der Lage war, die Frist einzuhalten. Dies ist insbesondere bei längerer schwerer Krankheit gegeben. Wenn sich beispielsweise ein Steuerpflichtiger wegen eines Herzinfarktes sechs Wochen im Krankenhaus befindet, kann er an einer Fristeinhaltung verhindert sein.

---

42 Die Verlängerungsregel des § 108 Abs. 3 AO ist erneut zu prüfen, führt hier aber zu keinem abweichenden Ergebnis.

- **Kein Verschulden des Steuerpflichtigen selbst oder seines Vertreters (§ 110 Abs. 1 Satz 1 und 2 AO)**
  Den Steuerpflichtigen darf an dem Versäumen der Frist keine Schuld treffen. So trifft beispielsweise einen Ausländer bei fehlenden deutschen Sprachkenntnissen grundsätzlich ein Verschulden, wenn er die Rechtsbehelfsbelehrung nicht versteht. Ebenso handelt ein Geschäftsmann stets schuldhaft, wenn er bei längerer Abwesenheit keinen Vertreter bestellt. Der Steuerpflichtige muss auch das Verhalten seines Vertreters verantworten. Versäumt etwa ein Vormund für seinen Mündel einen Rechtsbehelf fristgerecht einzulegen, kann grundsätzlich keine Wiedereinsetzung gewährt werden.

- **Antrag auf Wiedereinsetzung bzw. Nachholung der versäumten Handlung (§ 110 Abs. 2 Satz 3 und 4 AO)**
  Der Antrag auf Wiedereinsetzung kann durch eine schlichte Nachholung der versäumten Rechtshandlung, wie beispielsweise der Einlegung des Rechtsbehelfs, gestellt werden. Ein eigens formulierter Antrag ist nicht zwangsläufig erforderlich.

- **Antragstellung innerhalb der einmonatigen Wiedereinsetzungsfrist (§ 110 Abs. 2 Satz 1 AO) bzw. der Jahresfrist (§ 110 Abs. 3 AO)**
  Der Antrag auf Wiedereinsetzung ist innerhalb eines Monats nach Wegfall des Hindernisses zu stellen. Diese Wiedereinsetzungsfrist ist grundsätzlich wiederum wiedereinsetzungsfähig. Nach Ablauf der Jahresfrist, die ab dem Ende der versäumten Frist an berechnet wird, kann grundsätzlich keine Wiedereinsetzung gewährt werden.

- **Glaubhaftmachung der Wiedereinsetzungsgründe (§ 110 Abs. 2 Satz 2 AO)**
  Wiedereinsetzung in den vorigen Stand kann lediglich gewährt werden, wenn der Steuerpflichtige gegenüber dem Finanzamt die Gründe für die Versäumung glaubhaft macht. In Zweifelsfällen sind vom Steuerpflichtigen entsprechende Urkunden und Belege beizubringen, Zeugen zu benennen oder eine eidesstattliche Versicherung abzuleisten.

2.3 Anzeige- und Mitwirkungspflichten

Tz. 372

Personenstands- und Betriebsaufnahme

Nach § 134 AO wird die Erfassung von Personen und Unternehmen durch die Gemeinden durchgeführt. Bei der Personenstands- und Betriebsaufnahme müssen nach § 135 AO Grundstückseigentümer, Wohnungsinhaber, Betriebsinhaber usw. mitwirken.

Tz. 373

Anzeigepflichten

Gemäß § 137 AO besteht für Körperschaften, Vereinigungen und Vermögensmassen die Verpflichtung, innerhalb eines Monats alle Umstände anzuzeigen, die für die steuerliche Erfassung von Bedeutung sind. Dies betrifft insbesondere die Gründung, den Erwerb der Rechtsfähigkeit, die Änderung der Rechtsform, die Verlegung des Sitzes oder der Geschäftsleitung und die Auflösung.

Tz. 374

§ 138 Abs. 1 AO verpflichtet Steuerpflichtige, den Beginn einer land- und forstwirtschaftlichen, einer gewerblichen oder einer freiberuflichen Tätigkeit innerhalb eines Monats (§ 138 Abs. 3 AO) anzuzeigen.

§ 138 Abs. 2 AO regelt eine besondere Anzeigepflicht zur Überwachung von Auslandsbeziehungen. So sind beispielsweise die Gründung und der Erwerb von Betrieben und Betriebsstätten im Ausland anzuzeigen.

Tz. 375

Erleichterungen

Die Finanzbehörden können nach § 148 AO in Einzelfällen Erleichterungen bei den Mitwirkungspflichten bewilligen, wenn die Einhaltung dieser Pflichten Härten mit sich bringt und die Besteuerung durch die Erleichterung nicht beeinträchtigt wird.

2.4 Vorschriften zur Abgabe von Steuererklärungen

Tz. 376

Folgende Personen sind zur Abgabe einer Steuererklärung verpflichtet (§ 149 Abs. 1 AO):

Abgabe von Steuererklärungen

- Steuerpflichtige (§ 33 Abs. 1 AO), die nach den Einzelsteuergesetzen Steuererklärungen abzugeben haben und deren Gesamtrechtsnachfolger (§ 45 AO);
- Personen, die als Vermögensverwalter (§ 34 AO) oder Verfügungsberechtigte (§ 35 AO) auftreten;
- Personen, die von der Finanzverwaltung persönlich (§ 149 Abs. 1 Satz 2 AO) oder durch öffentliche Bekanntmachung (§ 149 Abs. 1 Satz 3 AO) aufgefordert wurden;
- Feststellungsbeteiligte im Sinne des § 181 Abs. 2 AO.

Tz. 377

Die Steuererklärungen sind grundsätzlich gemäß § 150 Abs. 1 Satz 1 AO nach amtlich vorgeschriebenem Vordruck abzugeben. „Nach" bedeutet hier, dass auch eine Abgabe auf einem privat gedruckten Formular zulässig ist, sofern es dem amtlichen Muster entspricht. Die Angaben sind nach § 150 Abs. 2 Satz 1 AO wahrheitsgemäß nach bestem Wissen und Gewissen zu machen und, sofern auf dem Vordruck vorgesehen, schriftlich zu versichern (§ 150 Abs. 2 Satz 2 AO).

amtliche Vordrucke

Tz. 378

Nach § 25 Abs. 4 i. V. m. § 52 Abs. 39 EStG sind Einkommensteuererklärungen mit Einkünften nach § 2 Abs. 1 Satz 1 Nr. 1 bis 3 EStG (Gewinneinkünfte) ab dem Veranlagungszeitraum 2011 verpflichtend elektronisch zu übermitteln. Die Pflicht zur elektronischen Übermittlung greift nicht, wenn daneben Einkünfte aus nichtselbständiger Arbeit mit Steuerabzug erzielt werden und die positive Summe der Einkünfte, die nicht dem Steuerabzug vom Arbeitslohn zu unterwerfen waren, sowie die positive Summe der Progressionseinkünfte jeweils den Betrag von 410 € nicht übersteigen.

elektronische Übermittlung

Tz. 379

§ 151 AO sieht vor, dass Steuererklärungen, die schriftlich abzugeben sind, bei der zuständigen Finanzbehörde auch zur Niederschrift erklärt werden können, wenn die Schriftform dem Steuerpflichtigen nach seinen persönlichen Verhältnissen nicht zugemutet werden kann.

Schriftform

> Die 90-jährige A ist Eigentümerin einer Eigentumswohnung und aufgrund ihrer körperlichen Verfassung nicht in der Lage, eine Steuererklärung auszufüllen. Aus finanziellen Gründen ist es A nicht möglich, einen Steuerberater zu beauftragen.
> A kann die Steuererklärung beim zuständigen Finanzamt zur Niederschrift erklären.

BEISPIEL

Tz. 380

Wenn die Abgabe einer Steuererklärung nicht oder nicht fristgerecht erfolgt, kann nach § 152 Abs. 1 Satz 1 AO ein Verspätungszuschlag festgesetzt werden. Dieser darf nach § 152 Abs. 2 Satz 1 AO 10 % der festgesetzten Steuer bzw. des festgesetzten Messbetrages und 25.000 € nicht übersteigen.

Verspätungszuschlag

> Die festgesetzte Einkommensteuer beträgt 40.000 €. Hierauf werden 15.000 € Steuerabzugsbeträge und 20.000 € an Vorauszahlungen angerechnet.
> Die Abschlusszahlung beträgt 5.000 €. Die Bemessungsgrundlage für den Verspätungszuschlag beträgt unabhängig von der Einkommensteuernachzahlung 40.000 €. Somit kann ein Verspätungszuschlag von bis zu 4.000 € (10 % von 40.000 €) erhoben werden.

BEISPIEL

Tz. 381

Erkennt der Steuerpflichtige nach Abgabe einer Erklärung, aber noch vor Ablauf der Festsetzungsfrist, dass die Erklärung unrichtig oder unvollständig ist, ist er nach § 153 Abs. 1 Satz 1 AO verpflichtet, unverzüglich eine Richtigstellung vorzunehmen. Nach § 153 Abs. 1 Satz 2 AO gilt diese Verpflichtung auch für den Gesamtrechtsnachfolger (§ 45 AO).

Richtigstellungspflicht

IV. Abgabenordnung

> **BEISPIEL**
> Ein Erbe entdeckt, dass der Erblasser Einkünfte aus einem vermieteten Grundstück nicht vollständig erklärt hat.
> Der Erbe ist verpflichtet, das zuständige Finanzamt über den Sachverhalt zu unterrichten.

3. Steuerfestsetzungsverfahren

3.1 Begriff des Verwaltungsaktes und Formen der Bekanntgabe von Verwaltungsakten

Tz. 382

Verwaltungsakt

Die Finanzbehörden werden im Bereich der Hoheitsverwaltung im Wesentlichen in Form von Verwaltungsakten tätig. Nach § 118 Satz 1 AO ist ein Verwaltungsakt

- jede Verfügung, Entscheidung oder andere hoheitliche Maßnahme, die eine Behörde
- zur Regelung eines Einzelfalls auf dem Gebiet des öffentlichen Rechts trifft und
- die auf unmittelbare Rechtswirkung nach außen gerichtet ist.

Tz. 383

Beispiele für einen Verwaltungsakt sind hiernach:

- Steuerbescheide,
- Androhungen und Festsetzungen eines Zwangsgelds,
- Pfändungen,
- Aufforderungen zur Buchführung,
- Einspruchsentscheidungen,
- Ablehnungen von Stundungsanträgen.

Tz. 384

Keine Verwaltungsakte sind dagegen u. a.:

- Einkauf von Büromaterial durch die Geschäftsstelle des Finanzamts (keine hoheitliche Maßnahme),
- Steuerrichtlinien (keine Einzelfallregelung),
- BMF-Schreiben (keine Einzelfallregelung),
- Betriebsprüfungsberichte (keine Rechtswirkung nach außen),
- Erinnerung an die Abgabe von Steuererklärungen (keine Rechtswirkung nach außen).

Tz. 385

wirksame Bekanntgabe

Ein Verwaltungsakt muss, um Rechtskraft entfalten zu können, wirksam bekannt gegeben werden (§§ 122, 124, 155 Abs. 1 Satz 2 AO). Eine wirksame Bekanntgabe erfordert nach § 122 Abs. 1 AO:

- Zugang beim richtigen Empfänger,
- Bekanntgabewille (Wissen und Wollen der Behörde muss vorliegen),
- Schriftform (soweit gesetzlich vorgeschrieben).

Tz. 386

Der Zugang erfolgt bei einem schriftlich oder elektronisch bekannt gegebenen Verwaltungsakt dadurch, dass er in den Machtbereich des Adressaten gelangt ist und dieser auch die Möglichkeit hatte, den Verwaltungsakt zur Kenntnis zu nehmen.

> **BEISPIEL**
> Ein Brief des Finanzamts, der einen Einkommensteuerbescheid enthält, geht A am 10. 5. 2012 zu. A wirft den Brief ungeöffnet in den Papierkorb.
> Der Einkommensteuerbescheid ist A wirksam zugestellt worden.

Tz. 387

Adressat eines Verwaltungsaktes ist derjenige, für den er seinem Inhalt nach bestimmt ist bzw. der von ihm betroffen wird (§ 122 Abs. 1 Satz 1 AO). Der Adressat muss im Verwaltungsakt – nicht zwingend im Anschriftenfeld – eindeutig bezeichnet werden.

Adressat

> Ein Einkommensteuerbescheid ist an den mittlerweile verstorbenen A gerichtet und geht dem Alleinerben Z zu, ohne dass Z im Bescheid genannt ist.
> Der Bescheid wurde nicht wirksam zugestellt, da Z nicht als Adressat genannt ist. So hätte beispielsweise eine Formulierung wie „Z als Erbe des A" enthalten sein müssen (vgl. Nr. 2.12 AEAO zu § 122).

BEISPIEL

3.2 Form, Arten und Inhalte von Steuerbescheiden

Tz. 388

Gemäß § 157 Abs. 1 Satz 1 AO sind Steuerbescheide grundsätzlich schriftlich zu erteilen. Diese müssen nach § 157 Abs. 1 Sätze 2 und 3 AO zwingend folgende Angaben enthalten:

Mindestangaben

- festgesetzte Steuer nach Art und Betrag,
- Steuerschuldner,
- einlegbarer Rechtsbehelf
  - Frist,
  - zuständige Behörde.

Tz. 389

Gegen Steuerbescheide ist das Rechtsmittel des Einspruchs einlegbar (§ 347 AO). Dieser muss sich jedoch gegen den Steuerbescheid selbst, das heißt gegen die festgesetzte Steuer richten. Einzelne Grundlagen des Steuerbescheids – wie zum Beispiel die Höhe des Gewinns aus Gewerbebetrieb – können nicht selbständig angefochten werden (§ 157 Abs. 2 AO).

Einspruch

Tz. 390

Im Rahmen der Festsetzung von Realsteuern (Grundsteuer und Gewerbesteuer) sind Steuermessbeträge zu ermitteln. Diese werden nach § 184 Abs. 1 Satz 1 AO durch Steuermessbescheid festgesetzt. Die Steuermessbescheide bilden die Grundlage für die daraus zu erstellenden Steuerbescheide (sog. Folgebescheide).

Steuermessbescheide

3.3 Steuerfestsetzung unter dem Vorbehalt der Nachprüfung

Tz. 391

Die Finanzbehörde kann einen Steuerbescheid nach § 164 Abs. 1 AO unter dem Vorbehalt der Nachprüfung ergehen lassen. Hierdurch besteht die Möglichkeit, innerhalb der regulären Festsetzungsverjährung die Steuerfestsetzung in vollem Umfang korrigieren zu können (§ 164 Abs. 2 und 4 AO). Diese wird, solange der Vorbehalt der Nachprüfung besteht, nur formell jedoch nicht materiell bestandskräftig. Ziel von Festsetzungen unter dem Vorbehalt der Nachprüfung ist die Beschleunigung von Festsetzungen und somit auch von Abschlusszahlungen bzw. Erstattungen in den Fällen, in denen der Steuerfall noch nicht abschließend geprüft werden kann.

Vorbehaltsfestsetzung

Jedoch darf auch die Vorbehaltsfestsetzung zu einer von der Steuererklärung abweichenden Steuer führen. Die Finanzverwaltung kann also nach einer überschlägigen Prüfung von der eingereichten Steuererklärung abweichen, es darf jedoch keine abschließende Prüfung stattfinden.

Tz. 392

Es steht im Ermessen der Finanzverwaltung eine Steuerfestsetzung unter dem Vorbehalt der Nachprüfung vorzunehmen, der Steuerpflichtige hat hierauf keinen Anspruch. Steht eine Außenprüfung bevor, wird das Finanzamt regelmäßig Bescheide unter dem Vorbehalt der Nachprüfung erlassen, um etwaige Erkenntnisse der Außenprüfung problemlos in die Steuerfestsetzung einfließen lassen zu können.

Tz. 393

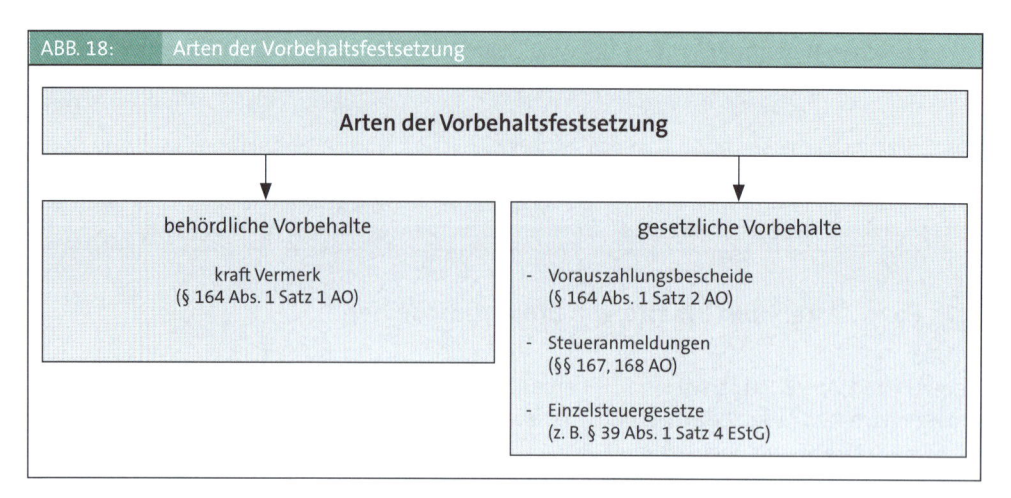

ABB. 18: Arten der Vorbehaltsfestsetzung

```
                    Arten der Vorbehaltsfestsetzung
                    ↓                          ↓
         behördliche Vorbehalte          gesetzliche Vorbehalte

            kraft Vermerk              - Vorauszahlungsbescheide
         (§ 164 Abs. 1 Satz 1 AO)        (§ 164 Abs. 1 Satz 2 AO)

                                       - Steueranmeldungen
                                         (§§ 167, 168 AO)

                                       - Einzelsteuergesetze
                                         (z. B. § 39 Abs. 1 Satz 4 EStG)
```

Tz. 394

Aufhebung des Vorbehalts

Ein von der Finanzverwaltung festgesetzter Vorbehalt der Nachprüfung kann nach § 164 Abs. 3 Satz 1 AO jederzeit aufgehoben werden. Dies kann grundsätzlich ohne Begründung erfolgen. Nach einer Außenprüfung ist der Vorbehalt der Nachprüfung aufzuheben, wenn sich Änderungen gegenüber der Steuerfestsetzung unter dem Vorbehalt der Nachprüfung nicht ergeben (§ 164 Abs. 3 Satz 3 AO). In der Praxis ist eine Aufhebung auch zwingend, wenn sich Änderungen ergeben, der Gesetzeswortlaut ist insofern missverständlich.[43]

Der Vorbehalt der Nachprüfung umfasst stets den gesamten Bescheid. Folglich ist eine Teilaufhebung des Vorbehalts der Nachprüfung nicht möglich.

3.4 Vorschriften zur Schätzung von Besteuerungsgrundlagen

Tz. 395

Schätzung

Kann die Finanzbehörde die Besteuerungsgrundlagen nicht ermitteln oder berechnen, hat sie diese nach § 162 Abs. 1 Satz 1 AO zu schätzen. Häufiger Gegenstand von Schätzungen sind Einkünfte aus Gewerbebetrieb, Land- und Forstwirtschaft oder eines freien Betriebs. Auch die Schätzung des Umsatzes für Zwecke der Umsatzbesteuerung ist vielfach anzutreffen.

Nach § 162 Abs. 1 Satz 2 AO sind alle Umstände zu berücksichtigen, die von Bedeutung sind. Dies bedeutet, dass auch steuermindernde Posten wie Betriebsausgaben, Werbungskosten, Sonderausgaben und außergewöhnliche Belastungen zu berücksichtigen sind.

Tz. 396

Schätzungen werden regelmäßig durchgeführt, wenn Steuererklärungen nicht abgegeben werden (vgl. § 162 Abs. 2 Satz 1 AO) bzw. wenn Bücher oder Aufzeichnungen, die nach den Steuergesetzen zu führen sind, nicht vorgelegt werden können bzw. nicht ordnungsgemäß geführt sind.

Kann der Steuerpflichtige den Dokumentationspflichten des § 90 Abs. 3 AO nicht nachkommen und erschwert er somit die Verrechnungspreisprüfung durch die Finanzverwaltung, eröffnet § 162 Abs. 3 AO eine Schätzungsbasis.

---

43 *Seer*, in: Tipke/Kruse, Tz. 49 zu § 164.

Tz. 397

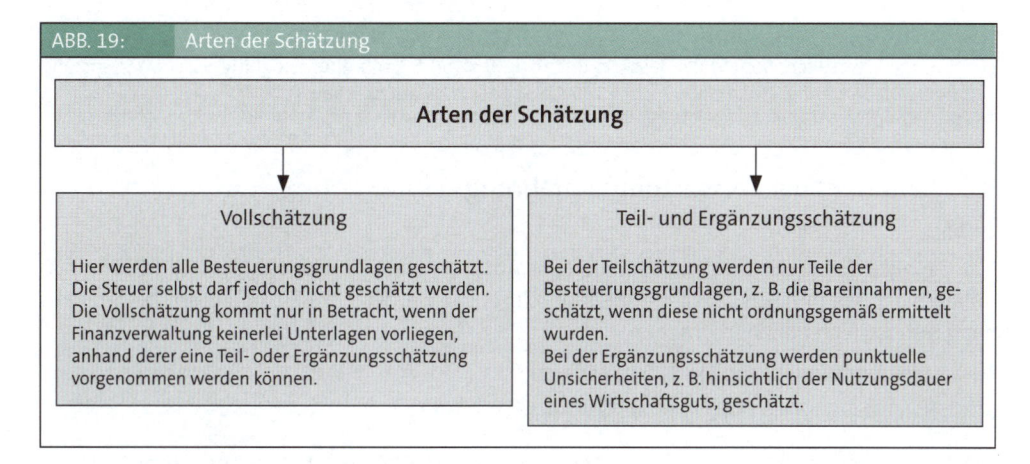

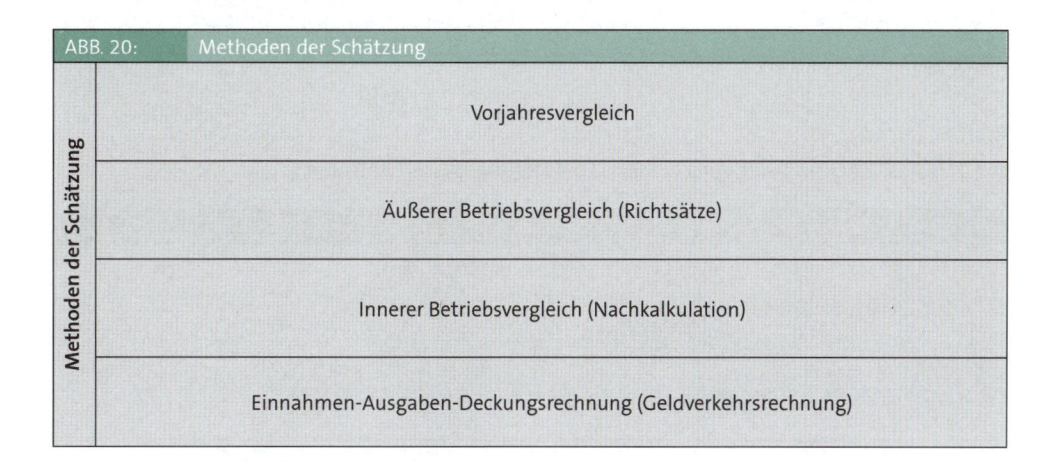

ABB. 19: Arten der Schätzung

Arten der Schätzung

Vollschätzung
Hier werden alle Besteuerungsgrundlagen geschätzt. Die Steuer selbst darf jedoch nicht geschätzt werden. Die Vollschätzung kommt nur in Betracht, wenn der Finanzverwaltung keinerlei Unterlagen vorliegen, anhand derer eine Teil- oder Ergänzungsschätzung vorgenommen werden können.

Teil- und Ergänzungsschätzung
Bei der Teilschätzung werden nur Teile der Besteuerungsgrundlagen, z. B. die Bareinnahmen, geschätzt, wenn diese nicht ordnungsgemäß ermittelt wurden.
Bei der Ergänzungsschätzung werden punktuelle Unsicherheiten, z. B. hinsichtlich der Nutzungsdauer eines Wirtschaftsguts, geschätzt.

ABB. 20: Methoden der Schätzung

Methoden der Schätzung
Vorjahresvergleich
Äußerer Betriebsvergleich (Richtsätze)
Innerer Betriebsvergleich (Nachkalkulation)
Einnahmen-Ausgaben-Deckungsrechnung (Geldverkehrsrechnung)

3.5 Vorschriften zur vorläufigen Steuerfestsetzung

Tz. 398

Wenn eine Steuerfestsetzung nicht abschließend möglich ist, weil objektiv erforderliche Besteuerungsgrundlagen (noch) nicht bekannt sind, ist es nicht erforderlich, dass der gesamte Steuerfall offen bleibt. Es ist möglich, den Bescheid nach § 165 Abs. 1 Satz 1 AO punktuell vorläufig festzusetzen. Nach § 165 Abs. 1 Satz 2 AO ist eine vorläufige Festsetzung möglich, wenn

vorläufige Festzusetzung

▶ ungewiss ist, ob und wann Verträge mit anderen Staaten über die Besteuerung (§ 2 AO), die sich zugunsten des Steuerpflichtigen auswirken, für die Steuerfestsetzung wirksam werden,

▶ das Bundesverfassungsgericht die Unvereinbarkeit eines Steuergesetzes mit dem Grundgesetz festgestellt hat und der Gesetzgeber zu einer Neuregelung verpflichtet ist,

▶ die Vereinbarkeit eines Steuergesetzes mit höherrangigem Recht Gegenstand eines Verfahrens bei dem Gerichtshof der Europäischen Gemeinschaften, dem Bundesverfassungsgericht oder einem obersten Bundesgericht ist oder

▶ die Auslegung eines Steuergesetzes Gegenstand eines Verfahrens bei dem Bundesfinanzhof ist.

Tz. 399

Nach § 165 Abs. 1 Satz 3 AO sind Umfang und Grund der Vorläufigkeit im Bescheid anzugeben.

Angabe der Vorläufigkeit

IV. Abgabenordnung

> **BEISPIEL**
>
> Der Steuerpflichtige S hat aus dem Betriebsvermögen ein Grundstück entnommen. Der Teilwert des Grundstücks ist strittig und muss noch durch einen Sachverständigen ermittelt werden.
>
> Die Finanzverwaltung kann den Steuerbescheid hinsichtlich des Entnahmewerts mit einem Vorläufigkeitsvermerk versehen. Sobald der Teilwert unstrittig feststeht, kann eine endgültige Steuerfestsetzung erfolgen. Die Vorläufigkeit ist dann nach § 165 Abs. 2 Satz 2 AO aufzuheben.

3.6 Zeitpunkt der Festsetzungsverjährung

Tz. 400

Verjährung Der Gedanke des Rechtsfriedens bedingt, dass Ansprüche aus Steuerschuldverhältnissen nach Ablauf einer bestimmten Zeit nicht mehr durchgesetzt werden können. In diesem Zusammenhang unterscheidet die AO zwischen

- Festsetzungsverjährung (§§ 169 ff. AO) und
- Zahlungsverjährung (§§ 228 ff. AO, Kap. IV.5.5).

Die Festsetzungsverjährung definiert den Zeitraum, wie lange entstandene Ansprüche aus dem Steuerschuldverhältnis festgesetzt werden können. Durch die Zahlungsverjährung wird geregelt, wie lange fällige Ansprüche aus dem Steuerschuldverhältnis erhoben werden können.

Tz. 401

Festsetzungsfristen In § 169 Abs. 2 AO sind vier verschiedene Festsetzungsfristen normiert:

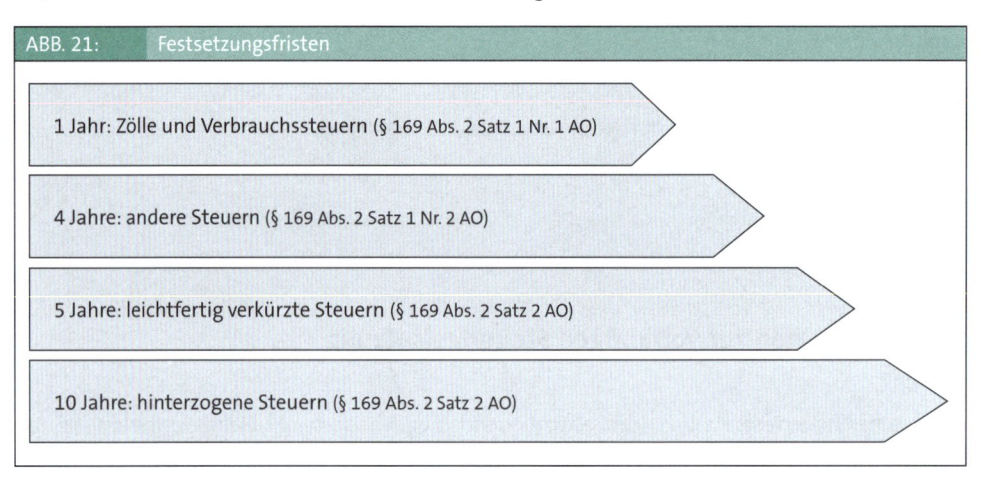

ABB. 21: Festsetzungsfristen

- 1 Jahr: Zölle und Verbrauchssteuern (§ 169 Abs. 2 Satz 1 Nr. 1 AO)
- 4 Jahre: andere Steuern (§ 169 Abs. 2 Satz 1 Nr. 2 AO)
- 5 Jahre: leichtfertig verkürzte Steuern (§ 169 Abs. 2 Satz 2 AO)
- 10 Jahre: hinterzogene Steuern (§ 169 Abs. 2 Satz 2 AO)

Tz. 402

Fristwahrung Die Festsetzungsfrist ist gewahrt, wenn der Steuerbescheid vor Ablauf der Frist den Bereich der für die Steuerfestsetzung zuständigen Behörde verlassen hat (§ 169 Abs. 1 Satz 3 Nr. 1 AO), der Zeitpunkt des Zugangs beim Steuerpflichtigen ist unerheblich.

Nach Ablauf der Festsetzungsfrist darf kein Steuerbescheid mehr ergehen. Dies gilt sowohl für Erst- als auch für Änderungsbescheide.

Tz. 403

Fristbeginn Grundsätzlich beginnt die Festsetzungsfrist mit Ablauf des Kalenderjahres, in dem die Steuer entstanden ist (§ 170 Abs. 1 AO). Ist jedoch eine Steuererklärung oder Steueranmeldung einzureichen, beginnt die Festsetzungsfrist mit Ablauf des Kalenderjahres, in dem die Einreichung erfolgt ist, spätestens jedoch mit Ablauf des dritten Kalenderjahres, das auf das Entstehungsjahr der Steuer folgt (§ 170 Abs. 2 Satz 1 Nr. 1 AO).

> **BEISPIEL**
>
> A reicht seine Einkommensteuererklärung für 2011 im Oktober 2012 beim zuständigen Finanzamt ein.
>
> Die Festsetzungsfrist beginnt mit Ablauf des Jahres 2012 und endet am 31.12.2016. Hätte A für 2011 keine Steuererklärung eingereicht, würde die Festsetzungsfrist mit Ablauf des Jahres 2014 beginnen und am 31.12.2018 enden.

Tz. 404

In Einzelfällen reichen die Festsetzungsfristen nicht aus, um eine abschließende Steuerfestsetzung zu veranlassen. Aus diesem Grund wird unter bestimmten Voraussetzungen das Ende der regulären Frist hinausgeschoben. § 171 AO regelt insbesondere folgende Fälle der Ablaufhemmung:

Ablaufhemmung

- **Höhere Gewalt (§ 171 Abs. 1 AO)**
  Kann die Steuerfestsetzung wegen höherer Gewalt (z. B. Brand im Finanzamt) innerhalb der letzten sechs Monate des Fristablaufs nicht erfolgen, so ist der Fristablauf solange gehemmt.

- **Offenbare Unrichtigkeit (§ 171 Abs. 2 AO)**
  Ist dem Finanzamt beim Erlass des Steuerbescheids eine offenbare Unrichtigkeit im Sinne des § 129 AO unterlaufen, besteht ab Bekanntgabe des fehlerhaften Bescheids insoweit eine Jahresfrist zur Berichtigung des Fehlers.

  A hat seine Einkommensteuererklärung für 2010 in 2012 eingereicht. Das Finanzamt gibt am 7.9.2016 den Einkommensteuerbescheid bekannt. Dieser enthält eine offenbare Unrichtigkeit im Sinne des § 129 AO. Das Finanzamt kann nun bis zum 7.9.2017 eine Änderung vornehmen.

- **Antrag auf Steuerfestsetzung oder Änderung des Steuerbescheids (§ 171 Abs. 3 AO)**
  Stellt der Steuerpflichtige vor Ablauf der Festsetzungsfrist beispielsweise einen Antrag auf Änderung des Steuerbescheids nach § 174 AO, läuft die Festsetzungsfrist nicht ab, bevor über den Antrag unanfechtbar entschieden wurde.

- **Einspruchs- und Klageverfahren (§ 171 Abs. 3a AO)**
  Bei Anfechtung eines Steuerbescheids durch Einspruch oder Klage läuft die Festsetzungsfrist insoweit nicht ab, bis eine unanfechtbare Entscheidung vorliegt.

- **Außenprüfung (§ 171 Abs. 4 AO)**
  Bei Beginn einer Außenprüfung tritt eine Ablaufhemmung ein, die solange dauert, bis die aufgrund der Außenprüfung ergangenen Bescheide oder Mitteilungen unanfechtbar geworden sind. Wird die Außenprüfung unmittelbar nach Beginn für mehr als sechs Monate unterbrochen, gilt dies nicht.

- **Steuerstraftaten (§ 171 Abs. 7 AO)**
  Bei Steuerstraftaten endet die Festsetzungsfrist nicht, bevor die Verfolgung der Steuerstraftat oder der Steuerordnungswidrigkeit verjährt ist.

3.7 Bestandskraft

Tz. 405

Ein Verwaltungsakt ist formell bestandskräftig, wenn er, beispielsweise wegen Ablauf der Rechtsbehelfsfrist (§ 355 Abs. 1 AO), nicht mehr angegriffen werden kann.

Bestandskraft

Er ist materiell bestandskräftig, wenn der Regelungsinhalt des Verwaltungsaktes rechtsbeständig, also verbindlich, ist.

3.8 Begriff und Wirkung einer Steueranmeldung

Tz. 406

Steueranmeldungen sind Steuererklärungen, in denen der Steuerpflichtige die Steuer selbst zu berechnen hat (§ 150 Abs. 1 Satz 3 AO). Eine Festsetzung der Steuer nach § 155 AO ist in diesen Fällen nur erforderlich, wenn die Festsetzung zu einer abweichenden Steuer führt oder der Steuer- oder Haftungsschuldner die Steueranmeldung nicht abgibt (§ 167 Abs. 1 Satz 1 AO).

Steueranmeldung

Das Steueranmeldungsverfahren ist beispielsweise für die Umsatzsteuer (§ 18 Abs. 1 und 3 UStG), die Lohnsteuer (§ 41a EStG) und die Kapitalertragsteuer (§ 44 EStG) gesetzlich vorgeschrieben.

Tz. 407

Eine Steueranmeldung steht mit dem Eingang bei der Finanzbehörde einer Steuerfestsetzung unter Vorbehalt der Nachprüfung gleich (§ 168 Satz 1 AO). Dies bedeutet, dass der Steuerpflichtige gegen die Steueranmeldung grundsätzlich Einspruch einlegen kann.

Weicht die Finanzbehörde von der angemeldeten Steuer ab, ist eine Steuerfestsetzung vorzunehmen und ein Steuerbescheid zu erteilen (§ 167 Abs. 1 Satz 1 AO). Dieser Steuerbescheid kann nach den allgemeinen Regeln unter dem Vorbehalt der Nachprüfung ergehen – muss aber nicht.

3.9 Kosten bei besonderer Inanspruchnahme der Finanz- und Zollbehörden

Tz. 408

Gebühren / Auslagenerstattung

Das Verwaltungsverfahren der Zoll- und Finanzbehörden ist grundsätzlich kostenfrei. Die Finanz- und Zollbehörden sind jedoch nach §§ 178, 178a AO berechtigt, bei besonderer Inanspruchnahme Gebühren zu erheben und die Erstattung von Auslagen zu verlangen.

Tz. 409

ZKostV

Die Zollbehörden machen von diesem Recht beispielsweise bei amtlichen Bewachungen und Begleitungen von Beförderungsmitteln oder Waren auf Antrag (§ 2 Abs. 1 Satz 1 Nr. 7 ZKostV[44]), bei der Lagerung von Waren durch die Zollstelle (§ 7 ZKostV) oder bei Schreibauslagen (§ 8 ZKostV) Gebrauch.

Tz. 410

APA

Die Finanzbehörden stellen insbesondere bei zwischenstaatlichen Vorabverständigungsverfahren (sog. Advance Pricing Agreements, APA) Gebühren in Rechnung. Ziel eines APA ist es, Meinungsverschiedenheiten zwischen den Steuerverwaltungen verschiedener Staaten und den betroffenen Steuerpflichtigen hinsichtlich von Transaktionspreisen zu beseitigen, um eine steuerliche Doppelbelastung zu verhindern. Die Gebühr beträgt im Regelfall nach § 178a Abs. 2 Satz 1 AO 20.000 €.

3.10 Gesonderte Feststellung von Besteuerungsgrundlagen

Tz. 411

gesonderte Feststellung

In einem Feststellungsbescheid werden Besteuerungsgrundlagen gesondert festgestellt (vgl. § 179 Abs. 1 AO). Dieser ist dann als Grundlagenbescheid bindend für den oder die Folgebescheid(e) (§ 182 Abs. 1 AO). Entscheidungen, die in einem Grundlagenbescheid getroffen worden sind, können nur durch Anfechtung dieses Bescheids, nicht jedoch durch Anfechtung des Folgebescheids angegriffen werden (§ 351 Abs. 2 AO).

Ein Feststellungsbescheid richtet sich nach § 179 Abs. 2 Satz 1 AO gegen den Steuerpflichtigen, dem der Gegenstand der Feststellung bei der Besteuerung zuzurechnen ist. Die gesonderte Feststellung wird gegenüber mehreren Beteiligten einheitlich vorgenommen, wenn dies gesetzlich bestimmt ist oder der Gegenstand der Feststellung mehreren Personen zuzurechnen ist (§ 179 Abs. 2 Satz 2 AO).

Tz. 412

Feststellungsarten

Es werden folgende Feststellungsarten unterschieden:

---

[44] Zollkostenverordnung.

4. Berichtigung, Aufhebung und Änderung von Steuerbescheiden

ABB. 22:	Feststellungsarten
Gesonderte Feststellung von Einkünften	Einheitliche und gesonderte Feststellungen alle Einkünfte, an denen mehrere beteiligt sind (§ 180 Abs. 1 Nr. 2a AO)
	Gesonderte Feststellungen für die Einkünfte einer Person nach Land- und Fortwirtschaft, Gewerbebetrieb und freiberuflicher Tätigkeit, wenn für die Feststellung ein anderes Finanzamt als für die Einkommensteuer zuständig ist (§ 180 Abs. 1 Nr. 2b AO)
Gesonderte Feststellung von Werten	Einheitswerte für Betriebe der Land- und Forstwirtschaft, Grundstücke und Betriebsgrundstücke (§ 180 Abs. 1 Nr. 1 AO i. V. m. § 19 Abs. 1 BewG)
	Grundbesitzwerte (Bedarfsbewertung) für wirtschaftliche Einheiten des land- und forstwirtschaftlichen Vermögens und des Grundvermögens (§ 180 Abs. 1 Nr. 1 AO i. V. m. § 138 Abs. 2 und 3 BewG)
Gesonderte Feststellung anderer Besteuerungs- grundlagen	- verbleibender Verlustabzug (§ 10d Abs. 4 EStG) - verrechenbarer Verlust (§ 15a Abs. 4 EStG) - Anteil am Gewerbesteuermessbetrag (vgl. § 35 Abs. 3 EStG) - Bestand des steuerlichen Einlagekontos (§ 27 Abs. 2 KStG) - vortragsfähiger Gewerbeverlust (§ 10a Satz 6 GewStG) (...)

BEISPIEL

Einer Erbengemeinschaft, die aus vier Erben besteht, gehört ein Mietwohngrundstück.

Der Einheitswert für das Mietwohngrundstück wird nach §§ 179 Abs. 2 Satz 2 und 180 Abs. 1 Nr. 1 AO durch Einheitswertbescheid einheitlich und gesondert festgestellt. Entsprechendes gilt nach §§ 179 Abs. 2 Satz 2 und 180 Abs. 1 Nr. 2a AO für die Einkünfte aus Vermietung und Verpachtung.

4. Berichtigung, Aufhebung und Änderung von Steuerbescheiden

4.1 Offenbare Unrichtigkeiten beim Erlass eines Verwaltungsaktes

Tz. 413

Schreibfehler, Rechenfehler oder ähnliche offenbare Unrichtigkeiten, die beim Erlass eines Verwaltungsaktes unterlaufen sind, können grundsätzlich nach § 129 AO berichtigt werden. Wie aus dem Wortlaut des Gesetzestextes hervorgeht, sind mechanische Fehler und nicht durch Rechtsüberlegungen beeinflusste Fehler Gegenstand der Berichtigung.

offenbare Unrichtigkeit

Darüber hinaus muss die Unrichtigkeit offenbar sein, das heißt ein verständiger Dritter ist in der Lage, diese ohne Weiteres zu erkennen.

BEISPIEL

Dem Steuerpflichtigen S unterläuft bei der Erklärung seiner Einkünfte aus Vermietung und Verpachtung ein Übertragungsfehler: Anstelle des auf einer beigefügten Aufstellung ermittelten Betrages von -5.500 € werden auf der Anlage zur Einkommensteuererklärung +5.500 € übernommen.

Ein Rechtsfehler ist hier offenbar ausgeschlossen, so dass innerhalb der Festsetzungsfrist eine Änderung nach § 129 AO möglich ist.

4.2 Aufhebung und Änderung von Steuerbescheiden

Tz. 414

In den §§ 172 ff. AO finden sich die Regeln für die Aufhebung und Änderung von endgültigen Steuerbescheiden. Gemäß § 172 Abs. 1 Satz 1 Nr. 2 Buchst. a AO hat die Finanzbehörde die Möglichkeit, endgültige Steuerbescheide mit Zustimmung oder auf Antrag des Steuerpflichtigen aufzuheben oder zu ändern.

Aufhebung und Änderung

Eine Korrektur zugunsten des Steuerpflichtigen ist nur möglich, sofern der entsprechende Antrag vor Ablauf der Einspruchsfrist gestellt wurde. Der Antrag und die Zustimmung sind nicht formabhängig. Sie können beispielsweise schriftlich, mündlich oder telefonisch gestellt werden.

Mit Zustimmung kann auch zuungunsten des Steuerpflichtigen korrigiert werden. Hieran kann der Steuerpflichtige beispielsweise interessiert sein, wenn hierdurch der entstehende Nachteil in einem anderen Veranlagungsjahr in einen Vorteil umschlägt.

Tz. 415

Antrag auf schlichte Änderung

Der Umfang der Änderung ist abhängig vom Antrag bzw. von der Zustimmung. Eine weitergehende Änderung ist nicht zulässig. Dies unterscheidet den Antrag auf schlichte Änderung nach § 172 Abs. 1 Satz 1 Nr. 2 Buchst. a AO wesentlich vom Einspruch (§ 347 Abs. 1 AO). Dort kann der Sachverhalt vollumfänglich aufgerollt werden und somit auch der Steuerbescheid „verbösert" werden.

Ein Nachteil des Antrags auf schlichte Änderung gegenüber dem Einspruch ist, dass eine Aussetzung der Vollziehung im Sinne des § 361 AO nicht möglich ist. Dies bedeutet, dass bei Fälligkeit auch die strittigen Beträge zunächst vom Steuerpflichtigen zu zahlen sind.

4.3 Aufhebung oder Änderung wegen neuer Tatsachen und Beweismittel

Tz. 416

neue Tatsachen

Gemäß § 173 Abs. 1 AO sind Steuerbescheide vorbehaltlich der Änderungssperre des § 173 Abs. 2 AO aufzuheben oder zu ändern,

- ▶ soweit Tatsachen oder Beweismittel nachträglich bekannt werden, die zu einer **höheren Steuer** führen (Nr. 1) oder
- ▶ soweit Tatsachen oder Beweismittel nachträglich bekannt werden, die zu einer **niedrigeren Steuer** führen und den Steuerpflichtigen an deren nachträglichen Bekanntwerden grundsätzlich kein grobes Verschulden trifft (Nr. 2).

Tz. 417

„Tatsachen"

Tatsache im Sinne des § 173 AO ist jeder Lebenssachverhalt, also beispielsweise das Bekanntwerden von Einnahmen, Ausgaben, Forderungen, Verbindlichkeiten, Konfessionszugehörigkeit, Nutzung eines Gebäudes und gesellschaftsrechtliche Verhältnisse.

Schlussfolgerungen, logische Beurteilungen und die steuerrechtliche Würdigung von Sachverhalten ist keine Tatsache im Sinne des § 173 AO.

Tz. 418

„Beweismittel"

Beweismittel ist jedes Erkenntnismittel, mithilfe dessen das Vorliegen oder Nichtvorliegen eines Umstands bewiesen werden kann. Beispielsweise kann ein Gutachten Beweismittel hinsichtlich des tatsächlichen Werts eines Grundstücks sein.

Tz. 419

„nachträglich"

„Nachträglich bekannt werden" im Sinne des § 173 AO bedeutet, dass die Tatsachen oder Beweismittel bei dem Erlass des Steuerbescheids zwar vorhanden waren, jedoch der Finanzbehörde erst nach dem Erlass des Steuerbescheids bekannt werden.

Tz. 420

Änderung zugunsten

Für eine Änderung nach § 173 AO zugunsten des Steuerpflichtigen ist eine weitere Voraussetzung, dass diesen kein grobes Verschulden trifft (§ 173 Abs. 1 Nr. 2 Satz 1 AO). Grobes Verschulden liegt beispielsweise vor, wenn Aufwendungen nicht geltend gemacht werden, weil die betreffenden Belege nicht auffindbar waren oder versehentlich keine AfA geltend gemacht wird.

Das Verschulden ist jedoch unbeachtlich, wenn die Tatsachen oder Beweismittel in einem unmittelbaren oder mittelbaren Zusammenhang mit Tatsachen oder Beweismitteln im Sinne des § 173 Abs. 1 Nr. 1 AO stehen (§ 173 Abs. 1 Nr. 2 Satz 2 AO).

> A hat Einkünfte aus selbständiger Arbeit in Höhe von 10.000 € nicht erklärt. Die dazugehörigen Betriebsausgaben in Höhe von 4.000 € wurden ebenfalls nicht erklärt.
>
> Die Betriebsausgaben stehen in unmittelbarem Zusammenhang mit den nachträglich bekannt gewordenen Einnahmen. Sie sind daher ebenso wie die Einnahmen zu berücksichtigen.

Tz. 421

Nach der Durchführung einer Außenprüfung darf das Finanzamt grundsätzlich nicht nochmals den Steuerbescheid wegen neuer Tatsachen oder Beweismittel ändern (§ 173 Abs. 2 AO). Der Hintergedanke ist, dass das Finanzamt sich im Rahmen einer Außenprüfung umfassend mit dem Steuerfall befassen kann und sich somit der Steuerpflichtige auf eine erhöhte Bindungswirkung des Steuerbescheids verlassen kann.

Erhöhte Bindungswirkung nach BP

Eine Ausnahme von diesem Grundsatz besteht nur, wenn eine Steuerhinterziehung oder leichtfertige Steuerverkürzung vorliegt.

> Der Einkommensteuerbescheid für 2009 wird in 2011 aufgrund einer Außenprüfung geändert. In 2012 erhält die Finanzbehörde Kontrollmaterial, aus dem hervorgeht, dass in 2009 Kapitaleinnahmen von 200.000 € hinterzogen wurden.
>
> Es ist nach § 173 Abs. 1 Nr. 1 und Abs. 2 Satz 1 AO eine erneute Änderung des Einkommensteuerbescheids 2009 möglich.

4.4 Widerstreitende Steuerfestsetzungen und Aufhebung oder Änderung von Steuerbescheiden in sonstigen Fällen

Tz. 422

Nach § 174 AO können widerstreitende Steuerfestsetzungen geändert werden. Es sind vor Allem Fälle betroffen, bei denen ein bestimmter Sachverhalt mehrfach zugunsten oder zuungunsten eines Steuerpflichtigen berücksichtigt wurde.

widerstreitende Steuerfestsetzungen

> Im Einkommensteuerbescheid für 2011 sind Einnahmen aus einem Mietwohngrundstück berücksichtigt, die eigentlich in 2010 erfasst werden müssten. Aufgrund einer Kontrollmitteilung ändert das Finanzamt nach § 173 Abs. 1 Nr. 1 AO den Einkommensteuerbescheid für 2010.
>
> Da die Mieteinnahmen nun sowohl in 2010 als auch in 2011 berücksichtigt sind, wird der Einkommensteuerbescheid 2011 nach § 174 Abs. 1 AO geändert.

Tz. 423

ABB. 23:	Widerstreitende Steuerfestsetzungen
Widerstreitende Steuerfestsetzungen	mehrfache Berücksichtigung zuungunsten des Steuerpflichtigen (§ 174 Abs. 1 AO)
	mehrfache Berücksichtigung zugunsten des Steuerpflichtigen (§ 174 Abs. 2 AO)
	irrtümliche Nichtberücksichtigung in erkennbarer Annahme (§ 174 Abs. 3 AO)
	Änderung aufgrund Rechtsbehelf/Antrag (§ 174 Abs. 4 AO)
	Änderung aufgrund Rechtsbehelf/Antrag gegenüber Dritten (§ 174 Abs. 5 AO)

Tz. 424

Ein endgültiger Steuerbescheid ist nach § 175 Abs. 1 Satz 1 Nr. 1 AO zu erlassen, aufzuheben oder zu ändern, soweit ein Grundlagenbescheid, der für diesen Bescheid bindend ist, erlassen, aufgehoben oder geändert wird.

Grundlagenbescheide

IV. Abgabenordnung

> **BEISPIEL**
>
> A gibt in seiner Einkommensteuererklärung die Einkünfte aus einer KG-Beteiligung mit 1.000 € an. Nach der erklärungsgemäßen Veranlagung zur Einkommensteuer geht der Gewinnfeststellungsbescheid ein. Hierfür sind für A Einkünfte aus der KG-Beteiligung in Höhe von 5.000 € festgestellt worden.
>
> Der Einkommensteuerbescheid ist nach § 175 Abs. 1 Satz 1 Nr. 1 AO zu ändern.

Tz. 425

rückwirkendes Ereignis

Ein Steuerbescheid ist nach § 175 Abs. 1 Satz 1 Nr. 2 und Abs. 2 AO zu erlassen, aufzuheben oder zu ändern, soweit ein Ereignis eintritt, das steuerliche Wirkung für die Vergangenheit hat. Im Gegensatz zu § 173 AO ist entscheidend, dass das Ereignis nachträglich eingetreten ist, das heißt nachdem die Steuerfestsetzung erfolgt ist.

> **BEISPIEL**
>
> A macht in seiner Steuererklärung Spenden an einen Verein geltend, die aufgrund der vorliegenden Spendenbescheinigung anerkannt werden. Dem Verein wird im Folgejahr die Gemeinnützigkeit aberkannt.
>
> Nach § 175 Abs. 1 Nr. 2 AO ist eine Änderung des Einkommensteuerbescheids des A vorzunehmen.

5. Steuererhebungsverfahren

5.1 Fälligkeit

Tz. 426

Entstehung

Zwischen der Entstehung eines Steueranspruchs und dessen Fälligkeit ist zu differenzieren. So entstehen gemäß § 38 AO Ansprüche aus dem Steuerschuldverhältnis, sobald der Tatbestand verwirklicht ist, an den das Gesetz die Leistungspflicht knüpft. Dies ist bei der Einkommensteuer beispielsweise mit Ablauf des Kalenderjahres der Fall (§ 36 Abs. 1 EStG).

Tz. 427

Fälligkeit

Die Fälligkeit eines Anspruchs ist stattdessen gegeben, wenn der Gläubiger berechtigt ist, die Geldleistung einzufordern. Hierfür sind nach § 220 Abs. 1 AO grundsätzlich die jeweiligen Einzelsteuergesetze maßgeblich. Für die Einkommensteuer finden sich beispielsweise in § 36 Abs. 4 EStG die entsprechenden Regelungen.

Nach § 220 Abs. 2 Satz 2 AO ergibt sich diese Abfolge:

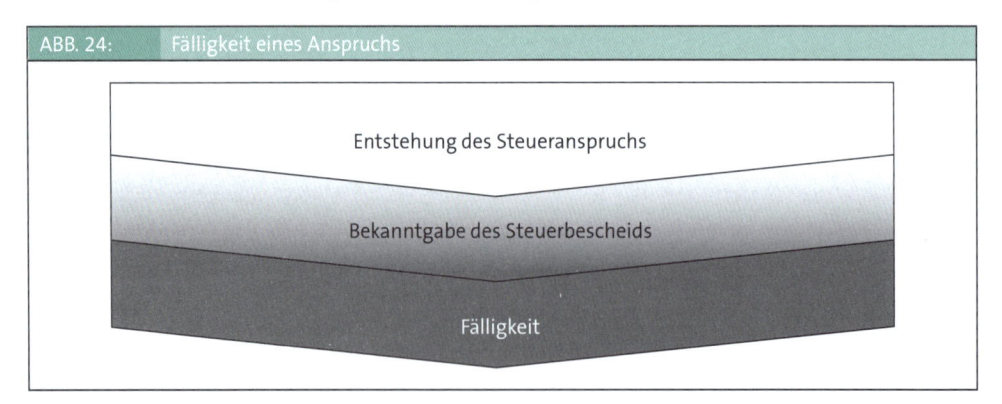

ABB. 24: Fälligkeit eines Anspruchs

- Entstehung des Steueranspruchs
- Bekanntgabe des Steuerbescheids
- Fälligkeit

Tz. 428

Sams-, Sonn- oder Feiertag

Fällt der Fälligkeitstag auf einen Samstag, Sonntag oder gesetzlichen Feiertag, verschiebt sich der Fälligkeitstag auf den nächstfolgenden Werktag (§ 108 Abs. 3 AO). Werden Steuern nicht bis zum Ablauf des Fälligkeitstages entrichtet, entstehen nach § 240 Abs. 1 AO grundsätzlich Säumniszuschläge. Hierbei ist jedoch die dreitägige Schonfrist (§ 240 Abs. 3 AO) zu beachten.

> **BEISPIEL**
>
> Die Einkommensteuervorauszahlung III/2012 in Höhe von 1.830 € ist am 10.9.2012 (Montag) fällig (§ 37 Abs. 1 EStG). Sie wird erst am 11.10.2012 (Donnerstag) entrichtet.
>
> Es sind nach § 240 Abs. 1 AO Säumniszuschläge für zwei angefangene Monate (11.9. und 11.10.2012) für den auf 1.800 € abgerundeten Betrag zu entrichten: 1.800 € × 2 % = 36 €

5.2 Stundung, Verrechnungsstundung

Tz. 429

Bei Ansprüchen aus Steuerschuldverhältnissen kann die Fälligkeit nach § 222 Satz 1 AO durch Stundung hinausgeschoben werden, wenn

- die Einziehung bei Fälligkeit für den Schuldner eine erhebliche Härte bedeuten würde und
- der Anspruch durch die Stundung nicht gefährdet erscheint.

Stundung

Darüber hinaus soll eine Stundung nach § 222 Satz 2 AO in der Regel

- nur auf Antrag und
- gegen Sicherheitsleistung gewährt werden.

Tz. 430

Eine erhebliche Härte im Sinne des § 222 Satz 1 AO kann aus folgenden Gründen vorliegen:

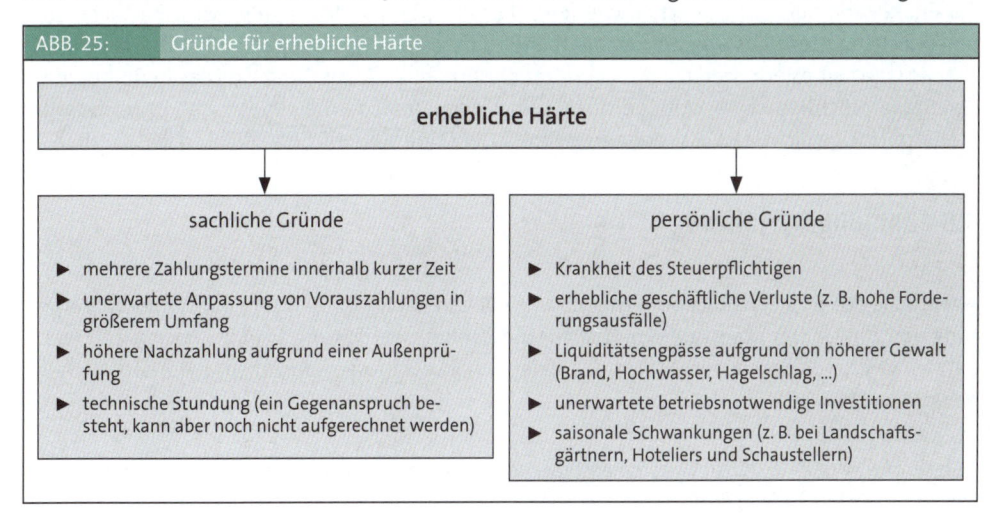

ABB. 25: Gründe für erhebliche Härte

erhebliche Härte

sachliche Gründe
- mehrere Zahlungstermine innerhalb kurzer Zeit
- unerwartete Anpassung von Vorauszahlungen in größerem Umfang
- höhere Nachzahlung aufgrund einer Außenprüfung
- technische Stundung (ein Gegenanspruch besteht, kann aber noch nicht aufgerechnet werden)

persönliche Gründe
- Krankheit des Steuerpflichtigen
- erhebliche geschäftliche Verluste (z. B. hohe Forderungsausfälle)
- Liquiditätsengpässe aufgrund von höherer Gewalt (Brand, Hochwasser, Hagelschlag, …)
- unerwartete betriebsnotwendige Investitionen
- saisonale Schwankungen (z. B. bei Landschaftsgärtnern, Hoteliers und Schaustellern)

Tz. 431

Eine Stundung wird durch einen begünstigenden Ermessensverwaltungsakt (vgl. § 5 AO) ausgesprochen und beinhaltet regelmäßig Nebenbestimmungen (§ 120 Abs. 2 AO):

Ermessen

- eine Befristung für den geschuldeten Betrag;
- einen Widerrufsvorbehalt, sofern sich die Vermögenslage des Schuldners bessert;
- eine auflösende Bedingung, sofern der Schuldner mit einer Rate in Verzug gerät;
- eine aufschiebende Bedingung, dass vor der Wirksamkeit eine Sicherheitsleistung zu erbringen ist.

Tz. 432

Für die Dauer der gewährten Stundung werden nach § 234 Abs. 1 AO grundsätzlich Zinsen erhoben. Gemäß § 234 Abs. 2 AO kann auf diese ganz oder teilweise verzichtet werden, wenn ihre Erhebung nach Lage des einzelnen Falls unbillig wäre (z. B. bei längerer Arbeitslosigkeit oder technischer Stundung).

Stundungszinsen

Die Zinsen betragen nach § 238 Abs. 1 Sätze 1 und 2 AO für jeden vollen Monat 0,5 %.

5.3 Leistungsort, Tag der Zahlung

Tz. 433

Im Allgemeinen erlöschen Steueransprüche durch Zahlung (§ 224 AO). Ausnahmsweise kann nach § 224a AO auch eine Hingabe von Kunstgegenständen an Zahlung statt erfolgen.

Zahlung

Nach § 224 Abs. 2 AO gilt eine Zahlung als wirksam geleistet:

1.) bei Übergabe oder Übersendung von Zahlungsmitteln am Tag des Eingangs, bei Hingabe oder Übersendung von Schecks jedoch drei Tage nach dem Tag des Eingangs,

2.) bei Überweisung oder Einzahlung auf ein Konto der Finanzbehörde und bei Einzahlung mit Zahlschein oder Postanweisung an dem Tag, an dem der Betrag der Finanzbehörde gutgeschrieben wird,

3.) bei Vorliegen einer Einzugsermächtigung am Fälligkeitstag. Folglich können hier bei entsprechender Deckung des Kontos nie Säumniszuschläge anfallen.

5.4 Erlass

Tz. 434

Erlass

Nach § 227 AO ist ein Erlöschen von Steueransprüchen durch Erlass möglich. Der Erlass ist der teilweise oder vollständige Verzicht der Finanzbehörde auf den Steueranspruch und/oder die steuerlichen Nebenleistungen.

Ein Erlass kann nur ausgesprochen werden, wenn die Steuererhebung die wirtschaftliche oder persönliche Existenz des Steuerpflichtigen ernsthaft gefährden oder gar vernichten würde. Darüber hinaus ist es erforderlich, dass der Steuerschuldner erlasswürdig ist. Dies bedeutet, dass der Steuerpflichtige seine Notlage nicht selbst schuldhaft herbeigeführt hat bzw. dass der Steuerpflichtige nicht bewusst oder grob fahrlässig seine steuerlichen Pflichten verletzt hat.

5.5 Zahlungsverjährung

Tz. 435

Zahlungsverjährung

Ansprüche aus Steuerschuldverhältnissen unterliegen nach § 228 AO einer besonderen Verjährung von fünf Jahren. Der Lauf der Frist für die Zahlungsverjährung beginnt nach § 229 Abs. 1 Satz 1 AO grundsätzlich mit Ablauf des Kalenderjahres, in dem der Anspruch erstmals fällig geworden ist.

BEISPIEL

Ein Rentner wird für 2011 zur Einkommensteuer veranlagt. Der Einkommensteuerbescheid für 2011 wurde im Juni 2012 bekannt gegeben.

Die Fünf-Jahres-Frist für die Zahlungsverjährung beginnt mit Ablauf des Jahres 2012 und endet mit Ablauf des Jahres 2017.

Tz. 436

Unterbrechung

Ansprüche aus dem Steuerschuldverhältnis erlöschen nur dann mit Ablauf der Fünf-Jahres-Frist, wenn die Finanzbehörde während dieser Frist nichts zur Verfolgung der Ansprüche unternommen hat. Eine Unterbrechung der Frist kommt somit nach § 231 Abs. 1 Satz 1 AO in folgenden Fällen in Betracht:

- ▶ schriftliche Geltendmachung des Anspruchs;
- ▶ Zahlungsaufschub;
- ▶ Stundung;
- ▶ Aussetzung der Vollziehung;
- ▶ Sicherheitsleistung;
- ▶ Vollstreckungsaufschub;
- ▶ Vollstreckungsmaßnahmen;
- ▶ Anmeldung im Insolvenzverfahren;
- ▶ Aufnahme in einen Insolvenzplan oder einen gerichtlichen Schuldenbereinigungsplan;
- ▶ Einbeziehung in ein Verfahren, das die Restschuldbefreiung für den Schuldner zum Ziel hat;
- ▶ Ermittlungen der Finanzbehörde nach dem Wohnsitz oder dem Aufenthaltsort des Zahlungspflichtigen.

Nach § 231 Abs. 2 AO dauert die Unterbrechung der Verjährung regelmäßig bis die zur Unterbrechung führende Maßnahme ausgelaufen ist.

> Die am 5. 10. 2011 fällige Körperschaftsteuerabschlusszahlung für 2010 wird bis 1. 3. 2012 gestundet.
> Die planmäßige Verjährungsfrist beginnt mit Ablauf des Jahres 2011. Durch die Stundung wird die Zahlungsverjährung bis 1. 3. 2012 unterbrochen.

Tz. 437
Solange ein Anspruch aus dem Steuerschuldverhältnis wegen höherer Gewalt innerhalb der letzten sechs Monate vor Ablauf der Fünf-Jahres-Frist nicht verfolgt werden kann, ist die Verjährung nach § 230 AO gehemmt. Dies bedeutet, dass der Zeitpunkt des Endes der Zahlungsverjährung um den Zeitraum der Hemmung hinausgeschoben wird.

höhere Gewalt

> Aufgrund eines Wasserrohrbruchs bleibt das Finanzamt Freising im Dezember 2011 für zehn Tage geschlossen.
> Für die Steueransprüche, die planmäßig mit Ablauf des Jahres 2011 durch Zahlungsverjährung erlöschen würden, tritt die Verjährung erst mit Ablauf des 10. 1. 2012 ein.

6. Haftung für Steuerschulden

Tz. 438
Grundsätzlich muss jeder Steuerpflichtige selbst für seine Steuerschulden aufkommen (vgl. § 43 AO). Unter bestimmten Voraussetzungen besteht jedoch die Möglichkeit, dass ein Anderer für die Steuerschulden als Haftungsschuldner einstehen muss. Haftung bedeutet jedoch nicht, dass der Steuerschuldner von seiner Schuld befreit ist, vielmehr besteht der Anspruch der Finanzbehörden im Haftungsfall gegen den Steuerschuldner und gegen den Haftungsschuldner als Gesamtschuldner (§ 44 Abs. 1 AO).

Haftung

Dies bedeutet, dass die Begleichung der Steuerschuld durch einen Gesamtschuldner dem anderen zugute kommt (§ 44 Abs. 2 Satz 1 AO).

6.1 Haftung der Vertreter

Tz. 439
Gemäß § 69 Satz 1 AO haften die in den §§ 34 und 35 AO bezeichneten Personen, soweit Ansprüche aus dem Steuerschuldverhältnis (§ 37 AO) infolge vorsätzlicher oder grob fahrlässiger Verletzung der ihnen auferlegten Pflichten nicht oder nicht rechtzeitig festgesetzt oder erfüllt oder soweit infolgedessen Steuervergütungen oder Steuererstattungen ohne rechtlichen Grund gezahlt werden. Die Haftung erstreckt sich nach § 69 Satz 2 AO auch auf die zu zahlenden Säumniszuschläge.

Vertreterhaftung

Tz. 440
Von der Haftung nach § 69 AO können folgende Personengruppen betroffen sein:
- Eltern als gesetzliche Vertreter ihrer Kinder,
- Vormund als gesetzlicher Vertreter seines Mündels,
- Vorstand als gesetzlicher Vertreter einer AG,
- Geschäftsführer als gesetzlicher Vertreter einer GmbH,
- Insolvenz-, Zwangs- oder Nachlassverwalter,
- Testamentsvollstrecker.

Tz. 441
Die Haftung nach § 69 AO kann nur entstehen, wenn steuerliche Pflichten vorsätzlich oder grob fahrlässig verletzt werden und hierdurch der Finanzbehörde ein Schaden entsteht.

Pflichtverletzung

> Die A-GmbH hat folgende Schulden:
> - Lieferantenschulden: 300.000 €
> - Personalkosten: 100.000 €
> - Steuerschulden: 200.000 €
>
> Die A-GmbH hat noch 300.000 € liquide Mittel und begleicht hierdurch die Personalkosten (100.000 €) und Lieferantenschulden in Höhe von 200.000 €.

Der Geschäftsführer haftet nach § 69 AO grundsätzlich in Höhe von 100.000 €. Dieser Betrag errechnet sich wie folgt:
- Gesamtschulden: 600.000 €
- Zahlungen: 300.000 € (entspricht 50 % der Gesamtschulden)

Folglich hätten 50 % der Steuerschulden getilgt werden müssen: 200.000 € × 50 % = 100.000 €

6.2 Haftung des Betriebsübernehmers

Tz. 442

Übernehmerhaftung

Nach § 75 Abs. 1 AO haftet der Erwerber eines Unternehmens grundsätzlich persönlich bei einer Übereignung im Ganzen in sachlich und zeitlich bestimmtem Umfang für betriebsbedingte Steuerschulden. Der Begriff Übereignung im Ganzen bedeutet, dass der Erwerber alle wesentlichen Betriebsgrundlagen erhalten hat und das Unternehmen ohne großen Aufwand fortführen kann. Es muss sich also um ein lebensfähiges Unternehmen handeln (vgl. Nr. 3.3. AEAO zu § 75).

Tz. 443

Haftungsumfang

Die Haftung beschränkt sich auf die Betriebssteuern und Steuerabzugsbeträge (z. B. Umsatzsteuer, Kapitalertragsteuer und Lohnsteuer), nicht jedoch auf persönliche Steuern (z. B. Einkommensteuer des Betriebsübergebers). Von der Haftung sind auch steuerliche Nebenleistungen ausgenommen (vgl. Nr. 4.1 AEAO zu § 75).

Voraussetzung für die Haftung ist, dass die Steuern seit dem Beginn des letzten vor der wirtschaftlichen Übereignung liegenden Kalenderjahres entstanden sind (§ 38 AO) und innerhalb eines Jahres nach Anmeldung (§ 138 AO) des Betriebes bei der zuständigen Finanzbehörde durch den Erwerber festgesetzt oder angemeldet worden sind.

Die Haftung beschränkt sich auf den Bestand des übernommenen Vermögens (§ 75 Abs. 1 Satz 2 AO).

Tz. 444

Ausgeschlossen von der Haftung nach § 75 Abs. 1 AO sind Erwerbe aus einer Insolvenzmasse und Erwerbe im Vollstreckungsverfahren (§ 75 Abs. 2 AO).

6.3 Haftung des Arbeitgebers

Tz. 445

Arbeitgeberhaftung

Nach § 42d Abs. 1 EStG können sich für einen Arbeitgeber folgende Haftungstatbestande für die Lohnsteuer ergeben:
- Verletzung der Einbehaltungs- und Abführungspflicht (Nr. 1);
- zu Unrecht erstattete Lohnsteuer beim Lohnsteuerjahresausgleich (Nr. 2);
- Steuerverkürzung aufgrund fehlerhafter Angaben in den Lohnunterlagen (Nr. 3);
- aus Lohnsteuerbeträgen, die nach § 38 Abs. 3a EStG für Dritte zu übernehmen sind (Nr. 4).

Tz. 446

In den Fällen der Lohnsteuerhaftung sind der Arbeitgeber und der Arbeitnehmer Gesamtschuldner (§ 42d Abs. 3 Satz 1 EStG). Die Haftung des Arbeitgebers besteht auch in Fällen, in denen der Arbeitnehmer zur Einkommensteuer veranlagt wird (§ 42d Abs. 3 Satz 3 EStG).

6.4 Haftungsbescheide

Tz. 447

Haftungsbescheide

Liegt eine Haftung kraft Gesetzes vor, ist eine Inanspruchnahme des Haftungsschuldners nur durch den Erlass eines Haftungsbescheides möglich (§ 191 Abs. 1 Satz 1 AO). Dieser hat schriftlich zu ergehen (§ 191 Abs. 1 Satz 3 AO) und ist nach den allgemeinen Regeln bekanntzugeben (vgl. Kapitel IV.3.1).

7. Vorschriften zum außergerichtlichen Rechtsbehelfsverfahren

Tz. 448

Die Festsetzungsverjährung beginnt bei einem Haftungsbescheid nach § 191 Abs. 3 Satz 3 AO mit Ablauf des Kalenderjahres, in dem der betreffende Tatbestand verwirklicht worden ist, das heißt in dem die Voraussetzungen des jeweiligen Haftungstatbestandes erfüllt sind.

Festsetzungsverjährung

Die Festsetzungsfrist beträgt nach § 191 Abs. 3 Satz 2 AO grundsätzlich vier Jahre.

Ein Haftungsbescheid kann nicht mehr ergehen, wenn eine Steuer gegen einen Steuerschuldner wegen Ablauf der Festsetzungsfrist nicht mehr festgesetzt werden kann. Gleiches gilt, wenn die gegen den Steuerschuldner festgesetzte Steuer verjährt oder erlassen worden ist (§ 191 Abs. 5 AO).

7. Vorschriften zum außergerichtlichen Rechtsbehelfsverfahren

Tz. 449

Mit einem Rechtsbehelf hat der Bürger die Möglichkeit, die Maßnahmen bzw. das Verhalten eines Hoheitsträgers einer Prüfung zu unterziehen. Im Steuerverfahren ist als außergerichtlicher Rechtsbehelf einheitlich der Einspruch vorgesehen (vgl. § 347 AO). Das außergerichtliche Rechtsbehelfsverfahren ist als Vorverfahren der Finanzgerichtsbarkeit vorgeschaltet und kann diese so entlasten.

Einspruch

Tz. 450

Das Einspruchsverfahren erstreckt sich nach § 347 AO auf alle Abgabenangelegenheiten des Steuerrechts. Es hemmt nach § 171 Abs. 3a AO die Festsetzungsverjährung und eröffnet die Möglichkeit zur Vollziehungsaussetzung (§ 361 AO, vgl. Kapitel IV.7.4).

7.1 Einspruchsfrist

Tz. 451

Die Einspruchsfrist beträgt nach § 355 Abs. 1 AO grundsätzlich einen Monat nach Bekanntgabe des Verwaltungsaktes.

Einspruchsfrist

Fehlt die Rechtsbehelfsbelehrung, beträgt die Einspruchsfrist nach § 356 Abs. 2 AO ein Jahr ab Bekanntgabe des Verwaltungsaktes.

7.2 Einlegung des Einspruchs

Tz. 452

Nach § 357 Abs. 1 Satz 1 AO ist der Einspruch schriftlich einzureichen bzw. zur Niederschrift zu erklären. Gemäß § 357 Abs. 1 Satz 3 AO ist auch die Einlegung mittels Telegramm zulässig. Da dies faktisch nicht mehr praxisrelevant ist, wäre eine Stellungnahme zu zeitgemäßeren Übermittlungsformen wünschenswert. Diese findet sich jedoch nicht im Gesetz, sondern lediglich in dem AEAO. Nach Nr. 1 AEAO zu § 357 ist auch eine Einlegung mittels Telefax sowie mittels E-Mail – sofern der Zugang nach § 87a Abs. 1 Satz 1 AO eröffnet wurde – zulässig.

Schriftform

Ein Einspruch kann jedoch nicht telefonisch eingelegt werden. Auf diesem Weg kann lediglich ein Antrag auf schlichte Änderung nach § 172 Abs. 1 Satz 1 Nr. 2a AO gestellt werden.

Tz. 453

Eine Unterzeichnung des Schriftstücks ist nicht erforderlich. Es muss nach § 357 Abs. 1 Satz 2 AO jedoch ersichtlich sein, wer den Einspruch eingelegt hat. Dies kann sich beispielsweise aus dem Briefkopf oder mittels Rückfrage durch die Finanzbehörde ergeben.

Unterschrift

Aufgrund dieser Regelung ist bei der Einlegung eines Einspruchs mittels E-Mail auch keine elektronische Signatur erforderlich.

Tz. 454

Bezeichnung — Gemäß § 357 Abs. 1 Satz 4 AO ist eine unrichtige Bezeichnung des Schriftstücks unschädlich. Der Einspruchsführer muss also das Wort „Einspruch" nicht verwenden, sondern kann auch die Bezeichnung „Widerspruch" benutzen oder ganz auf eine Bezeichnung verzichten. Es muss für die Finanzbehörde nur ersichtlich sein, dass der Steuerpflichtige mit einem Verwaltungsakt nicht einverstanden ist und eine Nachprüfung begehrt.

Tz. 455

Nach § 357 Abs. 3 AO soll (keine Mussvorschrift) im Einspruch angegeben werden, gegen welchen Verwaltungsakt er gerichtet ist, inwieweit der Verwaltungsakt angefochten ist. Darüber hinaus sollen die entsprechenden Beweismittel angeführt werden.

Tz. 456

Behörde — Der Einspruch ist nach § 357 Abs. 2 Satz 1 AO grundsätzlich bei der Behörde anzubringen, deren Verwaltungsakt angefochten wird oder bei der ein Antrag auf Erlass eines Verwaltungsaktes gestellt worden ist.

7.3 Prüfung der Zulässigkeitsvoraussetzungen

Tz. 457

Beschwer — Die Finanzbehörde hat nach § 358 Satz 1 AO zu prüfen, ob der Rechtsbehelf zulässig ist, insbesondere, ob er form- und fristgerecht eingelegt wurde. Die Prüfung beinhaltet auch die Frage, ob derjenige, der den Einspruch eingelegt hat, dazu befugt ist (Prüfung der Beschwer im Sinne des § 350 AO). Fehlt es an der Beschwer, ist der Einspruch unzulässig und somit zu verwerfen (§ 358 Satz 2 AO).

Tz. 458

Liegen die Zulässigkeitsvoraussetzungen des § 358 AO vor, ist von der Finanzbehörde zu prüfen, ob der Einspruch begründet ist (materielle Beschwer). Die entsprechende Würdigung erfolgt entweder mittels eines Abhilfebescheids (§ 367 Abs. 2 Satz 3 AO) oder mittels einer Einspruchsentscheidung (§ 367 Abs. 1 Satz 1 und Abs. 2 Satz 3 AO).

> **BEISPIEL**
> A legt gegen seinen Einkommensteuerbescheid form- und fristgerecht Einspruch mit der Begründung ein, dass das Finanzamt seine Krankheitskosten nicht als außergewöhnliche Belastung anerkannt hat. Eine Nachprüfung durch das Finanzamt ergibt, dass die Krankheitskosten zutreffend berücksichtigt wurden.
> Der Einspruch ist formell, mangels Begründetheit jedoch nicht materiell, beschwert. Sollte A seinen Einspruch nicht zurücknehmen, hat eine Einspruchsentscheidung zu erfolgen (§ 367 Abs. 1 Satz 1 und Abs. 2 Satz 3 AO).

7.4 Aussetzung der Vollziehung

Tz. 459

AdV — Die Einlegung eines Einspruchs hemmt nach § 361 Abs. 1 Satz 1 AO nicht die Vollziehung des angegriffenen Verwaltungsaktes. Es ist jedoch nach § 361 Abs. 2 AO die Aussetzung der Vollziehung möglich, sofern

- ▶ Einspruch eingelegt wurde (Ausnahme: § 361 Abs. 3 AO),
- ▶ ein vollziehbarer Verwaltungsakt vorliegt (dies ist insbesondere der Fall, wenn eine Geldleistung gefordert wird) und
- ▶ ernstliche Zweifel an der Rechtmäßigkeit des Verwaltungsaktes bestehen bzw. eine unbillige Härte vorliegt.

Tz. 460

Antrag — Die Aussetzung der Vollziehung setzt keinen Antrag voraus, sondern kann auch von Amts wegen nach pflichtgemäßem Ermessen gewährt werden (vgl. § 361 Abs. 2 Satz 1 AO). In der Praxis kann es durchaus sinnvoll sein, auf einen Antrag auf Aussetzung der Vollziehung zu verzichten, um bei Vorliegen der übrigen Voraussetzungen eine Verzinsung der Steuererstattung bei Erfolg des Einspruchs nach § 233a Abs. 1 AO i.V.m. § 238 AO herbeizuführen.

Tz. 461
Sollte ein eingelegter Rechtsbehelf endgültig keinen Erfolg haben, ist ein ausgesetzter und geschuldeter Betrag nach § 233a Abs. 1 AO i.V.m. § 237 Abs. 1 Satz 1 AO mit 0,5 % pro vollem Monat zu verzinsen.

7.5 Aussetzung und Ruhen des Verfahrens

Tz. 462
Hängt die Entscheidung über den Einspruch ganz oder zum Teil von dem Bestehen oder Nichtbestehen eines Rechtsverhältnisses ab, das den Gegenstand eines anhängigen Rechtsstreits bildet oder von einem Gericht oder einer Verwaltungsbehörde festzustellen ist, kann die Finanzbehörde die Entscheidung bis zur Erledigung des anderen Rechtsstreits oder bis zur Entscheidung des Gerichts oder der Verwaltungsbehörde aussetzen (§ 363 Abs. 1 AO).

Ruhen des Verfahrens

> In einem Zivilgerichtsverfahren wird geklärt, ob eine Einnahme A oder B zugeflossen ist.
>
> Die Finanzbehörde ist zwar nicht an die zivilrechtliche Entscheidung gebunden, kann aber aus verfahrensökonomischen Gründen das Steuerverfahren aussetzen und sich dadurch eigene Ermittlungsarbeiten ersparen.

BEISPIEL

Tz. 463
Nach § 363 Abs. 2 AO kann die Finanzbehörde ein Verfahren ruhen lassen. Dies ist nach § 363 Abs. 2 Satz 2 AO zwangsweise zur Abwicklung von Masseneinsprüchen zum Beispiel wegen behaupteter Verfassungswidrigkeit einer Steuernorm der Fall.

7.6 Erörterung des Sach- und Rechtsstandes

Tz. 464
Auf Antrag eines Einspruchsführers soll die Finanzbehörde nach § 364a Abs. 1 Satz 1 AO den Sach- und Rechtsstand vor Erlass einer Einspruchsentscheidung erörtern. Die Finanzbehörde kann nach § 364a Abs. 1 Satz 2 AO auch ohne Antrag eines Einspruchsführers diesen und weitere Beteiligte zu einer Erörterung laden.

Erörterung

7.7 Fristsetzung

Tz. 465
Gemäß § 364b Abs. 1 AO kann die Finanzbehörde dem Einspruchsführer eine Frist setzen, innerhalb der Erklärungen abzugeben oder Beweismittel vorzulegen sind. Verstreicht die Frist ergebnislos, ergeht eine Einspruchsentscheidung ohne Berücksichtigung der angeforderten Ausführungen bzw. Unterlagen.

Frist

7.8 Form, Inhalt und Bekanntgabe der Einspruchsentscheidung

Tz. 466
Gemäß § 366 AO muss die Einspruchsentscheidung

- schriftlich,
- mit Begründung und
- mit Rechtsbehelfsbelehrung

an die Beteiligten bekanntgeben werden.

Bekanntgabe

7.9 Entscheidung über den Einspruch

Tz. 467

Nach § 367 Abs. 1 AO entscheidet die Finanzbehörde, die den Verwaltungsakt erlassen hat, über den Einspruch. Es gibt regelmäßig folgende Varianten:

ABB. 26: Varianten des Einspruchs

Einspruch ist ...

- ... unzulässig → Einspruchsentscheidung
  (§ 367 Abs. 1 Satz 1 und Abs. 2 Satz 3 AO)
- ... zulässig, aber unbegründet → Einspruchsentscheidung
  (§ 367 Abs. 1 Satz 1 und Abs. 2 Satz 3 AO)
- ... zulässig und voll begründet → Abhilfebescheid
  (§ 367 Abs. 2 Satz 3 AO)
- ... zulässig und teilweise begründet → Teilabhilfebescheid und Einspruchsentscheidung
  (§ 367 Abs. 1 Satz 1 und Abs. 2 Satz 3 AO)

8. Gerichtliches Rechtsbehelfsverfahren

8.1 Klage beim Finanzgericht

Tz. 468

Klage — Die Klage beim örtlich und sachlich zuständigen Finanzgericht ist schriftlich zu erheben. Da das Finanzgericht eine Tatsacheninstanz ist, können neue Tatsachen und Beweismittel vorgelegt werden.

Im Einzelnen wird auf die Ausführungen in Kapitel IV.1.3 verwiesen.

8.2 Revision beim Bundesfinanzhof

Tz. 469

Revision — Eine Finanzgerichtsentscheidung kann im Wege der Revision (§§ 115 bis 127 FGO) durch den Bundesfinanzhof mit Sitz in München überprüft werden. Gegen eine Finanzgerichtsentscheidung können Kläger (Steuerpflichtiger) und Beklagter (Finanzbehörde) Revision einlegen.

9. Vorschriften zur Außenprüfung

Tz. 470

Außenprüfung — Die Außenprüfung ist ein spezielles Verwaltungsverfahren, um die verfassungsrechtlich gebotene Steuergerechtigkeit durch eine gleichmäßige Besteuerung herzustellen.

Die Rechtsgrundlagen finden sich in §§ 193 ff. AO und hinsichtlich Prüfungsverfahren in § 208 AO (Steuerfahndung), in §§ 209 bis 217 (Steueraufsicht für Verbrauchsteuern), in § 42f EStG (Lohnsteueraußenprüfung) und in § 27b UStG (Umsatzsteuernachschau) sowie in der Betriebsprüfungsordnung (BpO).

Tz. 471

Zulässigkeit — Nach § 193 AO ist eine Außenprüfung in folgenden Fällen zulässig:

9. Vorschriften zur Außenprüfung

ABB. 27:	Außenprüfung

Außenprüfung nach § 193 AO

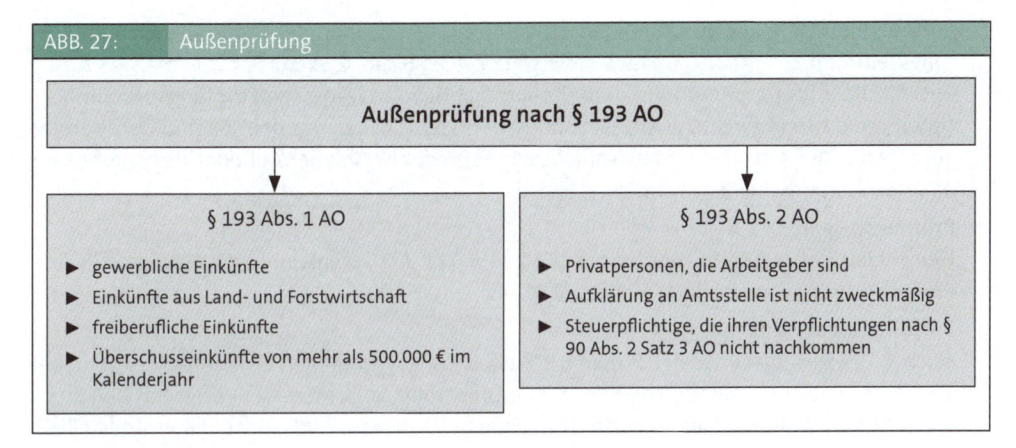

§ 193 Abs. 1 AO
- gewerbliche Einkünfte
- Einkünfte aus Land- und Forstwirtschaft
- freiberufliche Einkünfte
- Überschusseinkünfte von mehr als 500.000 € im Kalenderjahr

§ 193 Abs. 2 AO
- Privatpersonen, die Arbeitgeber sind
- Aufklärung an Amtsstelle ist nicht zweckmäßig
- Steuerpflichtige, die ihren Verpflichtungen nach § 90 Abs. 2 Satz 3 AO nicht nachkommen

Tz. 472

Die Außenprüfung dient nach § 194 Abs. 1 Satz 1 AO der Ermittlung der steuerlichen Verhältnisse des Steuerpflichtigen. Wird eine Personengesellschaft geprüft, werden die persönlichen Verhältnisse der Gesellschafter einbezogen, soweit diese für die zu überprüfende, einheitliche gesonderte Feststellung relevant sind (§ 194 Abs. 1 Satz 3 AO). Die Prüfung erstreckt sich folglich nicht auf die sonstigen Einkünfte, die die Gesellschafter außerhalb der Gesellschaft erzielen.

Personengesellschaft

Tz. 473

Die Außenprüfung kann eine oder mehrere Steuerarten erfassen und verschiedene Besteuerungszeiträume betreffen (§ 194 Abs. 1 Satz 2 AO). Es handelt sich insofern um eine Ermessensentscheidung der zuständigen Finanzbehörde (§ 4 Abs. 1 BpO). Bei Großbetrieben[45] sind grundsätzlich Abschlussprüfungen vorgesehen (§ 4 Abs. 2 BpO), bei anderen Betrieben soll der Prüfungszeitraum regelmäßig nicht mehr als drei zusammenhängende Besteuerungszeiträume umfassen (§ 4 Abs. 3 Satz 1 BpO).

Umfang

Tz. 474

Nach § 194 Abs. 2 AO ist eine so genannte Erstreckungsprüfung zulässig. Dies bedeutet, dass in die Prüfung bei einer Gesellschaft auch die nicht die einheitliche Feststellung betreffenden steuerlichen Verhältnisse von Gesellschaftern und Mitgliedern (auch von Überwachungsorganen) einbezogen werden können, wenn dies im Einzelfall zweckmäßig ist. Ist dies gewünscht, muss auch den betroffenen Gesellschaftern bzw. Mitgliedern eine eigene Prüfungsanordnung im Sinne des § 197 Abs. 1 AO zugestellt werden.

Erstreckungsprüfung

§ 194 Abs. 2 AO betrifft im Gegensatz zu § 194 Abs. 1 Satz 3 AO, der nur Personengesellschaften anbelangt, jede Gesellschaftsform, also auch Kapitalgesellschaften, Genossenschaften und Vereine.

Tz. 475

§ 194 Abs. 3 AO gestattet es den Finanzbehörden, über anlässlich einer Außenprüfung festgestellte steuerliche Verhältnisse anderer Personen Kontrollmitteilungen an das zuständige Finanzamt zu senden. Hierdurch können steuerliche Verhältnisse von Personen, die nicht unmittelbar von der Außenprüfung betroffen sind, kontrolliert werden.

Kontrollmitteilungen

Tz. 476

Eine Außenprüfung läuft in der Regel nach folgendem Schema ab:

▶ **Prüfungsanordnung**
Die bevorstehende Außenprüfung ist dem Steuerpflichtigen nach § 196 AO durch eine Prüfungsanordnung schriftlich anzuzeigen. Die Prüfungsanordnung hat die Rechtsgrundlagen

Ablauf einer Außenprüfung

---

45 Die Steuerpflichtigen werden nach § 3 BpO in vier Größenklassen eingeordnet.

der Außenprüfung, die zu prüfenden Steuerarten, den Namen des Prüfers sowie den Prüfungszeitraum zu enthalten (§ 197 Abs. 1 Satz 1 AO, § 5 Abs. 2 Satz 1 BpO). Gemäß § 5 Abs. 4 BpO ist die Prüfungsanordnung dem Steuerpflichtigen bzw. dessen Empfangsbevollmächtigten mindestens zwei bzw. bei Großbetrieben vier Wochen vor dem Beginn der Prüfung zuzustellen. Auf Antrag der Steuerpflichtigen kann der Beginn der Außenprüfung auf einen anderen Zeitpunkt verlegt werden (§ 197 Abs. 2 AO).

▶ **Prüfungsbeginn**
Der Beginn der Außenprüfung ist nach § 198 Satz 2 AO aktenkundig zu machen. Für den Prüfer besteht Ausweispflicht (§ 198 Satz 1 AO).

▶ **Prüfungsgegenstand**
Nach § 199 Abs. 1 AO hat der Prüfer die Besteuerungsgrundlagen zu ermitteln und dabei zugunsten wie auch zuungunsten des Steuerpflichtigen zu prüfen. Der Prüfer hat den Steuerpflichtigen während der Außenprüfung nach § 199 Abs. 2 AO über die festgestellten Sachverhalte zu informieren, wenn dies die Prüfung nicht beeinträchtigt.

▶ **Prüfungsdauer**
Die zeitliche Dauer einer Betriebsprüfung ist nicht normiert, soll jedoch nach § 7 Satz 2 BpO auf das notwendige Maß beschränkt werden.

▶ **Schlussbesprechung**
Über das Ergebnis der Betriebsprüfung ist nach § 201 Abs. 1 Satz 1 AO eine Schlussbesprechung abzuhalten, es sei denn, dass sich nach dem Ergebnis der Außenprüfung keine Änderung der Besteuerungsgrundlagen ergibt oder dass der Steuerpflichtige auf die Besprechung verzichtet.

▶ **Prüfungsbericht**
Über das Ergebnis der Außenprüfung ergeht nach § 202 Abs. 1 AO ein schriftlicher Prüfungsbericht, der die erheblichen Prüfungsfeststellungen in tatsächlicher und rechtlicher Hinsicht sowie die Änderungen der Besteuerungsgrundlagen darstellt. Ergeben sich keine Änderungen der Besteuerungsgrundlagen, so genügt es, wenn dies dem Steuerpflichtigen schriftlich mitgeteilt wird. Nach § 202 Abs. 2 AO ist dem Steuerpflichtigen auf Antrag vor Auswertung Möglichkeit zur Stellungnahme zu geben.

Tz. 477

Mitwirkungspflicht

Nach § 200 AO hat der Steuerpflichtige im Rahmen einer Außenprüfung eine erhöhte Mitwirkungspflicht. Er ist zur Auskunftserteilung, zur Vorlage von Aufzeichnungen, Büchern, Geschäftspapieren und zur Abgabe von Erläuterungen verpflichtet. Darüber hinaus muss er Zutritt zu den Geschäftsräumen gewähren und unentgeltlich einen Arbeitsplatz für den Prüfer zur Verfügung stellen.

Tz. 478

Datenzugriff

Nach § 147 Abs. 6 AO hat die Finanzverwaltung im Rahmen einer Außenprüfung drei Möglichkeiten, auf das EDV-System des Steuerpflichtigen zuzugreifen:

▶ **Unmittelbarer Datenzugriff**
Der unmittelbare Datenzugriff beinhaltet den Nur-Lesezugriff auf DV-Systeme durch den Prüfer zur Prüfung der Buchhaltungsdaten, Stammdaten und Verknüpfungen (beispielsweise zwischen den Tabellen einer relationalen Datenbank). Darunter fällt auch die Nutzung vorhandener Auswertungsprogramme des betrieblichen DV-Systems zwecks Filterung und Sortierung der steuerlich relevanten Daten.

▶ **Mittelbarer Datenzugriff**
Beim mittelbaren Datenzugriff müssen die steuerlich relevanten Daten entsprechend den Vorgaben des Prüfers vom Unternehmen oder einem beauftragten Dritten maschinell ausgewertet werden, um anschließend einen Nur-Lesezugriff durchführen zu können. Verlangt werden darf aber nur eine maschinelle Auswertung mit den im DV-System vorhandenen Auswertungsmöglichkeiten. Die Kosten der maschinellen Auswertung hat das Unternehmen zu tragen. Darüber hinaus sind die Unternehmen zur Unterstützung des Prüfers durch mit dem DV-System vertraute Personen verpflichtet.

▶ **Datenüberlassung**
Bei der Datenüberlassung sind der Finanzbehörde mit den gespeicherten Unterlagen und Aufzeichnungen alle zur Auswertung der Daten notwendigen Informationen (z. B. über die Dateistruktur, die Datenfelder sowie interne und externe Verknüpfungen) in maschinell auswertbarer Form zur Verfügung zu stellen. Dies gilt auch in den Fällen, in denen sich die Daten bei Dritten befinden.

10. Straf- und Bußgeldvorschriften

Tz. 479

Gemäß § 369 Abs. 1 Nr. 1 AO i. V. m. § 370 Abs. 1 AO liegt eine Steuerhinterziehung vor, wenn unrichtige oder unvollständige Angaben über steuerlich erhebliche Tatsachen gemacht oder die Finanzbehörden über steuerlich erhebliche Tatsachen pflichtwidrig in Unkenntnis gelassen und hierdurch Steuern verkürzt oder ungerechtfertigte Steuervorteile erlangt werden. Der Versuch einer entsprechenden Tat ist nach § 370 Abs. 2 AO ebenfalls strafbar.

Steuerhinterziehung

Die Freiheitsstrafe kann in besonders schweren Fällen bis zu zehn Jahre betragen (§ 370 Abs. 3 AO).

Tz. 480

Nach § 371 Abs. 1 AO wird wegen Steuerhinterziehung nicht bestraft, wenn gegenüber der Finanzbehörde zu allen unverjährten Steuerstraftaten einer Steuerart die unrichtigen Angaben in vollem Umfang berichtigt werden. Dies gilt jedoch beispielsweise nach § 371 Abs. 2 Nr. 1 Buchst. a AO nicht, wenn dem Täter bzw. seinem Vertreter eine Prüfungsanordnung nach § 196 AO bekannt gegeben worden ist.

Selbstanzeige

Wird eine Tat im Sinne des § 370 Abs. 1 AO leichtfertig begangen, liegt eine Ordnungswidrigkeit vor (§ 378 Abs. 1 AO), die mit einer Geldbuße geahndet werden kann (§ 378 Abs. 2 AO).

1.) Was haben Verspätungszuschläge und Erstattungszinsen gemeinsam?
Bei beiden handelt es sich um steuerliche Nebenleistungen (Tz. 329).

2.) Was ist eine Betriebsstätte?
Eine Betriebsstätte ist nach § 12 AO jede feste Geschäftseinrichtung, die der Tätigkeit des Unternehmens dient (Tz. 331).

3.) Welches Finanzamt ist zuständig, wenn Einkünfte aus freiberuflicher Tätigkeit vorliegen?
Nach § 18 Abs. 1 Nr. 3 AO ist das Tätigkeitsfinanzamt zuständig (Tz. 334).

4.) Welches Finanzamt ist in Angelegenheiten der Bauabzugsteuer zuständig?
Nach § 20a AO ist das Finanzamt des Leistenden zuständig (Tz. 337).

5.) Welches Finanzamt ist zuständig, wenn ein Steuerpflichtiger mehrere Wohnsitze hat?
In den Fällen mehrfacher örtlicher Zuständigkeit ist nach § 25 AO grundsätzlich das Finanzamt zuständig, das sich als erstes mit dem Fall befasst hat (Tz. 342).

6.) Wo ist der Sitz des Bundesfinanzhofes?
Der Sitz befindet sich in München (Tz. 347).

7.) Was versteht man unter einer Verpflichtungsklage?
Durch eine Verpflichtungsklage soll das Finanzamt zum Erlass eines abgelehnten oder unterlassenen Verwaltungsaktes verurteilt werden (Tz. 349).

8.) Können Dokumente elektronisch an die Finanzbehörde übermittelt werden?
Eine elektronische Übermittlung ist nach § 87a AO grundsätzlich zulässig (Tz. 356).

9.) Ist die Bearbeitung von Anträgen auf verbindliche Auskunft kostenpflichtig?
Es besteht nach § 89 Abs. 3 AO eine Gebührenpflicht. Lediglich für Fälle mit einem Gegenstandswert von weniger als 10.000 € besteht diese nach § 89 Abs. 5 AO nicht (Tz. 359).

10.) Wann gilt ein schriftlicher durch die Post übermittelter Verwaltungsakt als bekannt gegeben?
Nach § 122 Abs. 2 Nr. 1 AO gilt dieser mit dem dritten Tag nach Aufgabe zur Post als bekannt gegeben (Tz. 366).

11.) Was geschieht, wenn der letzte Tag einer Frist ein Sonntag ist?
Nach § 108 Abs. 3 AO endet die Frist erst mit Ablauf des nachfolgenden Werktages (Tz. 370).

12.) Müssen Einkommensteuererklärungen elektronisch an die Finanzbehörden übermittelt werden?
Eine entsprechende Verpflichtung besteht nach § 25 Abs. 4 EStG nur, wenn Gewinneinkünfte erzielt werden (Tz. 378).

13.) Ist ein Betriebsprüfungsbericht ein Verwaltungsakt?
Nein, da keine Rechtswirkung nach außen entfaltet wird (Tz. 384).

14.) Welches Rechtsmittel kann gegen einen Steuerbescheid eingelegt werden?
Nach § 347 AO ist der Einspruch zulässig (Tz. 389).

15.) Welche Methoden der Schätzung gibt es (zwei Nennungen)?
Äußerer Betriebsvergleich anhand von Richtsätzen, Geldverkehrsrechnung (Tz. 397).

16.) Wann ist die Festsetzungsfrist gewahrt?
Die Festsetzungsfrist ist gewahrt, wenn der Steuerbescheid vor Ablauf der Frist den Bereich der für die Steuerfestsetzung zuständigen Behörde verlassen hat (§ 169 Abs. 1 Satz 3 Nr. 1 AO, Tz. 402).

17.) Wann erfolgt eine einheitliche und gesonderte Feststellung der Besteuerungsgrundlagen?
Diese erfolgt für alle Einkünfte, an denen mehrere Steuerpflichtige beteiligt sind (Tz. 412).

18.) Welchen Nachteil hat der Antrag auf schlichte Änderung gegenüber dem Einspruch?
Es kann keine Aussetzung der Vollziehung im Sinne des § 361 AO gewährt werden (Tz. 415).

19.) Was versteht man unter widerstreitenden Steuerfestsetzungen?
Widerstreitende Steuerfestsetzungen im Sinne des § 174 AO liegen vor, wenn ein Sachverhalt in mehreren Steuerbescheiden zugunsten oder zuungunsten eines Steuerpflichtigen berücksichtigt wurde (Tz. 422).

20.) Welche Möglichkeit hat ein Steuerpflichtiger, der aufgrund erheblicher geschäftlicher Verluste seine Steuerschulden nicht begleichen kann?
Es kann nach § 222 Satz 1 AO ein Antrag auf Stundung gestellt werden (Tz. 430).

21.) Wie lange dauert die Zahlungsverjährung bei Ansprüchen aus Steuerschuldverhältnissen?
Die Verjährungsfrist beläuft sich auf fünf Jahre (Tz. 435).

22.) Wo finden sich Regelungen zur Haftung des Arbeitgebers für Lohnsteuerschulden?
Die entsprechende Norm ist § 42d EStG (Tz. 445).

23.) Wie lange läuft die Einspruchsfrist?
Die Einspruchsfrist beträgt nach § 355 Abs. 1 AO grundsätzlich einen Monat (Tz. 451).

24.) Muss ein Einspruch unterzeichnet werden?
Eine Unterzeichnung kann unterbleiben (Tz. 453).

25.) Was „kostet" eine gewährte Aussetzung der Vollziehung?
Der ausgesetzte und geschuldete Betrag ist mit 0,5 % je vollem Monat zu verzinsen, soweit der Einspruch endgültig keinen Erfolg hat (Tz. 461).

26.) Auf wie viele Jahre erstreckt sich der Prüfungszeitraum bei einer Außenprüfung?
Der Prüfungszeitraum soll regelmäßig nicht mehr als drei zusammenhängende Besteuerungszeiträume umfassen (Tz. 473).

27.) Wie lange kann die Freiheitsstrafe in besonders schweren Fällen der Steuerhinterziehung sein?
Nach § 370 Abs. 3 AO kann sich die Freiheitsstrafe auf bis zu zehn Jahre belaufen (Tz. 479).

V. Gewerbesteuer

Tz. 481

Der Ursprung der Gewerbesteuer geht auf das Preußische Gewerbesteueredikt aus dem Jahre 1810 zurück. Wer ein Gewerbe betreiben wollte, musste seinerzeit eine Gebühr zur Erlangung eines gültigen Gewerbescheins entrichten.

historische Entwicklung

Durch die Realsteuerreform 1936 wurden die bis dahin länderuneinheitlichen Regelungen zur Gewerbesteuer beendet. Die gesamte Verwaltung, Festsetzung und Erhebung gingen auf den Staat über. Der Staat war demzufolge Steuergläubiger. Das erzielte Gewerbesteueraufkommen wurde den Gemeinden anteilig zugewiesen.

Im Jahr 1951 übertrugen die Länder (Art. 106 GG) die Steuerhoheit über das bisher ihnen zustehende Realsteueraufkommen auf die Kommunen. Steuergläubiger waren ab diesem Zeitpunkt nach § 1 GewStG die Gemeinden. Die Gewerbesteuer ist seitdem eine Gemeindesteuer. Steuersystematisch gehört sie zu der Gruppe der Real- oder Objektsteuern (Gewerbebetrieb). Die Gewerbesteuer als wirtschaftskraftbezogene Steuerquelle bildet das Fundament der verfassungsrechtlich gewährleisteten Selbstverwaltung der Gemeinden.

Tz. 482

Seit der Reform der Gemeindefinanzen im Jahre 1969 müssen die Gemeinden vom Ertrag der Gewerbesteuer einen Teil als Umlage an den Bund und die Länder abführen. Zum Ausgleich erhalten die Gemeinden eine ihrer Erhebungskraft entsprechende Beteiligung an der Einkommensteuer. Ziel war die Stabilisierung des kommunalen Steueraufkommens unabhängig vom jeweiligen Konjunkturzyklus.

Gemeindefinanzreform

Die rechtlichen Grundlagen zur Ermittlung der Gewerbesteuer sind das Gewerbesteuergesetz (GewStG), die Gewerbesteuer-Durchführungsverordnung (GewStDV) sowie die Gewerbesteuer-Richtlinien (GewStR), Erlasse, Verfügungen und BMF-Schreiben.

Rechtsgrundlagen

1. Steuergegenstand, Befreiungen

1.1 Besteuerungsgrundlagen

Tz. 483

Die Besteuerungsgrundlagen zur Ermittlung der Gewerbesteuer beruhten lange Zeit auf den Säulen:

Besteuerungsgrundlagen

- **Gewerbeertrag**
  Der Gewerbeertrag spiegelt die objektive Ertragskraft eines Gewerbebetriebs wider.
- **Gewerbekapital (bis 1998)**
  Das Gewerbekapital verdeutlicht die Substanz eines Unternehmens.
- **Lohnsumme (bis 1979)**
  Die Lohnsumme war das Ergebnis der Summe der Bruttolöhne und -gehälter, die ein Unternehmen an seine Mitarbeiter auszahlte.

Die aufgrund negativer Wirkung für den Arbeitsmarkt abgeschaffte Lohnsummensteuer führte insbesondere bei arbeitsintensiven Betrieben zu einer spürbaren Entlastung. Sie sollte wie auch die im Jahr 1998 abgeschaffte Gewerbekapitalsteuer die Investitionsbereitschaft der in- und ausländischen Investoren steigern.

Tz. 484

Die Ermittlung der Gewerbesteuer findet seit 1999 ausschließlich anhand des Gewerbeertrags statt. Der Gewerbeertrag ergibt sich durch Hinzurechnungen (§ 8 GewStG) zum oder Kürzungen (§ 9 GewStG) vom laufenden einkommen- oder körperschaftsteuerlichen Gewinn. Der gegebenenfalls um einen Freibetrag (§ 11 Abs. 1 GewStG) gekürzte Steuermessbetrag wird dann durch Multiplikation des Gewerbeertrags (§ 7 GewStG) mit der Steuermesszahl von 3,5 % (§ 11 Abs. 2 GewStG) ermittelt. Durch anschließende Multiplikation des Gewerbesteuermessbetrags

Ermittlung der Gewerbesteuer

mit dem in der Haushaltssatzung einer Gemeinde festgelegten Hebesatzes ergibt sich die festzusetzende Gewerbesteuer.

	Einkommen- bzw. körperschaftsteuerlicher Gewinn
+	Zurechnungen
-	Kürzungen
-	Freibetrag
=	Gewerbeertrag
×	Steuermesszahl (3,5 %)
=	Gewerbesteuermessbetrag
×	Hebesatz
=	Gewerbesteuer

Tz. 485

Mindesthebesatz Seit dem Erhebungszeitraum 2004 sind die Gemeinden verpflichtet, eine Gewerbesteuer zu erheben. Die Regelung hatte den Zweck, den nicht akzeptablen Steuerwettbewerb unter den Gemeinden durch die Schaffung von Steueroasen (z. B. Norderfriedrichskoog in Schleswig Holstein mit einem Hebesatz von 0 %) zu verhindern. Erreicht wurde dies durch die Einführung eines Mindesthebesatzes von 200 % (§ 16 Abs. 4 Satz 2 GewStG).

1.2 Steuergegenstand

Tz. 486

Steuergegenstand Steuergegenstand ist ein im Inland betriebener stehender Gewerbebetrieb. Nach § 2 Abs. 1 Satz 2 GewStG ist ein Gewerbebetrieb ein gewerbliches Unternehmen im Sinne des Einkommensteuergesetzes (§ 15 Abs. 2 EStG). Eine eigenständige gewerbesteuerliche Begriffsbestimmung fehlt. Der Gewerbebetrieb wird im Inland betrieben, soweit für ihn im Inland eine Betriebsstätte (§ 2 Abs. 1 Satz 3 GewStG) unterhalten wird.

Tz. 487

Betriebsstätten Erstreckt sich der Gewerbebetrieb auch auf das Ausland, werden nur die im Inland befindlichen Betriebsstätten der Besteuerung unterworfen.

Als Betriebsstätte gilt nach § 12 AO jede feste Geschäftseinrichtung oder Anlage, die der Tätigkeit eines Unternehmens dient. Betriebsstätten sind insbesondere:

▶ Stätte der Geschäftsleitung,
▶ Zweigniederlassungen,
▶ Geschäftsstellen,
▶ Fabrikations- oder Werkstätten,
▶ Ein- oder Verkaufsstellen.

BEISPIEL Der Unternehmer Müller betreibt eine Bäckerei in Bad Reichenhall mit Zweigniederlassungen in Freilassing und Salzburg. Der Gewerbebetrieb umfasst die Bäckerei und die zwei Filialen. Beide Zweigniederlassungen sind Betriebsstätten der Bäckerei in Bad Reichenhall und erfüllen die Voraussetzungen des § 12 AO. Steuergegenstand ist der inländische Teil des Gewerbebetriebs. Dieser besteht aus der Bäckerei in Bad Reichenhall und der Zweigniederlassung in Freilassing.

Tz. 488

Reisegewerbe Besteuerungsgegenstand ist der Gewerbebetrieb. Ein Betrieb erfüllt dann die Voraussetzungen eines Gewerbebetriebs, wenn kein Reisegewerbe im Sinne des § 35a Abs. 2 GewStG vorliegt. Typische Reisegewerbetreibende sind beispielsweise Schausteller. Im Gegensatz zu einer gewerblichen Betätigung ist zur Ausübung des Schaustellergewerbes keine Gewerbeanzeige, sondern eine Reisegewerbekarte (§§ 55 ff. GewO) erforderlich. Zu beachten ist hierbei, dass die Vorschriften über die Zerlegung des Messbetrags nach §§ 28 ff. GewStG vorbehaltlich des § 35a GewStG keine Anwendung finden.

1. Steuergegenstand, Befreiungen

Tz. 489

Ein Gewerbebetrieb kraft gewerblicher Betätigung ist nach dem EStG durch vier positive Abgrenzungsmerkmale charakterisiert:

▶ Selbständigkeit (sachlich/persönlich),
▶ Nachhaltigkeit,
▶ Teilnahme am allgemeinen wirtschaftlichen Verkehr,
▶ Gewinnerzielungsabsicht.

Kennzeichen eines Gewerbebetriebs

Tz. 490

Die sachliche Selbständigkeit ist vor allem für die Gewerbesteuer im Sinne der Eigenständigkeit des Betriebs als Objekt der Gewerbebesteuerung von Bedeutung, insbesondere für § 10a GewStG und den Freibetrag des § 11 GewStG. Liegen mehrere Betriebe vor, kann ein Gewerbetreibender als Einzelunternehmer und natürliche Person mehrere Betriebe verschiedener Art oder mehrere Betriebe gleicher Art besitzen. Die Abgrenzung, ob sachlich ein oder mehrere Gewerbebetriebe vorliegen, sind im Rahmen einer Würdigung der nachfolgenden Kriterien zu ermitteln:

Selbständigkeit

Merkmale sachlicher Selbständigkeit bei Einzelunternehmen:	Beispiele
Organisatorischer Zusammenhang	Unterschiedliche Tätigkeiten erfolgen im selben Geschäftslokal; gemeinsame Nutzung der angeschafften Betriebsmittel; Einsatz der gleichen Arbeitnehmer für unterschiedliche Unternehmensbereiche
Wirtschaftlicher Zusammenhang	Wenn zwei oder mehrere Unternehmensbereiche sich wirtschaftlich ergänzen
Finanzieller Zusammenhang	Führen gemeinsamer Bankkonten sowie die Erstellung gemeinsamer Gewinn- und Verlustrechnungen sowie Bilanzen

Tz. 491

Eine nachhaltige Betätigung ist anzunehmen, wenn die Tätigkeit auf eine bestimmte Dauer und regelmäßig auf Wiederholung angelegt ist. Zur Feststellung der Wiederholungsabsicht kommt es auf die tatsächlichen Umstände des Einzelfalls an. Im Streitfall mit dem Finanzamt obliegt die Würdigung der Nachhaltigkeit dem Finanzgericht als Tatsacheninstanz.

Nachhaltigkeit

Tz. 492

Die Frage der Gewinnerzielungsabsicht ist nach steuerrechtlichen Gesichtspunkten zu bewerten. Der Betrieb muss einen Totalgewinn erwirtschaften. Kalkulatorische Leistungen und Kosten fließen insofern in die Ermittlung nicht ein.

Gewinnerzielung

Der Totalgewinn wird durch Betriebsvermögensvergleich (§ 4 Abs. 1 EStG) oder Einnahme-Überschussrechnung (§ 4 Abs. 3 EStG) ermittelt. Der dafür in Betracht zu ziehende Zeitraum umfasst den Zeitpunkt der Betriebsgründung bis zum Zeitpunkt der Betriebsaufgabe.

Tz. 493

Die Teilnahme am allgemeinen wirtschaftlichen Verkehr bedeutet, dass das betreffende Unternehmen nach außen am Markt in Erscheinung tritt und erkennbar Lieferungen oder Leistungen gegen Entgelt anbietet bzw. erbringt. Dabei kommt es nicht auf die Anzahl der Leistungsempfänger an. Zur Teilnahme am allgemeinen wirtschaftlichen Verkehr genügt es, wenn die Leistung an einen Abnehmer erbracht wird.[46]

Teilnahme am allgemeinen wirtschaftlichen Verkehr

---

46 BFH-Urteile vom 22.1.2003, BStBl 2003 II S. 464; vom 16.5.2002, BStBl 2002 II S. 565; und vom 15.12.1999, BStBl 2000 II S. 404.

1.3 Beginn der Steuerpflicht

Tz. 494

Beginn der Steuerpflicht

Die Gewerbesteuerpflicht beginnt zu dem Zeitpunkt, in dem erstmals alle Voraussetzungen erfüllt sind, insbesondere die Aufnahme einer nach außen gerichteten Tätigkeit (R 2.5 GewStR). Bloße Vorbereitungshandlungen begründen die Gewerbesteuerpflicht noch nicht. Die Voraussetzungen für die Annahme eines Gewerbebetriebs sind im EStG geregelt. Die dazu in § 15 Abs. 2 EStG aufgezählten Abgrenzungsmerkmale werden von Einzelunternehmen und Personengesellschaften (z. B. OHG, KG, GbR) erfüllt, soweit sie eine gewerbliche Tätigkeit ausüben. Sie werden auch als „natürliche" Gewerbebetriebe bezeichnet. Mit Aufgabe der werbenden Tätigkeit endet die Gewerbesteuerpflicht (R 2.6 GewStR). Die Aufgabe liegt bereits vor, wenn der Betrieb für eine gewisse Dauer tatsächlich aufgegeben wird. Ausnahmen hierzu bilden vorübergehende Unterbrechungen wie bei Saisonbetrieben üblich. Sie haben keinen Einfluss auf die Fortdauer der Gewerbesteuerpflicht.

BEISPIELE

Herr Huber und Herr Meier sind als Bauträger im Inland tätig. Sie gründeten dazu die H&M Bauhaus KG. Die Gesellschaft erfüllt die Kriterien nach § 15 Abs. 2 EStG und ist damit kraft gewerblicher Tätigkeit als Gewerbebetrieb zu beurteilen.

Steuerberater Rechner und Steuerberater Hof gründen eine Gesellschaft in der Rechtsform der GbR. Die Steuerberater erzielen Einkünfte aus selbständiger Tätigkeit. Die Voraussetzungen des § 15 Abs. 2 EStG sind daher nicht erfüllt. Die Gesellschaft ist demzufolge kein Gewerbebetrieb kraft gewerblicher Tätigkeit.

Tz. 495

Gewerbebetriebe kraft Rechtsform

Die in der nachfolgenden Aufzählung dargestellten Betriebe werden kraft Rechtsform als Gewerbebetriebe eingestuft. Danach gilt die Tätigkeit von

- Kapitalgesellschaften,
- Erwerbs- und Wirtschaftsgenossenschaften und
- Versicherungsvereinen auf Gegenseitigkeit

als „fingierter" Gewerbebetrieb. Bei Kapitalgesellschaften beginnt die Gewerbesteuerpflicht spätestens mit der Eintragung ins Handelsregister und endet mit Abschluss des Liquidationsverfahrens. Erwerbs- und Wirtschaftsgenossenschaften sind gewerbesteuerpflichtig ab dem Zeitpunkt der Eintragung in das Genossenschaftsregister, Versicherungsvereine auf Gegenseitigkeit mit aufsichtsbehördlicher Erlaubnis zum Geschäftsbetrieb.

BEISPIEL

Steuerberater Rechner und Steuerberater Hof gründen eine R&H Steuerberatungs- GmbH. Obwohl es sich hierbei originär um Einkünfte aus selbständiger Tätigkeit handelt, liegen aufgrund der gewählten Rechtsform gewerbliche Einkünfte vor.

Tz. 496

Ende der Steuerpflicht

Die Gewerbesteuerpflicht erlischt bei Einzelgewerbetreibenden und bei Personengesellschaften mit der tatsächlichen Einstellung des Betriebs (R 2.6 Abs. 1 Satz 1 GewStR). Bei Kapitalgesellschaften erlischt die Gewerbesteuerpflicht erst mit dem Aufhören jeglicher Tätigkeit überhaupt. Das ist grundsätzlich der Zeitpunkt, in dem das Vermögen an die Gesellschafter verteilt worden ist (R 2.6 Abs. 2 GewStR).

Die Gewerbesteuerpflicht wird durch die Eröffnung des Insolvenzverfahrens über das Vermögen des Unternehmens nicht berührt (§ 4 Abs. 2 GewStDV).

1.4 Befreiungen

Tz. 497

§ 3 GewStG beinhaltet zahlreiche Befreiungen von der Gewerbesteuerpflicht. Inhaltlich korrespondiert diese Regelung mit § 5 KStG. Von der Gewerbesteuer sind beispielsweise bestimmte Unternehmen des Bundes und der Länder mit hoheitlichen Aufgaben befreit (§ 3 Nr. 1, 2, 3 GewStG). Gleiches gilt für gemeinnützige, mildtätige und kirchliche Körperschaften (§ 3 Nr. 6 GewStG).

Befreiungen

Sofern andere Gesetze oder Verordnungen Befreiungstatbestände vorsehen, sind diese auch ohne eine entsprechende Regelung im GewStG anzuwenden (R 3.0 GewStR).

2. Hebeberechtigte Gemeinde, Steuerschuldner

Tz. 498

Das Finanzamt berechnet anhand der durch das Unternehmen eingereichten Gewerbesteuererklärung einen Steuermessbetrag. Der daraus festgesetzte Gewerbesteuermessbescheid wird an den Steuerpflichtigen sowie die Gemeinde bekanntgegeben. Dieser ist Grundlagenbescheid für die durch die Gemeinde festgesetzte Gewerbesteuer. Der Folgebescheid (Gewerbesteuerfestsetzung) kann wie auch der Grundlagenbescheid angefochten werden. Befindet sich die Fehlerquelle im Gewerbesteuermessbescheid so ist gegen den Grundlagenbescheid beim Finanzamt Einspruch einzulegen. Die Kommune korrigiert die bisher festgesetzte Gewerbesteuer von Amts wegen. Liegt der Berechnungsfehler bei der Gemeinde beispielsweise durch Ansatz eines der Höhe nach unzutreffenden Hebesatzes, so ist das Rechtsmittel gegen den fehlerhaften Gewerbesteuerbescheid der Widerspruch. Im Klagefall sind die Finanz- bzw. Verwaltungsgerichte zuständig.

Ermittlung u. Erhebung

Das nachfolgende Schaubild veranschaulicht noch einmal den Weg von der Ermittlung bis hin zur Erhebung der Gewerbesteuer:

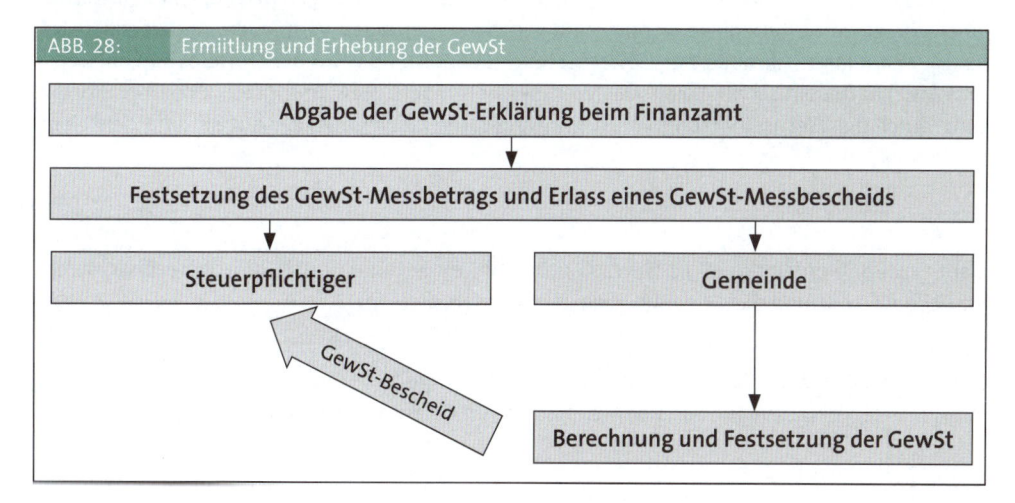

ABB. 28: Ermittlung und Erhebung der GewSt

- Abgabe der GewSt-Erklärung beim Finanzamt
- Festsetzung des GewSt-Messbetrags und Erlass eines GewSt-Messbescheids
  - Steuerpflichtiger
  - Gemeinde
    - Berechnung und Festsetzung der GewSt
    - GewSt-Bescheid → Steuerpflichtiger

Tz. 499

Gemäß § 4 Abs. 1 GewStG ist die Gemeinde zur Erhebung einer Gewerbesteuer berechtigt, wenn in ihrer Gemeinde eine Betriebsstätte zur Ausübung des stehenden Gewerbes unterhalten wird. Existieren Betriebsstätten desselben Gewerbebetriebs in mehreren Gemeinden, so wird eine Zerlegung des auf sie entfallenden Steuermessbetrags vorgenommen.

Hebeberechtigung

Tz. 500

Schuldner der Gewerbesteuer ist der Unternehmer (§ 5 Abs. 1 Satz 1 GewStG). Als Unternehmer gilt der, für dessen Rechnung das Gewerbe betrieben wird.

Steuerschuldner

3. Maßgebender Gewerbeertrag und -verlust

Tz. 501

Gewerbeertrag — Besteuerungsgrundlage für die Gewerbesteuer ist der Gewerbeertrag (§ 6 GewStG). Auf die entsprechenden Ausführungen in Tz. 484 wird nochmals hingewiesen.

3.1 Gewinn nach EStG und KStG

Tz. 502

Ausgangsgröße — Ausgangspunkt für die Gewerbesteuer ist bei Einzelunternehmen und Personengesellschaften der Gewinn (§§ 4, 5 EStG) laut Einkommensteuererklärung bzw. laut Erklärung zur gesonderten und einheitlichen Feststellung der Einkünfte (§ 7 GewStG).

Bei Kapitalgesellschaften, Genossenschaften und Versicherungsvereinen auf Gegenseitigkeit, die nach HGB buchführungspflichtig sind, gilt das zu ermittelnde Einkommen im Sinne des § 8 Abs. 1 KStG als Gewinn aus Gewerbebetrieb, der nach den Vorschriften des EStG und KStG ermittelt worden ist. Der Gewinn umfasst nach § 8 Abs. 2 KStG alle durch den jeweiligen Gesellschaftstypus erzielten Einkünfte.

Tz. 503

keine Bindungswirkung — Die Ergebnisse der Einkommensteuer- bzw. Körperschaftsteuerveranlagung entfalten keine Bindungswirkung für die Ermittlung des Gewerbeertrags. Das heißt: Der Einkommensteuer- bzw. Körperschaftsteuerbescheid ist kein Grundlagenbescheid für die Festsetzung des Gewerbesteuermessbescheids.

3.2 Hinzurechnungen

Tz. 504

Hinzurechnungen — Grundgedanke ist die Erfassung des objektiven Gewebeertrags ungeachtet der Kapitalausstattung (eigen- bzw. fremdfinanziertes Kapital). Durch Hinzurechnungen bzw. Kürzungen werden einerseits gewerbesteuerliche Doppel- und Nichtbesteuerungen vermieden. Andererseits stellen sie den Inlandscharakter der Gewerbesteuer sicher und dienen der Umsetzung von sozial- und wirtschaftspolitischen Zielen. Des Weiteren verhindern die Vorschriften eine Doppelbelastung durch die Wechselwirkung von Grundsteuer und Gewerbesteuer auf ein und denselben Sachverhalt.

Tz. 505

Dem Gewinn werden die in § 8 GewStG aufgezählten Beträge wieder hinzugerechnet, sofern sie bei der Ermittlung des Gewinns abgesetzt worden sind:

25 % der Finanzierungsentgelte — **§ 8 Nr. 1**
Es wird jeweils ein Viertel (25 %) des Finanzierungsentgelts der unter § 8 Nr. 1a bis f GewStG subsumierten Vergütungen für die Überlassung von Geld und Sachkapital hinzugerechnet:

Schuldenentgelte — **§ 8 Nr. 1a**
Entgelte für Schulden. Jedes Schuldverhältnis ist für sich isoliert zu betrachten. Eine Saldierung mit Forderungen bzw. Bankguthaben ist ausgeschlossen. Unbeachtlich ist, ob es sich um Zinsen für einen kurzfristigen oder langfristigen Kredit handelt. Auf jeden Fall muss es sich um eine Betriebsschuld handeln, die wirtschaftlich durch den Betrieb verursacht ist. Durchlaufende Kredite erfüllen die Voraussetzungen nicht.[47] Die Hinzurechnung unterbleibt, soweit die Zinsschranke nach § 4h EStG bzw. § 8a KStG zu einem Abzugsverbot der Zinsen führt.

BEISPIEL
Der Großhändler A kann das laufende Geschäftskonto bei seiner Hausbank bis zu 300.000 € überziehen. Wegen des schleppenden Zahlungseingangs seiner Kunden konnte das Konto seit dem 3.1.2011 nicht mehr ausgeglichen werden (vom 21.12.2010 bis 3.1.2011 bestand ein Guthabensaldo).

---

47 *Güroff*, in: Glanegger/Güroff, GewStG, § 8 Nr. 1a Anm. 4.

Die niedrigsten Schuldstände bestanden in folgenden Zeitabschnitten:

22.1.2011 bis 23.1.2011:	100.000 €
10.4.2011:	110.000 €
30.6.2011:	125.000 €
7.7.2011 bis 9.7.2011:	130.000 €

Der höchste Schuldstand wurde in der Zeit vom 1.12.2011 bis 3.12.2011 mit 280.000 € ausgewiesen. Für die Überziehung des Geschäftskontos mussten im Jahr 2011 insgesamt 15.000 € an Zinsen bezahlt werden. Der durchschnittliche Zinssatz betrug 9 %.

Die Höhe der einzelnen Schuldstände sowie der durchschnittliche Zinssatz sind für die Ermittlung des Hinzurechnungsbetrages unerheblich. In die Hinzurechnungsberechnung fließen somit 15.000 € ein.

Zu den Entgelten für Zinsen gehören beispielsweise Vergütungen aus partiarischen Darlehen, Genussrechten, Gewinnobligationen und das Damnum. Nicht zu den Entgelten gehören Kreditvermittlungsprovisionen und Maklergebühren, Währungsverluste, Mahngebühren sowie Kurssicherungs- und Zinssicherungsgeschäfte, Bereitstellungszinsen und -provisionen.

Einzelfälle

Skonti stellen eine gesonderte Vereinbarung zur Begleichung von Rechnungsbeträgen innerhalb einer bestimmten Frist dar. Sie gelten nicht als Entgelt, sofern die Vereinbarung dem Grunde und der Höhe nach geschäftsüblich ist. Vorteilsgewährungen, die über die geschäftsübliche Zahlungsfrist hinausgehen oder die übliche Skontohöhe überschreiten, sind hinzuzurechnen, da der Finanzierungsaspekt in den Vordergrund tritt.

Skonti

Ihren Kunden gewährt A bei Zahlung innerhalb von vier Wochen ab Kaufvertrag einen üblichen Skontoabzug von 2 %. Dadurch ergaben sich Zahlungsausfälle in Höhe von 78.000 €, die gewinnmindernd erfasst wurden. Einem Großkunden räumte A einen Skontobetrag in Höhe von 5 % ein (dies entspricht einem Nachlass in Höhe von 8.000 €), da er den vereinbarten Kaufpreis drei Wochen vor dem Fälligkeitstermin bezahlt hatte.

Soweit es sich bei der Skontogewährung um einen geschäftsüblichen Preisnachlass handelt, ist der Skontobetrag nicht als fiktives Entgelt für Schulden hinzuzurechnen. Soweit A einem Kunden eine Sonderkondition eingeräumt hat (8.000 €) ist ein fiktiver Aufwand nach § 8 Nr. 1a Satz 2 GewStG insoweit anzunehmen, als er auf die Zeit zwischen Zahlung und vereinbartem Fälligkeitstermin entfällt:

$^{3}/_{4}$ von 8.000 € = 6.000 €.

§ 8 Nr. 1b

Renten

Renten und dauernde Lasten. Wiederkehrende Leistungen, die den gewerblichen Gewinn gemindert haben, sind insbesondere betriebliche Veräußerungsrenten. Der Grund hierfür ist, dass sich die betrieblichen Veräußerungsrenten aus einem Zins- und einem Tilgungsanteil zusammensetzen. Der Zinsanteil stellt das Entgelt für die Überlassung des Betriebskapitals dar.

Ab dem Erhebungszeitraum 2008 sind grundsätzlich sämtliche Renten und dauernde Lasten zu erfassen. Eine Ausnahme hierzu bilden die privaten Versorgungsleistungen, da sie mangels betrieblicher Veranlassung nicht Bestandteil bei der Ermittlung des Gewerbeertrags nach § 7 GewStG werden. Pensionsverpflichtungen aus Direktzusagen gegenüber Arbeitnehmern werden explizit durch die gesetzliche Regelung in § 8 Nr. 1b GewStG nicht hinzugerechnet.

Erbbauzinsen stellen ein Entgelt für die Überlassung des Grundstücks zur Nutzung dar. Die Aufwendungen sind demzufolge nicht unter § 8 Nr. 1b GewStG, sondern unter § 8 Nr. 1e GewStG zu erfassen.

§ 8 Nr. 1c

stille Gesellschafter

Gewinnanteile des stillen Gesellschafters. Sie sind Bestandteil des objektiven Gewerbeertrags und daher hinzuzurechnen. Aufgrund europarechtlicher Vorgaben sind die Gewinnanteile hinzuzurechnen, unabhängig von der steuerlichen Behandlung der Entgelte beim Gläubiger (EuGH-Urteil vom 26.10.1999 – Rs. C-294/97 „Eurowings", BStBl 1999 II S. 851).

§ 8 Nr. 1d

Miet- und Pachtzinsen (bewegliche WG)

Ein Fünftel (20 %) der Miet- und Pachtzinsen einschließlich Leasingraten für die Benutzung von beweglichen Wirtschaftsgütern des Anlagevermögens. Die reale Hinzurechnung beträgt unter Berücksichtigung der Vorschrift des § 8 Nr. 1 GewStG 5 %. Bewegliche Wirtschaftsgüter (§ 90 BGB) sind Gegenstände, die nicht unbebaute oder bebaute Grundstücke bzw. Grundstücksbestandteile sind. Dazu gehören auch Scheinbestandteile im Sinne des § 95 BGB und Betriebsvorrichtungen nach § 68 Abs. 2 Nr. 2 BewG (H 7.1 „Betriebsvorrichtungen" EStH).

Die Zugehörigkeit zum Anlagevermögen der überlassenen Wirtschaftsgüter bedeutet, dass trotz fehlenden Eigentums an diesen der Status des Anlagevermögens für gewerbesteuerliche Zwecke fingiert wird. Die Miet- und Pachtzinsen umfassen zudem alle Leistungen einschließlich der Nebenleistungen, die der Mieter bzw. Pächter für den Gebrauch der Sache zu erbringen hat.

BEISPIEL
Der Bauträger H&T GmbH muss laut Mietvertrag dem Vermieter die Wartungs- und Reparaturkosten für einen Kran ersetzen.

Miet- und Pachtzinsen (unbewegliche WG)

§ 8 Nr. 1e
Die Hälfte der Miet- und Pachtzinsen einschließlich Leasingraten für die Benutzung von unbeweglichen Wirtschaftsgütern des Anlagevermögens. Die reale Hinzurechnung beträgt unter Berücksichtigung der Vorschrift des § 8 Nr. 1 GewStG 12,5 %. Unbewegliche Wirtschaftsgüter sind ausschließlich Grundstücke. Immaterielle Wirtschaftsgüter fallen nicht darunter.

Rechte

§ 8 Nr. 1f
Ein Viertel der Aufwendungen für die zeitlich befristete Überlassung von Rechten (Lizenzen, Konzessionen, Urheberrechte, ungeschützte Erfindungen und/oder Ideen). Ausgenommen hiervon sind Vertriebslizenzen, die ausschließlich dazu berechtigen, daraus abgeleitete Rechte Dritten zu überlassen. Ziel der Vorschrift ist es, Gewinnverlagerungen durch (überhöhte) Lizenzzahlungen an ausländische Muttergesellschaften (Strategieträger und als solcher grundsätzlich Rechteinhaber) für beispielsweise Namensrechte zu verhindern. Die reale Hinzurechnung beläuft sich unter Berücksichtigung der Vorschrift des § 8 Nr. 1 GewStG auf 6,25 %.

Tz. 506

Freibetrag: 100.000 €

Hinzurechnungen werden nur dann vorgenommen, soweit die Summe den Betrag von 100.000 € übersteigt. Intention des Gesetzgebers war, durch die Freibetragsregelung eine Entlastung der kleinen und mittleren Unternehmen zu schaffen.

§ 8 Nr. 1	Hinzurechnung	Finanzierungsanteil
a	Entgelte für Schulden	100 %
b	Renten und dauernde Lasten	100 %
c	Gewinnanteile des stillen Gesellschafters	100 %
d	Miet- und Pachtzinsen sowie Leasingraten beweglicher Wirtschaftsgüter	20 %
e	Miet- und Pachtzinsen sowie Leasingraten unbeweglicher Wirtschaftsgüter	50 %
f	Lizenzgebühren	25 %
		Summe § 8 Nr. 1a - f
	Freibetrag	-100.000 €
	Zwischensumme	= Zwischensumme
	davon ein Viertel	× 25 %
	Hinzurechnung	= Hinzurechnung

Tz. 507

KGaA

§ 8 Nr. 4
Gewinnanteile an den persönlich haftenden Gesellschafter einer KGaA als Gegenleistung für seine Geschäftsführertätigkeit.

3. Maßgebender Gewerbeertrag und -verlust

Tz. 508
§ 8 Nr. 5
führt zu Hinzurechnungen der Gewinnanteile an in- und ausländischen Kapitalgesellschaften bei einer Beteiligungshöhe von weniger als 15 % (§ 9 Nr. 2a GewStG; sogenannte „Streubesitzdividenden") seit Beginn des Erhebungszeitraums. Eine gewerbesteuerliche Doppelbesteuerung soll letztlich nur bei Schachteldividenden (>= 15 %) unterbleiben.

Ausschüttungen

Die mit den Gewinnanteilen („Streubesitzdividenden") zusammenhängenden Betriebsausgaben sind entgegen der Vorschriften nach § 3c Abs. 2 EStG und § 8b Abs. 5 KStG der Höhe nach unbegrenzt abziehbar. Die Betriebsausgaben können daher höher sein als der dazugehörige Gewinnanteil. Das Ergebnis wäre in dem Fall ein zuzurechnender Negativbetrag.

Das pauschale Abzugsverbot nach § 8b Abs. 5 KStG wirkt sich über § 7 Satz 1 GewStG auch auf die Gewerbesteuer aus. Dem gewerblichen Gewinn sind daher lediglich 95 % der von der Körperschaftsteuer befreiten Einnahmen hinzuzurechnen. Ausgenommen von der Hinzurechnung sind die Gewinne aus der Veräußerung von Kapitalanteilen.

1.) Ausschüttungen an natürliche Personen werden hinsichtlich des nach § 3 Nr. 40 Satz 1 Buchst. d und Satz 2 zu 40 % steuerfrei gebliebenen Teils der Gewinnausschüttung hinzugerechnet.

2.) Bei Kapitalgesellschaften erfolgt eine Hinzurechnung grundsätzlich in Höhe von 95 % des nach § 8b Abs. 1 und Abs. 5 KStG steuerfrei gebliebenen Gewinnanteils. Sind die mit den steuerfreien Gewinnanteilen zusammenhängenden nichtabziehbaren Betriebsausgaben größer als 5 %, so mindert der übersteigende Betrag insoweit den Hinzurechnungsbetrag nach § 8 Nr. 5 GewStG.

Tz. 509
§ 8 Nr. 8
Anteile am Verlust einer in- oder ausländischen Personengesellschaft, die zur Verringerung des ermittelten Gewinns geführt haben, sind hinzuzurechnen, da sie ansonsten doppelt erfasst würden.

Mitunternehmerschaften

A hat sich in 2011 mit 25 % an einer OHG beteiligt, die ein wichtiger Zulieferer für ihn ist. Der Verlustanteil für 2011 in Höhe von 18.000 € wurde als Beteiligungsaufwand erfasst.
Der Verlustanteil in Höhe von 18.000 € ist nach § 8 Nr. 8 GewStG hinzuzurechnen.

Tz. 510
§ 8 Nr. 9
Durch die Vorschrift erfolgt die Hinzurechnung von Spenden, um die gewerbesteuerliche Gleichstellung einkommensteuerlicher und körperschaftsteuerlicher Gewerbetreibender zu erreichen. Bei Einzelunternehmen und Personengesellschaften (Mitunternehmer) sind getätigte Spenden nur im Rahmen des Sonderausgabenabzugs nach § 10b EStG als Spenden abzugsfähig. Kapitalgesellschaften hingegen mindern durch die Spende ihren Gewinn und somit die Ausgangsgröße zur Ermittlung des Steuermessbetrags nach dem Gewerbeertrag. Zu beachten ist diesbezüglich allerdings die korrespondierende Kürzungsvorschrift nach § 9 Nr. 5 GewStG.

Spenden

Tz. 511
§ 8 Nr. 10
Gewinnminderungen, die durch

- Teilwertabschreibungen von Anteilen an einer Körperschaft,
- Veräußerung oder Entnahme eines Anteils an einer Körperschaft bzw.
- Auflösung oder Herabsetzung des Kapitals der Körperschaft

Verluste aus Anteilen

entstanden sind, werden dem Gewinn aus Gewerbebetrieb wieder hinzugerechnet, soweit diese auf Gewinnausschüttungen der Körperschaft oder organschaftliche Gewinnabführungen zurückzuführen sind.

Eine Gewinnminderung ist nicht entstanden, wenn die Teilwertabschreibung nach § 8b Abs. 3 KStG neutralisiert wurde. Die Vorschrift des § 8 Nr. 10 GewStG entfaltet ihre Wirkung daher nur in Fällen des § 3 Nr. 40 Satz 1 Buchst. a i.V.m. § 3c Abs. 2 Satz 1 EStG. Da hier nur 40 % der Abschreibung auf die Beteiligung beim Gewinn aus Gewerbebetrieb neutralisiert werden, begrenzt sich die Anwendung des § 8 Nr. 10 GewStG auf den ergebnismindernden Anteil von 60 %.

Tz. 512

ausländische Steuern

§ 8 Nr. 12

Die Vorschrift sieht die Hinzurechnung der ausländischen Steuern in den Fällen vor, soweit sie auf Gewinne entfallen, die bei der Ermittlung des Gewerbeertrags außer Ansatz gelassen oder nach § 9 GewStG gekürzt werden. Hintergrund der Hinzurechnung sind die Kürzungsnormen nach § 9 Nr. 7 bzw. 8 GewStG. Die Kürzung der Dividende mit dem Bruttobetrag sowie der Betriebsausgabenabzug für die ausländische Steuer würden ansonsten zu einer doppelten Begünstigung führen.

3.3 Kürzungen

Tz. 513

Kürzungen

Die Summe des Gewinns und der Zurechnungen wird um die folgenden Kürzungen gemindert. Hierdurch soll eine Doppelbelastung mit Grund- und Gewerbesteuer vermieden werden.

Grundbesitz

§ 9 Nr. 1

1,2 % des Einheitswerts für Grundbesitz im Sinne des § 121a BewG (140 %), der zum Betriebsvermögen gehört, ist zu kürzen. Die Kürzung erfolgt zur Vermeidung einer Doppelbelastung mit Gewerbe- und Grundsteuer. Daher gilt die Kürzung nicht für Grundstücke, die von der Grundsteuer befreit sind. § 9 Nr. 1 Satz 1 GewStG bringt eine pauschale Kürzung in Höhe von 1,2 % vom Einheitswert zum Ausdruck.

Unterdessen spricht § 9 Nr. 1 Satz 2 GewStG von einer erweiterten Kürzung für Grundstücksunternehmen. Die erweiterte Kürzung sollte Unternehmen begünstigen, die kraft Rechtsform gewerbesteuerpflichtig sind, jedoch aufgrund der Art ihrer Tätigkeit das Kriterium grundsätzlich nicht erfüllen. Die erweiterte Kürzung kann allerdings nur bei Erfüllung der Voraussetzung auf Antrag gewährt werden. Voraussetzung ist die ausschließliche Verwaltung und Nutzung von eigenem Grundbesitz und die in Zusammenhang stehende Verwaltung und Nutzung von Kapitalvermögen. Ausschließlich bedeutet, dass das Unternehmen keine anderen Tätigkeiten als die der Grundstücksverwaltung ausüben darf. Nebentätigkeiten dürfen in diesem Zusammenhang nur von untergeordneter Bedeutung sein. Keinen Einfluss auf die erweiterte Kürzung hat die Neubautätigkeit sowie die Verwaltung und Veräußerung von Wohnungen. Bei Sondervergütungen für Gesellschafter scheidet hingegen eine erweiterte Kürzung gemäß § 9 Nr. 1 Satz 5 Nr. 1a GewStG aus. Dies betrifft ausschließlich Grundstücksunternehmen in der Rechtsform von Personengesellschaften.

Die pauschale Kürzung erfolgt nur für Grundbesitz im Betriebsvermögen und wird dem wirtschaftlichen Eigentümer im Sinne des § 39 AO gewährt (R 9.1 Abs. 1 Satz 6 GewStR). Gehört nur ein Teil des Grundstücks zum Betriebsvermögen, darf nur dieser Teil vom Einheitswert gekürzt werden. Die Ermittlung des Anteils erfolgt nach dem Verhältnis der Jahresrohmiete.

Maßgebend für die Kürzung sind die Verhältnisse zu Beginn des Kalenderjahres. Liegen die Voraussetzungen für die Gewerbesteuerpflicht erst im Laufe des Erhebungszeitraums vor, so kommt analog wie bei einem nach dem 1.1. erworbenen Grundstück im Betriebsvermögen keine Kürzung nach § 9 Nr. 1 Satz 1 GewStG in Betracht (R 9.1 Abs. 1 Satz 11 GewStR).

BEISPIEL

Der bisherige Lagerplatz (EW zum 1.1.1996 = 40.000 €) der A-AG wurde mit notariellem Vertrag vom 1.3.2011 zum 1.4.2011 mit einem Gewinn von 360.000 € (= als a.o. Ertrag im Jahr 2011 erfasst) veräußert.

Für die Kürzung nach § 9 Nr. 1 GewStG sind Verkäufe im Laufe eines Jahres unbeachtlich, da ausschließlich der Stand zu Beginn des Kalenderjahres maßgebend ist (§ 20 Abs. 1 Satz 2 GewStDV).

Der Kürzungsbetrag beläuft sich auf 672 € (1,2 % von 40.000 € × 140 %).

Tz. 514

Mitunternehmerschaften

§ 9 Nr. 2

Gewinnanteile an einer im Betriebsvermögen gehaltenen Beteiligung an einer Personengesellschaft sind abzurechnen.

Die korrespondierende Vorschrift bei Verlustanteilen ist § 8 Nr. 8 GewStG. Ziel ist auch hier, eine zutreffende Objektbesteuerung zu gewährleisten. Hält eine natürliche Person im Rahmen ihres Einzelunternehmens Anteile an einer Personengesellschaft, würde bei Außerachtlassen dieser Vorschrift der Gewinnanteil zweimal mit Gewerbesteuer belastet. Nach § 15 Abs. 1 Satz 1 Nr. 2 EStG wird der Gewinnanteil beim Einzelunternehmen im Rahmen der Gewinnermittlung erfasst. Durch die Anknüpfung des § 7 GewStG an das EStG ist der Gewinnanteil zur Vermeidung einer Doppelbesteuerung nach § 9 Nr. 2 GewStG zu kürzen.

§ 9 Nr. 2a

Schachtelprivileg

Gewinnanteile an einer im Betriebsvermögen gehaltenen Beteiligung an einer Kapitalgesellschaft (AG, KGaA, GmbH), wenn die Beteiligung mindestens 15 % („Schachtelbeteiligung") beträgt, sind ebenfalls zu kürzen. Die korrespondierende Vorschrift bei den Hinzurechnungen ist § 8 Nr. 5 GewStG.

Dabei müssen folgende Voraussetzungen vorliegen:

Die Kapitalgesellschaft darf nicht steuerbefreit sein und die Mindestbeteiligungsquote am Grund- oder Stammkapital muss zu Beginn des Erhebungszeitraums mindestens 15 % betragen. Es gilt das Stichtagsprinzip. Veränderungen beim Beteiligungsbesitz während des Erhebungszeitraums sind unbeachtlich. Mittelbarer Anteilsbesitz genügt, um die Voraussetzungen zu erfüllen.

Die Mindestbeteiligungsquote wurde ab dem Erhebungszeitraum 2008 von 10 % auf 15 % angehoben.

> Die A-GmbH hat ein Stammkapital von 10 Mio. €. Die XY-KG hält bis zum 31. 12. 2011 einen Anteil von 2,5 Mio. € an der A-GmbH. Am 1. 7. 2012 reduziert die XY-KG ihren Anteilsbesitz durch Veräußerung, so dass die Beteiligung am Stammkapital der A-GmbH nur noch 500.000 € beträgt.
>
> Aufgrund des strengen Stichtagsprinzips (1. 1.) darf die KG trotz Verringerung ihres Anteilsbesitzes im Erhebungszeitraum 2012 auf unter 15 % die Kürzungsvorschrift nach § 9 Nr. 2a GewStG für in 2012 erhaltene Gewinnausschüttungen in Anspruch nehmen.
>
> Gewinne aus einer Beteiligungsveräußerung werden von § 9 Nr. 2a GewStG nicht erfasst. Die mit den Gewinnanteilen im unmittelbaren Zusammenhang stehenden Aufwendungen mindern den Kürzungsbetrag gemäß § 9 Nr. 2a Satz 3 GewStG. Nicht abziehbare Betriebsausgaben im Sinne des § 8b Abs. 5 KStG sind keine Gewinnanteile nach § 9 Nr. 2a Satz 1 GewStG und somit nicht kürzungsfähig.

BEISPIEL

§ 9 Nr. 2b

KGaA

Nach § 8 Nr. 4 GewStG hinzugerechnete Tantiemen bzw. Gewinnanteile für die Geschäftsführung an persönlich haftende Gesellschafter sind nach § 9 Nr. 2b GewStG abzurechnen. Ziel ist die Vermeidung einer gewerbesteuerlichen Doppelbesteuerung, wenn der persönlich haftende Gesellschafter einen eigenen Gewerbebetrieb unterhält oder kraft Rechtsform gewerbesteuerpflichtig ist. Die Vorschrift greift für alle persönlich haftenden Gesellschafter einer KGaA.

Tz. 515

§ 9 Nr. 3

ausländische Betriebsstätten

Gewinne oder Verluste einer ausländischen Betriebsstätte sind zu kürzen. Der Gewerbesteuer unterliegen nur Gewerbebetriebe, die im Inland betrieben werden. Betriebsstätten im Sinne der Vorschrift sind weder ausländische Kapitalgesellschaften noch ausländische Personengesellschaften. § 9 Nr. 3 GewStG spricht unmissverständlich vom Betriebsstättenbegriff des § 12 AO.

Tz. 516

§ 9 Nr. 5

Spenden

Spenden bis zu einem Höchstbetrag von 20 % des Gewinns aus Gewerbebetrieb zuzüglich der zugerechneten Spenden (§ 8 Nr. 9 GewStG) oder alternativ von 4 ‰ der Summe der gesamten Umsätze, Löhne und Gehälter können abgerechnet werden.

Der Kürzungstatbestand ist erfüllt, wenn

- die Ausgaben aus Mitteln des Gewerbebetriebs geleistet werden,
- sie zur Förderung steuerbegünstigter Zwecke im Sinne der §§ 52 bis 54 AO dienen und
- die Spendenempfänger juristische Personen des öffentlichen Rechts oder andere öffentliche Dienststellen sowie nach § 5 Abs. 1 Nr. 9 KStG befreite Körperschaften, Personenvereinigungen oder Vermögensmassen sind.

Überschreiten die Spenden oder Mitgliedsbeiträge den relativen Kürzungshöchstbetrag, so fließen die verbleibenden Zuwendungen in die Höchstbetragsberechnung der folgenden Erhebungszeiträume ein und können dort abgezogen werden. Ein Spendenrücktrag ist nicht möglich.

BEISPIEL

Der Schuhhändler S hat in 2011 Spenden in Höhe von 10.000 € geleistet und als Privatentnahme gebucht. Bei der Einkommensteuer-Veranlagung konnten wegen der Höchstbeträge des § 10b Abs. 1 EStG nur 5.000 € als Sonderausgaben berücksichtigt werden. Der Gewinn aus Gewerbebetrieb 2011 beträgt 60.000 €.
Nach § 9 Nr. 5 GewStG können bis zu 20 % von 60.000 €, also 12.000 € abgerechnet werden. Die Höhe des Spendenabzugs nach § 10b EStG ist für die Gewerbesteuer irrelevant. Gewerbesteuerlich werden also die geleisteten Spenden in Höhe von 10.000 € berücksichtigt.

Stiftungen
Einzelunternehmen und Personengesellschaften erhalten auf Antrag nach § 9 Nr. 5 Satz 9 GewStG einen besonderen Kürzungsbetrag bei Zuwendungen in den Vermögensstock von Stiftungen von insgesamt 1 Mio. € im Erhebungszeitraum und in den darauf folgenden neun Erhebungszeiträumen. Wird der Höchstbetrag innerhalb des Zehnjahreszeitraums durch weitere Zuwendungen überschritten, so ist der übersteigende Betrag bis zum Ablauf der Zehnjahresfrist von der Kürzung ausgeschlossen. Die Berechnungen zur Feststellung des Kürzungshöchstbetrags nach § 9 Nr. 5 Satz 1 GewStG finden insoweit keine Anwendung.

Die bisherige Vorschrift des § 9 Nr. 5 GewStG wurde mittlerweile um Satz 2 Buchstaben a, b und c ergänzt. Der EuGH sah in der bisherigen gesetzlichen Regelung, die eine Kürzung lediglich bei Zuwendungen an inländische Empfänger zuließ, einen Verstoß gegen die Kapitalverkehrsfreiheit innerhalb der EU (EuGH-Urteil vom 27. 1. 2009, Rs.: C-318/07 „Hein Persche"). Der Kreis der bisher ausschließlich inländisch begünstigten Zuwendungsempfänger wurde infolgedessen auf Zuwendungsempfänger der EU und des EWR erweitert.

ausländische Tochtergesellschaften
§ 9 Nr. 7
Gewinne aus Beteiligungen an ausländischen Tochtergesellschaften sind abzurechnen. Die ausländische Gesellschaft muss hierzu mit einer deutschen Kapitalgesellschaft vergleichbar sein. Ziel der Regelung ist, eine weitgehende Gleichstellung der ausländischen Tochtergesellschaften mit den ausländischen Betriebsstätten zu erreichen. Die Regelung korrespondiert mit der Hinzurechnung gemäß § 8 Nr. 5 GewStG. Hat der Steuerpflichtige bereits ein Schachtelprivileg nach einem DBA in Anspruch genommen, so sind die Gewinnanteile nicht Bestandteil der Gewinnermittlung. Eine Kürzung nach § 9 Nr. 7 GewStG scheidet in diesem Fall aus.

unmittelbare Beteiligung
Voraussetzungen (Unmittelbare Beteiligung)
- Geschäftsleitung und Sitz der Kapitalgesellschaft (Tochtergesellschaft) müssen im Ausland sein.
- Die Beteiligung muss sich im Betriebsvermögen des beteiligten Unternehmens befinden und seit Beginn des Erhebungszeitraums ununterbrochen zu mindestens 15 % bestanden haben (§ 9 Nr. 7 Satz 1 HS 1 GewStG).
- Ununterbrochen bedeutet, dass die Beteiligung bis zum Ende des Wirtschaftsjahres der Gesellschaft bestehen muss, wenn das Wirtschaftsjahr das Kalenderjahr ist.
- Die Bruttoerträge der Tochtergesellschaft dürfen ausschließlich oder fast ausschließlich aus unter § 8 Abs. 1 Nr. 1 bis 6 AStG fallende Tätigkeiten stammen (sogenannte „Aktivitätsklausel"). Fast ausschließlich heißt, dass 90 % der Einkünfte aktiv sein müssen. Im Umkehrschluss liegt die Geringfügigkeitsgrenze bei 10 %[48]. Hierbei handelt es sich um eine Ablei-

---

[48] BFH-Urteil vom 2. 10. 2003, BStBl 2004 II S. 985.

tung einer vom Gesetzgeber häufig angewandten Formel. Der Begriff „fast ausschließlich" ist in § 9 Nr. 7 GewStG nicht definiert.

- Die Beteiligungen, aus denen die Erträge der Tochtergesellschaft ebenfalls stammen dürfen, sind Landes- oder Funktionsschachtelbeteiligungen.[49]

Voraussetzungen (Mittelbare Beteiligung)

mittelbare Beteiligung

- Die Kürzung erfolgt auf Antrag.
- Auch muss die Beteiligung über eine ausländische Kapitalgesellschaft (Tochtergesellschaft) erfolgen. Bedingung ist allerdings nicht mehr, dass sie eine aktive Tätigkeit im Sinne des § 8 Abs. 1 Nr. 1 bis 6 AStG ausüben muss.
- Die über die Tochtergesellschaft im Anteilsbesitz befindliche Enkelgesellschaft hingegen muss wiederum die Voraussetzungen des § 8 Abs. 1 Nr. 1 bis 6 AStG erfüllen (§ 9 Nr. 7 Satz 6 GewStG).
- Die Beteiligung an der Tochtergesellschaft muss mittelbar oder unmittelbar zu mindestens 15 % bestehen. Gleiches gilt wiederum für die mittelbare Beteiligung der Muttergesellschaft an der Enkelgesellschaft. Der dreistufige Konzernaufbau erfordert zur Inanspruchnahme der Kürzung immer einen unmittelbaren oder mittelbaren Beteiligungsbesitz in Höhe von 15 %.
- Hat die Tochtergesellschaft neben den Gewinnanteilen einer Enkelgesellschaft noch andere Erträge erhalten, so findet die Kürzung nur für den Teil Anwendung, der dem Verhältnis der Gewinnanteile zu der Summe der Gewinnanteile und der übrigen Erträge entspricht. Der maximal zulässige Kürzungsbetrag ist auf die Höhe der ausgeschütteten Dividenden durch die Enkelgesellschaft begrenzt.

> Die X-AG hält 80 % der Anteile an der A-Ltd. Die A-Ltd., Tochtergesellschaft der X-AG, ist zu 50 % an der AB-Ltd. beteiligt. Die X-AG hält somit mittelbar 40 % (80 % von 50 %) der Anteile an der AB-Enkelgesellschaft.
> Die Enkelgesellschaft AB schüttet einen Dividende von 5 Mio. € aus. Die Tochtergesellschaft hat einen anteiligen Zufluss von 2,5 Mio. € und schüttet ihrerseits zeitgleich 2,5 Mio. € (80 % der gesamten Ausschüttung von 3,125 Mio. €) an die Muttergesellschaft aus. Die Tochtergesellschaft erzielt noch sonstige Erträge von 1 Mio. €.
> Von dem zugeflossenen Anteilsgewinn kann die X-AG lediglich 75,75 % (3,125 Mio. : 4,125 Mio.) zum Abzug bringen. Die maximal zulässige Kürzung liegt daher bei 1,89 Mio. € (3,125 : 4,125 × 2,5 Mio. €). Der Kürzungshöchstbetrag in Höhe des mittelbaren Zuflusses von 2,5 Mio. € wird nicht überschritten.

BEISPIEL

Tz. 517

§ 9 Nr. 8

Gewinne aus Anteilen an einer ausländischen Gesellschaft in einem DBA-Staat. Die Kürzungsvorschrift erfordert gleichlautend wie § 9 Nr. 2a und Nr. 7 GewStG eine Mindestbeteiligung von 15 % („Schachtelbeteiligung"). Sollte die Anteilshöhe unter 15 % liegen, so ist dies unschädlich für die Kürzung, sofern durch ein DBA eine niedrigere Mindestbeteiligung vereinbart ist. Die Beteiligung muss im Betriebsvermögen eines inländischen Gewerbebetriebs sein. Der Begriff "ausländische Gesellschaften" beinhaltet nicht nur ausländische Kapitalgesellschaften, sondern auch Personenvereinigungen oder Vermögensmassen i. S. d. § 1 Abs. 1 KStG. Das DBA bevorzugt allerdings bezüglich des „Schachtelprivilegs" regelmäßig die Rechtsform der Kapitalgesellschaft.

Schachtelprivileg (DBA-Staat)

3.4 Maßgebender Gewerbeertrag

Tz. 518

Gewinnermittlungszeitraum ist grundsätzlich das Kalenderjahr (§ 10 Abs. 1 GewStG). Bei abweichendem Wirtschaftsjahr gilt der Gewinn in dem Erhebungszeitraum bezogen, in dem das Wirtschaftsjahr endet (§ 10 Abs. 2 GewStG).

Erhebungszeitraum

In einem Rumpfwirtschaftsjahr wird der Freibetrag nach § 11 GewStG nicht anteilig gekürzt.

---

[49] *Güroff*, in: Glanegger/Güroff, GewStG, § 9 Nr. 7 Anm. 5.

3.5 Gewerbeverlust

Tz. 519

Gewerbeverlust

Ein basierend auf den Vorschriften des EStG bzw. KStG ermittelter Gewerbeverlust ist auf die folgenden Erhebungszeiträume vorzutragen und vom maßgebenden Gewerbeertrag abzuziehen. Ein Verlustrücktrag ist nach § 10a GewStG ausgeschlossen. Hintergrund ist, die Planungssicherheit der Gemeinden zur Haushaltsaufstellung zu gewährleisten. Ein Verlustrücktrag würde dieses Vorhaben konterkarieren. § 10a GewStG stellt insoweit eine Spezialregelung zu § 10d EStG dar.

beschränkte Abzugsfähigkeit

Die Abzugsfähigkeit des Gewerbeverlusts ist seit dem Erhebungszeitraum 2004 nur noch bis zu einem Betrag in Höhe von 1 Mio. € unbeschränkt möglich. Soweit der maßgebende Gewerbeertrag 1 Mio. € übersteigt, dürfen nur noch 60 % des verbleibenden maßgeblichen Gewerbeertrags abgezogen werden.

Die Höhe der vortragsfähigen Fehlbeträge ist gesondert festzustellen (§ 10a Satz 6 GewStG).

BEISPIEL

Der Einzelgewerbetreibende E erzielt durch sein Einzelunternehmen aufgrund der Markteinführung neuer Produkte im Erhebungszeitraum 2010 Anlaufverluste in Höhe von 2 Mio. €. Im nachfolgenden Erhebungszeitraum 2011 entwickelte sich der Absatz der neuen Produkte positiv, so dass der maßgebliche Gewerbeertrag 1,6 Mio. € betrug.

Festgestellter Verlust 2010:	2.000.000 €	
Gewerbeertrag 2011		1.600.000 €
Verlustabzug § 10a Satz 1 GewStG	− 1.000.000 €	
Verbleibender Gewerbeertrag		600.000 €
Verlustabzug § 10a Satz 2 GewStG (600.000 € × 60 %)	− 360.000 €	
Verbleibender Verlustvortrag	− 640.000 €	
Endgültiger Gewerbeertrag (600.000 € × 40 %)		240.000 €

Tz. 520

Abzugsvoraussetzungen

Materiellrechtliche Voraussetzung für den gewerbesteuerlichen Verlustabzug sind bei Einzelunternehmen und Personengesellschaften sowohl die Unternehmensidentität als auch die sogenannte Unternehmeridentität. Unternehmensidentität oder Unternehmensgleichheit bedeutet, dass der Betrieb in dem Jahr, in dem der Verlustvortrag durchgeführt werden soll, identisch ist mit dem Betrieb, der im Jahr der Entstehung des Verlustes bestanden hat (R 10a.2 GewStR).

Aufgrund der Selbständigkeit eines jeden Gewerbebetriebs kommt ein Ausgleich von Fehlbeträgen eines Gewerbebetriebs mit positiven Gewerbeerträgen eines anderen Gewerbebetriebs grundsätzlich nicht in Betracht.

Tz. 521

Unternehmensidentität

Ein einheitlicher Gewerbebetrieb ist zu verneinen, wenn die wesentlichen Veränderungen einen sachlichen Zusammenhang zwischen den Tätigkeiten nicht mehr erkennen lassen. Wesentliche Veränderungen treten dann ein, wenn die Art der Betätigung, der Kunden- und Lieferantenkreis, die Arbeitnehmerschaft, die Geschäftsleitung, die Betriebsstätten sowie der Umfang und die Zusammensetzung des Aktivvermögens (R 10a.2 Satz 3 GewStR) nicht mehr gleich sind. Im Ergebnis muss ein wirtschaftlicher, organisatorischer und finanzieller Zusammenhang zwischen den Betätigungen existieren.

Mehrere Betriebe liegen beispielsweise vor, wenn eine natürliche Person Einzelunternehmer und zugleich Anteilseigner einer Personengesellschaft ist. Aufgrund der sachlichen Selbständigkeit beider Unternehmen ist ein Verlust des Einzelunternehmens beim Gewerbeertrag der Personengesellschaft nicht anzusetzen und umgekehrt.

Gemäß § 2 Abs. 2 Satz 1 GewStG ist die Tätigkeit von Kapitalgesellschaften stets und in vollem Umfang als Gewerbebetrieb einzustufen. Unternehmerin ist die Kapitalgesellschaft. Sie unterhält einen Betrieb unabhängig von der Anzahl und der Art der Tätigkeiten. Bei Kapitalgesellschaften ist somit das Kriterium der Unternehmensidentität immer erfüllt.

Tz. 522

Unternehmeridentität bedeutet, dass der Steuerpflichtige, der den Verlustabzug in Anspruch nimmt, den Gewerbeverlust zuvor in eigener Person erlitten haben muss (R 10a.3 Abs. 1 Satz 1 GewStR).

Unternehmeridentität

Der Steuerpflichtige muss danach sowohl zur Zeit der Verlustentstehung als auch im Jahr der Entstehung des positiven Gewerbeertrags Unternehmensinhaber gewesen sein.[50]

Wird ein Einzelunternehmen auf einen anderen Einzelunternehmer, auf eine Kapitalgesellschaft oder auf eine Personengesellschaft, an der der bisherige Einzelunternehmer nicht beteiligt ist, übertragen, so gehen Fehlbeträge, die bei dem bisherigen Inhaber entstanden waren, gemäß § 10a Satz 8 i. V. m. § 2 Abs. 5 GewStG mit dem Unternehmerwechsel unter.[51]

Personengesellschaften können nur einen einzigen Gewerbebetrieb unterhalten. Unternehmer sind die Gesellschafter (Mitunternehmer) und somit die Träger des Rechtes auf Verlustabzug. Die Anteilsübertragung eines Mitunternehmeranteiles an gewerblich tätigen Personengesellschaften führt somit aufgrund der fehlenden Unternehmeridentität zum Untergang des gewerbesteuerlichen Verlustvortrags. Die Regelungen nach § 10a Satz 10 GewStG finden keine Anwendung.

Ein Gesellschafterwechsel innerhalb der Kapitalgesellschaft hat aufgrund der unterstellten Unternehmensidentität grundsätzlich keine Auswirkung auf den gewerbesteuerlichen Verlustvortrag. Die Fehlbeträge der Körperschaft wurden bis zum Veranlagungszeitraum 2007 durch die Regelungen des Mantelkaufs nach § 8 Abs. 4 KStG beschränkt. Ab dem 1. 1. 2008 wurde § 8 Abs. 4 KStG durch die neu eingeführte Verlustabzugsbeschränkung nach § 8c KStG (§ 10a Satz 10 GewStG) ersetzt. Die gewerbesteuerlichen Verlustvorträge werden insofern analog zu den körperschaftsteuerlichen Verlustvorträgen behandelt (vgl. Kap. III.2.8).

4. Steuermesszahl und -messbetrag nach dem Gewerbeertrag

Tz. 523

Die Gewerbesteuermesszahl beträgt ab dem Veranlagungszeitraum 2008 einheitlich 3,5 % (§ 11 Abs. 2 GewStG). Zur Ermittlung der Gewerbesteuer ist der Gewerbesteuermessbetrag festzustellen. Dieser ist durch Anwendung der Steuermesszahl auf den Gewerbeertrag zu ermitteln. Der Gewerbeertrag wird hierbei auf volle 100 € nach unten abgerundet (§ 11 Abs. 1 Satz 3 GewStG).

Steuermesszahl

Tz. 524

Einzelunternehmen und Personengesellschaften erhalten betriebsbezogen im Erhebungszeitraum einen Freibetrag von 24.500 € (§ 11 Abs. 1 Satz 3 Nr. 1 GewStG). Bei sonstigen juristischen Personen und nichtrechtsfähigen Vereinen liegt der Freibetrag bei 5.000 €. Kapitalgesellschaften erhalten diesbezüglich keinerlei Vergünstigung. Der Freibetrag darf jedoch nicht zu einem negativen Gewerbeertrag führen.

Freibetrag

Der vorläufige Gewerbeertrag der XY-KG beträgt 100.000 €.

Nach Abzug des Freibetrags gemäß § 11 Abs. 1 GewStG i. H. v. 24.500 € errechnet sich der für die Gewerbesteuermessbetragsberechnung maßgebliche Gewerbeertrag mit 75.500 €. Die Multiplikation des nach Kürzungen, Hinzurechnungen und Freibeträgen endgültigen Gewerbeertrags mit der Steuermesszahl von 3,5 % ergibt einen Gewerbesteuermessbetrag i. H. v. 2.642,50 €.

BEISPIEL

---

50 BFH-Urteil vom 3. 5. 1993, BStBl 1993 II S. 616.
51 *Kleinheisterkamp*, in: Lenski/Steinberg, § 10a Anm. 57.

5. Entstehung, Festsetzung und Erhebung der Steuer

Tz. 525

Erhebungszeitraum Erhebungszeitraum für den Gewerbesteuermessbetrag ist das Kalenderjahr. Besteht die Gewerbesteuerpflicht nicht während einen ganzen Kalenderjahres, so ist der abgekürzte Erhebungszeitraum maßgebend (§ 14 Satz 3 GewStG).

Tz. 526

Hebesatz Die hebeberechtigte Gemeinde wendet auf den Gewerbesteuermessbetrag den für die Gemeinde in der Haushaltssatzung festgelegten Hebesatz an (§ 16 Abs. 1 GewStG). Der Hebesatz beträgt gemäß § 16 Abs. 4 GewStG mindestens 200 %. Der Hebesatz kann für ein oder mehrere Kalenderjahre festgesetzt werden. Der sich nach Anwendung des Hebesatzes auf die Steuermesszahl ergebende Betrag stellt die Gewerbesteuer des Unternehmens für den Erhebungszeitraum (§ 18 GewStG) dar.

Tz. 527

Vorauszahlungen Der Steuerschuldner gemäß § 5 GewStG hat am 15. Februar, 15. Mai, 15. August und 15. November Vorauszahlungen zu entrichten. Die Vorauszahlungen sind der Höhe nach mit einem Viertel der Steuer, die sich bei der letzten Veranlagung ergeben hat, zu leisten (§ 19 Abs. 2 GewStG). Die Gemeinden können die Höhe der Vorauszahlungen aufgrund veränderter Ertragsentwicklungen der Unternehmen anpassen.

Tz. 528

Abschlusszahlung Erstattung Nach § 20 Abs. 1 GewStG werden die entrichteten Vorauszahlungen auf die Steuerschuld für den Erhebungszeitraum angerechnet. Ist die ermittelte Gewerbesteuer höher als die Summe der anzurechnenden Vorauszahlungen, so ist die Abschlusszahlung innerhalb eines Monats nach Bekanntgabe des Steuerbescheides zu entrichten (§ 20 Abs. 2 GewStG). Im Umkehrschluss führt eine niedrigere Gewerbesteuer hinsichtlich des Unterschiedsbetrags zur Aufrechnung oder Zurückzahlung der bisher entrichteten Gewerbesteuervorauszahlungen. Die Vorauszahlungen entstehen mit Beginn des Kalendervierteljahres, in dem die Vorauszahlungen zu entrichten sind (§ 21 GewStG).

6. Zerlegung des einheitlichen Gewerbesteuermessbetrages

Tz. 529

Zerlegung Hat ein Unternehmen Betriebsstätten in mehreren Gemeinden, so ist der (einheitliche) Gewerbesteuermessbetrag des Unternehmens in die auf die einzelnen Gemeinden entfallenden Anteile zu zerlegen. Aufteilungs- bzw. Zerlegungsmaßstab ist gemäß § 29 GewStG das Verhältnis der Summe der Arbeitslöhne zu den in den einzelnen Betriebsstätten gezahlten Arbeitslöhnen.

Tz. 530

Arbeitslohn Der Arbeitslohn wird gemäß § 31 GewStG wie folgt ermittelt:

    Bruttolöhne (§ 19 Abs. 1 Nr. 1 EStG)
+ Zuschläge für Mehrarbeit und Sonntags-, Feiertags- und Nachtarbeit
− Ausbildungsvergütungen
− einmalige Vergütungen (z. B. Tantiemen, Gratifikationen)
− sonstige Vergütungen, sofern sie bei einem einzelnen Arbeitnehmer 50 T€ übersteigen
− fiktiver Unternehmerlohn bei nicht juristischen Personen von insgesamt 25 T€ jährlich
= Arbeitslohn für die Zerlegung
    (abzurunden auf volle 1.000 € gemäß § 29 Abs. 3 GewStG)

7. Ermittlung der Gewerbesteuer

Tz. 531

Bis 2007 war die Gewerbesteuer handels- und steuerrechtlich eine abziehbare Betriebsausgabe. Mit der Unternehmenssteuerreform 2008 blieb die Grundstruktur der Gewerbesteuer erhalten. Allerdings ist die Abzugsfähigkeit der Gewerbesteuer als Betriebsausgabe durch Inkrafttreten des § 4 Abs. 5b EStG entfallen. Für Veranlagungszeiträume vor 2008 ist die Gewerbesteuer weder als Betriebsausgabe bei Abfluss noch als Betriebseinnahme bei Zufluss zu erfassen (§ 52 Abs. 12 Satz 7 EStG). Bei Gewerbesteuerzahlungen für Veranlagungszeiträume ab 2008 ist der innerbilanzielle Gewerbesteueraufwand steuerlich durch eine außerbilanzielle Zurechnung zu neutralisieren.

Abzugsfähigkeit als Betriebsausgabe

Tz. 532

Die bis zum Veranlagungszeitraum 2007 gültige Gewerbesteuermesszahl bei Kapitalgesellschaften betrug 5 %. Bei natürlichen Personen und Personengesellschaften war die Steuermesszahl beginnend in 1 %-Schritten pro 12.000 € Gewerbeertrag gestaffelt. Ab 48.000 € Gewerbeertrag lag die Gewerbesteuermesszahl einheitlich bei 5 %.

Steuermesszahl

Ab dem Erhebungszeitraum 2008 wurde der Staffeltarif abgeschafft und die Gewerbesteuermesszahl unabhängig von der Gesellschaftsform auf einheitlich 3,5 % festgelegt (§ 11 Abs. 2 GewStG).

Tz. 533

Gewerbliche Einkünfte unterliegen durch die Gewerbesteuer einer Doppelbelastung. Die Anrechnung der Gewerbesteuer auf die Einkommensteuer nach § 35 EStG soll diesen Nachteil kompensieren. Allerdings ist der Abzug des Steuerermäßigungsbetrags auf die tatsächlich zu zahlende Gewerbesteuer beschränkt (§ 35 Abs. 1 Satz 5 EStG). Liegt die festgesetzte Gewerbesteuer aufgrund des hohen Hebesatzes einer Gemeinde über dem maximalen Anrechnungsvolumen (3,8 × GewSt-Messbetrag), so verbleibt hinsichtlich der Differenz eine Restbelastung. Durch Hinzurechnungen nach § 8 GewStG wird dieser Effekt nochmals verstärkt. Betroffen davon sind insbesondere ertragsschwache Unternehmen mit hohem Fremdfinanzierungsanteil. Anrechnungsüberhänge können nicht auf andere Perioden übertragen werden.

Anrechnung bei der ESt

Der Anrechnungsfaktor wurde 2008 von bisher 1,8 auf 3,8 erhöht.

BEISPIEL

(Einzelunternehmen):

	Hebesatz 350 %	Hebesatz 450 %
	€	€
Gewinn vor Steuern	150.000	150.000
- GewSt	-15.373	-19.766
- ESt (z. B. 30 %)	- 45.000	- 45.000
Steuermessbetrag 3,5 %	150.000 – Freibetrag 24.500 × 3,5 % = 4.392,50	150.000 – Freibetrag 24.500 × 3,5 % = 4.392,50
+ Steuerermäßigung nach § 35 EStG;	4.392,50 × 3,8 = 16.691,50	4.392,50 × 3,8 = 16.691,50
max. anrechenbar	+ 15.373	+ 16.692
Definitive Gewerbesteuerbelastung	0	3.074
Netto nach Steuern	105.000	101.926

Tz. 534

Bei Kapitalgesellschaften hingegen ist eine Anrechnung auf die Körperschaftsteuer nicht möglich.

keine Anrechnung bei der KSt

8. Organschaft

Tz. 535

Organschaft Steht eine Kapitalgesellschaft (Organgesellschaft) unter einheitlicher Leitung eines anderen Unternehmens (Organträger), so gilt die Kapitalgesellschaft als Betriebsstätte des anderen Unternehmens, wenn die Voraussetzungen im Sinne der §§ 14, 17 oder 18 KStG erfüllt sind. Gleiches gilt für die Gewerbesteuer. § 2 Abs. 2 Satz 2 GewStG erfasst insofern das Rechtsinstitut der gewerbesteuerlichen Organschaft. Ab dem Erhebungszeitraum 2002 sind die gewerbesteuerlichen und körperschaftsteuerlichen Voraussetzungen für die Organschaft identisch.

Die Betriebsstättenfiktion führt jedoch nicht dazu, dass Organträger und Organgesellschaft als einheitliches Unternehmen anzusehen sind. Vielmehr sind die Gewerbeerträge für Organgesellschaft und Organträger getrennt zu ermitteln und dann einheitlich dem Organträger zuzurechnen.

Tz. 536

Organgesellschaft Nach dem eindeutigen Wortlaut des § 2 Abs. 2 Satz 2 GewStG muss die Organgesellschaft die Rechtsform einer Kapitalgesellschaft (AG, GmbH, KGaA etc.) aufweisen. Die GmbH & Co KG erfüllt somit die Voraussetzungen der Organgesellschaft nicht. Die Rechtsform des Organträgers ist für die gewerbesteuerliche Organschaft ohne Bedeutung. Organträger können folglich sowohl natürliche Personen als auch Kapital- oder Personengesellschaften mit Geschäftsleitung im Inland sein.

Tz. 537

Organträger Der Organträger muss nach § 14 Abs. 1 Satz 1 Nr. 1 KStG aus seiner Beteiligung an der Organgesellschaft unmittelbar oder mittelbar über die Mehrheit der Stimmrechte (finanzielle Eingliederung) verfügen. Nicht erforderlich ist, dass der Organträger die Mehrheit der Anteile besitzt. Im Falle einer mittelbaren Beteiligung muss an jeder vermittelten Gesellschaft die Mehrheit der Stimmrechte gehalten werden.

Ein weiterer Aspekt ist, dass dem Organträger die Mehrheit der Stimmrechte aus den Anteilen an der Organgesellschaft vom Beginn des Wirtschaftsjahres der jeweiligen Organgesellschaft ununterbrochen zusteht.

Des Weiteren ist der Abschluss eines Ergebnisabführungsvertrags (§ 291 Abs. 1 AktG) erforderlich. Der Ergebnisabführungsvertrag muss bis zum Ende des Wirtschaftsjahres der Organgesellschaft, für das dieser erstmals angewendet werden soll, auf mindestens fünf Jahre abgeschlossen und bis zum Ende des folgenden Wirtschaftsjahres wirksam werden. Eine vorzeitige Beendigung ist nur aus wichtigem Grund (beispielsweise Veränderung der Rechtsform der Organgesellschaft im Rahmen einer Umwandlung nach dem UmwG) möglich.

Tz. 538

Verlustausgleich Da die Organschaft bis auf weiteres noch Bestand hat, bleibt sie das einzige adäquate Mittel zum Verlustausgleich zwischen mehreren rechtlich selbständigen Unternehmen. Durch die beabsichtigte Angleichung des deutsch-französischen Steuersystems soll im Rahmen dieses Gesamtvorhabens das Rechtsinstitut der Organschaft durch die Einführung eines modernen Gruppenbesteuerungssystems ersetzt werden. Hintergrund ist einerseits, betriebswirtschaftliche Fehlanreize aufgrund der beschränkten Ergebnisverantwortung der Organgesellschaft zu vermeiden, und andererseits, die grenzüberschreitende Ergebnisverrechnung zwischen den Gesellschaften zuzulassen.[52]

---

[52] BMF – Bericht der Facharbeitsgruppe „Verlustverrechnung und Gruppenbesteuerung" vom 15. 9. 2011

8. Organschaft

1.) Was ist Ausgangsgröße für die Berechnung der Gewerbesteuer?

Der einkommen- bzw. körperschaftsteuerliche Gewinn ist nach § 7 GewStG Ausgangsgröße für die Gewerbesteuer (Tz. 484).

2.) Was ist Besteuerungsgegenstand der Gewerbesteuer?

Steuergegenstand ist ein im Inland betriebener stehender Gewerbebetrieb (Tz. 486 und 488).

3.) Wann beginnt die Gewerbesteuerpflicht einer Kapitalgesellschaft?

Die Gewerbesteuerpflicht beginnt spätestens mit der Eintragung in das Handelsregister (Tz. 495).

4.) Wer erlässt den Gewerbesteuermessbescheid?

Der Gewerbesteuermessbescheid wird vom Finanzamt erlassen (Tz. 498).

5.) In welcher Höhe werden Entgelte für Schulden bei der Gewerbesteuerberechnung wieder zugerechnet?

Die Zurechnung erfolgt in Höhe von 25 %, es wird jedoch ein Freibetrag von 100.000 € berücksichtigt (Tz. 505 und 506).

6.) Wie wirken sich Anteile am Verlust einer Personengesellschaft auf die Gewerbesteuer aus?

Die Verlustanteile werden nach § 8 Nr. 8 GewStG neutralisiert, so dass sie sich steuerlich nicht auswirken (Tz. 509).

7.) Wie sind Gewinne aus ausländischen Betriebsstätten im Inland gewerbesteuerlich zu behandeln?

Die Gewinne werden nach § 9 Nr. 3 GewStG abgerechnet und somit neutralisiert (Tz. 515).

8.) In welcher Weise wird ein ermittelter Gewerbeertrag gerundet?

Der Gewerbeertrag ist nach § 11 Abs. 1 Satz 3 GewStG auf volle 100 € abzurunden (Tz. 523).

9.) Was ist Berechnungsgrundlage für die Zerlegung des einheitlichen Gewerbesteuermessbetrags?

Nach § 29 GewStG ist der Arbeitslohn die Berechnungsgrundlage für die Zerlegung (Tz. 529).

VI. Internationales Steuerrecht

1. Drohende Doppelbesteuerung durch Territorialitätsprinzip und Universalitätsprinzip

Tz. 539

Das internationale Steuerrecht umfasst im weiteren Sinne alle nationalen, völker- und europarechtlichen Normen. Die zwischenstaatlichen Vereinbarungen (bilaterale Maßnahmen) – Abkommen zur Vermeidung der Doppelbesteuerung (DBA) – bilden hierbei das Schwergewicht des internationalen Steuerrechts. Das Ziel eines DBA ist, eine Doppel-, Mehrfach- oder Nichtbesteuerung ein und derselben Einkünfte zu vermeiden.

Hintergrund

Eine Doppel- oder Mehrfachbesteuerung hätte erhebliche Auswirkungen auf den internationalen Handel bzw. Dienstleistungsverkehr. Aufgrund dessen schränken die abgeschlossenen Doppelbesteuerungsabkommen die nationalen Steueransprüche der einzelnen Vertragsstaaten ein.

Tz. 540

Im internationalen Steuerrecht werden das Universalitätsprinzip und das Territorialitätsprinzip unterschieden. Das Universalitätsprinzip stellt auf den Wohnsitz oder den gewöhnlichen Aufenthalt einer Person ab. Das bedeutet, dass eine Person mit Wohnsitz im Inland der unbeschränkten Steuerpflicht mit ihren Welteinkünften unterliegt. Beim Territorialitätsprinzip ist die gebietsbezogene Zuordnung im Vordergrund. Das heißt, dass die Belegenheit der Einkunftsquelle über den Ort der Steuerpflicht entscheidet.

Universalität / Territorialität

2. Systematik der beschränkt steuerpflichtigen Einkünfte in den Grundzügen

Tz. 541

Die beschränkte Steuerpflicht hat den Charakter einer Objektsteuer. Der Umfang der steuerpflichtigen inländischen Einkünfte ist abschließend in § 49 EStG geregelt. Im Gegensatz zur unbeschränkten Steuerpflicht, die die Einteilung nach § 2 EStG in sieben Einkunftsarten vorsieht, findet sich in § 49 Abs. 1 Nr. 1 bis 10 EStG eine andere Aufteilung wieder. § 49 EStG enthält insoweit zusätzliche Tatbestandsmerkmale, die einen Inlandsbezug bedingen.

sachlicher Geltungsbereich

Die Gegenregelung zu § 49 EStG (inländische Einkünfte i. S. d. beschränkten Steuerpflicht) bildet grundsätzlich § 34d EStG (ausländische Einkünfte i. S. d. unbeschränkten Steuerpflicht). Grundsätzlich bedeutet dies, dass in den inländischen Einkünften nach § 49 EStG durchaus auch ausländische Einkünfte enthalten sein können.

Tz. 542

Die Einkommensteuerpflicht unterteilt sich in

- unbeschränkte Steuerpflicht (§ 1 Abs. 1 EStG),
- erweiterte unbeschränkte Steuerpflicht (§ 1 Abs. 2 EStG),
- unbeschränkte Steuerpflicht auf Antrag (§§ 1 Abs. 3, 1a EStG),
- beschränkte Steuerpflicht (§ 1 Abs. 4 EStG),
- erweiterte beschränkte Steuerpflicht (§ 2 AStG).

persönlicher Geltungsbereich

Beschränkt steuerpflichtig gemäß § 1 Abs. 4 EStG sind vorbehaltlich der §§ 1 Abs. 2 und 3, 1a EStG natürliche Personen, die im Inland weder einen Wohnsitz (§ 8 AO) noch ihren gewöhnlichen Aufenthalt (§ 9 AO) haben und inländische Einkünfte im Sinne des § 49 EStG erzielen.

Tz. 543

Die beschränkte Steuerpflicht beginnt mit dem erstmaligen Bezug von inländischen Einkünften. Gleiches gilt bei vorweggenommenen Werbungskosten oder Betriebsausgaben, sofern ein

Beginn und Ende der beschränkten Steuerpflicht

wirtschaftlicher Zusammenhang (§ 50 Abs. 1 Satz 1 EStG) mit künftigen inländischen Einnahmen i. S. d. § 49 EStG besteht.

Die beschränkte Steuerpflicht endet grundsätzlich mit dem Wegfall der inländischen Einkunftsquelle oder dem Zuzug ins Inland. Liegen die Voraussetzungen nach § 1 Abs. 3 EStG vor, so führt dieser Umstand ebenso zur Beendigung der beschränkten Steuerpflicht. Nachträgliche Einnahmen sind insoweit noch im Rahmen der beschränkten Steuerpflicht zu erfassen, sofern die Einnahmen während des Bestehens der inländischen Einkunftsquellen erwirtschaftet wurden.

Tz. 544

Einkunftsermittlung

Die Ermittlung der Einkünfte im Rahmen der beschränkten Steuerpflicht erfolgt nach den allgemeinen Vorschriften der §§ 4 und 8 ff. EStG. Betriebsausgaben oder Werbungskosten sind nur insoweit abzuziehen, als sie mit inländischen Einkünften in wirtschaftlichem Zusammenhang stehen (§ 50 Abs. 1 Satz 1 EStG).

Veranlagung

Die Einkommensteuer bemisst sich in diesem Fall nach dem Grundtarif des § 32a Abs. 1 EStG. Der Grundfreibetrag kommt bei beschränkt Steuerpflichtigen mit Ausnahme der Einkünfte nach § 49 Abs. 1 Nr. 4 EStG (Arbeitnehmereinkünfte) nicht zum Ansatz.

Tz. 545

Abzugsteuer

Unterliegen die Einkünfte dagegen dem Steuerabzug nach den §§ 39d (Lohnsteuerabzug), 43 (Kapitalertragsteuerabzug) oder 50a EStG, so gilt die Einkommensteuer mit Ausnahme der Einschränkungen in § 50 Abs. 2 Satz 2 Nr. 1 - 5 EStG als abgegolten. Das BMF hat zu den in unmittelbarem wirtschaftlichen Zusammenhang mit den Einkünften im Rahmen des Abzugsverfahrens gemäß § 50a EStG geltend gemachten Betriebsausgaben oder Werbungskosten mit Schreiben vom 16. 2. 2011 Stellung genommen.[53]

Tz. 546

Die Sonderregelung in § 39d EStG („Durchführung des Lohnsteuerabzugs für beschränkt einkommensteuerpflichtige Arbeitnehmer") ist ab dem 1. 1. 2012 aufgehoben worden. Aufgrund der Anpassungen und Klarstellungen im Zusammenhang mit den elektronischen Lohnsteuerabzugsmerkmalen (ELStAM) werden die bisherigen Regelungen in die neu gefassten § 39 Abs. 2 und 3 sowie § 39a Abs. 4 EStG übernommen.

Tz. 547

Einschränkung durch DBA

Doppelbesteuerungsabkommen können im Rahmen der Zuteilungsregelungen (Art. 6 bis 21 OECD-MA) die beschränkte Steuerpflicht einschränken. So könnten beispielsweise nach nationalem Recht Einkünfte i. S. d. § 49 EStG vorliegen, die jedoch dem Ansässigkeitsstaat des Steuerpflichtigen aufgrund zwischenstaatlicher Vereinbarungen (DBA) das Besteuerungsrecht zuweisen. In so einem Fall laufen die DBA-Regelungen ins Leere und führen zu einer doppelten Nichtbesteuerung, sofern der Ansässigkeitsstaat auf sein Besteuerungsrecht verzichtet. Zur Vermeidung eines solchen aus deutscher Fiskalsicht unbefriedigenden Ergebnisses hat Deutschland unilaterale Regelungen, so genannte Rückfallklauseln in das nationale Recht (§ 50d Abs. 3, 8, 9 EStG) eingefügt.

Tz. 548

isolierende Betrachtungsweise

Nach § 49 Abs. 2 EStG bleiben im Ausland gegebene Besteuerungsmerkmale außer Ansatz, soweit bei ihrer Berücksichtigung inländische Einkünfte im Sinne des Absatzes 1 nicht angenommen werden können. Die Zuordnung der Einkünfte nach § 49 Abs. 1 EStG erfolgt daher nur anhand der Verhältnisse im Inland.[54] Bestehende Subsidiaritätsklauseln in den §§ 20 Abs. 8, 21 Abs. 3, 22 Nr. 1 Satz 1 und Nr. 3 Satz 1 sowie 23 Abs. 2 EStG werden durch die isolierende Betrachtungsweise außer Kraft gesetzt.

---

53 BMF-Schreiben vom 16. 2. 2011, BStBl 2011 I S. 528.
54 BFH-Urteil vom 4. 3. 1970, BStBl 1970 II S. 428.

> Der in Zürich ansässige Z ist Anteilseigner der Z Immobilien AG. Die AG erzielt Vermietungseinkünfte aus einem in München befindlichen Mietwohngrundstück. Das Mietwohngrundstück ist keine Betriebsstätte i. S. d. § 12 AO.
>
> Durch die Subsidiarität des § 21 Abs. 3 EStG würden die Mieteinkünfte den Einkünften aus Gewerbebetrieb zugerechnet. Mangels Vorhandensein einer Betriebsstätte gemäß § 49 Abs. 1 Nr. 2a EStG käme es somit zu keiner inländischen Besteuerung. Die isolierende Betrachtungsweise blendet daher die im Ausland gegebenen Besteuerungsmerkmale aus und ordnet die Einkünfte als solche aus Vermietung und Verpachtung gemäß § 21 EStG i. V. m. § 49 Abs. 1 Nr. 6 EStG ein.
>
> Der Gesetzgeber hat ab dem Veranlagungszeitraum 2009 den bereits bestehenden § 49 Abs. 1 Nr. 2f EStG insoweit ergänzt, dass die Einkünfte aus (gewerblicher) Vermietung und Verpachtung auch ohne das Vorliegen einer Betriebsstätte im Inland erfasst werden. Eine isolierende Betrachtungsweise gemäß § 49 Abs. 2 EStG ist daher in diesem Fall nicht mehr erforderlich. Trotz Einstufung der Einkünfte als Einkünfte aus Gewerbebetrieb nach § 49 Abs. 1 Nr. 2f Doppelbuchstabe aa EStG, unterliegen diese mangels Voraussetzung einer Betriebsstätte wie bisher nicht der Gewerbesteuerpflicht (§ 2 Abs. 1 GewStG).

3. Methoden zur Vermeidung einer Doppelbesteuerung

3.1 Freistellungsmethode durch DBA; Progressionsvorbehalt

Tz. 549

Art. 23 A OECD-MA – Befreiungsmethode

„Bezieht eine in einem Vertragsstaat ansässige Person Einkünfte oder hat sie Vermögen und können diese Einkünfte oder dieses Vermögen nach diesem Abkommen im anderen Vertragsstaat besteuert werden, so nimmt der erstgenannte Staat ... diese Einkünfte oder dieses Vermögen von der Besteuerung aus."

Freistellungsmethode

Tz. 550

Die Freistellungsmethode befreit den Steuerpflichtigen von der Besteuerung der grenzüberschreitenden Einkünfte. Im Ergebnis verzichtet ein Vertragsstaat zugunsten eines anderen auf die Besteuerung bestimmter Einkünfte. Die Besteuerung findet bei Anwendung der Freistellungsmethode zu den Konditionen am Ort der Investition statt. Aus nationaler Sicht ist die Freistellung vor allem dem verfassungsrechtlichen Prinzip der Besteuerung nach der Leistungsfähigkeit geschuldet. Ein und derselbe steuerliche Vorgang soll nur einmal der Besteuerung unterworfen werden. Dennoch werden die Einkünfte oder das Vermögen im Rahmen der Ermittlung des im Ansässigkeitsstaat anzuwendenden Steuersatzes (Progressionsvorbehalt gemäß § 32b Abs. 1 Nr. 3 EStG) erfasst. Hintergrund ist der Grundsatz der Gleichmäßigkeit der Besteuerung.

Progressionsvorbehalt

Ist in einem DBA zwischen den Vertragsstaaten die Freistellungsmethode vereinbart, so kann eine Anrechnung der im Ausland bezahlten Steuern nicht erfolgen.

3.2 Anrechnungsmethode

Tz. 551

Art. 23 B OECD-MA – Anrechnungsmethode

„Bezieht eine in einem Vertragsstaat ansässige Person Einkünfte oder hat sie Vermögen und können diese Einkünfte oder dieses Vermögen nach diesem Abkommen im anderen Vertragsstaat besteuert werden, so rechnet der erstgenannte Staat

Anrechnungsmethode

a) auf die vom Einkommen dieser Person zu erhebende Steuer den Betrag an, der der im anderen Staat gezahlten Steuer vom Einkommen entspricht;

b) auf die vom Vermögen dieser Person zu erhebende Steuer den Betrag an, der der in dem anderen Vertragsstaat gezahlten Steuer vom Vermögen entspricht.

Der anzurechnende Betrag darf jedoch in beiden Fällen den Teil der vor der Anrechnung ermittelten Steuer am Einkommen oder vom Vermögen nicht übersteigen, der auf die Einkünfte, die im anderen Staat besteuert werden können oder auf das Vermögen, das dort besteuert werden kann, entfällt."

VI. Internationales Steuerrecht

Tz. 552

Die Anrechnungsmethode kommt regelmäßig zur Anwendung, wenn beide Vertragsstaaten das Besteuerungsrecht behalten. Im Rahmen der Anrechnungsmethode wird die Doppelbesteuerung dadurch beseitigt, dass die ausländischen Quellensteuern im Ansässigkeitsstaat angerechnet werden. Die Anrechnung bewirkt grundsätzlich, dass die ausländischen Einkünfte im Vergleich zu den im Inland erwirtschafteten Einkünften im Rahmen der Besteuerung gleich gestellt werden. Es erfolgt grundsätzlich die Hochschleusung auf das höhere Steuerniveau des Ansässigkeitsstaates.

Negative Einkünfte können im Rahmen der Anrechnungsmethode unter den Einschränkungen des § 2a EStG mit inländischen Einkünften verrechnet werden.

3.3 Abzugsmethode

Tz. 553

Abzugsmethode

Die Steueranrechnung nach § 26 Abs. 1 KStG (Besteuerung ausländischer Einkunftsteile) entspricht inhaltlich mit Ausnahme der Einschränkung für die Fälle des § 32d EStG der Vorschrift des § 34c Abs. 1 Satz 1 EStG. Die Absätze 2 bis 5 und 7 des § 26 KStG sind mit der ab dem 1.1.2001 geltenden Fassung des KStG entfallen. § 26 Abs. 6 KStG spiegelt in den Kernaussagen die Vorschrift des § 34c Abs. 1 Sätze 2 bis 5 und Abs. 2 bis 7 EStG wider.

Tz. 554

Die Anrechnung bzw. der Abzug der ausländischen Steuern erfolgt gemäß § 34c EStG unter folgenden Voraussetzungen:

Überblick § 34c EStG

§ 34c EStG – Steuerermäßigung bei ausländischen Einkünften

Abs. 1 Voraussetzung Steueranrechnung

- ▶ Unbeschränkte Steuerpflicht, da beschränkt Steuerpflichtige grundsätzlich keine ausländischen Einkünfte im Inland haben können (Ausnahme: § 50 Abs. 3 EStG).
- ▶ Steuersubjektidentität im In- und Ausland.
- ▶ Einkünfteidentität – Doppelbesteuerung der ausländischen Einkünfte im Sinne des § 34d EStG im In- und Ausland.
- ▶ Die Steuer wurde im Staat der Einkunftsquelle – Ursprungsstaat – erhoben.
- ▶ Die ausländische Steuer muss der deutschen Einkommensteuer entsprechen (siehe auch Art. 2 Abs. 1 OECD-MA).
- ▶ Anrechnung nur insoweit, als die Steuer auf im Veranlagungszeitraum bezogene Einkünfte entfällt (zeitliche Korrespondenz).
- ▶ Die ausländische Steuer muss tatsächlich festgesetzt, bezahlt und um einen entstandenen Ermäßigungsanspruch gekürzt sein (Umrechnungskurs siehe R 34c Abs. 1 EStR). Die tatsächliche Durchsetzung des Ermäßigungsanspruchs ist hierbei unbeachtlich.
- ▶ Ausgenommen von der Anrechnung sind ausländische Kapitaleinkünfte, die der Abgeltungsteuer gemäß § 32d Abs. 1 und Abs. 3 - 6 EStG unterliegen.
- ▶ Höchstbetragsberechnung gemäß § 34c Abs. 1 Satz 2 EStG:
$$\frac{\text{deutsche ESt (ohne SolZ, KiSt)} \times \text{ausländische Einkünfte}}{\text{Summe der (inländischen und ausländischen) Einkünfte}}$$
Achtung: Der Höchstbetrag ist landesbezogen („per-country-limitation") und für jeden einzelnen Veranlagungszeitraum nach § 68a EStDV i.V. m. § 34c Abs. 7 Nr. 1 EStG zu ermitteln.
- ▶ Gehören ausländische Einkünfte der in § 34d Nr. 3, 4, 6, 7, 8c EStG genannten Art zum Gewinn eines inländischen Betriebes, genügt für den Abzug von Betriebsausgaben und Betriebsvermögensminderungen ein wirtschaftlicher Zusammenhang mit diesen Einnahmen.
- ▶ Die Steueranrechnung erfolgt von Amts wegen.

Abs. 2 Voraussetzung Steuerabzug

- auf Antrag
- Abzug der ausländischen Steuer bei der Ermittlung der Einkünfte unter den Voraussetzungen des Abs. 1 (empfiehlt sich beispielsweise bei hohen Inlandsverlusten, da die Anrechnung ausländischer Steuer insoweit ins Leere gehen würde).
- Der Antrag auf Abzug muss für die gesamten Einkünfte und Steuern aus demselben Staat einheitlich ausgeübt werden.
- Ausnahme ab dem Veranlagungszeitraum 2007: Ausländische Steuern auf Dividenden, die gemäß § 3 Nr. 40 EStG nur anteilig der Steuerpflicht unterliegen, sind nur in Höhe des steuerpflichtigen Anteils abziehbar.

Abs. 3 Erweiterte Auffangvorschrift für den Steuerabzug

- Abzug der ausländischen Steuer bei der Ermittlung der Einkünfte in den Fällen, in denen die Voraussetzungen des Abs. 1 nicht gegeben sind:
  - Ausländische Steuer entspricht nicht der deutschen Steuer.
  - Ausländische Steuer wird nicht in dem Staat der Einkunftsquelle erhoben (Drittstaatenproblematik).
  - Es liegen keine ausländischen Einkünfte i. S. d. § 34d EStG vor.
- Der Steuerabzug erfolgt von Amts wegen.

Abs. 4 (weggefallen)

Abs. 5 Steuererlass und Steuerpauschalierung

- Durch Ermächtigung der Bundes- und Landesfinanzbehörden kann die Finanzverwaltung die auf die ausländischen Einkünfte entfallende deutsche Einkommensteuer ganz oder zum Teil erlassen oder pauschal festsetzen.

Abs. 6 Verhältnis zu Doppelbesteuerungsabkommen

- Das Vorhandensein eines DBA schließt grundsätzlich die Anwendung von § 34 c Abs. 1 - 3 EStG aus. Anwendung findet lediglich die Höchstbetragsberechnung gemäß § 34c Abs. 1 Sätze 2 bis 5 EStG sowie das Wahlrecht zum Abzug nach § 34c Abs. 2 EStG bei Vorliegen der Anrechnungsmethode nach Art. 23 B OECD-MA.
- Eine Anrechnung erfolgt maximal in Höhe der abkommensrechtlich begrenzten Quellensteuer. Übersteigt die ausländische Steuer den DBA-Quellensteuersatz, so erfolgt insoweit keine Anrechnung. Der Steuerpflichtige muss den übersteigenden Betrag im Rahmen eines Erstattungsverfahrens beim Quellenstaat einfordern. Gleiches gilt für Nicht-DBA Fälle.
- § 34c EStG findet keine Anwendungen im Rahmen der Freistellungsmethode nach Art. 23 A OECD-MA.
- Keine Anrechnung für ausländische Einkünfte, die gemäß § 32d Absatz 1 und 3 - 6 EStG der Abgeltungsteuer unterliegen.
- Keine Anwendung des Abs. 1 Satz 3 und Abs. 2 bei fiktiven Steuern; Steuervergünstigungen, die der ausländische Staat gewährt, sollen durch die Einschränkung beim Steuerpflichtigen verbleiben.
- Einkünfte, die der ausländische Staat aufgrund eines Doppelbesteuerungsabkommens nicht besteuert, dürfen in die Höchstbetragsberechnung nach § 34c Abs. 1 Satz 2 EStG nicht einbezogen werden.
- Behebung von Qualifikationskonflikten bzw. unterschiedlicher Auslegungen des betreffenden DBA durch Wechsel zur Anrechnungsmethode.
- Im Rahmen des § 50d Abs. 9 EStG findet beim Vorliegen bestimmter Voraussetzungen ein Wechsel von der Freistellungs- zur Anrechnungsmethode statt. Die Absätze 1 - 3 und Satz 6 sind entsprechend anzuwenden.

▶ Besteuert der Vertragsstaat die aus einem Drittstaat stammenden Einkünfte zu Unrecht und wird diese Besteuerung auch nicht rechtsmissbräuchlich herbeigeführt („künstliche Gestaltungen"), soll es bei der Anrechnung gemäß Abs. 3 bleiben, um unverschuldete Doppelbesteuerungen infolge zwischenstaatlicher Auslegungsdifferenzen des DBA zu vermeiden.[55] Das betrifft beispielsweise ausländische Steuern auf Gewinne bei Montagelieferungen hinsichtlich der Zuordnung zwischen Stammhaus und Betriebsstätte. Gleiches gilt für die Fälle der Doppelansässigkeit und der in diesem Zusammenhang doppelten Besteuerung inländischer Einkünfte.

Abs. 7

▶ Ermächtigung zum Erlass von Vorschriften durch Rechtsverordnung über:

– die Anrechnung ausländischer Steuern, wenn die ausländischen Einkünfte aus mehreren fremden Staaten stammen,

– den Nachweis über die Höhe der festgesetzten und gezahlten ausländischen Steuern,

– die Berücksichtigung ausländischer Steuern, die nachträglich erhoben oder zurückgezahlt werden.

BEISPIEL

Der unbeschränkt steuerpflichtige Anton Meier aus München erzielt mit seiner in einem Drittstaat befindlichen Betriebsstätte im Jahr 2011 einen Gewinn von 100.000 €. Mit dem Drittstaat hat Deutschland kein DBA abgeschlossen. Die auf den Gewinn im Ausland entrichtete Steuer beträgt 25.000 €. Die ausländische Steuer ist mit der deutschen Steuer vergleichbar. Im Inland erzielt Meier in derselben Zeit mit seinem inländischen Gewerbebetrieb einen Verlust von 200.000 €. Eine Steuer fiel somit nicht an. Kann die ausländische Steuer i. H. v. 25.000 € trotzdem im Inland berücksichtigt werden?

Eine Anrechnung der ausländischen Steuer nach § 34c Abs. 1 EStG ist mangels inländischer Steuer (Gesamtbetrag der Einkünfte ist negativ) auf die ausländischen Einkünfte nicht möglich. Gemäß § 34c Abs. 2 EStG kann Meier alternativ den Antrag auf Steuerabzug geltend machen. Die ausländischen positiven Einkünfte sind dann mit den inländischen negativen Einkünften unter Berücksichtigung des Abzugs der ausländischen Steuer zu verrechnen. Danach hätte er negative Einkünfte von 125.000 € in Deutschland zu erfassen, die nach § 10d EStG für künftige Veranlagungszeiträume vortragsfähig wären.

4. Negative ausländische Einkünfte

4.1 Verlustabzugsbeschränkung

Tz. 555

negative ausländische Einkünfte

Die unbeschränkte Steuerpflicht umfasst grundsätzlich alle inländischen und ausländischen positiven wie auch negativen Einkünfte. Der Verlustausgleich wird bei negativen Einkünften mit Bezug zu Drittstaaten gemäß § 2a EStG beschränkt.

Verlustausgleichsverbot

Das eingeschränkte Verlustausgleichsverbot i. S. d. § 2a EStG betrifft im Ergebnis alle Drittstaatenkonstellationen mit oder ohne DBA. Gemeint sind zum einen die DBA-Fälle, bei denen die Einkünfte aufgrund der vereinbarten Anrechnungsmethode der inländischen Besteuerung unterliegen. Zum anderen umfasst die Regelung auch die Einkünfte, die nach der Freistellungsmethode im Inland steuerfrei bleiben. Der negative Progressionsvorbehalt ist in diesen Fällen ausgeschlossen (H 2a EStH).

Tz. 556

Ausnahmeregelung

Zu beachten ist jedoch, dass der negative Progressionsvorbehalt nicht nur für Drittstaaten, sondern auch für bestimmte ausländische Verluste in EU/EWR-Staaten ausgeschlossen ist (§ 32b Abs. 1 Satz 2 EStG). Die dort aufgelisteten Einkünfte werden weder im negativen noch im positiven Progressionsvorbehalt im Rahmen der inländischen Besteuerung erfasst.

---

55 *Gosch*, in: Kirchhof, EStG, 10. Aufl., § 34c Rn. 7.

4. Negative ausländische Einkünfte

Tz. 557

Welche Einkunftsart i. S. d. § 2a Abs. 1 EStG vorliegt, bestimmt sich nur nach den im Drittstaat gegebenen Merkmalen (sog. Quellenbetrachtungsweise).[56]

Drittstaaten sind nach § 2a Abs. 2a Satz 1 Nr. 1 EStG Staaten, die nicht Mitgliedstaaten der Europäischen Union und des Europäischen Wirtschaftsraums (EWR-Staaten: Island, Liechtenstein, Norwegen) sind. Zwischen Deutschland und Liechtenstein besteht erst seit dem Veranlagungszeitraum 2009 ein Steuerinformationsaustauschabkommen. Das Amtshilfeabkommen (sog. Tax Information Exchange Agreement (TIEA)) wurde am 2. 9. 2009 unterzeichnet. Mit Ratifizierung zum 28. 10. 2009 trat es einen Monat später in Kraft. Das Abkommen ist für alle Steuerjahre oder Veranlagungszeiträume anzuwenden, die nach dem 1. 1. 2010 beginnen. Liechtenstein ist ab diesem Zeitpunkt nicht mehr als Drittstaat i. S. d. § 2a EStG einzuordnen. Die Ausnahme zum Drittstaatenbezug bilden die in EU/EWR-Staaten zwischengeschalteten Körperschaften gemäß § 2a Abs. 1 Nr. 7 EStG.

Drittstaaten

Tz. 558

Eine Beschränkung des Verlustausgleichs bedeutet, dass die negativen Einkünfte lediglich mit ausländischen Einkünften der jeweils selben Art aus demselben Staat (per-country-limitation) ausgleichsfähig sind (R 2a Abs. 6 EStR). Drittstaatenverluste können daher nicht im Rahmen des § 10d EStG abgezogen werden. Jedoch mindern diese Verluste die in den folgenden Veranlagungszeiträumen erzielten positiven ausländischen Einkünfte der jeweils selben Art aus demselben Staat.

Beschränkung Verlustausgleich

Tz. 559

Findet jedoch die ausländische Verlustquelle keine Erwähnung in § 2a EStG, so ist ein Verlustausgleich grundsätzlich mit allen inländischen Einkünften möglich.

Regelungsreichweite

Steht § 2a EStG mit vergleichbaren Verlustausgleichsbeschränkungen im wechselseitigen Ausschluss, so ist jeweils die Vorschrift (§ 15a, § 17 Abs. 2 Satz 4, § 22 Nr. 3 Satz 3 und § 23 Abs. 3 Satz 7 -10 EStG) mit der weitergehenden Einschränkung anzuwenden.

4.2 Aktivitätsklausel

Tz. 560

Verlustausgleichs- und -abzugsbeschränkungen finden für folgende negative ausländische Einkünfte aus Drittstaaten statt:

Aktivitätsklausel Überblick § 2a EStG

§ 2a EStG	
Abs. 1	Negative Einkünfte mit Bezug zu Drittstaaten aus:
Nr.	
1	▶ land- und forstwirtschaftlicher Betriebsstätte - Betriebsstätte i. S. v. § 12 AO - Aktivitätsklausel gilt nicht für Einkünfte aus Land- und Forstwirtschaft
2	▶ gewerblicher Betriebsstätte - Betriebsstätte i. S. v. § 12 AO - Das Verlustverrechnungsverbot gilt nicht bei Erfüllung der Voraussetzungen gemäß § 2a Abs. 2 Satz 1 EStG (sogenannte „Aktivitätsklausel"). Die Aktivitätsklausel schließt die Anwendbarkeit des Abs. 1 Nr. 2 aus, wenn die Einkünfte der ausländischen Betriebsstätte ausschließlich oder fast ausschließlich die Herstellung und Lieferung von Waren (bewegliche Sachen nach § 90 BGB außer Waffen), die Gewinnung (Förderung, Verarbeitung und Transport) von Bodenschätzen sowie

---

[56] BFH-Urteil vom 21. 8. 1990, BStBl 1991 II S. 126.

	die Bewirkung gewerblicher Leistungen zum Gegenstand haben, soweit diese nicht in der Errichtung oder dem Betrieb von Anlagen, die dem Fremdenverkehr (Hotel, Bungalow- oder Campinganlagen) dienen oder in der Vermietung bzw. Verpachtung von Wirtschaftsgütern einschließlich der Überlassung von Rechten, Plänen, Mustern, Verfahren, Erfahrungen und Kenntnissen bestehen (§ 2a Abs. 1 Nr. 2 EStG). - Ausschließlich oder fast ausschließlich bedeutet, dass die begünstigten Erträge mindestens 90 % der gesamten Bruttoerträge der Gesellschaft ausmachen (R 2a Abs. 3 Satz 2 EStR). - Eine weitere Ausnahme im Rahmen der Aktivitätsklausel bildet das sogenannte „Holdingprivileg" gem. § 2a Abs. 2 Satz 1 letzter HS EStG. *Voraussetzungen:* *- Eine Betriebsstätte hält 25 % der Anteile an einer Kapitalgesellschaft.* *- Die Kapitalgesellschaft hat weder Sitz noch Geschäftsleitung im Inland.* *- Die Kapitalgesellschaft erzielt ihre Einkünfte ausschließlich oder fast ausschließlich aus begünstigten Tätigkeiten.* *- Die im Zusammenhang mit der Beteiligungsfinanzierung stehenden Zinsen sind ebenso Bestandteil der begünstigten Einkünfte.* *- Das „Holdingprivileg" ist für jedes Wirtschaftsjahr gesondert zu prüfen.*
3a	▶ **verlust- oder ausschüttungsbedingten Teilwertabschreibungen auf ausländische Körperschaften** - Anteile im Betriebsvermögen - Ausländische Einkünfte i. S. d. § 34d Nr. 4b EStG - Vorrangig zu prüfen sind die §§ 6 Abs. 1 Nr. 2 Satz 2 EStG oder 8b Abs. 3 KStG - Ausländische Körperschaften verfügen weder über Sitz (§ 11 AO) noch Geschäftsleitung (§ 10 AO) im Inland - Das ausländische Rechtsgebilde muss ein Körperschaft-Subjekt i. S. d. § 1 KStG sein. - Das Verlustverrechnungsverbot gilt nicht bei Erfüllung der Voraussetzungen gemäß § 2a Abs. 2 Satz 2 EStG (sogenannte **„Aktivitätsklausel"**).
3b	▶ **entgeltlichen Veräußerungen von Anteilen an ausländischen Körperschaften oder Entnahmen (§ 4 Abs. 1 Satz 2 EStG) von Beteiligungen** ▶ **Auflösungen oder Herabsetzungen d. Kapitals v. ausländischen Körperschaften** - Anteile im Betriebsvermögen - Ausländische Einkünfte i. S. d. § 34d Nr. 4b EStG - Der Tatbestand muss nach ausländischem Zivilrecht verwirklicht worden sein. - Ausländische Körperschaften verfügen weder über Sitz (§ 11 AO) noch Geschäftsleitung (§ 10 AO) im Inland. - Das ausländische Rechtsgebilde muss ein Körperschaft-Subjekt i. S. d. § 1 KStG sein. - Das Verlustverrechnungsverbot gilt nicht bei Erfüllung der Voraussetzungen gemäß § 2a Abs. 2 Satz 2 EStG (sogenannte **„Aktivitätsklausel"**).

4	▶ **Veräußerungen (verdeckte Einlage, Liquidation, Kapitalherabsetzung) von Anteilen an Kapitalgesellschaften nach § 17 EStG** - Anteile im Privatvermögen - Ausländische Einkünfte i. S. d. § 34d Nr. 4b EStG - Ausländische Kapitalgesellschaft verfügt weder über Sitz (§ 11 AO) noch Geschäftsleitung (§ 10 AO) im Inland. - Das ausländische Rechtsgebilde muss ein Körperschaft-Subjekt i. S. d. § 1 KStG sein. - Durch das Teileinkünfteverfahren gem. § 3 Nr. 40 EStG bzw. § 3c Abs. 2 EStG fallen 60 % der Einkünfte unter das Verrechnungsverbot. - Das Verlustverrechnungsverbot gilt generell nicht bei Erfüllung der Voraussetzungen gem. § 2a Abs. 2 Satz 2 EStG (sogenannte „**Aktivitätsklausel**").
5	▶ **Beteiligungen als stiller Gesellschafter (§ 20 Abs. 1 Nr. 4 EStG) und aus partiarischen Darlehen** - Beteiligung einer natürlichen oder juristischen Person an einem Handelsgewerbe mit Sitz (§ 11 AO) oder Geschäftsleitung (§ 10 AO) im Ausland - Verlustbeschränkung auf die Höhe der stillen Einlage - Übersteigende Verlustbeteiligungen führen zu Einschränkungen gemäß § 15a EStG - Atypische stille Beteiligungen unterliegen den Beschränkungen nach § 2a Abs. 1 Nr. 2 EStG.
6a	▶ **Vermietung und Verpachtung von unbeweglichem Vermögen oder von Sachinbegriffen** - Unbewegliches Vermögen sind Grundstücke, Gebäude und Gebäudeteile sowie im Inland registrierte Schiffe und Rechte - Zu den Sachinbegriffen zählen insbesondere bewegliche Sachen, die funktionell oder technisch aufeinander abgestimmt sind oder zusammen mit einer unbeweglichen Sache vermietet werden.[57]
6b	▶ **entgeltlicher Überlassung von Schiffen**
6c	▶ **Teilwertabschreibungen und Übertragungen von Wirtschaftsgütern des Betriebsvermögens im Sinne der Nr. 6a und 6b** - Negative Einkünfte, die nicht bereits im Rahmen des § 2a Abs. 1 Nr. 3a EStG erfasst werden.
7a	▶ **Teilwertabschreibungen, Veräußerungs- bzw. Entnahmeverlusten aus Beteiligungen im Betriebsvermögen**
7b	▶ **Auflösungs- oder Kapitalherabsetzungsverlusten aus Beteiligungen im Betriebsvermögen**
7c	▶ **Anteilen im Sinne des § 17 EStG**
7a-7c	▶ **an einer Kapitalgesellschaft mit Sitz oder Geschäftsleitung in einem anderen Staat als einem Drittstaat, soweit die negativen Einkünfte auf einen der in den Nummern 1 - 6 genannten Tatbestand zurückzuführen sind.** - Die Vorschriften 7a - 7c sollen Umgehungsversuche durch Zwischenschaltung von (inländischen) Kapitalgesellschaften verhindern. Infolge ausländischer Verluste vollzogene Teilwertabschreibungen auf Beteiligungen würden im Ergebnis zur Umwandlung ausländischer Einkünfte in inländische Einkünfte führen. Mit der „Durchschleusung" der Verluste auf die Ebene des Anteilseigners wäre das Verrechnungsverbot gemäß § 2a EStG ansonsten ausgehebelt.

---

[57] *Mellinghoff*, in: Kirchhof, EStG, 10. Aufl., § 21 Nr. 44.

> **BEISPIEL**
>
> Der in Weilheim ansässige W ist an der Hotel-Weilheim KG beteiligt. Diese wiederum hält Anteile an der Hotel-Holding-Ltd. in London. Sie sind im Anlagevermögen der KG mit 10 Mio. € erfasst. Die englische Gesellschaft erzielt aus ihren Beteiligungen einen geringen Verlust. Zudem betreibt die Hotel-Holding-Ltd. ein Hotel in Boston (USA). Der Hotelbetrieb wird als Betriebsstätte der englischen Holdinggesellschaft geführt und ist ebenfalls hochdefizitär. Die Hotel-Weilheim KG entschließt sich daraufhin, eine Teilwertabschreibung i. H.v. 5 Mio. € auf die englischen Anteile vorzunehmen.
>
> Im Grundsatz würden die Vorschriften der §§ 2a Abs. 1 Nr. 2 i.V. m. § 2a Abs. 2 EStG bereits eine Verlustverrechnung mit inländischen Einkünften verhindern. Da allerdings eine „Blocker-GmbH" innerhalb der EU/des EWR dazwischengeschaltet ist, gehen die Vorschriften ins Leere. § 2a Abs. 1 Nr. 7a EStG greift diese Sachverhalte mit Zwischenschaltung von EU/EWR-Gesellschaften auf und verhindert insofern wieder durch Rückgriff auf die zuvor genannten Vorschriften eine Verlustverrechnung im Inland. Der Verlust kann somit nicht auf den Gesellschafter der KG im Rahmen des Teileinkünfteverfahrens durchgeschleust werden.

5. Aufbau und Systematik des OECD-MA

Tz. 561

Vorrang vor nationalem Recht

Doppelbesteuerungsabkommen werden durch Zustimmungsgesetz nach Art. 59 Abs. 2 Satz 1 und Art. 105 GG zu nationalem Recht. Sie stehen damit auf der gleichen Stufe wie nationale Steuergesetze. § 2 AO kann somit als einfaches Bundesgesetz keinen Vorrang begründen. Nur allgemeine Regeln des Völkerrechts (nicht völkerrechtliche Verträge wie DBA) gehen gemäß Art. 25 GG dem nationalen Recht vor.

„treaty overriding"

Deutschland setzt sich daher in jüngster Zeit immer öfter durch das Mittel des „treaty overriding" völkerrechtswidrig über einzelne Abkommensvorschriften hinweg (beispielsweise § 50d Abs. 8 und 9 EStG). Der deutsche Gesetzgeber bezweckt, die fehlenden Rückfallklauseln für die in der Vergangenheit abgeschlossenen DBA mittels nationaler Regelungen einseitig (unilateral) nachzuholen. Dem Vertragspartner stünde jedoch aufgrund der Verletzung der allgemeinen Regel der Vertragstreue die Möglichkeit zu, das DBA gem. Art. 60 WÜRV[58] zu kündigen.

Aktuell hat der BFH dem Bundesverfassungsgericht die Frage vorgelegt, ob der Gesetzgeber durch „treaty overriding" gegen Verfassungsrecht verstößt.[59]

Tz. 562

Bekanntgabe der DBA

Die von Deutschland abgeschlossenen Doppelbesteuerungsabkommen sowie weitere staatsbezogene Veröffentlichungen werden jeweils zu Jahresbeginn im Bundessteuerblatt Teil I veröffentlicht (Stand 1. 1. 2012, vgl. BMF-Schreiben vom 17. 1. 2012, IV B 2 – S1301/07/10017-03).

Tz. 563

OECD-MA

Die Organisation OECD (Organisation for Economic Cooperation and Development) ist eine Internationale Organisation mit 34 Mitgliedstaaten, die sich zu Demokratie und Marktwirtschaft bekennen.

Als Grundlage für die meisten völkerrechtlichen Verträge dient das von den Mitgliedstaaten der OECD entwickelte Musterabkommen (OECD-MA). Das OECD-MA enthält Vorschriften darüber, in welchem Staat die Einkünfte besteuert werden dürfen (Zuweisungsnormen). Die Steueransprüche der Vertragsstaaten aus dem nationalen Recht werden insoweit begrenzt. Die Ermittlung der Bemessungsgrundlage für die Besteuerung (z. B. Einnahmen oder Einkünfte) obliegt hingegen, abgesehen von wenigen Ausnahmen, den Vertragsstaaten.

---

[58] Wiener Übereinkommen über das Recht der Verträge vom 23. 5. 1969.
[59] BFH-Beschluss vom 10. 1. 2012 – I R 66/09, veröffentlicht am 9. 5. 2012.

Tz. 564
Das OECD-MA ist wie folgt aufgebaut:

Überblick OECD-MA

Abschnitt I	**Geltungsbereich des Abkommens**
Unter das Abkommen fallende Personen	Art. 1
Unter das Abkommen fallende Steuern	Art. 2
Abschnitt II	**Begriffsbestimmungen**
Allgemeine Begriffsbestimmungen	Art. 3
Ansässige Personen	Art. 4
Betriebsstätte	Art. 5
Abschnitt III	**Besteuerung des Einkommens – Zuteilungsregeln**
Einkünfte aus unbeweglichem Vermögen	Art. 6
Unternehmensgewinne	Art. 7
Seeschifffahrt, Binnenschifffahrt und Luftfahrt	Art. 8
Verbundene Unternehmen	Art. 9
Dividenden	Art. 10
Zinsen	Art. 11
Lizenzgebühren	Art. 12
Gewinne aus der Veräußerung von Vermögen	Art. 13
Selbständige Arbeit (aufgehoben, da Art. 7)	~~Art. 14~~
Einkünfte aus unselbständiger Arbeit	Art. 15
Aufsichtsrats- und Verwaltungsratsvergütungen	Art. 16
Künstler und Sportler	Art. 17
Ruhegehälter	Art. 18
Öffentlicher Dienst	Art. 19
Studenten	Art. 20
Andere Einkünfte	Art. 21
Abschnitt IV	**Besteuerung des Vermögens**
Vermögen	Art. 22
Abschnitt V	**Methoden zur Vermeidung der Doppelbesteuerung**
Befreiungsmethode	Art. 23 A
Anrechnungsmethode	Art. 23 B
Abschnitt VI	**Besondere Bestimmungen**
Gleichbehandlung	Art. 24
Verständigungsverfahren	Art. 25
Informationsaustausch	Art. 26
Amtshilfe bei der Erhebung von Steuern	Art. 27
Mitglieder diplomatischer Missionen und konsularischer Vertretungen	Art. 28
Ausdehnung des räumlichen Geltungsbereichs	Art. 29
Abschnitt VII	**Schlussbestimmungen**
Inkrafttreten	Art. 30
Kündigung	Art. 31

6. Grundzüge des Außensteuergesetzes

Tz. 565

Grundzüge des AStG

Das Gesetz über die Besteuerung bei Auslandsbeziehungen (Außensteuergesetz, kurz AStG) trat am 8.9.1972 in Kraft. Die Intention des Gesetzgebers war vor allem, die unangemessene Ausnutzung des internationalen Steuergefälles zu verhindern und somit die Gleichmäßigkeit der Besteuerung bei Auslandsbeziehungen wieder herzustellen.

Das AStG definiert daher als ergänzende Rechtsnorm Tatbestände, die andernfalls weder dem Grunde noch der Höhe nach einer inländischen Besteuerung unterlägen. Diese umfassen reale sowie buchmäßige Gewinnverlagerungen.

Gewinnverlagerungen

Reale Gewinnverlagerungen sind beispielsweise die Verlagerung von ökonomischen Aktivitäten eines Unternehmens in den Bereichen Forschung, Entwicklung und Produktion ins Ausland.

Im Gegensatz hierzu entstehen buchmäßige Gewinnverlagerungen durch Gestaltung mittels Finanzierungsinstrumenten und Verrechnungspreisen. Im Ergebnis findet die Abrechnung der Leistungsbeziehung nicht zu fremdüblichen Konditionen statt.

Tz. 566

Vorrang DBA und nationaler Normen

Die Vorschriften der DBA (Art. 9 OECD-MA „dealing-at-arm's-length-principle") sowie die nationalen Vorschriften zur verdeckten Gewinnausschüttung (§ 8 Abs. 3 Satz 2 KStG) und verdeckten Einlage (§ 8 Abs. 3 Satz 3 KStG) haben Vorrang vor den Vorschriften des Außensteuergesetzes. Siehe hierzu auch § 20 AStG.

Tz. 567

Überblick AStG

Das AStG umfasst sieben Teile. Die Grundsätze zur Anwendung des Außensteuergesetzes sind im BMF-Schreiben vom 14.5.2004 veröffentlicht.[60]

Erster Teil	§§
Internationale Verflechtungen	
Berichtigung von Einkünften	1
Zweiter Teil	
Wohnsitzwechsel in niedrigbesteuerte Gebiete	
Einkommensteuer	2
(weggefallen)	3
Erbschaftsteuer	4
Zwischengeschaltete Gesellschaften	5
Dritter Teil	
Behandlung einer Beteiligung i. S. d. § 17 EStG bei Wohnsitzwechsel ins Ausland	
Besteuerung des Vermögenszuwachses	6
Vierter Teil	
Beteiligung an ausländischen Zwischengesellschaften	
Steuerpflicht inländischer Gesellschafter	7
Einkünfte von Zwischengesellschaften	8
Freigrenze bei gemischten Einkünften	9
Hinzurechnungsbetrag	10

---

60 BMF-Schreiben vom 14.5.2004, BStBl 2004 I, Sondernummer 1, S. 3

Veräußerungsgewinne	11
Steueranrechnung	12
(weggefallen)	13
Nachgeschaltete Zwischengesellschaften	14
Fünfter Teil	
Familienstiftungen	
Steuerpflicht von Stiftern, Bezugsberechtigten und Anfallsberechtigten	15
Sechster Teil	
Ermittlung und Verfahren	
Mitwirkungspflicht des Steuerpflichtigen	16
Sachverhaltsaufklärung	17
Gesonderte Feststellung von Besteuerungsgrundlagen	18
Siebenter Teil	
Schlussvorschriften	
(weggefallen)	19
Bestimmungen über die Anwendung von Abkommen zur Vermeidung von Doppelbesteuerungen	20
Anwendungsvorschriften	21
Neufassung des Gesetzes	22

6.1 Berichtigung von Einkünften

Tz. 568

Ziel des § 1 AStG ist, die Verlagerung von Einkünften oder/und Funktionen durch inländische Steuerpflichtige ins Ausland zu verhindern. Mit dem § 1 AStG besteht eine steuerliche Korrekturvorschrift, die den Fremdvergleichsgrundsatz gemäß Art. 9 OECD-MA in nationales Recht umsetzt. § 1 AStG ist daher zur Sicherung des inländischen Besteuerungssubstrats zwingend notwendig, da Art. 9 OECD-MA nur die Funktion einer Zuweisungsnorm erfüllt.

Gesetzeszweck
§ 1 AStG

Die Korrekturvorschrift greift auch bei Nicht-DBA-Staaten. Die Höhe der Steuerbelastung im Ausland spielt keine Rolle. Berücksichtigt werden sowohl Gewinn- als auch Überschusseinkünfte.

Tz. 569

§ 1 AStG ist wie folgt aufgebaut:

§ 1 Abs. 1 Satz 1 AStG	Gesetzliche Begriffsdefinition „Verrechnungspreis" und „Fremdvergleichsgrundsatz"
Einkünfte	§ 2 Abs. 1 EStG
Steuerpflichtige	▶ unbeschränkt steuerpflichtig § 1 Abs. 1 EStG ▶ erweitert unbeschränkt steuerpflichtig § 1 Abs. 2 EStG ▶ antragsgebunden unbeschränkt steuerpflichtig § 1 Abs. 3 EStG ▶ fiktiv unbeschränkt steuerpflichtig § 1a Abs. 1 EStG ▶ beschränkt steuerpflichtig § 1 Abs. 4 EStG

	▶ erweitert beschränkt steuerpflichtig § 2 AStG ▶ unbeschränkt körperschaftsteuerpflichtig § 1 Abs. 1 KStG ▶ beschränkt körperschaftsteuerpflichtig § 2 KStG
(grenzüberschreitende) Geschäftsbeziehungen	§ 1 Abs. 5 AStG, jede schuldrechtliche Beziehung, die keine gesellschaftsrechtliche Vereinbarung ist und die beim Steuerpflichtigen oder vergleichbar beim verbundenen ausländischen Unternehmen zu Einkünften nach den §§ 13, 15, 18 oder 21 EStG führt; Tz. 1.4.3 des Anwendungserlasses zum AStG
Ausland	Leistungsbeziehungen zu einer Person außerhalb des Geltungsbereichs des EStG oder KStG
nahe stehende Person	§ 1 Abs. 2 Nr. 1 – 3 AStG: ▶ Nr. 1: Mittelbare oder unmittelbare Beteiligung mit mindestens einem Viertel oder mittelbar oder unmittelbare Ausübung eines beherrschenden Einflusses ▶ Nr. 2: Eine dritte Person hält die wesentliche Beteiligung oder übt den beherrschenden Einfluss aus ▶ Nr. 3: Besondere Einflussmöglichkeiten auf die beteiligten Geschäftspartner außerhalb der Geschäftsbeziehung oder wenn der Geschäftspartner eigenes Interesse an der Erzielung der Einkünfte des anderen hat
gemindert	Minderung der Einkünfte oder nicht gezogener Nutzen
Verrechnungspreise (§ 1 Abs. 3 Satz 1 AStG)	Durch das Unternehmenssteuerreformgesetz 2008 (BGBl 2008 I S. 1912) wurden drei Standardmethoden festgelegt, nach denen die Ermittlung der Fremdvergleichswerte erfolgen soll: ▶ *Preisvergleichsmethode:* Tz. 2.2.2 Verwaltungsgrundsätze 1983 Der Konzernverrechnungspreis wird mit Preisen verglichen, die bei vergleichbaren Geschäften zwischen Dritten vereinbart worden sind. ▶ *Wiederverkaufspreismethode:* Tz. 2.2.3 Verwaltungsgrundsätze 1983 Diese Methode geht vom Endpreis gegenüber Dritten aus und reduziert diesen um die Bruttogewinnmarge, die fremde, unabhängige Vergleichsunternehmen aus vergleichbaren Geschäften erzielen. ▶ *Kostenaufschlagsmethode:* Tz. 2.2.4 Verwaltungsgrundsätze 1983 Der Verrechnungspreis wird dadurch bestimmt, dass die ermittelten Selbstkosten des liefernden oder leistenden Unternehmens um einen angemessenen Gewinnaufschlag erhöht werden. Die Methode findet überwiegend im Bereich der nichtmarktfähigen, konzernspezifischen Dienstleistungen mangels vergleichbarer Transaktionen ihre Anwendung.

Fremdvergleichsgrundsatz (dealing-at-arm's-length-principle)	Nichteinhaltung der Bedingungen wie unter fremden Dritten; Art. 9 OECD-MA; bei Personengesellschaften siehe Art. 7 Abs. 2 OECD-MA
§ 1 Abs. 1 Satz 2 AStG	**Transparenzgrundsatz – gesetzliche Fiktion**
Kenntnis der wesentlichen Umstände	Handeln nach den Grundsätzen zweier ordentlicher und gewissenhafter Geschäftsleiter, das heißt zur Vermeidung willkürlicher Ergebnisse im Verhältnis zur nahe stehenden Person wird vollständige Transparenz hinsichtlich aller Informationen, die für die Geschäftsbeziehung wesentlich sind, unterstellt.
§ 1 Abs. 1 Satz 3 AStG	**Vorrang anderer Regelungen**
andere Vorschriften	▶ vGA § 8 Abs. 3 Satz 2 KStG ▶ vE § 8 Abs. 3 Satz 3 KStG ▶ Privatentnahme § 4 Abs. 1 Satz 2 EStG ▶ Privateinlage § 4 Abs. 1 Satz 8 EStG

Tz. 570

Die Ermittlung der Verrechnungspreise unter Beachtung des Fremdvergleichs basiert nach § 1 Abs. 3 Satz 1 – 8 AStG auf einer dreistufigen Vorgehensweise:

▶ Bestimmung von uneingeschränkt vergleichbaren Fremdvergleichswerten
§ 1 Abs. 3 Satz 1 AStG (Tz. 3.4.12.7 a Verwaltungsgrundsätze-Verfahren)[61]

▶ Bestimmung von eingeschränkt vergleichbaren Fremdvergleichswerten
§ 1 Abs. 3 Satz 2 - 4 AStG (Tz. 3.4.12.7 c Verwaltungsgrundsätze-Verfahren)

▶ Durchführung eines hypothetischen Fremdvergleichs
§ 1 Abs. 3 Satz 5 - 8 AStG (Tz. 3.4.12.7 b Verwaltungsgrundsätze-Verfahren)

dreistufiges Verfahren

Tz. 571

Die uneingeschränkte Vergleichbarkeit der Fremdvergleichswerte ist nur dann gegeben, wenn die Geschäftsbeziehungen identisch sind. Geringfügige Unterschiede der im Vergleich stehenden Geschäftsbeziehungen sind zu vernachlässigen, sofern dadurch keine Auswirkung auf die Preisgestaltung erfolgt. Die Unterschiede können auch durch Anpassungsrechnungen zur Erhöhung der Aussagekraft von Fremdvergleichspreisen beseitigt werden.

uneingeschränkte Vergleichbarkeit

Tz. 572

Ist die uneingeschränkte Vergleichbarkeit der Fremdvergleichswerte nicht gegeben, so erfolgt die Ermittlung in der Regel anhand von Datenbankanalysen[62] auf Basis eingeschränkt vergleichbarer Fremdvergleichswerte. Auch in diesem Fall führen Anpassungsrechnungen zur Erhöhung der Aussagekraft der Verrechnungspreise.

eingeschränkte Vergleichbarkeit

Bei Unvergleichbarkeit der Geschäftsbeziehungen sind die Fremdvergleichswerte im Rahmen des hypothetischen Fremdvergleichs zu ermitteln. Unvergleichbarkeit bedeutet, dass die Unterschiede in den Geschäftsbeziehungen Auswirkungen auf die Preisgestaltung haben und durch Anpassungsrechnungen nicht beseitigt werden können.

Unvergleichbarkeit

Tz. 573

§ 1 Abs. 3 Satz 9 ff. AStG beschreibt die Fälle der sogenannten Funktionsverlagerung. Funktionsverlagerung bedeutet, dass eine im Inland ausgeübte Funktion (z. B. Forschung oder Entwicklung) einschließlich der dazugehörigen Chancen und Risiken auf eine nahe stehende Person im Ausland verlagert wird. Zur Begriffsbestimmung und weiteren Ausführungen wird auf

Funktionsverlagerung

---

61 BMF-Schreiben vom 12. 4. 2005 – IV B 4 – S 1341 – 1/05.
62 Ein Beispiel hierfür ist die Datenbank von *Bureau van Dijk* (www.bvdinfo.com).

die Funktionsverlagerungsverordnung vom 12.8.2008 sowie auf die Verwaltungsgrundsätze Funktionsverlagerung verwiesen.[63]

Tz. 574

JStG 2013

§ 1 AStG wird im Referentenentwurf des Jahressteuergesetzes 2013 einer erneuten Änderung unterzogen. Dies betrifft zum einen redaktionelle Änderungen sowie die Streichung des § 1 Abs. 4 AStG. Der bisherige Absatz 5 wird zu Absatz 4 und veranschaulicht die Thematik der Geschäftsbeziehung zwischen Stammhaus und Betriebsstätte. Der Fremdvergleichsgrundsatz bei Leistungsaustauschbeziehungen zwischen Stammhaus und Betriebsstätte wird erstmalig in § 1 Abs. 5 AStG geregelt. Der deutsche Gesetzgeber wird die OECD Leitlinien „AOA" (Authorized OECD Approach) für die Gewinnzuordnung an Betriebsstätten in nationales Recht umsetzen. Die Betriebsstätte wird ab diesem Zeitpunkt bei Beachtung des Fremdvergleichsgrundsatzes wie ein eigenständiges und unabhängiges Unternehmen behandelt.

BEISPIEL

Steuerberater W aus München ist Eigentümer eines Einfamilienhauses im Kanton Zug (Schweiz). Er überlässt dieses der W&P AG (Sitz und Geschäftsleitung im Kanton Zug ansässig) zur unentgeltlichen Nutzung für ihre Beratungstätigkeit. Die W&P AG erspart sich im Jahr 2011 fremdübliche Mietaufwendungen i.H.v. 25.000 €. Bei W laufen hingegen 5.000 € an Kosten für die unentgeltliche Überlassung auf.

Hinweis

Nach dem DBA Schweiz (Art. 6 Abs. 1) hat die Schweiz das Besteuerungsrecht für unbewegliches Vermögen (Belegenheitsprinzip). Allerdings erfolgt nach Art. 24 Abs. 1 Nr. 2 DBA Schweiz keine Freistellung der Einkünfte im Inland, sondern die Besteuerung unter Anrechnung der Schweizerischen Steuer auf diese Einkünfte.

Steuerberater W ist unbeschränkt steuerpflichtig im Inland. Aufgrund der DBA-Regelung erzielt W grundsätzlich ausländische Einkünfte aus Vermietung und Verpachtung (§ 34d Nr. 7 EStG). Durch die Regelung des § 1 AStG hat die bisher zum Nulltarif von statten gegangene Überlassung des Einfamilienhauses an die W&P AG zu fremdüblichen Konditionen zu erfolgen. Das heißt, W erzielt im Jahr 2011 Einnahmen aus Vermietung und Verpachtung (VuV) gemäß § 21 EStG. Den Einnahmen von 25.000 € stehen die bisher der Privatsphäre des W zugeordneten Kosten des Wohnhauses i.H.v. 5.000 € gegenüber. Sie stellen insoweit Werbungskosten aus VuV dar. Die Einkünfte aus VuV sind demzufolge in der inländischen Steuererklärung mit 20.000 € zu erfassen. Eventuell für diese Einkünfte entrichtete Schweizerische Steuer ist unter den Voraussetzungen des § 34c EStG anzurechnen.

6.2 Grundzüge der erweiterten beschränkten Steuerpflicht

Tz. 575

erweiterte beschränkte Steuerpflicht

Werden die Voraussetzungen gemäß § 2 Abs. 1 Satz 1 Nr. 1 bis 2 AStG erfüllt,

▶ eine natürliche Person,

▶ die in den letzten zehn Jahren vor dem Ende ihrer unbeschränkten Steuerpflicht

▶ als Deutscher

▶ insgesamt mindestens fünf Jahre unbeschränkt einkommensteuerpflichtig i.S.d. § 1 Abs. 1 Satz 1 EStG war (eine unbeschränkte Steuerpflicht i.S.d. § 1 Abs. 2 und 3 und des § 1a Abs. 1 Nr. 2 EStG ist unbeachtlich)

▶ und im niedrigbesteuerten Ausland ansässig ist (§ 2 Abs. 2 AStG)

▶ sowie die wesentlichen wirtschaftlichen Interessen in Deutschland liegen (§ 2 Abs. 3 AStG)

so ist die Rechtsfolge, dass

▶ die natürliche Person

▶ bis zum Ablauf von 10 Jahren nach Ende des Jahres, in dem die unbeschränkte Steuerpflicht endet

▶ über die beschränkte Steuerpflicht i.S.d. § 49 EStG hinaus

---

63 Funktionsverlagerungsverordnung – FverlV, BGBl 2008 Teil I Nr. 36; Verwaltungsgrundsätze Funktionsverlagerung, BStBl 2010 I S. 774.

- mit allen Einkünften nach § 2 Abs. 1 Satz 1 1. Halbsatz des EStG (alle sieben Einkunftsarten des EStG)
- die bei unbeschränkter Steuerpflicht nicht ausländische Einkünfte i. S. d. § 34d EStG sind
- beschränkt steuerpflichtig ist (sog. erweiterte beschränkte Steuerpflicht).

Tz. 576

Eine niedrige Besteuerung i. S. d. § 2 Abs. 1 Nr. 1 AStG liegt vor, wenn

niedrige Besteuerung

- die Belastung durch die in dem ausländischen Gebiet erhobenen Einkommensteuer bei einer in diesem Gebiet ansässigen unverheirateten natürlichen Person,
- die ein steuerpflichtiges Einkommen von 77.000 € bezieht
- um mehr als ein Drittel geringer ist als die Belastung einer im Geltungsbereich dieses Gesetzes ansässigen natürlichen Person durch die deutsche Einkommensteuer unter sonst gleichen Bedingungen,

es sei denn, (gilt auch bei Vorzugsbesteuerung § 2 Abs. 2 Nr. 2 AStG)

- die insgesamt zu entrichtende Steuer auf das Einkommen beträgt mindestens zwei Drittel der Einkommensteuer, die bei unbeschränkter Steuerpflicht nach § 1 Abs. 1 des Einkommensteuergesetzes zu entrichten wäre (Schattenveranlagung).

Tz. 577

Wesentliche wirtschaftliche Interessen nach § 2 Abs. 3 Nr. 1 - 3 AStG sind, wenn eine Person

wesentliche wirtschaftliche Interessen

Nr. 1

- zu Beginn des Veranlagungszeitraums
- Unternehmer oder Mitunternehmer eines im Geltungsbereich dieses Gesetzes belegenen Gewerbebetriebs ist, oder sofern sie
- Kommanditist ist und mehr als 25 % der Einkünfte i. S. d. § 15 Abs. 1 Satz 1 Nr. 2 EStG aus der Gesellschaft auf sie entfallen, oder ihr
- eine Beteiligung an einer inländischen Kapitalgesellschaft i. S. d. § 17 Abs. 1 EStG gehört, oder

Nr. 2

- ihre Einkünfte (ohne ausländische Einkünfte i. S. d. § 34c Abs. 1 EStG) im Veranlagungszeitraum mehr als 30 % ihrer sämtlichen Einkünfte betragen oder 62.000 € übersteigen, oder

Nr. 3

- das Vermögen der Person, dessen Erträge bei unbeschränkter Einkommensteuerpflicht nicht ausländische Einkünfte i. S. d. § 34c Abs. 1 EStG wären, zu Beginn des Veranlagungszeitraums mehr als 30 % ihres Gesamtvermögens beträgt oder 154.000 € übersteigt.

Tz. 578

Durch die Regelung des § 2 Abs. 4 AStG soll verhindert werden, dass durch Zwischenschaltung einer ausländischen Kapitalgesellschaft die erweiterte beschränkte Steuerpflicht „ausgehebelt" wird. Insofern wird auf die Erläuterungen zur Vorschrift des § 5 AStG verwiesen.

Missbrauchsvorschrift

Tz. 579

§ 2 Abs. 5 AStG soll im Rahmen des Progressionsvorbehalts sicherstellen, dass die Tarifbelastung für die im Rahmen der erweiterten beschränkten Steuerpflicht erfassten Einkünfte nach dem Welteinkommensprinzip erfolgt. Das heißt, die Steuerbelastung für die inländischen Einkünfte käme derer bei unbeschränkter Steuerpflicht gleich. Einkünfte, die dem Steuerabzug unterliegen, fließen bei der Veranlagung nicht in die Bemessungsgrundlage der Einkommensteuer ein. Ein Verlustausgleich ist mit diesen Einkünften gemäß § 50 Abs. 2 EStG somit nicht möglich.

Tarifbelastung

Tz. 580

Vergleichsregelung

§ 2 Abs. 6 AStG ermöglicht dem Steuerpflichtigen für den Fall, dass die im Rahmen des § 2 AStG zu entrichtende Steuer zu einer höheren inländischen Steuer führt als bei unbeschränkter Steuerpflicht, durch Vergleichsrechnung die Mehrbelastung nachzuweisen (Beweislast liegt beim Steuerpflichtigen). Kommt es zur Überschreitung, so wird der übersteigende Betrag nicht erhoben.

Tz. 581

Freigrenze

Trotz Vorliegens aller Voraussetzungen kommt § 2 AStG nicht zur Anwendung, wenn die insgesamt steuerpflichtigen Einkünfte 16.500 € (Freigrenze) nicht überschreiten (§ 2 Abs. 1 Satz 3 AStG).

Sonderregelung durch DBA

Die Einkünfte, für die der Ansässigkeitsstaat nach einem DBA das alleinige Besteuerungsrecht hat, unterliegen nicht der erweiterten beschränkten Steuerpflicht. Sonderregelungen hierzu bestehen beispielsweise in dem DBA zur Schweiz (Art. 4 Abs. 4 und 6). Begrenzt ein Abkommen die deutsche Steuerberechtigung für bestimmte Einkünfte auf einen Höchstsatz, so ist dieser auch bei der erweiterten beschränkten Steuerpflicht zu beachten.

> **BEISPIEL**
>
> Der aus Stuttgart stammende deutsche Staatsbürger S hat nach einer Steuerfahndungsprüfung in seinem Unternehmen genug von Deutschland und wandert nach 20 Jahren fortlaufender Ansässigkeit nach Liechtenstein aus. Sein im Inland befindliches Vermögen umfasst das Einzelunternehmen, 50 % der Anteile an der Schlaumeier GmbH sowie sein Festgeldkonto i. H. v. 5 Mio. €.
>
> S erfüllt die Voraussetzungen des § 2 Abs. 1 Satz 1 AStG und ist in ein Land mit niedriger Besteuerung i. S. d. § 2 Abs. 1 Nr. 1 i. V. m. § 2 Abs. 2 AStG ausgewandert. Durch sein Einzelunternehmen und seine Anteile an einer inländischen Kapitalgesellschaft unterhält er wesentliche wirtschaftliche Inlandsinteressen i. S. d. § 2 Abs. 1 Nr. 2 i. V. m. § 2 Abs. 3 Nr. 1 AStG. Gleichzeitig überschreitet sein Vermögen die Grenze von 154.000 € i. S. d. § 2 Abs. 3 Nr. 3 AStG. S unterliegt daher ab dem Zeitpunkt des Wegzugs der erweiterten beschränkten Steuerpflicht nach § 2 AStG.

6.3 Grundzüge der Wegzugsbesteuerung

Tz. 582

Wegzugsbesteuerung

§ 6 AStG erfasst wesentliche Beteiligungen an Kapitalgesellschaften i. S. d. § 17 EStG (unmittelbare oder mittelbare Beteiligung von mindestens 1 % am Grund- oder Stammkapital innerhalb der letzten fünf Jahre) und stellt somit die im Inland angefallenen stillen Reserven dieser Anteile sicher. Die Vorschrift findet in den Fällen ihre Anwendung, in denen eine natürliche Person ihren Wohnsitz vom Inland ins Ausland verlegt (Wegzug nach zehn Jahren unbeschränkter Steuerpflicht). Der Wohnsitzwechsel wird insofern dem Tatbestand einer Veräußerung gleichgestellt.

Bei Vorliegen eines DBA wird das Besteuerungsrecht aus der Veräußerung der Gesellschaftsanteile grundsätzlich dem Ansässigkeitsstaat zugewiesen. § 49 Abs. 1 Nr. 2e EStG würde insofern ins Leere laufen und die in den Anteilen enthaltenen stillen Reserven wären verloren. Der Mechanismus des § 6 AStG wirkt daher eine logische Sekunde vor Verlegung des Wohnsitzes in den DBA-Staat.

Tz. 583

In Nicht-DBA-Fällen greift die Vorschrift des § 49 Abs. 1 Nr. 2e EStG sowie die des § 6 AStG. Beide Vorschriften dienen der Sicherung der Besteuerung der stillen Reserven im Inland. § 6 AStG erzwingt allerdings bereits zum Zeitpunkt des Wegzugs die fiktive Veräußerung (Realisationstatbestand).

Besteuerungsmerkmale

Der Veräußerungsgewinn unterliegt dem Teileinkünfteverfahren gemäß § 3 Nr. 40c EStG (60 % steuerpflichtig). Ist im Wegzugsjahr der Gesamtbetrag der Einkünfte ohne Berücksichtigung des Gewinns nach § 6 AStG negativ, findet insoweit keine Querverrechnung zur Minderung des Gewinns nach § 6 AStG statt. Der Verlustvortrag nach § 10d EStG bleibt jedoch hinsichtlich des nicht verrechenbaren Verlusts erhalten. Das gilt nicht für bestehende Verlustvorträge vor dem Wegzugsjahr. Diese mindern den Gewinn nach § 6 AStG.

Tz. 584

§ 6 Abs. 2 AStG erweitert die Regelung des § 6 Abs. 1 AStG für die Fälle, in denen Anteile an Kapitalgesellschaften unentgeltlich übertragen werden. Ziel der Regelung ist, die Besteuerung auch bei Personen zu ermöglichen, die zwar unbeschränkt steuerpflichtig sind, zum Zeitpunkt des Wegzugs allerdings die Zehnjahresfrist (§ 6 Abs. 1 Satz 1 AStG) noch nicht erfüllen. Die Zeiten des Rechtsvorgängers werden dem neuen Anteilseigner zugerechnet.

unentgeltlicher Erwerb von Anteilen

Die Wegzugsbesteuerung ist beim Wegzug von natürlichen Personen ins EU/EWR-Ausland oder in Drittstaaten durchzuführen. Allerdings ist die festgesetzte Steuer beim Wegzug in EU/EWR Staaten im Gegensatz zu Drittstaaten bis zur tatsächlichen Veräußerung der Anteile ohne Sicherheitsleistung zinslos zu stunden (§ 6 Abs. 5 Satz 1 AStG). Der Steuerpflichtige hat diesbezüglich gegenüber seinem bisherigen Finanzamt jährliche Meldepflichten (§ 6 Abs. 7 Satz 1 AStG) zu erfüllen, ob beispielsweise sein Wohnsitz noch innerhalb der EU/EWR liegt, die Veräußerung der Anteile erfolgt ist oder ob Schenkungen an Dritte außerhalb des EU/EWR Raums verwirklicht wurden. Bei Wegfall einer der in § 6 Abs. 5 Satz 4 AStG genannten Voraussetzungen wird die zinslose Stundung widerrufen.

Wegzug – Tatbestand

Zieht der Steuerpflichtige in einen Drittstaat so kann die geschuldete Einkommensteuer auf Antrag in regelmäßigen Teilbeträgen für einen Zeitraum von höchstens fünf Jahren gegen Sicherheitsleistung gestundet werden (§ 6 Abs. 4 AStG). Hierbei fallen Stundungszinsen von jährlich 6 % an (§§ 234, 238 AO).

Tz. 585

Bei vorübergehender Abwesenheit von fünf Jahren entfällt der Steueranspruch, wenn die Beteiligung nicht veräußert und kein Ersatztatbestand (z. B. Schenkung) verwirklicht wurden (§ 6 Abs. 3 AStG). Das Finanzamt kann diese Frist um höchstens fünf Jahre verlängern, wenn berufliche Gründe für die Abwesenheit und Rückkehrabsicht bestehen (§ 6 Abs. 3 Satz 2 AStG). Bei EU/EWR-Bürgern existiert diesbezüglich keine zeitliche Begrenzung.

vorübergehende Abwesenheit

Tritt im Veräußerungsfall innerhalb der EU/des EWR eine Wertminderung der Beteiligung gegenüber der bisherigen Wegzugsbesteuerung ein und wird diese bei der Einkommensbesteuerung des Zuzugsstaats nicht berücksichtigt, so ist der Steuerbescheid insoweit aufzuheben oder zu ändern. Die Korrektur erfolgt nach § 6 Abs. 6 Satz 1 AStG. § 175 Abs. 1 Satz 2 AO gilt entsprechend. Voraussetzung ist, dass die Wertminderung nicht auf gesellschaftsrechtlichen Maßnahmen wie ausschüttungsbedingte Wertminderungen beruht. Der Nachweis hierzu obliegt dem Steuerpflichtigen (§ 6 Abs. 6 Satz 2 AStG).

Wertminderung der Anteile

BEISPIEL

A war seit dem 1.1.2010 unbeschränkt steuerpflichtig. Er kaufte im Jahr 2010 33 % der Anteile an der börsennotierten inländischen S-AG. Am 1.1.2011 schenkte ihm sein Bruder weitere 17 % der Anteile an der S-AG. Sein Bruder ist seit dem 1.1.1990 in Deutschland ansässig und erfüllt seitdem die Voraussetzungen der unbeschränkten Steuerpflicht. A wandert aufgrund familiärer Dissonanzen 2012 in die Schweiz aus.

A erfüllt für sämtliche Anteile an der S-AG die Voraussetzungen des § 6 Abs. 1 Satz 1 AStG. Die Zeit der unbeschränkten Steuerpflicht seines Bruders vom 1.1.1990 bis zum 31.12.2009 ist A zuzurechnen (§ 6 Abs. 2 AStG). Die Schenkung der 17 %-igen Anteile führt dazu, dass A auch für die 33 %-igen Anteile die persönlichen Voraussetzungen der zehnjährigen unbeschränkten Steuerpflicht erfüllt.

Es ist nicht erforderlich, dass A die Anteile an der inländischen Gesellschaft während des gesamten zehnjährigen Zeitraums gehörten. Er muss lediglich innerhalb der letzten fünf Jahre vor dem Wegzug ins Ausland unmittelbar oder mittelbar an der inländischen Gesellschaft beteiligt gewesen sein (§ 17 Abs. 1 Satz 1 und 4 EStG). Da A die Anteile während dieser fünf Jahre unentgeltlich (Schenkung) erworben hat, reicht es aus, wenn die Mindestbeteiligung in der Person des Rechtsvorgängers oder eines der Rechtsvorgänger erfüllt war (§ 17 Abs. 1 Satz 4 EStG).

VI. Internationales Steuerrecht

FRAGEN

1.) Was versteht man unter Territorialitätsprinzip?

Beim Territorialitätsprinzip ist die Belegenheit der Einkunftsquelle über den Ort der Steuerpflicht entscheidend (Tz. 540).

2.) Können beschränkt Steuerpflichtige den Grundfreibetrag in Anspruch nehmen?

Der Grundfreibetrag steht beschränkt Steuerpflichtigen grundsätzlich nicht zu (Tz. 544).

3.) Wie funktioniert die Freistellungsmethode?

Bei der Freistellungsmethode verzichtet ein Vertragsstaat zugunsten eines anderen auf die Besteuerung bestimmter Einkünfte (Tz. 550).

4.) Was versteht man unter der „per-country-limitation"?

Dies bedeutet, dass der Höchstbetrag nach § 34c Abs. 1 Satz 2 EStG landesbezogen ist (Tz. 554).

5.) Wo finden sich Vorschriften zur „Aktivitätsklausel"?

In § 2a Abs. 1 EStG wird die Aktivitätsklausel näher definiert (Tz. 560).

6.) Auf welche Art werden DBA zu nationalem Recht?

DBA werden durch Zustimmungsgesetz zu nationalem Recht (Tz. 561).

7.) Was ist Ziel des § 1 AStG?

Durch diese Norm soll die Verlagerung von Einkünften oder/und Funktionen durch inländische Steuerpflichtige ins Ausland verhindert werden (Tz. 568).

8.) Was versteht man unter dem Begriff der „Funktionsverlagerung"?

Bei der Funktionsverlagerung wird eine im Inland ausgeübte Funktion (z. B. Forschung oder Entwicklung) einschließlich der dazugehörigen Chancen und Risiken auf eine nahe stehende Person im Ausland verlagert (Tz. 573).

9.) Was soll die Regelung des § 2 Abs. 4 AStG bezwecken?

Durch die Norm soll verhindert werden, dass durch Zwischenschaltung einer ausländischen Kapitalgesellschaft die erweiterte beschränkte Steuerpflicht „ausgehebelt" wird (Tz. 578).

10.) Wann kommt die „Wegzugsbesteuerung" zur Anwendung?

Die Wegzugsbesteuerung des § 6 AStG kommt zur Anwendung, wenn natürliche Personen ihren Wohnsitz ins Ausland verlagern und Anteile i. S. d. § 17 EStG besitzen (Tz. 582).

VII. Andere Unternehmenssteuern

1. Lohnsteuer

1.1 Rechtsgrundlagen

Tz. 586

Die Lohnsteuer ist eine besondere Erhebungsform der Einkommensteuer, die nach § 38 Abs. 1 EStG bei Einkünften aus nichtselbständiger Arbeit erhoben wird. Wird eine Veranlagung zur Einkommensteuer durchgeführt, wird die einbehaltene Lohnsteuer auf die Einkommensteuer angerechnet (§ 36 Abs. 2 Nr. 2 EStG) – sie ist somit eine Vorauszahlung auf die Einkommensteuer.

Anrechnung der LSt auf die ESt

Die Normen für den Steuerabzug vom Arbeitslohn finden sich in den §§ 38 bis 42f EStG sowie in der Lohnsteuer-Durchführungsverordnung (LStDV). Darüber hinaus enthalten die Lohnsteuer-Richtlinien (LStR) und die Lohnsteuer-Hinweise (LStH) die entsprechenden Verwaltungsgrundsätze.

LStDV / LStR / LStH

1.2 Begriff des Arbeitnehmers und Arbeitgebers

Tz. 587

Einkünfte aus nichtselbständiger Arbeit werden von Arbeitnehmern bezogen. In § 19 EStG findet sich jedoch keine Definition des Begriffs „Arbeitnehmer". Diese ist § 1 Abs. 1 LStDV zu entnehmen. Arbeitnehmer ist hiernach, wer

Arbeitnehmer

- aus einem gegenwärtigen Dienstverhältnis Einnahmen erzielt (Angestellte, Arbeiter, Beamte usw.);
- aus einem früheren Dienstverhältnis Einnahmen erzielt (z. B. Werksrenten und Beamtenpensionen);
- als Rechtsnachfolger aus einem früheren Dienstverhältnis Einnahmen erzielt (z. B. Beamtenwitwen und -waisen).

Tz. 588

Entscheidendes Merkmal der Arbeitnehmereigenschaft ist das Vorliegen eines Dienstverhältnisses. Gemäß § 1 Abs. 2 LStDV besteht ein Dienstverhältnis, wenn der Beschäftigte seine Arbeitskraft schuldet. Er ist darüber hinaus in den geschäftlichen Organismus eingegliedert und weisungsgebunden (vgl. H 19.0 „Allgemeines" LStH). Ein Selbständiger schuldet dagegen nicht seine Arbeitskraft, sondern seinen Leistungserfolg. Er muss außerdem eine gewisse Entscheidungsfreiheit haben und bereit sein, das Unternehmerrisiko zu tragen.

Dienstverhältnis

Tz. 589

Für den Begriff „Arbeitgeber" existiert keine gesetzliche Regelung. Die Definition lässt sich jedoch als Umkehrschluss des Arbeitnehmerbegriffs ableiten. Arbeitgeber ist hiernach, wer mindestens einem Arbeitnehmer gegenüber weisungsbefugt ist und die wirtschaftlichen und rechtlichen Risiken aus dem Beschäftigungsverhältnis trägt.

Arbeitgeber

1.3 Lohnsteuererhebung

Tz. 590

Bei Arbeitnehmern richtet sich der Lohnsteuerabzug sowie der Abzug von Solidaritätszuschlag und ggf. Kirchensteuer nach der Lohnsteuerklasse. Es gibt sechs Lohnsteuerklassen (vgl. § 38b EStG):

Lohnsteuerklassen

▶ Lohnsteuerklasse I

In die Steuerklasse I fallen die folgenden Arbeitnehmer:

- Ledige
- Verheiratete, deren Ehegatte beschränkt steuerpflichtig ist,
- Verheiratete, die dauernd getrennt leben, auch Verwitwete (ab dem übernächsten Jahr nach dem Tod des Ehepartners) oder Geschiedene,
- in eingetragener Lebenspartnerschaft Lebende

Lohnsteuerklasse I kommt nicht zur Anwendung, wenn die Voraussetzungen für Steuerklasse III oder Steuerklasse IV erfüllt sind.

Tz. 591

▶ Lohnsteuerklasse II

Die Steuerklasse II gilt für Alleinerziehende, bei denen die Voraussetzungen der Steuerklasse I vorliegen und die Anspruch auf den Entlastungsbetrag für Alleinerziehende haben.

Für Verwitwete mit mindestens einem Kind gilt diese Steuerklasse ab Beginn des Monats, der auf den Sterbe-Monat der Ehegattin bzw. des Ehegatten folgt.

Tz. 592

▶ Lohnsteuerklasse III

Die Steuerklasse III gilt für folgende Arbeitnehmer:

- Verheiratete, die nicht dauernd getrennt leben und nicht die Steuerklasse IV gewählt haben.
- Verwitwete bis zum Ende des auf den Tod des Ehegatten folgenden Kalenderjahres. Der verstorbene Ehegatte muss zum Zeitpunkt seines Todes unbeschränkt einkommensteuerpflichtig gewesen sein. Das Ehepaar darf bis zum Zeitpunkt des Todes nicht dauernd getrennt gelebt haben.

Tz. 593

▶ Lohnsteuerklasse IV

In die Steuerklasse IV gehören verheiratete Arbeitnehmer, wenn beide Ehegatten unbeschränkt einkommensteuerpflichtig sind und nicht dauernd getrennt leben.

Wenn für einen Ehegatten eine Lohnsteuerkarte mit der Steuerklasse V ausgeschrieben wurde, kann der andere nicht in die Steuerklasse IV fallen. Die Lohnsteuerklassen IV/IV sollten von Ehegatten gewählt werden, bei denen beide ungefähr gleich viel verdienen.

Tz. 594

▶ Lohnsteuerklasse IV mit Faktor

Seit 2010 existiert für Ehepaare ein „optionales Faktorverfahren" (§ 39f EStG). Der Faktor ermittelt sich aus der voraussichtlich gemeinsam nach dem Splittingverfahren zu zahlenden Einkommensteuer im Verhältnis zur rechnerischen Summe der Lohnsteuer nach jeweils Steuerklasse IV. Die Anwendung ist gestattet, wenn der Faktor kleiner als 1 ist.

Tz. 595

▶ Lohnsteuerklasse V

Steuerklasse V liegt vor, sofern beide Ehegatten beantragen, den anderen Ehegatten in die Steuerklasse III einzureihen. Die Abgabe einer Steuererklärung zum Jahresende ist dann zwingend.

1. Lohnsteuer

Tz. 596

▶ **Lohnsteuerklasse VI**

Steuerklasse VI ist gegeben, wenn ein Arbeitnehmer eine Lohnsteuerkarte für ein zweites oder weiteres Dienstverhältnis benötigt. Außerdem ist der Arbeitgeber verpflichtet, die Lohnsteuer nach Steuerklasse VI einzubehalten, wenn der Arbeitnehmer eine Lohnsteuerkarte schuldhaft nicht vorlegt.

Tz. 597

In dem durch das JStG 2010 komplett neu eingefügten § 52b EStG sind die Übergangsvorschriften für die Umstellung auf die **e**lektronischen **L**ohn**st**euer**a**bzugs**m**erkmale (ELStAM) zu finden.

ELStAM

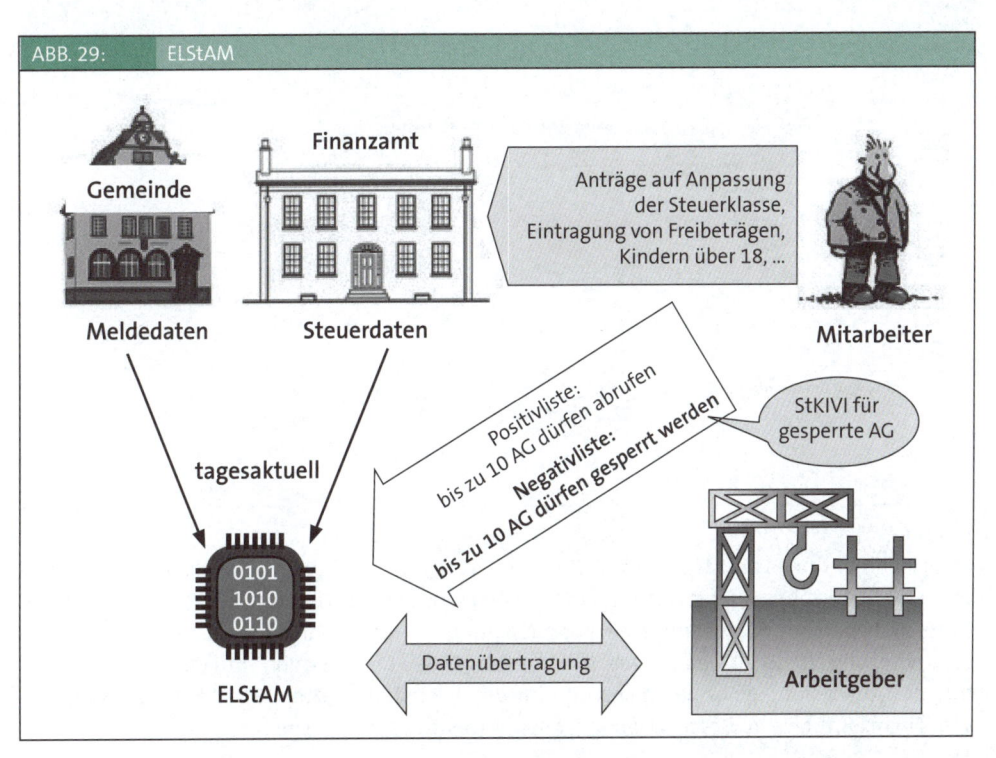

ABB. 29: ELStAM

Gemeinde — Meldedaten — tagesaktuell
Finanzamt — Steuerdaten
Anträge auf Anpassung der Steuerklasse, Eintragung von Freibeträgen, Kindern über 18, ...
Mitarbeiter
Positivliste: bis zu 10 AG dürfen abrufen
Negativliste: bis zu 10 AG dürfen gesperrt werden
StKIVl für gesperrte AG
ELStAM — Datenübertragung — Arbeitgeber

Tz. 598

Aufgrund der Verzögerungen beim Aufbau der ELStAM-Datenbank verschiebt sich die gesetzliche Frist zum verbindlichen Einsatz des Verfahrens auf den Lohnsteuerabzug auf 2013.[64] Aus diesem Grund gilt die Lohnsteuerkarte 2010 mit den eingetragenen Lohnsteuerabzugsmerkmalen auch für den Steuerabzug 2011 und 2012 (§ 52b Abs. 1 Satz 1 EStG). Der Arbeitgeber hat in 2011 und 2012 nach § 52b Abs. 1 Satz 3 EStG die Lohnsteuerkarte 2010

Einführung ab 2013

▶ während des Dienstverhältnisses aufzubewahren, er darf sie nicht vernichten;
▶ dem Arbeitnehmer zur Vorlage beim Finanzamt vorübergehend zu überlassen sowie
▶ nach Beendigung des Dienstverhältnisses innerhalb einer angemessenen Frist herauszugeben.

Nach Anwendung der elektronischen Lohnsteuerabzugsmerkmale kann der Arbeitgeber die Lohnsteuerkarte 2010 vernichten (§ 52b Abs. 1 Satz 4 EStG).

Sollen auf der Lohnsteuerkarte in 2011 und 2012 Eintragungen vorgenommen werden, ist das Finanzamt zuständig (§ 52b Abs. 2 Satz 1 EStG).

---

64 Verschiebung des Starttermins durch Art. 25 Abs. 5 BeitrRLUmsG.

VII. Andere Unternehmenssteuern

Änderung der Verhältnisse

Tz. 599

Weicht die Eintragung der Steuerklasse oder die Zahl der Kinderfreibeträge auf der Lohnsteuerkarte 2010 oder der Ersatzbescheinigung 2011 von den Verhältnissen zu Beginn des Kalenderjahres 2012 zu Gunsten des Arbeitnehmers ab oder ist die Steuerklasse II bescheinigt und entfallen die Voraussetzungen für die Berücksichtigung des Entlastungsbetrags für Alleinerziehende (§ 24b EStG) im Laufe des Kalenderjahres 2012, besteht auch im Jahr 2012 – wie bisher – eine Anzeigepflicht des Arbeitnehmers gegenüber dem Finanzamt (§ 52b Abs. 2 Satz 2 und 3 EStG)[65].

BEISPIEL

Die Ehegatten leben seit 2011 dauernd getrennt. Die auf der Lohnsteuerkarte 2010 eingetragene Steuerklasse III ist ab 2012 in die Steuerklasse I zu ändern. Der Arbeitnehmer ist verpflichtet, dem Finanzamt die Änderung seiner Lebensverhältnisse mitzuteilen. Für die Anzeige ist der amtliche Vordruck „Erklärung zum dauernden Getrenntleben" zu verwenden.

ABB. 30: Muster „Erkärung zum dauernden Getrenntleben"

Ersatzbescheinigung

Tz. 600

Arbeitnehmer ohne Lohnsteuerkarte 2010 oder Ersatzbescheinigung 2011, die im Übergangszeitraum 2012 Lohnsteuerabzugsmerkmale für ein neues oder weiteres Dienstverhältnis benötigen, haben beim Finanzamt eine Bescheinigung für den Lohnsteuerabzug 2012 (Ersatzbescheinigung 2012) zu beantragen (§ 52b Abs. 3 EStG). Dazu ist der amtliche Vordruck „Antrag auf Ausstellung einer Bescheinigung für den Lohnsteuerabzug 2012" zu verwenden. Die vom Finanzamt erteilte Bescheinigung ist dem Arbeitgeber vorzulegen.

BEISPIEL

Der bisher selbständig tätige Steuerpflichtige beginnt in 2012 erstmalig ein Dienstverhältnis. Da weder die Gemeinde für 2010 eine Lohnsteuerkarte noch das Finanzamt für 2011 eine Ersatzbescheinigung ausgestellt haben, hat der Arbeitnehmer beim Finanzamt auf amtlichem Vordruck die Ausstellung einer Bescheinigung für den Lohnsteuerabzug 2012 zu beantragen („Antrag auf Ausstellung einer Bescheinigung für den Lohnsteuerabzug 2012") und diese Bescheinigung seinem Arbeitgeber zur Durchführung des Lohnsteuerabzugs vorzulegen.

LSt-Ermäßigungsverfahren

Tz. 601

Im elektronischen Abrufverfahren ab dem 1.1.2013 sind die Grundsätze des Lohnsteuer-Ermäßigungsverfahrens (§ 39a EStG in der Fassung des BeitrRLUmsG) weiter anzuwenden.

Die auf der Lohnsteuerkarte 2010/Ersatzbescheinigung 2011 bzw. 2012 für den Übergangszeitraum eingetragenen Freibeträge und antragsgebundenen Kinderzähler (z. B. für Kinder, die zu Beginn des Kalenderjahres 2012 oder zu Beginn des Kalenderjahres 2013 das 18. Lebensjahr vollendet haben oder Pflegekinder) gelten im elektronischen Abrufverfahren grundsätzlich nicht weiter. Folglich sind für das Kalenderjahr 2013 die antragsgebundenen Lohnsteuerabzugsmerkmale beim zuständigen Finanzamt neu zu beantragen. Diese Anträge sind ab dem 1.10.2012 bis zum 30.11.2013 auf amtlichen Vordrucken zu stellen. Wurde die mehrjährige

---

[65] BMF-Schreiben vom 6.12.2011, BStBl 2011 I S. 1254.

Berücksichtigung antragsgebundener Kinderzähler bereits für das Kalenderjahr 2012 beantragt, ist eine erneute Antragstellung für das Kalenderjahr 2013 nicht erforderlich.

1.4 Systematik der Ermittlung der Lohnsteuer

Tz. 602

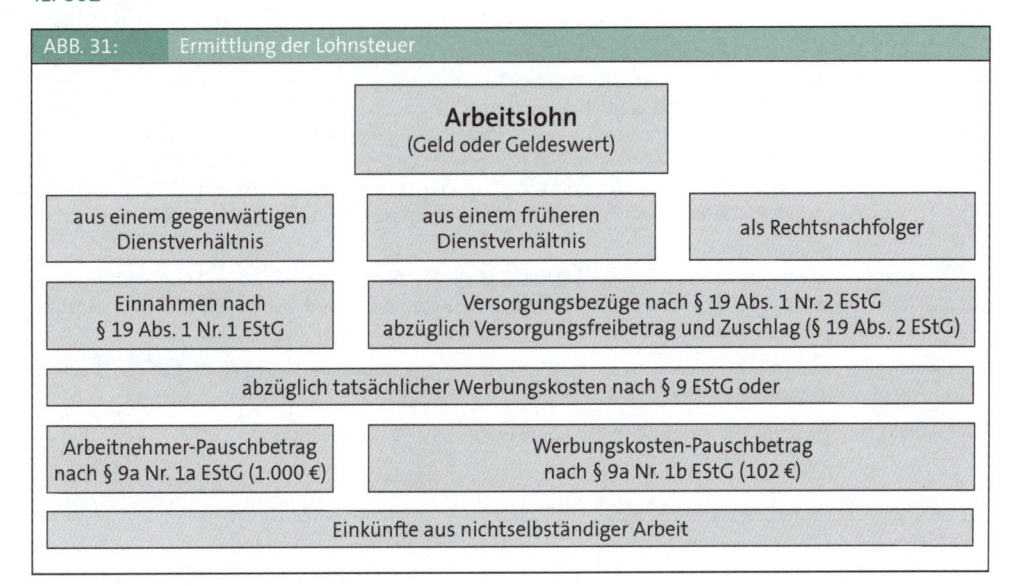

ABB. 31: Ermittlung der Lohnsteuer

Ermittlung der LSt

- **Arbeitslohn** (Geld oder Geldeswert)
  - aus einem gegenwärtigen Dienstverhältnis
  - aus einem früheren Dienstverhältnis
  - als Rechtsnachfolger
- Einnahmen nach § 19 Abs. 1 Nr. 1 EStG
- Versorgungsbezüge nach § 19 Abs. 1 Nr. 2 EStG abzüglich Versorgungsfreibetrag und Zuschlag (§ 19 Abs. 2 EStG)
- abzüglich tatsächlicher Werbungskosten nach § 9 EStG oder
- Arbeitnehmer-Pauschbetrag nach § 9a Nr. 1a EStG (1.000 €)
- Werbungskosten-Pauschbetrag nach § 9a Nr. 1b EStG (102 €)
- Einkünfte aus nichtselbständiger Arbeit

Tz. 603

Zum Arbeitslohn zählen alle Einnahmen – in Geld oder Geldeswert (vgl. § 8 Abs. 1 EStG) – die dem Arbeitnehmer aus dem Dienstverhältnis zufließen (§ 2 Abs. 1 LStDV). Einnahmen in Geldeswert (Sachbezüge, geldwerte Vorteile) werden nach den Vorschriften des § 8 Abs. 2 bzw. Abs. 3 EStG bewertet (hierzu später mehr).

Arbeitslohn

Tz. 604

Der Arbeitslohn ist zu differenzieren in

1.) nichtsteuerbare Zuwendungen

- Wert der unentgeltlich überlassenen Arbeitsmittel (R 19.3 Abs. 2 Nr. 1 LStR);
- Übernahme der Kosten für eine Bildschirmarbeitsplatzbrille (R 19.3 Abs. 2 Nr. 2 LStR);
- Übliche Zuwendungen bei üblichen Betriebsveranstaltungen (R 19.5 LStR)
  - maximal zwei Veranstaltungen im Jahr sind üblich (R 19.5 Abs. 3 Satz 2 LStR),
  - übliche Zuwendungen sind Speisen, Getränke, Eintrittskarten etc. bis zu maximal 110 € (brutto) je Veranstaltung und Arbeitnehmer (R 19.5 Abs. 4 LStR).

nichtsteuerbare Zuwendungen

BEISPIEL

Der Arbeitgeber Z führt für seine sieben Arbeitnehmer zur Verbesserung des Betriebsklimas des Öfteren gesellige Veranstaltungen durch. In 2011 haben folgende Veranstaltungen stattgefunden:

1.3.2011: Bewirtung in der Gaststätte „Zum röhrenden Hirschen"
An der Veranstaltung nehmen neben seinen Arbeitnehmern auch deren Partner teil. Für deren Abendessen und Getränke zahlt der Arbeitgeber insgesamt 875 €. Dies entspricht dem am Abgabeort üblichen Endpreis.

5.9.2011: Bergtour auf den „Zwiefelkobel", Österreich
Teilnehmer der Bergtour sind der Arbeitgeber und seine Arbeitnehmer. Auf dem Berg wurden für sämtliche Teilnehmer des Ausflugs auf einer Alm Zimmer reserviert. Der Ausflug dauert somit zwei Tage. Die Kosten pro Arbeitnehmer belaufen sich auf 150 €.
Zuwendungen des Arbeitgebers an die Arbeitnehmer bei Betriebsveranstaltungen gehören als Leistungen im überwiegend betrieblichen Interesse des Arbeitgebers nicht zum Arbeitslohn, wenn es sich um übliche Betriebsveranstaltungen und um bei diesen Veranstaltungen übliche Zuwendungen handelt (R 19.5 Abs. 1 LStR). Die wichtigsten Abgrenzungsmerkmale für die Üblichkeit von Betriebsveranstaltungen sind Häufigkeit und Ausgestaltung.

VII. Andere Unternehmenssteuern

In Bezug auf die Häufigkeit ist eine Betriebsveranstaltung üblich, wenn nicht mehr als zwei Veranstaltungen jährlich durchgeführt werden (R 19.5 Abs. 3 Satz 2 LStR). Die Dauer der einzelnen Veranstaltungen spielt hierbei keine Rolle.

Beide Veranstaltungen sind also als übliche Veranstaltungen anzusehen.

<u>1. 3. 2011: Bewirtung in der Gaststätte „Zum röhrenden Hirschen"</u>

Die Veranstaltung als solche ist als üblich anzusehen. Es muss aber auch kontrolliert werden, ob die Zuwendungen als üblich angesehen werden können. Die Übernahme von Speisen und Getränken in Höhe von 875 €, also 62,50 € pro Person, gehört zu den üblichen Aufwendungen (R 19.5 Abs. 4 Satz 1 Nr. 1 LStR). Der Höhe nach üblich sind Betriebsveranstaltungen, bei denen die Aufwendungen einschließlich Umsatzsteuer pro Arbeitnehmer 110 € nicht übersteigen (R 19.5 Abs. 4 Satz 2 LStR). Die Zuwendungen an den Ehegatten sind hierbei dem jeweiligen Arbeitnehmer zuzurechnen (R 19.5 Abs. 5 Nr. 1 LStR). Da die Freigrenze von 110 € überschritten ist, sind die Aufwendungen unübliche Zuwendungen und somit Arbeitslohn.

Die Bewirtung stellt einen Sachbezug nach § 8 Abs. 1 EStG dar, der mit dem üblichen Endpreis am Abgabeort zu bewerten ist (§ 8 Abs. 2 Satz 1 EStG). Da der Sachbezug die Freigrenze von 44 € im Monat übersteigt, ist er von jedem Arbeitnehmer voll zu versteuern (§ 8 Abs. 2 Satz 9 EStG).

Der Arbeitgeber hat grundsätzlich auch die Möglichkeit der Pauschalversteuerung (§ 40 Abs. 2 Satz 1 Nr. 2 EStG, R 19.5 Abs. 6 Satz 2 LStR, R 40.2 Abs. 1 Nr. 2 LStR): 25 % von 875 € = 218,75 €

Der Arbeitgeber ist Schuldner der pauschalen Lohnsteuer (§ 40 Abs. 3 Sätze 1 und 2 EStG).

<u>5. 9. 2011: Bergtour auf den „Zwiefelkobel", Österreich</u>

Die Übernahme von Übernachtungskosten zählt auch zu den üblichen Aufwendungen einer Betriebsveranstaltung (R 19.5 Abs. 4 Satz 1 Nr. 2 LStR). Da die Zuwendung pro Arbeitnehmer jedoch 110 € übersteigt, ist sie als steuerpflichtiger Arbeitslohn zu behandeln (R 19.5 Abs. 4 Satz 2 LStR). Bezüglich der lohnsteuerlichen Würdigung wird auf die obigen Ausführungen hingewiesen.

Anmerkung zur Umsatzsteuer:

Ist eine Betriebsveranstaltung unüblich, liegt ein umsatzsteuerbarer Vorgang vor (A 1.8 Abs. 2 Satz 7 und Abs. 4 Satz 3 Nr. 6 UStAE). Bemessungsgrundlage sind die Selbstkosten des Arbeitgebers (§ 10 Abs. 4 Satz 1 Nr. 1 UStG), also die Nettokosten der betroffenen Veranstaltung (A 1.8 Abs. 8 Satz 3 UStAE).

▶ Aufmerksamkeiten (R 19.6 LStR)

- Sachzuwendungen (kein Geld) aus Anlass eines persönlichen Ereignisses bis zu einem Wert von 40 € (brutto, R 19.6 Abs. 1 LStR);
- Getränke, die dem Arbeitnehmer vom Arbeitgeber zum Verzehr im Betrieb überlassen werden (R 19.6 Abs. 2 LStR);

▶ Berufliche Fort- oder Weiterbildungsleistungen des Arbeitgebers, wenn diese im ganz überwiegenden betrieblichen Interesse des Arbeitgebers durchgeführt werden (R 19.7 LStR);

▶ …

Tz. 605

steuerbare Zuwendungen

2.) steuerbare Zuwendungen

▶ steuerpflichtiger Arbeitslohn

- Lohn und Gehalt,
- Weihnachts- und Urlaubsgeld,
- Tantiemen und Prämien,
- Pensionen und Werksrenten,
- geldwerte Vorteile und Sachbezüge,
- …

▶ steuerfreier Arbeitslohn
- Arbeitslosengeld (§ 3 Nr. 2 EStG),
- Entlassungsentschädigung (§ 3 Nr. 9 EStG),[66]
- Werkzeuggeld (§ 3 Nr. 30 EStG),
- Überlassung von Berufskleidung (§ 3 Nr. 31 EStG),
- Sammelbeförderung (§ 3 Nr. 32 EStG),
- Betriebskindergärten (§ 3 Nr. 33 EStG),
- Maßnahmen zur Gesundheitsförderung (§ 3 Nr. 34 EStG),
- private Nutzung eines Dienstcomputers oder Diensttelefons (§ 3 Nr. 45 EStG),
- freiwillige Trinkgelder (§ 3 Nr. 51 EStG),
- Zuschläge für Sonntags-, Feiertags- und Nachtarbeit (§ 3b EStG).

Tz. 606

Sachbezüge sind Güter in Geldeswert, die der Arbeitgeber dem Arbeitnehmer oder dessen Angehörigen im Rahmen des Dienstverhältnisses zuwendet. Die Bewertung erfolgt grundsätzlich mit dem üblichen Preis am Abgabeort (§ 8 Abs. 2 Satz 1 EStG). Als üblicher Preis ist der Einzelhandelspreis einschließlich Umsatzsteuer anzusehen (R 8.1 Abs. 2 Sätze 2 und 3 LStR). Abgabeort ist der Ort, an dem der Arbeitgeber dem Arbeitnehmer den Sachbezug anbietet (R 8.1 Abs. 2 Satz 6 LStR). *Sachbezüge*

Aus Vereinfachungsgründen kann bei der Preisfeststellung ein Abschlag von 4 % vom üblichen Einzelhandelspreis am Abgabeort gemacht werden (R 8.1 Abs. 2 Satz 9 LStR). Gemäß § 8 Abs. 2 Satz 9 EStG bleiben Sachbezüge außer Ansatz, wenn deren Wert insgesamt 44 € (brutto) im Monat nicht übersteigt. Vorteile, die nach § 37b EStG bzw. § 40 EStG pauschal versteuert werden, bleiben bei der Prüfung der Freigrenze unberücksichtigt (R 8.1 Abs. 3 Satz 1 LStR). *44 €-Grenze*

Tz. 607

Bei der Bewertung von Sachbezügen sind jedoch folgende Sondervorschriften vorrangig zu prüfen:

▶ **Bewertung nach § 8 Abs. 3 EStG** *Rabattfreibetrag*
Werden dem Arbeitnehmer Waren oder Dienstleistungen (verbilligt) überlassen, die der Arbeitgeber nicht überwiegend für den Bedarf seiner Arbeitnehmer herstellt, vertreibt oder erbringt, wird der Sachbezug mit dem um 4 % geminderten Endpreis am Abgabeort angesetzt. Darüber hinaus steht dem Empfänger der so genannte Rabattfreibetrag von 1.080 € im Kalenderjahr zu.

BEISPIEL

Der Autohersteller A gewährt allen Arbeitnehmern einen Preisnachlass von 25 % des Listenpreises auf über das Werk bestellte Neuwagen. Arbeitnehmer Z erwarb am 10. 10. 2011 unter Abzug des Mitarbeiterrabatts einen Neuwagen mit einem Bruttolistenpreis von 47.600 €. Das gleiche Fahrzeug kostet bei einem örtlichen Kfz-Händler 42.840 € (brutto).
Der Preisnachlass ist ein Vorteil aus dem Dienstverhältnis und stellt somit Arbeitslohn dar (§ 8 Abs. 1 EStG). Die Bewertung erfolgt nach § 8 Abs. 3 EStG[67], da es sich um eine Ware handelt, die von A nicht überwiegend für Arbeitnehmer hergestellt wird. Maßgeblich ist der niedrigere Angebotspreis (brutto, R 8.2 Abs. 2 Satz 4 LStR) des ortsansässigen Händlers von 42.840 € (vgl. H 8.2 „Endpreis" 2. Spiegelstrich LStH). Von diesem ist ein Preisabschlag von 4 % vorzunehmen, so dass sich ein geminderter Endpreis von 41.126 € (96 % von 42.840 €) ergibt.
Der Arbeitnehmer hat eine Aufzahlung von 35.700 € (75 % von 47.600 €) geleistet, so dass sich der geldwerte Vorteil auf 5.426 € (41.126 € - 35.700 €) beläuft. Von diesem Wert wird nach § 8 Abs. 3 Satz 2 EStG der Rabatt-Freibetrag (1.080 €) abgezogen. Der steuerpflichtige Arbeitslohn beträgt somit 4.346 € (5.426 € - 1.080 €).

▶ **Anwendung von amtlichen Sachbezugswerten** *Kost und Logis*
Gemäß § 8 Abs. 2 Satz 6 EStG sind bei der Gewährung von Kost und Logis die Werte der „Verordnung über die sozialversicherungsrechtliche Beurteilung von Zuwendungen des Arbeitgebers als Arbeitsentgelt" (SvEV) anzuwenden (vgl. R 8.1 Abs. 4 bis 6 LStR).

---

66 Streichung ab VZ 2006; Übergangsregelung beachten (§ 52 Abs. 4a EStG).
67 Vgl. BMF-Schreiben vom 28. 3. 2007, BStBl 2007 I S. 464.

VII. Andere Unternehmenssteuern

BEISPIEL

Xanthippe Schneizl (XS) ist als Bedienung in Ingolstadt beschäftigt. Sie erhält neben freier Verpflegung (gesondertes Personalessen während der gesamten Woche) und Unterkunft (gemeinsames Zimmer mit einer weiteren Bedienung) ein monatliches Fixgehalt von 500 €. Darüber hinaus stehen XS gesetzliche Trinkgelder (1.000 € im Januar 2011) sowie freiwillige Trinkgelder (400 € im Januar 2011) zu.

Als Arbeitslohn für Januar 2011 sind folgende Beträge anzusetzen:

Fixum (§ 19 Abs. 1 Satz 1 Nr. 1 EStG; § 2 Abs. 1 LStDV)	500,00 €
Verpflegung (§ 8 Abs. 2 Satz 6 EStG i. V. m. § 2 Abs. 1 SvEV)[68]	217,00 €
Unterkunft (§ 8 Abs. 2 Satz 6 EStG i. V. m. § 2 Abs. 3 SvEV)[69]	123,60 €
gesetzliche Trinkgelder (§ 2 Abs. 1 LStDV, R 19.3 Abs. 1 Satz 2 Nr. 5 LStR)	1.000,00 €
freiwillige Trinkgelder (steuerfrei nach § 3 Nr. 51 EStG)	0 €
	1.840,60 €

Kfz-Nutzung

▶ **Kfz-Nutzung**

Die Versteuerung der privaten Kfz-Nutzung ist in § 8 Abs. 2 Sätze 2 bis 5 EStG geregelt. Auf die entsprechenden Ausführungen weiter unten wird verwiesen.

Tz. 608

Gutscheine

Es besteht grundsätzlich die Möglichkeit, Arbeitnehmern als festes Vergütungselement oder zu besonderen Anlässen Waren- oder Dienstleistungsgutscheine zukommen zu lassen. Ob die Zuwendung der Lohnsteuer zu unterwerfen ist, hängt vor Allem davon ab, ob der Gutschein als Barlohn oder Sachbezug zu klassifizieren ist. Handelt es sich um einen Sachbezug, kann der Gutschein bis zu einem Gegenwert von monatlich 44 € (§ 8 Abs. 2 Satz 9 EStG) als nicht zu versteuernde Zuwendung behandelt werden. Zu beachten ist hierbei jedoch, dass die Freigrenze von 44 € dem jeweiligen Arbeitnehmer für alle Sachbezüge insgesamt nur einmal monatlich zur Verfügung steht. Der Zufluss des Arbeitslohns erfolgt im Zeitpunkt der Hingabe des Gutscheins an den Arbeitnehmer, da der Arbeitnehmer zu diesem Zeitpunkt einen Rechtsanspruch gegenüber dem Dritten erhält (R 38.2 Abs. 3 Satz 1 LStR).

Ein steuerbegünstigter Sachbezug lag nach bisheriger Auffassung der Finanzverwaltung nur vor, wenn der Gutschein zum Bezug einer bestimmten Ware oder Dienstleistung bei einem Dritten berechtigt. Lautet der Gutschein auf einen bestimmten Euro-Betrag, handelt es sich um nicht begünstigten Barlohn (R 8.1 Abs. 1 Satz 7 LStR).

Der BFH hat mit Urteilen vom 11.11.2010 (VI R 21/09, VI R 27/09, VI R 41/10, VI R 40/10, VI R 26/08) dieser Auffassung widersprochen. Entgegen der bisherigen Rechtsauffassung ist es also unschädlich, wenn auf einem Gutschein ein anzurechnender Betrag oder ein Höchstbetrag angegeben ist, sofern arbeitsvertraglich ein Anspruch auf den Sachbezug besteht.

Kann der Arbeitnehmer vom Arbeitgeber ausschließlich den Bezug einer Sache oder Dienstleistung beanspruchen, ist die vom Arbeitgeber daraufhin erbrachte Leistung ein Sachbezug. Hat der Arbeitnehmer jedoch auch die Möglichkeit statt der Sache bzw. Dienstleistung Bargeld zu wählen, liegt stets Barlohn vor. Dies gilt selbst dann, wenn sich der Arbeitnehmer für die Sache bzw. Dienstleistung entscheidet.

Wenn der Anspruch eine Barentlohnung ausschließt, liegt ein Sachbezug vor. Es ist hierbei unerheblich, ob

▶ der Gutschein beim Arbeitgeber oder bei einem Dritten einzulösen ist,

▶ der Gutschein ausschließlich auf den Bezug einer konkreten Sache gerichtet ist und dem Arbeitnehmer nur hierauf einen Anspruch einräumt oder ob der Gutschein berechtigt, eine beliebige Sache aus dem Warenangebot eines Dritten zu beziehen oder

▶ der Gutschein neben dem Sachbezug zusätzlich einen Höchstbetrag als Obergrenze für den Wert des Sachbezugs enthält oder

---

[68] Kein Fall des § 8 Abs. 3 EStG, da gesondertes Personalessen.
[69] 206 € × 0,6 = 123,60 €.

▶ der Arbeitnehmer bei Bezug der Sache oder Dienstleistung mit dem Dritten eine vertragliche Beziehung begründet.

Tz. 609

Werden vom Arbeitgeber Essensgutscheine zur Einlösung bei einem fremden Dritten ausgegeben, sind einige Besonderheiten zu beachten. Die Besteuerung der Essensmarke erfolgt nicht mit ihrem Verrechnungswert, sondern lediglich mit dem nach § 2 Abs. 1 Satz 2 Nr. 2 und Abs. 6 Satz 1 SvEV maßgebenden Sachbezugswert, wenn

Essensgutscheine

▶ tatsächlich eine Mahlzeit abgegeben wird. Lebensmittel sind nur dann als Mahlzeit anzuerkennen, wenn sie zum unmittelbaren Verzehr geeignet oder zum Verbrauch während der Essenspausen bestimmt sind,

▶ für jede Mahlzeit lediglich eine Essensmarke täglich in Zahlung genommen wird,

▶ der Verrechnungswert der Essensmarke den amtlichen Sachbezugswert einer Mittagsmahlzeit um nicht mehr als 3,10 € übersteigt und

▶ die Essensmarke nicht an Arbeitnehmer ausgegeben wird, die eine Auswärtstätigkeit ausüben (R 8.1 Abs. 7 Nr. 4 LStR).

Die Steuerfreiheit greift auch dann, wenn zwischen dem Arbeitgeber und der Annahmestelle keine unmittelbaren vertraglichen Beziehungen bestehen, weil ein Unternehmen eingeschaltet ist, das die Essensmarken ausgibt (R 8.1 Abs. 7 Nr. 4 Satz 2 LStR). Bei Urlaub, Erkrankungen oder sonstigen Fehlzeiten hat der Arbeitgeber die für diese Tage ausgegebenen Essensmarken zurückzufordern oder die Zahl der im Folgemonat auszugebenden Essensmarken um die Zahl der Abwesenheitstage zu vermindern. Die Pflicht zur Feststellung der Abwesenheitstage und zur Anpassung der Zahl der Essensmarken im Folgemonat entfällt für Arbeitnehmer, die im Kalenderjahr durchschnittlich an nicht mehr als drei Arbeitstagen je Kalendermonat Auswärtstätigkeiten ausüben, wenn keiner dieser Arbeitnehmer im Kalendermonat mehr als 15 Essensmarken erhält (R 8.1 Abs. 7 Nr. 4 Satz 4 LStR).

Tz. 610

Ein Arbeitgeberdarlehen ist die Überlassung von Geld durch den Arbeitgeber oder aufgrund des Dienstverhältnisses durch einen Dritten an den Arbeitnehmer, die auf dem Rechtsgrund eines Darlehensvertrags beruht. Der Arbeitnehmer erlangt keinen lohnsteuerlich zu erfassenden Vorteil, wenn der Arbeitgeber ihm ein Darlehen zu einem marktüblichen Zinssatz (Maßstabszinssatz) gewährt (BFH-Urteil vom 4. 5. 2006, VI R 28/05, BStBl 2006 II S. 781). Marktüblich in diesem Sinne ist auch die nachgewiesene günstigste Marktkondition für Darlehen mit vergleichbaren Bedingungen am Abgabeort unter Einbeziehung allgemein zugänglicher Internetangebote (z. B. von Direktbanken).

Darlehen

Zinsvorteile sind als Sachbezüge zu versteuern, wenn die Summe der noch nicht getilgten Darlehen am Ende des Lohnzahlungszeitraums 2.600 € übersteigt (Rz. 2 des BMF-Schreibens vom 1. 10. 2008, BStBl 2008 I S. 892).

Tz. 611

Der monatliche geldwerte Vorteil der Nutzungsüberlassung eines betrieblichen Kfz für private Zwecke wird mit 1 % des inländischen Bruttolistenpreises angesetzt (§ 8 Abs. 2 Satz 2 in Verbindung mit § 6 Abs. 1 Nr. 4 Satz 2 EStG). Der Bruttolistenpreis (einschließlich der Sonderausstattung, jedoch ohne Winterreifen und Autotelefon) ist hierbei auf volle hundert Euro abzurunden (R 8.1 Abs. 9 Nr. 1 Satz 6 LStR).

private Pkw-Nutzung

Tz. 612

Kann der Arbeitnehmer das Fahrzeug auch für Fahrten zwischen Wohnung und Arbeitsstätte nutzen, sind hierfür pro Monat 0,03 % des Bruttolistenpreises für jeden Entfernungskilometer anzusetzen (§ 8 Abs. 2 Satz 3 EStG). Der tatsächliche Umfang der Nutzung ist grundsätzlich unbeachtlich, da auf die Möglichkeit der Nutzung abgestellt wird (R 8.1 Abs. 9 Nr. 1 Satz 4 LStR).

Fahrten zwischen Wohnung – Arbeitsstätte

VII. Andere Unternehmenssteuern

> **BEISPIEL**
>
> Arbeitnehmer A erhält von seinem Arbeitgeber ein Firmenfahrzeug, das er auch privat nutzen darf. Das Fahrzeug hatte folgende Anschaffungskosten:
>
> | | |
> |---|---:|
> | Listenpreis (netto) | 30.000 € |
> | Klimaanlage (netto) | 1.500 € |
> | Autotelefon mit Freispracheinrichtung (netto) | 500 € |
> | Gesamt | 32.000 € |
> | Rabatt | 2.000 € |
> | Rechnungsbetrag (netto) | 30.000 € |
> | Umsatzsteuer (19 %) | 5.700 € |
> | Rechnungsbetrag (brutto) | 35.700 € |
>
> A nutzt sein Fahrzeug an 220 Tagen auch für Fahrten zwischen Wohnung und Arbeitsstätte (Entfernung: 30 km).
>
> Für die Besteuerung der privaten Kfz-Nutzung wird nach § 8 Abs. 2 Satz 2 in Verbindung mit § 6 Abs. 1 Nr. 4 Satz 2 EStG 1 % des inländischen Bruttolistenpreises im Zeitpunkt der Erstzulassung zuzüglich der Kosten für Sonderausstattung angesetzt (R 8.1 Abs. 9 Nr. 1 Satz 1 LStR). Der Listenpreis ist auf volle 100 € abzurunden (R 8.1 Abs. 9 Nr. 1 Satz 6 LStR).
>
> Zur Sonderausstattung gehören beispielsweise Klimaanlage, Autoradio, Schiebedach und Ähnliches. Der Wert des Autotelefons einschließlich Freispracheinrichtung bleibt aufgrund der Befreiungsnorm des § 3 Nr. 45 EStG für Telekommunikationsgeräte außer Ansatz (R 8.1 Abs. 9 Nr. 1 Satz 6 LStR). A hat pro Monat folgenden Betrag der Lohnversteuerung zu unterwerfen:
>
> | | |
> |---|---:|
> | Rechnungsbetrag (netto, ohne Telefon und Rabatt) | 31.500 € |
> | Umsatzsteuer (19 %) | 5.985 € |
> | Bruttolistenpreis (inkl. Klimaanlage) | 37.485 € |
> | Abgerundet auf volle 100 € | 37.400 € |
> | hiervon 1 % | 374 € |
> | Jahresbetrag | 4.488 € |
>
> Die Fahrten Wohnung – Arbeitsstätte müssen nach § 8 Abs. 2 Satz 3 EStG wie folgt lohnversteuert werden:[70]
>
> 37.400 € × 0,03 % × 30 km × 12 Monate = 4.039,20 €
>
> A kann im Rahmen seiner Einkommensteuererklärung bezüglich der Fahrten Wohnung – Arbeitsstätte nach § 9 Abs. 1 Satz 3 Nr. 4 EStG folgende Werbungskosten geltend machen:
>
> 30 km × 0,30 € × 220 Tage = 1.980 €
>
> *Anmerkung zur Umsatzsteuer:*
>
> Umsatzsteuerlich liegt eine sonstige Leistung im Sinne des § 3 Abs. 9 UStG vor, die im Rahmen eines tauschähnlichen Umsatzes (§ 3 Abs. 12 UStG) erbracht wird. Für Zwecke der Umsatzbesteuerung kann entweder der private Nutzungsanteil geschätzt werden oder der lohnsteuerliche Wert übernommen werden (Nr. 4.2.1.2 des BMF-Schreibens vom 27. 8. 2004). Wird der lohnsteuerliche Wert übernommen, ergibt sich eine Umsatzsteuer von 1.361,49 € (19/119 von 4.488 € + 4.039,20 €).[71] Eine etwaige lohnsteuerliche Pauschalierung hat auf die Umsatzsteuer keinen Einfluss.

Tz. 613

BFH zur Zuschlagsregelung

Mit drei Urteilen vom 22. 9. 2010 (VI R 54/09, VI R 55/09 und VI R 57/09) bestätigte der BFH seine Rechtsprechung vom April 2008, die besagt, dass die 0,03 %-Zuschlagsregelung in § 8 Abs. 2 Satz 3 EStG nur einen Korrekturposten für abziehbare, aber nicht entstandene Erwerbsaufwendungen darstellt und sie daher nur dann und insoweit zur Anwendung kommt, wie der Dienstwagen tatsächlich für solche Fahrten genutzt worden war.

Der erforderlichen Berechnung liegt folgender Gedanke zugrunde: Die einzelnen Familienheimfahrten im Rahmen der doppelten Haushaltsführung werden nach § 8 Abs. 2 Satz 5 EStG mit 0,002 % des inländischen Bruttolistenpreises angesetzt. Unterstellt man, dass durchschnittlich 15 Fahrten im Monat ausgeführt werden, ergeben sich 0,03 % monatlich. Von die-

---

[70] Pauschalierung nach § 40 Abs. 2 Satz 2 EStG mit 15 % möglich.
[71] Es erfolgt kein Abschlag von 20 % für nicht mit Vorsteuer belastete Kosten (Nr. 4.2.1.3 des BMF-Schreibens vom 27. 8. 2004).

sen beiden Prozentsätzen kann nun die Berechnung des geldwerten Vorteils vorgenommen werden.

Das BMF hat mit Schreiben vom 1.4.2011 (BStBl 2011 I S. 301) die Auffassung des BFH bestätigt.

> Dem Arbeitnehmer A steht für seine Tätigkeit ein Dienstwagen (inländischer Bruttolistenpreis: 50.000 €) zur Verfügung. Das Fahrzeug darf auch privat und zu Fahrten zwischen Wohnung und Arbeitsstätte genutzt werden. A ist im laufenden Jahr häufig im Außendienst tätig und sucht deshalb nur an 80 Tagen seine regelmäßige Arbeitsstätte (Entfernung: 70 km) auf.
> Unter Anwendung des BMF-Schreibens vom 1.4.2011 (BStBl 2011 I S. 301) ergibt sich folgender geldwerter Vorteil:
>
> | | |
> |---|---:|
> | 1 % von 50.000 € × 12 = | 6.000 € |
> | 0,002 % von 50.000 € × 70 km × 80 Tage = | + 5.600 € |
> | geldwerter Vorteil | 11.600 € |

Tz. 614

Gemäß § 8 Abs. 2 Satz 4 EStG kann der geldwerte Vorteil aus der Kfz-Gestellung auch anhand eines Fahrtenbuchs ermittelt werden (vgl. R 8.1 Abs. 9 Nr. 2 LStR). Die Nutzungsdauer des Fahrzeugs wird hierbei grundsätzlich mit acht Jahren unterstellt (H 8.1 Abs. 9 – 10 „Gesamtkosten" LStH). Zwischen den beiden Methoden besteht ein Wahlrecht, das – außer bei einem Fahrzeugwechsel – einheitlich für jedes Kalenderjahr auszuüben ist (R 8.1 Abs. 9 Nr. 3 Satz 1 LStR). Der Arbeitnehmer kann sich jedoch, unabhängig von der erfolgten Lohnversteuerung, im Rahmen seiner Einkommensteuerveranlagung für eine andere Methode entscheiden (R 8.1 Abs. 9 Nr. 3 Satz 4 LStR).

Fahrtenbuch

Tz. 615

Nach § 40 Abs. 2 Satz 2 EStG ist bezüglich der Fahrten zwischen Wohnung und Arbeitsstätte eine Pauschalierung der Lohnsteuer mit 15 % möglich, soweit ein Abzug der Aufwendungen als Werbungskosten möglich wäre. Aus Vereinfachungsgründen kann dabei unterstellt werden, dass der Arbeitnehmer das Fahrzeug an 15 Tagen im Monat nutzt (R 40.2 Abs. 6 Satz 1 Nr. 1 Buchst. b LStR). Wird von der Pauschalierung Gebrauch gemacht, scheidet insoweit ein Werbungskostenabzug aus (§ 40 Abs. 2 Satz 3 EStG).

Pauschalierung (Pkw)

Tz. 616

Gemäß R 8.1 Abs. 9 Nr. 2 Satz 11 LStR gehören Unfallkosten nicht zu den Gesamtkosten eines vom Arbeitgeber überlassenen Dienstwagens. Dies bedeutet, dass vom Arbeitgeber getragene Unfallkosten grundsätzlich als gesonderter geldwerter Vorteil zu erfassen sind.

Unfallkosten

Aus Vereinfachungsgründen können jedoch Unfallkosten, die bezogen auf den jeweiligen Schadensfall nach Erstattungen von dritter Seite (z. B. durch Versicherungen) den Betrag von 1.000 € zzgl. Umsatzsteuer nicht überschreiten, in die Gesamtkosten einbezogen werden (R 8.1 Abs. 9 Nr. 2 Satz 12 LStR). Dies bedeutet, dass bei Anwendung der 1 %-Regelung kein zusätzlicher geldwerter Vorteil zu erfassen ist.

Tz. 617

Nach bisheriger Verwaltungsauffassung konnten Zuzahlungen des Arbeitnehmers zu den Anschaffungskosten eines auch privat nutzbaren Dienstwagens im Zahlungsjahr lediglich mit dem für die Privatnutzung sowie für die Fahrten zwischen Wohnung und Arbeitsstätte anzusetzenden geldwerten Vorteil, maximal bis „Null", verrechnet werden. Übersteigende Zuzahlungen gingen ins Leere.

Zuzahlungen

Durch die Neuregelung in R 8.1 Abs. 9 Nr. 4 Satz 4 LStR können die Zuzahlungen des Arbeitnehmers nicht nur im Zahlungsjahr, sondern auch in den darauf folgenden Kalenderjahren mit den geldwerten Vorteilen verrechnet werden. Diese Grundsätze gelten in allen offenen Fällen. In Vorjahren verloren gegangene Zuschüsse können also noch verrechnet werden, sofern das Fahrzeug noch zur privaten Nutzung überlassen wird.

VII. Andere Unternehmenssteuern

> **BEISPIEL**
>
> Der Arbeitnehmer A erhält ab Januar 2011 einen Dienstwagen von seinem Arbeitgeber gestellt. A leistet einen Zuschuss in Höhe von 5.000 €. Der Listenpreis beträgt 30.000 €.
>
> Werden die Fahrten Wohnung – Arbeitsstätte außer Acht gelassen ergibt sich in 2011 ein geldwerter Vorteil in Höhe von 3.600 € (12 % von 30.000 €). Hierauf wird der Zuschuss angerechnet. Der übersteigende Betrag von 1.400 € wird ab 2012 verrechnet. Steht das Fahrzeug dann nicht mehr zur Verfügung, geht der noch nicht verrechnete Betrag verloren.

1.5 Pauschalierung der Lohnsteuer

Tz. 618

Pauschalierung

Es besteht die Möglichkeit nach § 40 Abs. 1 Nr. 1 EStG die Lohnsteuer zu pauschalieren, wenn sonstige Bezüge in einer größeren Anzahl von Fällen gewährt werden. Entsprechendes gilt nach § 40 Abs. 1 Nr. 2 EStG, wenn die Lohnsteuer vom Arbeitgeber nicht vorschriftsmäßig einbehalten wurde und nacherhoben werden muss.

Die Norm des § 40 Abs. 1 EStG kommt insbesondere im Rahmen von Lohnsteuer-Außenprüfungen aus Vereinfachungsgründen zur Anwendung. Der für die Pauschalierung anzuwendende Zinssatz ist nach § 38a EStG i. V. m. R 40.1 Abs. 1 bis 3 LStR zu ermitteln.

Tz. 619

Darüber hinaus kann der Arbeitgeber nach § 40 Abs. 2 EStG die Lohnsteuer mit einem Pauschsteuersatz von 25 % erheben, soweit er

- arbeitstäglich Mahlzeiten im Betrieb an die Arbeitnehmer unentgeltlich oder verbilligt abgibt oder Barzuschüsse an ein anderes Unternehmen leistet, das arbeitstäglich Mahlzeiten an die Arbeitnehmer unentgeltlich oder verbilligt abgibt. Voraussetzung ist, dass die Mahlzeiten nicht als Lohnbestandteile vereinbart sind,

- Arbeitslohn aus Anlass von Betriebsveranstaltungen zahlt (vgl. Beispiel in Tz. 604),

- Erholungsbeihilfen gewährt, wenn diese zusammen mit Erholungsbeihilfen, die in demselben Kalenderjahr früher gewährt worden sind, 156 € für den Arbeitnehmer, 104 € für dessen Ehegatten und 52 € für jedes Kind nicht übersteigen und der Arbeitgeber sicherstellt, dass die Beihilfen zu Erholungszwecken verwendet werden,

- Vergütungen für Verpflegungsmehraufwendungen anlässlich einer Tätigkeit im Sinne des § 4 Abs. 5 Satz 1 Nr. 5 Satz 2 bis 4 EStG zahlt, soweit diese die dort bezeichneten Pauschbeträge um nicht mehr als 100 % übersteigen,

> **BEISPIEL**
>
> Der ledige Arbeitnehmer A (Lohnsteuerklasse I), der nicht im öffentlichen Dienst beschäftigt ist, hat eine eintägige Dienstreise mit einer Abwesenheit von zehn Stunden getätigt. Für seine Verpflegungsmehraufwendungen erstattet ihm sein Arbeitgeber pauschal 15 €.
>
> Gemäß § 3 Nr. 16 EStG in Verbindung mit § 4 Abs. 5 Satz 1 Nr. 5 Satz 2 Buchst. c EStG können sechs Euro steuerfrei erstattet werden (vgl. R 9.6 Abs. 1 LStR). Von den übersteigenden neun Euro können gemäß § 40 Abs. 2 Satz 1 Nr. 4 EStG weitere sechs Euro mit 25 % pauschal versteuert werden. Die verbleibenden drei Euro unterliegen dem normalen Lohnsteuerabzug laut Lohnsteuertabelle.

- den Arbeitnehmern zusätzlich zum ohnehin geschuldeten Arbeitslohn unentgeltlich oder verbilligt Personalcomputer übereignet; das gilt auch für Zubehör und Internetzugang. Das Gleiche gilt für Zuschüsse des Arbeitgebers, die zusätzlich zum ohnehin geschuldeten Arbeitslohn zu den Aufwendungen des Arbeitnehmers für die Internetnutzung gezahlt werden.

> **BEISPIEL**
>
> Der Pharmahersteller Pillendreher AG hat im Februar 2011 den IuK-Bereich für insgesamt 40.000 € erneuert. Hierbei wurde die bisherige analoge Telefonanlage durch eine digitale Anlage ersetzt. Ebenso wurden die vorhandenen Computer vernetzt und für das Internet freigeschaltet. Außerdem wurden die vorhandenen Bildschirme durch neue ersetzt. Für drei Außendienstmitarbeiter wurden Notebooks und Mobiltelefone angeschafft. Die Mitarbeiter dürfen die PCs und die Telefonanlage auch privat benutzen, für die Außendienstmitarbeiter gilt entsprechendes. Der Computerhändler Maus hat der AG für die nicht mehr benötigten Monitore 55 € je Stück geboten. Anstelle eines möglichen Verkaufs an Maus hat die AG fünf verdienten Mitarbeitern jeweils einen Monitor geschenkt.

Vorteile, die dem Arbeitnehmer dadurch entstehen, dass er Personalcomputer und Telekommunikationsgeräte an seinem Arbeitsplatz für private Zwecke unentgeltlich nutzen kann, sind grundsätzlich als geldwerter Vorteil lohnsteuerpflichtig (§ 8 Abs. 1 EStG). Gemäß § 3 Nr. 45 EStG ist die Privatnutzung jedoch steuerfrei (vgl. R 3.45 LStR). Die Schenkung der Monitore stellt einen geldwerten Vorteil dar, der als Arbeitslohn gemäß § 19 Abs. 1 Satz 1 Nr. 1 in Verbindung mit § 8 Abs. 1 EStG zu versteuern ist, da die Freigrenze des § 8 Abs. 2 Satz 9 EStG von 44 € überschritten ist. Die Versteuerung kann pauschal vorgenommen werden (§ 40 Abs. 2 Satz 1 Nr. 5 EStG).

Tz. 620

Die pauschal besteuerten Bezüge bleiben bei der Veranlagung zur Einkommensteuer außen vor (§ 40 Abs. 3 Satz 3 EStR).

kein Ansatz bei der ESt

Tz. 621

Eine geringfügig entlohnte Beschäftigung liegt vor, wenn das Arbeitsentgelt regelmäßig im Monat 400 € nicht überschreitet. Die wöchentliche Arbeitszeit ist hierbei unerheblich. Beginnt oder endet die Beschäftigung im Laufe eines Kalendermonats ist der anteilige Monatswert maßgeblich.

Minijobs

Für 400-€-Minijobs zahlen Arbeitgeber Abgaben in Höhe von maximal 30,88 % des Verdienstes an die Minijob-Zentrale. Das sind Pauschalbeiträge in Höhe von 15 % zur Renten- und 13 % zur Krankenversicherung, die einheitliche Pauschsteuer nach § 40a Abs. 2 EStG in Höhe von 2 % (sofern nicht per Lohnsteuerkarte abgerechnet wird) sowie 0,88 % Umlagen zum Ausgleich der Arbeitgeberaufwendungen bei Krankheit und Mutterschaft. Für Minijobber, die privat krankenversichert sind, zahlen Arbeitgeber keinen Pauschalbeitrag zur Krankenversicherung.

1.6 Pflichten des Arbeitgebers

Tz. 622

Der Arbeitgeber hat für jeden Arbeitnehmer (gleichgültig ob unbeschränkt oder beschränkt steuerpflichtig) und für jedes Kalenderjahr ein Lohnkonto am Ort der Betriebsstätte zu führen (§ 41 Abs. 1 EStG). In dem Lohnkonto sind alle erforderlichen Merkmale

Lohnkonto

- aus der Lohnsteuerkarte,
- aus einer entsprechenden Lohnsteuerbescheinigung oder
- aus einer Freistellungsbescheinigung (Anwendung vom 1.4.1999 bis einschließlich 31.3.2003)

zu übernehmen.

Die Aufzeichnungen im Lohnkonto sind erforderlich, da sie zum einen die Grundlage für die Lohnsteuerbescheinigung nach Ablauf des Kalenderjahres bilden (§ 41b EStG) und zum anderen als Nachweis bei steuerlichen Außenprüfungen bzw. Prüfungen der Sozialversicherungsträger dienen. Es gibt keine bestimmten Vorschriften über die Form, in der das Lohnkonto zu führen ist.

Lohnsteuerbescheinigung

Am Ende des Kalenderjahres hat der Arbeitgeber das Lohnkonto abzuschließen und auf der Grundlage der dort aufgezeichneten Daten die Lohnsteuerbescheinigungsdaten vollelektronisch nach amtlich vorgeschriebenem Datensatz an die Übermittlungsstelle der Finanzverwaltung („Clearingstelle") zu senden (§ 41b Abs. 1 EStG).

Clearingstelle

Tz. 623

Gemäß § 41a Abs. 1 EStG hat der Arbeitgeber spätestens am zehnten Tag nach Ablauf eines jeden Lohnsteuer-Anmeldungszeitraums

LSt-Anmeldung

- beim zuständigen Betriebsstättenfinanzamt eine Lohnsteuer-Anmeldung einzureichen und
- die im Lohnsteuer-Anmeldungszeitraum insgesamt einbehaltene und übernommene Lohnsteuer an das Betriebsstättenfinanzamt abzuführen.

1.7 Haftung des Arbeitgebers

Tz. 624

Haftung — Auf die Ausführungen zur Haftung des Arbeitgebers in Kap. IV.6.3 wird hingewiesen.

1.8 Lohnsteuer-Außenprüfung

Tz. 625

LSt-Außenprüfung — Die Regelungen zur Lohnsteuer-Außenprüfung befinden sich in § 42f EStG. Da im Wesentlichen die Regelungen der §§ 193 ff. AO anwendbar sind, wird auf die Ausführungen in Kap. IV.9 hingewiesen.

2. Grundzüge der Grundsteuer

Tz. 626

Grundsteuer — Die Grundsteuer zählt zu den Realsteuern. Nach § 2 GrStG ist Steuergegenstand im Inland liegender Grundbesitz. Gemäß § 1 GrStG ist die Gemeinde, in der sich der Grundbesitz befindet, hebeberechtigt.

Der Steuerschuldner ist derjenige, dem das Grundstück bei der Feststellung des Einheitswertes zugerechnet wird (§ 10 Abs. 1 GrStG). Entscheidend sind stets die Verhältnisse zu Beginn eines Kalenderjahres (§ 9 Abs. 1 GrStG).

> **BEISPIEL**
> A veräußert mit Wirkung zum 1.5.2012 sein Grundstück an B.
> Für 2012 ist A Steuerschuldner. Er hat die Grundsteuer gegebenenfalls von B anteilig zurückzufordern. In der Praxis findet sich regelmäßig ein hierauf ausgerichteter Passus in den notariellen Veräußerungsurkunden.

Tz. 627

Steuermesszahl — Die Steuermesszahl beträgt nach § 15 Abs. 1 GrStG 3,5 ‰. Abweichend hiervon beträgt die Steuermesszahl für Einfamilienhäuser i. S. d. § 75 Abs. 5 BewG grundsätzlich 2,6 ‰ für die ersten 38.346,89 € des Einheitswertes oder seines steuerpflichtigen Teils und 3,5 ‰ für den Rest des Einheitswertes oder seines steuerpflichtigen Teils und für Zweifamilienhäuser im Sinne des § 75 Abs. 6 BewG 3,1 ‰ (§ 15 Abs. 2 GrStG).

> **BEISPIEL**
> Der Hebesatz für die Grundsteuer beträgt in der Gemeinde G 300 %. Der Einheitswert eines Einfamilienhauses beträgt 75.000 €.
> Die Grundsteuer errechnet sich wie folgt:
> (38.346,89 € × 2,6 ‰ + 36.653,11 € × 3,5 ‰) × 300 % = 683,96 €

Tz. 628

Fälligkeit — Die Grundsteuer wird zu je einem Viertel ihres Jahresbetrags am 15. 2., am 15. 5., am 15. 8. und am 15. 11. fällig (§ 28 Abs. 1 GrStG).

3. Grundzüge der Grunderwerbsteuer

Tz. 629

Grunderwerbsteuer — Die Grunderwerbsteuer erfasst den Umsatz von Grundstücken und ist somit eine Verkehrsteuer. Der Grunderwerbsteuer unterliegen nach § 1 GrEStG insbesondere die folgenden Rechtsvorgänge, soweit sie sich auf inländische Grundstücke beziehen:

- ein Kaufvertrag oder ein anderes Rechtsgeschäft, das den Anspruch auf Übereignung begründet,
- die Auflassung, wenn kein Rechtsgeschäft vorausgegangen ist, das den Anspruch auf Übereignung begründet,
- das Meistgebot im Zwangsversteigerungsverfahren.

Tz. 630

Die Grunderwerbsteuer bemisst sich in der Regel nach dem Wert der Gegenleistung (§ 8 Abs. 1 GrEStG). Als Gegenleistung gelten nach § 9 Abs. 1 GrEStG:

- bei einem Kauf (Nr. 1):
  der Kaufpreis einschließlich der vom Käufer übernommenen sonstigen Leistungen und der dem Verkäufer vorbehaltenen Nutzungen,

- bei einem Tausch:
  die Tauschleistung des anderen Vertragsteils einschließlich einer vereinbarten zusätzlichen Leistung.

> A veräußert an B ein Grundstück. Neben einem Geldbetrag in Höhe von 100.000 € übernimmt B eine auf dem Grundstück lastende Schuld in Höhe von 150.000 €.
>
> Der Wert der Gegenleistung beläuft sich auf 250.000 €.

BEISPIEL

Tz. 631

Die Grunderwerbsteuer beträgt nach § 11 Abs. 1 GrEStG grundsätzlich 3,5 % von der Gegenleistung. Immer mehr Länder machen jedoch von ihrem Recht Gebrauch und setzen den Steuersatz individuell fest. So beläuft sich die Grunderwerbsteuer beispielsweise seit 1.10.2011 in Nordrhein-Westfalen, seit 5.11.2011 in Baden-Württemberg und in Berlin seit 1.4.2012 auf 5 %.

Steuersatz

4. Grundzüge des Umwandlungssteuerrechts

Tz. 632

Unternehmen müssen sich des Öfteren an sich verändernde wirtschaftliche, rechtliche und steuerliche Rahmenbedingungen anpassen. Dies kann eine Änderung der Rechtsform eines Unternehmens erforderlich machen. Mit Wirkung ab dem 1.1.1995 wurden die dafür geltenden gesetzlichen Regelungen zur Verschmelzung, der Spaltung, der Vermögensübertragung und dem Formwechsel in einem Gesetz, dem Umwandlungsgesetz (UmwG) zusammengefasst.

UmwG

Neben den Vorschriften des UmwG, die eine Änderung der Rechtsform eines Unternehmens regelmäßig im Wege einer Gesamtrechtsnachfolge vorsehen, gelten die Normen des sonstigen Zivilrechts, die eine Auflösung und Abwicklung des übertragenden Rechtsträgers und die eventuell notwendige Neugründung des übernehmenden Rechtsträgers im Wege der Einzelübertragung von Wirtschaftsgütern ermöglichen. Die Umwandlung ist nach § 1 UmwG auf folgende Arten möglich:

Arten der Umwandlung

- durch Verschmelzung,
- durch Spaltung (Aufspaltung, Abspaltung, Ausgliederung),
- durch Vermögensübertragung,
- durch Formwechsel.

Tz. 633

Als Verschmelzung wird die Übertragung des gesamten Vermögens eines Rechtsträgers oder mehrerer Rechtsträger auf einen anderen schon bestehenden oder neu gegründeten Rechtsträger bezeichnet (§ 2 UmwG).

Verschmelzung

Gemäß § 3 Abs. 1 UmwG können an einer Verschmelzung als übertragende, übernehmende oder neue Rechtsträger insbesondere Personenhandelsgesellschaften, Partnerschaftsgesellschaften und Kapitalgesellschaften beteiligt sein.

Tz. 634

Spaltung

Die Spaltung (§§ 123 ff. UmwG) ist das Gegenstück zur Verschmelzung. Hier wird das Vermögen einer Gesellschaft (so genannte Ursprungsgesellschaft) auf mindestens zwei Nachfolgegesellschaften im Wege einer partiellen Gesamtrechtsnachfolge übertragen. Das Umwandlungsgesetz kennt drei Arten der Spaltung:

- **Aufspaltung:**
Bei der Aufspaltung wird der übertragende Rechtsträger aufgelöst. Die gesamte Aktiva und Passiva werden auf die Nachfolgegesellschaften übertragen.

- **Abspaltung:**
Bei der Abspaltung bleibt der übertragende Rechtsträger bestehen. Es wird nur ein Teil der Aktiva und Passiva auf den neuen Rechtsträger übertragen.

- **Ausgliederung:**
Bei der Ausgliederung bleibt ebenfalls der übertragende Rechtsträger bestehen. Die Gesellschaftsrechte am neuen Rechtsträger werden aber nicht den Gesellschaftern des übertragenden Rechtsträgers, sondern dem Rechtsträger selbst gewährt.

Tz. 635

Vermögensübertragung

Bei der Vermögensübertragung findet im Gegensatz zur Verschmelzung und Spaltung kein Anteilstausch statt, sondern es wird meist eine Gegenleistung in Geld erbracht. Gemäß § 174 Abs. 1 UmwG kann ein Rechtsträger (übertragender Rechtsträger) ohne Abwicklung sein Vermögen als Ganzes auf einen anderen bestehenden Rechtsträger (übernehmender Rechtsträger) gegen Gewährung einer Gegenleistung an die Anteilsinhaber des übertragenden Rechtsträgers, die nicht in Anteilen oder Mitgliedschaften besteht, übertragen (Vollübertragung).

Tz. 636

Formwechsel

Mit dem Formwechsel (§§ 190 ff. UmwG) bietet das Umwandlungsrecht einem Rechtsträger die Möglichkeit, seine Rechtsform ohne Übertragung seines Vermögens zu wechseln. Ohne Vermögensübertragung können nach § 191 UmwG

- Personenhandelsgesellschaften,
- Partnerschaftsgesellschaften,
- Kapitalgesellschaften,
- eingetragene Genossenschaften,
- rechtsfähige Vereine,
- Versicherungsvereine auf Gegenseitigkeit und
- Körperschaften und Anstalten des öffentlichen Rechts

ihre Rechtsform wechseln. Dabei können allerdings Personenhandels- und Partnerschaftsgesellschaften durch einen Umwandlungsbeschluss nur die Rechtsform einer Kapitalgesellschaft oder einer eingetragenen Genossenschaft annehmen, während Kapitalgesellschaften zur Rechtsform einer Gesellschaft bürgerlichen Rechts, einer Personenhandelsgesellschaft, einer Partnerschaftsgesellschaft, einer anderen Kapitalgesellschaft oder einer eingetragenen Genossenschaft wechseln können.

Tz. 637

UmwStG

Während das UmwG die Möglichkeiten der Umwandlung regelt, werden im Umwandlungssteuergesetz (UmwStG) die steuerrechtlichen Folgen normiert. So sind beispielsweise zahlreiche Umwandlungsvorgänge steuerneutral ohne Aufdeckung von stillen Reserven möglich.

4. Grundzüge des Umwandlungssteuerrechts

FRAGEN

1.) Wer wird in der Lohnsteuerklasse II erfasst?

Hier werden Alleinerziehende erfasst, die einen Anspruch auf den Entlastungsbetrag für Alleinerziehende haben (Tz. 591).

2.) Wer wird in Lohnsteuerklasse VI erfasst?

In der Lohnsteuerklasse VI werden Arbeitnehmer erfasst, die eine Lohnsteuerkarte für ein zweites oder weiteres Arbeitsverhältnis benötigen (Tz. 596).

3.) Ab wann kommt das ELStAM-Verfahren zur Anwendung?

ELStAM soll ab 2013 eingesetzt werden (Tz. 598).

4.) Auf welchen Betrag beläuft sich der Arbeitnehmer-Pauschbetrag?

Der Arbeitnehmer-Pauschbetrag beträgt nach § 9a Nr. 1a EStG 1.000 € (Tz. 602).

5.) Bis zu welchem Betrag gelten Zuwendungen im Rahmen von Betriebsveranstaltungen als üblich?

Der Betrag beläuft sich nach R 19.5 Abs. 4 LStR auf 110 € (Tz. 604).

6.) Wie wird der monatliche geldwerte Vorteil der Nutzungsüberlassung eines betrieblichen Fahrzeugs für private Zwecke bewertet, wenn kein Fahrtenbuch vorliegt?

Der monatliche geldwerte Vorteil wird in diesem Fall nach § 8 Abs. 2 Satz 2 EStG i. V. m. § 6 Abs. 1 Nr. 4 Satz 2 EStG mit 1 % des inländischen Bruttolistenpreises angesetzt (Tz. 611).

7.) Welche Lohnsteuer-Pauschalierungsmöglichkeit besteht hinsichtlich der Fahrten zwischen Wohnung und Arbeitsstätte?

Gemäß § 40 Abs. 2 Satz 2 EStG ist eine Pauschalierung der Lohnsteuer mit 15 % möglich (Tz. 615).

8.) Wie werden pauschal besteuerte Bezüge bei der Veranlagung zur Einkommensteuer berücksichtigt?

Diese bleiben nach § 40 Abs. 3 Satz 3 EStG unberücksichtigt (Tz. 620).

9.) Bis wann ist eine Lohnsteuer-Anmeldung abzugeben?

Die Abgabe muss nach § 41a Abs. 1 EStG bis zum zehnten Tag nach Ablauf eines jeden Anmeldungszeitraums erfolgen (Tz. 623).

10.) Ist die Grunderwerbsteuer eine Real- oder Verkehrsteuer?

Die Grunderwerbsteuer ist eine Verkehrsteuer (Tz. 629).

VIII. Übungsklausur

Gesamte Bearbeitungszeit: 180 Minuten

Aufgabe 1 (37 Minuten)

Die Firma Claaßen und Larsen OHG mit Sitz in Lüneburg betreibt ein Bauunternehmen mit angeschlossenem Baustoffhandel und gibt monatlich Umsatzsteuer-Voranmeldungen ab. Bei den nachfolgenden Sachverhalten ist davon auszugehen, dass alle beteiligten Unternehmen die USt-IdNr. ihres Heimatlandes verwenden, Liefer- und Erwerbsschwellen als überschritten gelten und alle Formvorschriften erfüllt sind. Abweichungen von diesen Grundsätzen werden im Sachverhalt genannt.

a) In 2011 errichtete die OHG für den Landschaftsgärtner Rico Rose in Emden eine Lagerhalle. Hierbei wurden Teile des Radladers der OHG beschädigt. Die mit der Instandsetzung beauftragte Firma Stegen aus Groningen (Niederlande) führte die für den Auftrag wesentlichen Tätigkeiten im Juli 2011 an ihrem Betriebssitz in Groningen aus.

Auf der im September 2011 erteilten Rechnung über 6.000 € wurde keine Umsatzsteuer ausgewiesen. Ein Hinweis nach § 14a Abs. 5 Satz 2 UStG ist auf der Rechnung nicht enthalten.

b) Anfang Mai 2011 erhielt die OHG von der Firma Hansen aus Hamburg Kommissionsware. Der Mindestverkaufspreis wurde auf 200.000 € festgelegt. Für die OHG wurde eine Provision von 20 % des vereinbarten Nettopreises vertraglich vereinbart. Anfang Juni konnte die OHG die Hälfte der Waren im eigenen Namen an eine Firma in der Ukraine für 100.000 € veräußern. Die Auslieferung erfolgte durch eine Kieler Spedition, die der OHG 1.000 € zzgl. 190 € Umsatzsteuer (auf den inländischen Streckenanteil) in Rechnung stellte.

Mit der Firma Hansen rechnete die OHG Ende Juni wie folgt ab:

Verkaufserlös	100.000 €
abzüglich Provision	20.000 €
	80.000 €
Umsatzsteuer	15.200 €
	95.200 €

Der Betrag von 95.200 € wurde noch im Juni an die Firma Hansen überwiesen.

Für den Restbestand der Kommissionsware fand sich kein Abnehmer. Es erfolgte daher Ende September eine Rückgabe durch die OHG.

Bearbeitungshinweise:

Beurteilen Sie die Umsätze der OHG und bei Leistungsbezügen auch für die jeweiligen Umsatzpartner.

Gehen Sie dabei jeweils auf folgende Punkte ein:
- Umsatzart,
- Ort der Leistung,
- Steuerbarkeit,
- Steuerpflicht,
- Bemessungsgrundlage,
- Steuersatz und -betrag,
- Entstehung der Steuer,
- Steuerschuldnerschaft,
- Vorsteuer.

Aufgabe 2 (36 Minuten)

Karla Kohl (KK, 29 Jahre, konfessionslos) lebt seit Dezember 2009 von ihrem Ehemann Lothar Lenz (LL, 36 Jahre) dauernd getrennt und bewohnt seit der Trennung eine Wohnung in Erding.

Anteile an der X-GmbH

KK hat sich in 2008 mit 5 % an der X-GmbH beteiligt (Anschaffungskosten: 50.000 €). Am 20.12.2010 beschloss die X-GmbH für das am 30.6.2010 beendete Wirtschaftsjahr eine Ausschüttung vorzunehmen. Am 8.1 2011 ging auf dem Bankkonto der KK ein Betrag in Höhe von 2.400 € ein. Die zutreffend einbehaltenen Steuerabzugsbeträge sind in der übersandten Steuerbescheinigung ausgewiesen.

KK veräußerte die Anteile an der X-GmbH am 31.5.2011 für 80.000 € an die A-AG. Sämtliche Transaktionskosten wurden von der A-AG übernommen.

Darlehen Tobias Kohl

KK hat ihrem Bruder Tobias Kohl (TK) ein Darlehen über 100.000 € gewährt. Tobias hat mit diesem Darlehen für seinen Gewerbebetrieb eine Maschine gekauft. Die anfallenden Schuldzinsen von 6.000 € jährlich, die in zwölf Teilen jeweils zum Ende eines Monats überwiesen werden, hat TK als Betriebsausgaben geltend gemacht.

Bearbeitungshinweise:

Ermitteln Sie für den Veranlagungszeitraum 2011 die aus dem Sachverhalt ersichtlichen Einkünfte von KK. Auf Veranlagungsart, Tarif, Steuerermäßigungen und Steueranrechnungsbeträge ist nicht einzugehen. Sollten Einkünfte (teilweise) einem besonderen Steuersatz unterliegen bzw. steuerfrei sein, ist dies anzugeben.

Aufgabe 3 (30 Minuten)

Constanze Gruber (CG) ist seit etlichen Jahren als angestellte Außendienstmitarbeiterin bei einer Großhandelskette mit Sitz in Nürnberg angestellt. Für ihre Tätigkeit, die monatlich mit 4.000 € (brutto) vergütet ist, nutzt sie einen Heimarbeitsplatz. CG wird monatlich pauschal ein Betrag von 100 € für die anfallenden Aufwendungen für das Arbeitszimmer von ihrem Arbeitgeber erstattet. Aufzeichnungen über die tatsächlichen Kosten existieren nicht. CG hat im Betrieb ihres Arbeitgebers keinen Arbeitsplatz.

CG hat von ihrem Arbeitgeber ein Mobiltelefon zur Verfügung gestellt bekommen (Anschaffungskosten: 600 €), das sie unentgeltlich auch für Privatgespräche nutzen darf. Aufzeichnungen über den Umfang der privat geführten Gespräche kann CG nicht vorlegen.

Im September 2011 nahm CG an einer dreitägigen Fortbildungsveranstaltung für Außendienstmitarbeiter in Frankfurt/Main teil. Die Seminargebühren von 2.000 € wurden direkt von ihrem Arbeitgeber gezahlt. Außerdem erhielt CG gegen Vorlage der Einzelbelege noch folgende Kosten erstattet:

- ▶ Hotelkosten (drei Übernachtungen, inklusive Frühstück): 450 €
- ▶ Kosten für die Tiefgarage (drei Tage): 60 €
- ▶ Verpflegungskosten (vier Tage): 100 €

CG hat die Reise nach Frankfurt an einem Montag um 15:00 Uhr begonnen und ist am darauf folgenden Donnerstag um 19:00 Uhr zurückgekehrt.

Bearbeitungshinweise:

1.) Bitte beurteilen Sie, ob es durch die Überlassung des Mobiltelefons für private Zwecke und der Erstattung der Kosten für den Heimarbeitsplatz zu Arbeitslohn kommt.

2.) Bitte beurteilen Sie, ob und gegebenenfalls in welcher Höhe die angefallenen bzw. erstatteten Kosten im Zusammenhang mit der Fortbildung in Frankfurt steuerpflichtigen Arbeitslohn darstellen.

3.) Wie könnte ein gegebenenfalls steuerpflichtiger Arbeitslohn im Zusammenhang mit der Fortbildung in Frankfurt versteuert werden?

Aufgabe 4 (10 Minuten)

Beurteilen Sie, ob in den folgenden Fällen eine verdeckte Gewinnausschüttung, eine verdeckte Einlage oder keines von beidem vorliegt. Gehen Sie davon aus, dass es sich bei den angesprochenen Gesellschaftern um Alleingesellschafter handelt.

	vGA	vE	weder noch
Erwerb eines Grundstücks durch die Gesellschaft vom Gesellschafter zu einem überhöhten Preis			
Hingabe eines Darlehens an den Gesellschafter unter Verzicht von Zinsen (lt. Vertrag)			
Hingabe eines Darlehens vom Gesellschafter an die Gesellschaft unter Verzicht von Zinsen (lt. Vertrag)			
Verzicht des Gesellschafters auf eine bei der Gesellschaft passivierte Mietforderung			
Die Gesellschafterversammlung beschließt eine rückwirkende Anhebung der Bezüge des Geschäftsführers.			

Aufgabe 5 (42 Minuten)

Die Holzer OHG, deren Mitunternehmer die Brüder Heinz und Holger Holzer sind, hat ihren Sitz in Mittenwald und betreibt dort eine Ausflugsgaststätte. Für das Wirtschaftsjahr 2011, das dem Kalenderjahr entspricht, betrug der vorläufige handelsrechtliche Gewinn 40.000 €. Die OHG weist Sie auf folgende Sachverhalte hin:

1.) Die Gaststätte wird auf einem der OHG gehörenden Grundstück betrieben. Der nach den Wertverhältnissen vom 1.1.1964 zuletzt festgestellte Einheitswert beträgt 200.000 €.

2.) Der Gesellschafter Heinz Holzer führt die Geschäfte der OHG. Er erhält ein monatliches Gehalt von 6.000 €. Dieses wurde bei Zahlung (stets am Monatsletzten) als Aufwand erfasst. Lohnsteuer und Sozialversicherungsbeiträge wurden nicht abgeführt.

3.) Die OHG hält an der Bergbahn Mittenwald GmbH seit vier Jahren eine 20%ige Beteiligung. Diese wurde über ein Darlehen finanziert, das die OHG zu fremdüblichen Konditionen von der Ehefrau des Heinz Holzer aufgenommen hat. Die in 2011 angefallenen Schuldzinsen in Höhe von 8.000 € wurden als Aufwand erfasst.

4.) In 2011 zahlte die OHG 100.400 € an Kontokorrentzinsen. Der Betrag wurde als Zinsaufwand erfasst.

5.) In 2009 erneuerte die OHG ihre Kücheneinrichtung. Diese wird seitdem für 4.000 € (netto) monatlich geleast. Die Kücheneinrichtung ist unstrittig dem Leasinggeber zuzurechnen.

6.) Die Bergbahn Mittenwald GmbH (siehe 3.) schüttete in 2011 eine Dividende von 10.000 € an die OHG aus. Die Dividende wurde zutreffend erfasst.

7.) Die OHG arbeitet eng mit vier Busunternehmen zusammen. Anlässlich Weihnachten wurde den jeweiligen Geschäftsführern jeweils eine Flasche Wein für 30 € (netto) überreicht. Es wurden 120 € auf dem Konto „Sonstige betriebliche Aufwendungen" erfasst. Die Vorsteuer wurde geltend gemacht.

Bearbeitungshinweis:

Ermitteln Sie den Gewerbesteuermessbetrag für das Jahr 2011.

Aufgabe 6 (10 Minuten)

A und B sind beide Geschäftsführer der AB GmbH. A ist für den kaufmännischen, B für den technischen Bereich zuständig. A und B treffen sich Anfang 2011 zu einem Krisengespräch, da die GmbH überschuldet ist. Neben 100.000 € Lieferantenschulden bestehen 20.000 € Steuerschulden gegenüber dem Finanzamt. Die Gesellschafter beschließen, die noch vorhandenen Barmittel von 30.000 € in voller Höhe den Lieferanten zu geben. Unmittelbar danach melden sie Insolvenz an.

Welche der folgenden Aussagen zur Haftung ist zutreffend:

1.) A und B haften nicht, da nicht mehr Vermögen vorhanden war.

2.) Nur A kann für die Steuerschulden in Höhe von 20.000 € in Haftung genommen werden, da er kaufmännischer Geschäftsführer war.

3.) Gegen A und B ist ein Haftungsbescheid über jeweils 10.000 € zu erlassen.

4.) Gegen A und B ist ein Haftungsbescheid über jeweils 20.000 € zu erlassen.

5.) Gegen A und B ist ein Haftungsbescheid über jeweils 5.000 € zu erlassen, da sie Gesamtschuldner sind.

6.) Gegen A und B ist ein Haftungsbescheid über jeweils 2.500 € zu erlassen.

Bearbeitungshinweis:

Auf eine Nennung von Fundstellen kann verzichtet werden.

Aufgabe 7 (15 Minuten)

Der aus München stammende Xaver Meier ist nach Österreich verzogen und gilt als dort ansässig im Sinne des DBA. Den Inlandswohnsitz hat Xaver Meier aufgegeben und sich beim Einwohnermeldeamt abgemeldet. Herr Meier hat im Jahr 2011 Einkünfte aus folgenden Tätigkeiten erzielt als:

1.) Aufsichtsratsvorsitzender bei der Versicherungs AG München

2.) angestellter Talk-Show-Moderator einer wirtschaftswissenschaftlichen Sendung (Leistungsort: Berlin)

3.) Lizenzgeber eines Patents an eine russische Firma. Das Patent befindet sich im inländischen Betriebsvermögen seines Einzelunternehmens.

4.) typisch stiller Gesellschafter der Rückversicherungs GmbH in Aschheim

5.) Zudem erzielt er noch Zinsen aus einem Hypothekendarlehen i. H. v. 10.000 €.

Bearbeitungshinweis:

Welche der genannten Einkünfte sind im Inland steuerpflichtig?

Lösungshinweise

Aufgabe 1

a) Die Arbeiten der Firma Stegen sind eine Werkleistung an einem beweglichen Gegenstand (§ 3 Abs. 9 UStG), die grundsätzlich nach § 3a Abs. 3 Nr. 3c UStG in Groningen erbracht wird. Da der Leistungsempfänger jedoch ein Unternehmer ist, befindet sich der Leistungsort nach § 3a Abs. 2 UStG im Inland. Die OHG schuldet nach § 13b Abs. 1 UStG die Umsatzsteuer.

Das Entgelt beläuft sich nach § 10 Abs. 1 UStG auf 6.000 €, die Steuer beträgt nach § 12 Abs. 1 UStG 1.140 €. Der Betrag von 1.140 € ist nach § 15 Abs. 1 Nr. 4 UStG als Vorsteuer abzugsfähig. Der fehlende Hinweis auf die Umkehr der Steuerschuldnerschaft ändert nichts an der Lösung (A 13b.14 Abs. 1 Satz 4 UStAE).

b) Die OHG tätigt mit dem Warenverkauf eine Lieferung i. S. d. § 3 Abs. 1 UStG, die nach § 3 Abs. 6 UStG in Lüneburg ausgeführt ist. Die OHG liefert auf eigenen Namen und auf fremde Rechnung und ist somit Kommissionärin. Dies hat zur Folge, dass die Lieferung als Eigenhändlerin bewirkt wird (§ 3 Abs. 3 UStG).

Aufgrund der Ausfuhr in ein Drittland sind die Entgelte aus diesem Geschäft nach § 4 Nr. 1a UStG i.V. m. § 6 Abs. 1 Nr. 3 UStG steuerfrei. Das Entgelt beträgt gemäß § 10 Abs. 1 UStG 100.000 €.

Gleichzeitig zur Ausfuhrlieferung findet eine Lieferung der Firma Hansen an die OHG statt, die steuerbar und steuerpflichtig ist. Aus der Gutschrift i. S. d. § 14 Abs. 2 Satz 2 UStG hat die OHG einen Vorsteuerabzug nach § 15 Abs. 1 Nr. 1 UStG von 15.200 € im Juni 2011.

Die Rechnung des Spediteurs berechtigt nicht zum Vorsteuerabzug, da die Transportleistung nach § 4 Nr. 3 Buchst. a UStG steuerfrei ist.

Aus der Rückgabe der restlichen Waren ergeben sich keine umsatzsteuerlichen Konsequenzen (A 3.1 Abs. 3 Satz 7 UStAE).

Aufgabe 2

Anteile an der X-GmbH – Veräußerung

Die Veräußerung der Anteile führt zu Einkünften nach § 17 EStG, da KK innerhalb der letzten fünf Jahre zu mindestens 1 % beteiligt war (§ 17 Abs. 1 Satz 1 EStG). Der Veräußerungsgewinn im Sinne des § 17 Abs. 2 Satz 1 EStG beläuft sich auf 30.000 € (80.000 € - 50.000 €). Dieser ist nach §§ 3 Nr. 40 Satz 1 Buchst. c Satz 1, 3c Abs. 2 Satz 1 EStG in Höhe von 18.000 € (60 % von 30.000 €) steuerpflichtig.

Nach § 17 Abs. 3 Satz 1 EStG ist grundsätzlich ein Freibetrag in Höhe von 9.060 € zu gewähren. Dieser entfällt auf 100 % der Anteile, so dass sich folgende Berechnung ergibt:

Freibetrag (5 % von 9.060 €)		453 €
Kappung (§ 17 Abs. 3 Satz 2 EStG)	18.000 €	
36.100 € × 5 %	1.805 €	
	16.195 €	- 453 €
Freibetrag		0 €

Da KK kein Freibetrag zu gewähren ist, betragen die nach § 17 EStG zu versteuernden Einkünfte 18.000 €.

Anteile an der X-GmbH – Dividende

Die offene Gewinnausschüttung stellt Einkünfte im Sinne des § 20 Abs. 1 Nr. 1 Satz 1 EStG dar. Einkünfte sind der Überschuss der Einnahmen über den Sparerpauschbetrag (§ 2 Abs. 2 Satz 2 i.V.m. Abs. 2 Satz 1 Nr. 2 EStG). Die Gewinnausschüttung ist im Jahr des Zuflusses anzusetzen (§ 11 Abs. 1 Satz 1 EStG), da KK keine beherrschende Gesellschafterin ist (H 20.2 „Zuflusszeitpunkt – Grundsatz" EStH).

2.400 € = 73,625 %	2.400,00 €
zzgl. Kapitalertragsteuer (§ 12 Nr. 3 EStG); $^{25}/_{73,625}$ von 2.400 € (§ 43 Abs. 1 Satz 1 Nr. 1 i.V.m. § 43a Abs. 1 Satz 1 Nr. 1 EStG)	814,94 €
zzgl. Solidaritätszuschlag (§ 12 Nr. 3 EStG); 5,5 % von 814,94 € (§ 3 Abs. 1 Nr. 5 i.V.m. § 4 Satz 1 SolZG)	44,82 €
Einnahmen nach § 20 Abs. 1 Nr. 1 Satz 1 EStG	3.259,76 €
abzgl. Sparerpauschbetrag statt tatsächlicher Werbungskosten (§ 20 Abs. 9 Satz 1 EStG)	801,00 €
Einkünfte	2.458,76 €

Die Einkünfte unterliegen dem besonderen Steuersatz von 25 % (§ 32d Abs. 1 Satz 1 EStG) und zählen grundsätzlich nicht zum Gesamtbetrag der Einkünfte (§ 2 Abs. 5b EStG).

Darlehen Tobias Kohl

Die Zinseinnahmen in Höhe von 6.000 € stellen Einnahmen im Sinne des § 20 Abs. 1 Nr. 7 Satz 1 EStG dar. Diese unterliegen nicht der Abgeltungsteuer, sondern der tariflichen Einkommensteuer, da das Darlehen einer nahe stehenden Person gewährt wurde, die wiederum ihrerseits die Zinsaufwendungen als Betriebsausgaben ansetzt (§ 32d Abs. 2 Satz 1 Nr. 1 Buchst. a EStG).

Hinsichtlich des Darlehens an den Bruder kann kein Sparerpauschbetrag im Sinne des § 20 Abs. 9 Satz 1 EStG gewährt werden (§ 32d Abs. 2 Satz 1 Nr. 1 Satz 2 EStG).

Aufgabe 3

zu 1.

Die Überlassung des Mobiltelefons stellt Einnahmen nach § 8 Abs. 1 EStG dar, die nach § 3 Nr. 45 EStG steuerfrei sind.

Der pauschale Auslagenersatz stellt ebenfalls Einnahmen im Sinne des § 8 Abs. 1 EStG dar. Diese sind nach § 3 Nr. 50 EStG grundsätzlich steuerfrei. Pauschaler Auslagenersatz führt nach R 3.50 Abs. 2 Satz 1 LStR stets zu Arbeitslohn. Da die Zahlung des Arbeitgebers 10 % des Grundlohns nicht übersteigt, kann diese steuerfrei geleistet werden (R 9.13 Abs. 2 Satz 1 LStR).

zu 2.

Berufliche Fortbildungsleistungen des Arbeitgebers führen nicht zu Arbeitslohn, wenn diese Bildungsmaßnahmen im ganz überwiegenden betrieblichen Interesse des Arbeitgebers durchgeführt werden (R 19.7 Abs. 1 Satz 1 LStR). Dies ist hier offenbar der Fall.

Die Seminarteilnahme führt bei CG zu einer beruflich veranlassten Auswärtstätigkeit (R 9.4 Abs. 2 Satz 1 LStR). Gemäß § 3 Nr. 16 EStG sind die folgenden vom Arbeitgeber erstatteten Reisekosten steuerfrei bzw. steuerpflichtig:

Die Übernachtungskosten sind in der tatsächlichen Höhe steuerfrei (R 9.7 Abs. 1 Satz 1 LStR). Die Kosten für das Frühstück sind aus dem Übernachtungspreis herauszurechnen (R 9.7 Abs. 1 Satz 4 LStR).

Hotelkosten		450,00 €
abzüglich Pauschale für Frühstück (20 % von 24 € × 3 Tage)		- 14,40 €
steuerfreie Erstattung für Übernachtungskosten		435,60 €
Erstattung des Arbeitgebers		- 450,00 €
steuerpflichtiger Anteil		14,40 €

Die Kosten für die Tiefgarage sind als Reisenebenkosten in voller Höhe von 60 € steuerfrei erstattungsfähig (R 9.8 Abs. 1 Nr. 3 LStR).

Der Verpflegungsmehraufwand kann bis zu den Pauschalen des § 4 Abs. 5 Satz 1 Nr. 5 EStG steuerfrei erstattet werden (R 9.6 Abs. 1 Satz 1 LStR).

Montag (9 Stunden)	6 €
Dienstag (24 Stunden)	+ 24 €
Mittwoch (24 Stunden)	+ 24 €
Donnerstag (19 Stunden)	+ 12 €
steuerfreie Erstattung	66 €
Erstattung des Arbeitgebers	- 100 €
steuerpflichtiger Anteil	34 €

zu 3.

Der steuerpflichtige Anteil der Verpflegungsmehraufwendungen kann nach § 40 Abs. 2 Satz 1 Nr. 4 EStG in Höhe von 100 % der steuerfrei erstattungsfähigen Beträge mit 25 % pauschal besteuert werden. Im vorliegenden Fall könnten somit bis zu 66 € pauschal besteuert werden. Folglich kann der steuerpflichtige Anteil in Höhe von 34 € pauschal besteuert werden.

Aufgabe 4

	vGA	vE	weder noch
Erwerb eines Grundstücks durch die Gesellschaft vom Gesellschafter zu einem überhöhten Preis	X		
Hingabe eines Darlehens an den Gesellschafter unter Verzicht von Zinsen (lt. Vertrag)	X		
Hingabe eines Darlehens vom Gesellschafter an die Gesellschaft unter Verzicht von Zinsen (lt. Vertrag)			X
Verzicht des Gesellschafters auf eine bei der Gesellschaft passivierte Mietforderung		X	
Die Gesellschafterversammlung beschließt eine rückwirkende Anhebung der Bezüge des Geschäftsführers.	X		

Aufgabe 5

Der vorläufige Gewinn laut Handelsbilanz beträgt:	40.000 €

zu 2.

Das Gehalt des Mitunternehmers Heinz Holzer zählt nach § 15 Abs. 1 Satz 1 Nr. 2 EStG zum steuerlichen Gewinn und ist daher wieder hinzuzurechnen:

12 × 6.000 €	+ 72.000 €

zu 6.

Beide Mitunternehmer der OHG sind natürliche Personen. Somit sind 40 % der Ausschüttung steuerfrei (§ 3 Nr. 40 Satz 1 Buchst. d Satz 2 EStG) Diese werden dem Gewinn abgerechnet:

40 % von 10.000 €	- 4.000 €
Die mit der Beteiligung in Zusammenhang stehenden Schuldzinsen (3.) sind nach § 3c Abs. 2 Satz 1 EStG nur zu 60 % abzugsfähig.	
40 % von 8.000 €	+ 3.200 €

zu 7.

Die Geschenke sind nicht auf einem gesonderten Konto erfasst worden und daher nach § 4 Abs. 7 EStG nicht abzugsfähig. Der Vorsteuerabzug bleibt jedoch erhalten (vgl. § 15 Abs. 1a Satz 1 UStG).	+ 120 €
Gewinn im Sinne des § 7 GewStG	111.320 €

zu 3. bis 5. (Finanzierungsentgelte)

Schuldzinsen für die Beteiligung an der GmbH (§ 9 Nr. 2a Satz 3 GewStG)	0 €	
Kontokorrentzinsen (§ 8 Nr. 1a GewStG)	100.400 €	
Leasingraten (§ 8 Nr. 1d GewStG): 12 × 4.000 € × 20 %	9.600 €	
Summe	110.000 €	
Freibetrag (§ 8 Nr. 1 GewStG)	- 100.000 €	
verbleiben	10.000 €	
× 25 %		+ 2.500 €

zu 1.

Für das zum Betriebsvermögen gehörende Grundstück ist nach § 9 Nr. 1 GewStG i.V. m. § 121a BewG eine Kürzung vorzunehmen:	
1,2 % von 140 % des Einheitswerts von 200.000 €	- 3.360 €

zu 6.

Im Gewinn ist die Dividende der GmbH enthalten. Diese ist nach § 9 Nr. 2a GewStG (Schachtelprivileg) begünstigt.

Bruttobeteiligungsbetrag	10.000 €	
Kürzungsbetrag (siehe oben)	- 4.000 €	
noch im Gewinn enthalten	6.000 €	- 6.000 €
Schuldzinsen für die Beteiligung	8.000 €	
Hinzurechnungsbetrag (siehe oben)	- 3.200 €	
noch im Gewinn enthalten	4.800 €	+ 4.800 €

maßgebender Gewerbeertrag (§ 10 Abs. 1 GewStG)	109.260 €
Abrundung (§ 11 Abs. 1 Satz 3 GewStG)	109.200 €
Freibetrag nach § 11 Abs. 1 Satz 3 Nr. 1 GewStG	- 24.500 €
Gewerbeertrag	84.700 €

Steuermesszahl (§ 11 Abs. 2 GewStG)	3,5 %
Gewerbesteuermessbetrag (§ 11 Abs. 1 Satz 2 GewStG)	2.964,50 €

Aufgabe 6

Antwort 5 ist zutreffend. Die entsprechende Berechnung lautet:

(20.000 € : 120.000 €) × 30.000 € = 5.000 €

Aufgabe 7

1.) Die Einnahmen aus der Aufsichtsratstätigkeit sind Einkünfte aus selbständiger Arbeit gemäß § 18 Abs. 1 Nr. 3 i.V.m. § 49 Abs. 1 Nr. 3 EStG, da die Tätigkeit im Inland ausgeübt wird.

2.) Mit der Moderation wirtschaftswissenschaftlicher Sendungen über Xaver Meier eine nichtselbständige Tätigkeit i. S. d. § 49 Abs. 1 Nr. 4 EStG aus. Die Tätigkeit wird im Inland ausgeübt.

3.) Bei Vorliegen der Voraussetzungen einer Betriebsstätte liegen gewerbliche Einkünfte i. S. d. § 49 Abs. 1 Nr. 2a EStG vor.

4.) Bei den Gewinnanteilen als stiller Gesellschafter (§ 230 HGB) liegen inländische Einkünfte gemäß § 20 Abs. 1 Nr. 4 i.V.m. § 49 Abs. 1 Nr. 5a EStG vor. Die Einkünfte unterliegen der Kapitalertragsteuer nach § 43 Abs. 1 Nr. 3 i.V.m. § 43a Abs. 1 Nr. 1 EStG i. H.v. 25 %. Aufgrund der Abgeltungswirkung werden die Einkünfte im Rahmen der inländischen Veranlagung gemäß § 50 Abs. 2 EStG nicht erfasst.

5.) Bei den hypothekarisch gesicherten Zinsen handelt es sich um inländische Einkünfte gemäß § 20 Abs. 1 Nr. 5 i.V.m. § 49 Abs. 1 Nr. 5c, aa EStG. Kapitalertragsteuer wird nicht einbehalten.

STICHWORTVERZEICHNIS

Die angegebenen Zahlen verweisen auf die Textziffern (Tz.).

A

Abfärbeeffekt 254
Abflussprinzip 157
Abgeltungsteuer 259
Abhilfebescheid 458, 467
Abholung 16
Ablaufhemmung 404
Abschlagszahlung 81
Abspaltung 634
Abstimmung 133
Abzugsmethode 553
Adressat 387
Advance Pricing Agreements 410
Aktiver Rechnungsabgrenzungsposten 175
Aktivitätsklausel 516, 560
Alleinerziehende 591
Amtsermittlungsgrundsatz 357
Amtshilfe 355
Amtssprache 355
Änderung 414
Anfechtungsklage 349
Angehörige 331
Anlage EÜR 150
Anlagevermögen 154, 164, 165, 166
Anrechnung 533
Anrechnungsmethode 551, 554, 555
Anrechnungsverfahren 315, 318
Anteilsveräußerung 305
Anteilsverkauf 244
Anteilswechsel 309
Antrag auf schlichte Änderung 415
Anzahlung 99, 181
Anzeigepflicht 374
Arbeitgeber 589
Arbeitgeberdarlehen 610
Arbeitgeberhaftung 445
Arbeitnehmer 587, 590
Arbeitslohn 158, 530, 602, 604
Arbeitslosengeld 605
Arbeitsmittel 604
Arbeitnehmer-Pauschbetrag 602
Arbeitsstätte 612
Arbeitsvertrag 232
Arbeitszimmer 201, 202
Aufbewahrung 130
Aufbewahrungspflicht 86, 93
Aufhebung 414
Auflassung 629
Aufmerksamkeit 27, 604

Aufsichtsrat 45, 255, 279
Aufspaltung 634
Aufteilungsverbot 209
Aufzeichnung 118
Ausbildungsdienstverhältnis 213
Ausbildungskosten 213
Ausfuhr 62, 68, 72, 109
Ausgliederung 634
Auskunftspflicht 358
Ausland 4
ausländische Betriebsstätte 515
ausländische Steuer 512
ausländische Tochtergesellschaft 516
Ausschlussumsatz 73
Außenprüfung 392, 394, 421, 470
Außensteuergesetz 565
außergewöhnliche Belastung 147
außerordentliche Einkünfte 261
Aussetzung 462
Aussetzung der Vollziehung 415, 436, 459
Authorized OECD Approach 574
Autotelefon 611

B

B2B 33
B2C 34
Barwert 243
Bauabzugsteuer 337
Bauleistung 83
Bedarfsbewertung 412
Beförderung 16, 63, 72, 79
Beförderungsmittel 37, 44
befreite Körperschaft 269
Befreiungsmethode 549
Beginn der Steuerpflicht 267
Beherbergungsleistung 79
Beirat 279
Bekanntgabe 385, 466
Bemessungsgrundlage 75, 100, 270
Beratungspflicht 358
Berichtigungszeitraum 113
Berufsausbildung 213
Berufskleidung 605
Berufssportler 335
Beschwer 457
Besitzwechsel 183
Bestandskraft 405
Besteuerungsverfahren 353
Bestimmungslandprinzip 33
Beteiligung am allgemeinen wirtschaftlichen Verkehr 214

Betriebsaufgabe 239
Betriebsaufnahme 372
Betriebsaufspaltung 220
Betriebsausgabe 142, 150, 156, 395, 531, 544
Betriebseinnahme 142, 150, 152
Betriebskindergarten 605
Betriebsprüfung 187
Betriebsstätte 331, 487, 529, 535, 560
Betriebsstättenfinanzamt 334, 339, 623
Betriebsübernehmer 442
Betriebsveranstaltung 604, 619
Betriebsveräußerung 235
Betriebsveräußerungsfreibetrag 241
Betriebsvermögen 513
Betriebsvermögensvergleich 149
Beweismittel 360, 363, 416, 418
Bewertung 151, 163
Bewirtung 107, 201
Bezugsrecht 246
Bilanz 149
Bildschirmarbeitsplatzbrille 604
Bruttolistenpreis 611, 613
Buchwertprivileg 289
Bundesfinanzhof 347, 469
Bußgeld 130, 328

C

Carried Interests 251
Clearingstelle 622

D

Damnum 160, 171, 505
Darlehen 167, 610
Darlehensverlust 246
Datenbankanalyse 572
Datenüberlassung 478
Datenzugriff 478
dauernde Last 505
dealing-at-arm's-length-principle 566
Definition-Steuern 328
Dienstleistungskommission 47
Dienstverhältnis 588, 603
Disagio 160
Diskriminierungsverbot 139
Dividende 257, 304, 512
Dokumentationspflicht 396
Doppelansässigkeit 554
Doppelbesteuerungsabkommen 265, 517, 539, 547, 554, 561
doppelte Haushaltsführung 613
Dreiecksgeschäft 105, 127
Drei-Objekt-Grenze 218
Dreitagesfrist 366
Drittaufwand 143

Drittland 4, 68
Dulden 31
durchlaufende Posten 76, 153

E

EBITDA 281, 283
Ehegatte 593
eigener Anteil 249
Eigentumsvorbehalt 15
Einfuhr 53
Einfuhrlieferung 16
Einfuhrumsatzsteuer 53, 121
einheitliche Feststellung 412
Einheitstheorie 228
Einheitswert 412, 513, 626, 627
Einkaufskommission 23
Einkommensteuer 211, 335
Einkünfte aus Gewerbebetrieb 214
Einkunftsart 141
Einlage 149, 319
einlagefähiger Vermögensvorteil 299
Einnahme 143
Einnahmen-Überschussrechnung 150
Einspruch 364, 389, 407, 415, 449
Einspruchsentscheidung 458, 467
Einspruchsfrist 451
EK 02 318
elektronische Rechnung 85, 94
elektronische Übermittlung 378
ELStAM 546, 597
E-Mail 452
Empfängerortprinzip 38, 41, 42
Enkelgesellschaft 516
Entfernungskilometer 612
Entgelt 76
Entlassungsentschädigung 605
Entlastungsbeitrag für Alleinerziehende 599
Entnahme 25, 149, 155, 211
Erbbaurecht 31
Erbbauzins 505
Erbschaftsteuer 277
Ergänzungsschätzung 397
Ergebnisabführungsvertrag 537
erhaltene Anzahlung 174
Erhebungszeitraum 518, 525
Erholungsbeihilfe 619
Erlass 434, 554
Erleichterung 375
ermäßigter Steuersatz 79, 262
Ermessen 330, 355, 392, 431, 460
Ermittlungsschema 274
Eröffnungsbilanz 163
Erörterung 464
Ersatz-Bemessungsgrundlage 75
Ersatz-Bescheinigung 600

Ersatz-Zuständigkeit 341
Erstreckungsprüfung 474
Erststudium 213
Erwerbsschwelle 59
Essensgutschein 609
Essensmarke 609
EStG 243

F

Fahrausweis 89
Fahrtenbuch 614
Fahrzeuglieferer 12
Fahrzeuglieferung 71
Faktorverfahren 594
Fälligkeit 426
Feiertagsarbeit 605
Festsetzungsfrist 401, 448
Festsetzungsverjährung 400, 448
Feststellungsbescheid 334, 411
Feststellungsbeteiligte 376
Feststellungsklage 349
FGO 347
Finanzgericht 347, 468
Finanzierungsentgelt 505
Finanzierungskosten 304
Finanzrechtsweg 348
Fiskalvertreter 125
Folgebescheid 411, 498
Forderungen 172
Forderungsverzicht 302
Formelle Einschränkung 202
Formwechsel 636
Fortbildung 604
freiberufliche Tätigkeit 251
Freibetrag 270, 506, 524
Freigrenze 283, 581, 606, 607
Freihafen 4
Freiheitsstrafe 132, 479
Freistellungsbescheinigung 622
Freistellungsmethode 549, 554
Fremdsprache 355
Fremdvergleichsgrundsatz 568
Frist 364
Fristbeginn 403
Fristende 367
Fristverlängerung 371
Fünftelmethode 262
Funktionsverlagerung 573
Fürsorgepflicht 358

G

Gebäudereinigung 83
Gebühr 359, 408
Gebührenpflicht 359
Gegenstandswert 359

Geldbuße 130, 201, 480
Geldstrafe 212, 278, 328
Geldverkehrsrechnung 397
geldwerter Vorteil 605, 616
Gemeinde 498, 526, 626
Gemeindefinanzreform 482
Gemeindesteuer 481
Gemeinschaftsgebiet 4
gemischte Aufwendung 207
Gerichtsbescheid 352
Geringfügigkeitsgrenze 516
Gesamtrechtsnachfolger 376, 381
Gesamtschuldner 438
Geschäftsführer 440
Geschäftsleitung 331, 336
Geschäftsveräußerung im Ganzen 237
Geschenk 38, 201
Gesellschafterwechsel 522
Gesetzmäßigkeit 354
gesonderte Feststellung 320, 334, 411, 412
Gesundheitsförderung 605
Gewerbeertrag 483, 519
Gewerbekapital 483
Gewerbesteuer 203, 327, 339, 390, 504, 513
Gewerbeverlust 412, 519, 522
Gewinn 142, 148, 196, 502
Gewinnanteil 230
Gewinneinkünfte 141
Gewinnerzielung 492
Gewinnerzielungsabsicht 8, 214
Gewinnfeststellung 232
gewöhnlicher Aufenthalt 137, 331, 542
GewSt-Messbescheid 498
GewSt-Messbetrag 412
GewSt-Messzahl 523, 532
GewSt-Pflicht 494
GewSt-Vorauszahlung 527
Gleichmäßigkeit 354
GmbH & Co. KG 536
Grenzgänger 335
Großbetrieb 473
Grundbesitzwert 412
Grunderwerbsteuer 74, 83, 629
Grundfreibetrag 544
Grundlagenbescheid 320, 411, 424, 498, 503
Grundsteuer 327, 339, 390, 504, 513, 626
Grundstück 35
Grundstückshandel 217
Grundtarif 544
Gruppenbesteuerung 538
Gütergemeinschaft 224
Gutschein 608
Gutschrift 90

H

Haftung 225, 406, 438, 624
Haftungsbescheid 447
Hauptleistung 51, 77
Hauptzollamt 340
Hebeberechtigung 499
Hebesatz 498, 526
Hilfsgeschäft 11
Hilfskraft 253
Hinterziehungszins 201
Hinzurechnung 504
höhere Gewalt 404, 437
Holdingprivileg 560

I

Import 53, 121
Inland 4
Innengesellschaft 7
innergemeinschaftliche Lieferung 69, 116
innergemeinschaftlicher Erwerb 54
Insolvenz 436, 440, 444, 496
Investitionskredit 194
Istbesteuerung 82

J

Jahreserklärung 103

K

Kalenderjahr 190
Kapitalertragsteuer 211, 277, 295, 406, 443
Kapitalertragsteuerabzug 545
Kapitalgesellschaft 474, 495, 496, 502, 516, 521, 534, 536, 633, 636
Kapitalherabsetzung 560
Kapitalrücklage 300
Kapitalvermögen 257
Karussellgeschäft 119, 132
Katalogberuf 252
Katalogleistung 43
Kfz-Nutzung 607
KGaA 507, 514
Kinderfreibetrag 599
Kinderzähler 601
Klage 468
Kleinbetragsrechnung 88
Kleinunternehmer 12, 59, 83, 114
Kommanditist 225
Kommission 23, 47
Kontrollmitteilung 475
Konzernklausel 312
Körperschaftsteuer 203, 277, 336
Korrektur nach § 15a UStG 112
Kost 607
Kosten 329

Kostenaufschlagsmethode 569
Kreditgewährung 52
KSt-Bescheid 322
KSt-Forderung 317
KSt-Guthaben 315
KSt-Tarif 314
KSt-Vorauszahlung 324
Kunstgegenstand 433
Künstler 335
Kürzung 513

L

Lagefinanzamt 334
laufende Besteuerung 243
Leasing 505
Lebensführung 205
Leistung 13
Lieferung 14
Lizenz 505
Logis 607
Lohnkonto 622
Lohnsteuer 406, 443, 445
Lohnsumme 483
Lohnveredelung 62
Lotterie 251
LSt-Abzug 545
LSt-Anmeldung 623
LSt-Außenprüfung 470, 625
LSt-Bescheinigung 622
LSt-Ermäßigungsverfahren 601
LSt-Haftung 446
LSt-Karte 598, 621, 622
LSt-Klasse 590

M

Mahlzeit 619
Maßstabszinssatz 610
Mehraufwendung für Verpflegung 201
Mietzins 505
Mindest-Bemessungsgrundlage 75
Mindest-Hebesatz 485
Minijob 621
Mitgliedsbeitrag 204, 285, 516
Mitunternehmeranteil 235
Mitunternehmerschaft 307
Mitwirkungspflicht 360, 477
Mobilfunkgerät 83
Monatsfrist 368
Moratorium 316

N

Nachhaltigkeit 8, 214, 491
Nachtarbeit 605
nahe stehende Person 293
Nebengeschäft 11

Nebenleistung   51, 77, 211, 327, 329, 443
Nennkapital   319
nicht abziehbare Betriebsausgabe   200, 275
Nichtzulassungsbeschwerde   352
Nießbrauch   31
Nutzungsüberlassung   160

O

OECD-MA   547, 561
offenbare Unrichtigkeit   404, 413
Option   61, 74, 116
Ordnungswidrigkeit   480
Organgesellschaft   124, 535
Organschaft   122, 535
Organträger   124, 535
Ort   16
Ort der Lieferung   16
Ort der sonstigen Leistung   33
Ort der unentgeltlichen Leistung   50
Ort der unentgeltlichen Lieferung   29
Ort des innergemeinschaftlichen Erwerbs   56
örtliche Zuständigkeit   333

P

Pachtzins   505
Partei   204
Parteispende   286
Passiver Rechnungsabgrenzungsposten   176
Pauschalierung   554, 615, 618
Pension   605
per-country-limitation   554, 558
Personalcomputer   619
personelle Verflechtung   224
Personengesellschaft   226, 472, 474, 496, 502, 509, 514, 520
Personenhandelsgesellschaft   633, 636
Personenstandsaufnahme   372
Personensteuer   211
Pfändung   364
Pflichtverletzung   441
Prämie   605
Preisvergleichsmethode   569
private Lebensführung   207
Progressionsvorbehalt   550, 555
Prüfungsanordnung   474, 476, 480
Prüfungsbericht   476

Q

Quellenstaat   554
Quellensteuer   552

R

Rabattfreibetrag   607
Realsteuer   327, 339, 390, 626
Rechnung   84, 106, 116

Rechte   505
rechtliches Gehör   362
Rechtsbehelfsentscheidung   349
Rechtsbehelfsfrist   405
Rechtssubjekt   264
Regelsteuersatz   78
Reihengeschäft   18
Reisegewerbe   488
Reisegewerbekarte   488
Rente   505
Restaurationsleistung   40
Revision   347, 352, 469
Richtigstellung   381
Rücklage für Ersatzbeschaffung   169
Rücklage nach § 6b EStG   170
Rückstellung   177
rückwirkendes Ereignis   425
Ruhen des Verfahrens   463
Rumpfwirtschaftsjahr   189, 270, 518

S

Sachbezug   605, 606
sachliche Verflechtung   223
sachliche Zuständigkeit   332
Sachlohn   27
Sachspende   289
Sachzuwendung   27, 604
Sammelbeförderung   605
Sanierungsklausel   311
Satzungszweck   276
Säumniszuschlag   211, 329, 428
Schachtelbeteiligung   514, 517
Schachteldividende   508
Schattenveranlagung   576
Schätzung   395
Scheinbestandteil   35
Schlussbesprechung   476
Schmiergeld   201
Schonfrist   428
Schriftform   379, 385, 452
Schuldwechsel   184
Schuldzins   192
Schuldzinsenabzug   192
Schwellenerwerber   59
Selbstanzeige   480
Selbstkosten   75
selbstständige Arbeit   251
Selbstständigkeit   9, 214, 490
Sicherheitsleistung   429, 436
Sitz   66, 331
Sitzortprinzip   34, 38
Skonti   505
Sofortbesteuerung   243
Solidaritätszuschlag   211
Sollbesteuerung   80

VERZEICHNIS Stichwort

Sonderausgabe 147, 510
Sonderbetriebsausgabe 231
Sonderbetriebseinnahme 231
Sonderbilanz 231
Sondervorauszahlung 103
Sonntagsarbeit 605
sonstige Leistung 30
sonstige Verbindlichkeit 180
Spaltung 634
Spende 204, 284, 510, 516
Spendenbeleg 287
Sprungklage 350
Staffeltarif 532
ständiger Vertreter 331
stehender Gewerbebetrieb 486
Steueranmeldung 393, 406
Steueranrechnung 554
Steuerausweis 95
Steuerbefreiung 61
Steuerbescheid 407, 419
Steuerbesitzdividende 508
Steuererhebungsverfahren 426
Steuerermäßigung 554
Steuerfahndung 470
Steuergeheimnis 356
Steuerhinterziehung 421, 479
steuerliches Einlagekonto 319, 412
Steuermessbescheid 390
Steuermessbetrag 498
Steuermesszahl 523, 532, 627
Steuerpflicht 135
Steuerpflicht, beschränkt 140, 266, 543
Steuerpflicht, erweitert beschränkt 575
Steuerpflicht, erweitert unbeschränkt 138
Steuerpflicht, partielle 269
Steuerpflicht, unbeschränkt 135, 139, 263
Steuersatz 78, 87, 88
Steuerschuldner 83
Steuerverkürzung 421
Stiftung 276, 516
stille Gesellschaft 505
Strukturwandel 239
Stundung 429, 584
Stundungsfrist 371
Stundungszins 432
Subsidiarität 144, 233, 258, 296, 548

T

Tantieme 605
Tarifbelastung 579
Tarifermäßigung 262
Tätigkeitsfinanzamt 334
Tätigkeitsort 39
Tätigkeitsvergütung 233
Tax Information Exchange Agreement 557

Teilbetrieb 235
Teileinkünfteverfahren 260, 583
Teilfertige Arbeit 173
Teilschätzung 397
Teilwert 289
Teilwertabschreibung 511, 560
Telefon 605
Termin 364
Territorialität 540
Testamentsvollstreckung 255
Tochtergesellschaft 516
Totalgewinn 162, 214, 492
treaty overriding 561
Trennungstheorie 227
Trinkgeld 605

U

Überentnahme 192, 195
Übergabe 16
Übernehmerhaftung 442
Überschusseinkünfte 141
Übersetzung 355
Umlage 621
Umlaufvermögen 113
Umsatzsteuer 338, 406, 443
Umwandlungsgesetz 632
Umwandlungssteuergesetz 637
uneinbringliche Forderung 102
unentgeltliche Zuwendung 25
Unfallkosten 616
Universität 540
Untätigkeitsklage 351
Unterentnahme 196
Unternehmen 6
Unternehmensidentität 520
Unternehmer 6
Unternehmeridentität 520, 522
Unterschrift 453
Urheberrecht 79
Urlaubsgeld 605
Urteil 352
USt-Fähigkeit 7
USt-IdNr. 55
USt-Nachschau 470
USt-Voranmeldung 134
USt-Zahllast 178

V

Veräußerungsgewinn 240, 261
Veräußerungskosten 240
Veräußerungsverlust 306
verbindliche Auskunft 359
Verbindlichkeit aus Warenlieferung 179
Verbringen 58
verdeckte Einlage 297, 566

Stichwortverzeichnis

verdeckte Gewinnausschüttung 291, 566
Verfügungsberechtigte 376
Verfügungsmacht 14
Vergütung 231
Verjährung 400, 435
Verkaufskommission 23
Verkehrsteuer 629
Verlust 412
Verlust bei beschränkter Haftung 225
Verlustabzug 191, 308, 412, 522, 555
Verlustausgleich 538, 555, 579
Verlustrücktrag 191, 519
Verlustvortrag 191, 583
Vermittlungsleistung 42
Vermögensübertragung 635
Vermögensverwalter 376
Vermögensverwaltung 216, 255
Verpflegungsmehraufwendung 619
Verpflichtungsklage 349
Verprobung 133
Verrechnungspreis 570
Verrechnungspreisprüfung 396
Verschlüsselung 356
Verschmelzung 633
Versendung 16, 63, 72
Versorgungsbezüge 602
Verspätungsgeld 329
Verspätungszuschlag 211, 329, 380
Versteigerung 364
Verteilung des Überganggewinns 185
Vertreterhaftung 439
Verwaltungsakt 382
Verwaltungsfinanzamt 334
Verwaltungsrat 279
Verzögerungsgeld 329
Vollschätzung 397
Vollstreckung 436, 444
Vorabgewinn 232
Voranmeldung 103
Voranmeldungszeitraum 104
Voraussetzung 520
Vorauszahlungsbescheid 393
Vorbehalt der Nachprüfung 391, 407
Vorbehaltsfestsetzung 391
Vordruck 377
Vorgesellschaft 268
Vorgründungsgesellschaft 267
vorläufige Festsetzung 398
Vorläufigkeit 398, 399
Vorschusszahlung 81
Vorsteuer 106, 156
Vorsteuerabzug 111, 279
Vorzugsbesteuerung 576

W

Wagnis-Kapitalgesellschaft 251
Warenbestand 182
Warenmuster 28
Wechsel der Gewinnermittlungsart 162
Wegzugsbesteuerung 582
Weihnachtsgeld 605
Weiterbildung 604
Welteinkommensprinzip 265, 579
Werbungskosten 143, 395, 602
Werbungskosten-Pauschbetrag 602
Werkleistung 32, 35, 41
Werklieferung 83, 86
Werklohn 32
Werksrente 605
Werkzeuggeld 605
Widerspruch 454
widerstreitende Steuerfestsetzung 422
Wiederbeschaffung 75
Wiedereinsetzung 371
Wiederverkaufspreismethode 569
Winterreifen 611
wirtschaftlicher Eigentümer 513
wirtschaftlicher Geschäftsbetrieb 331
wirtschaftlicher Verkehr 493
Wirtschaftsjahr 189, 518
Wohnort 65
Wohnsitz 136, 331, 436, 542, 582
Wohnsitzfinanzamt 335

Z

Zahlung 433
Zahlungsaufschub 436
Zahlungsverjährung 364, 400, 435
Zehn-Tage-Regel 159
Zeitpunkt 364
Zeitraum 364
Zerlegung 529
Zins 329, 432, 461, 505
Zinsschranke 280
Zollkodex 329, 340
Zollkostenverordnung 409
zu versteuerndes Einkommen 147
Zuflussprinzip 157
Zugang 386
Zusammenfassende Meldung 105, 130
Zuständigkeit bei Gefahr im Verzug 346
Zuständigkeitsstreit 345
Zuständigkeitsvereinbarung 344
Zuständigkeitswechsel 343
Zuwendung 285
Zwangsgeld 329
Zwangsversteigerung 629
Zweigniederlassung 64

NWB Bilanzbuchhalter

Schnelle und effektive Wissenskontrolle kurz vor der Prüfung.

5 vor Kosten- und Leistungsrechnung
Weber
2. Auflage. 2011. XVI, 157 Seiten. € 29,80
ISBN 978-3-482-**60642**-7 / Online-Version inklusive

5 vor Finanzwirtschaftliches Management
Weber
2. Auflage. 2011. XVI, 130 Seiten. € 29,80
ISBN 978-3-482-**60652**-6 / Online-Version inklusive

5 vor Jahresabschluss
Weber
2012. XVI, 185 Seiten. € 32,80
ISBN 978-3-482-**63541**-0 / Online-Version inklusive

5 vor IFRS-Grundlagen
Weber
2010. XII, 94 Seiten. € 29,80
ISBN 978-3-482-**63361**-4 / Online-Version inklusive

5 vor Steuerrecht Neu!
Weber
2012. XV, 224 Seiten. € 32,80
ISBN 978-3-482-**63551**-9 / Online-Version inklusive

5 vor Berichterstattung
Weber
2011. XIV, 96 Seiten. € 29,80
ISBN 978-3-482-**63391**-1 / Online-Version inklusive

5 vor Mündliche Prüfung
Nicolini
2012. XII, 118 Seiten. € 29,80
ISBN 978-3-482-**63861**-9 / Online-Version inklusive

Regelmäßige Durchfallquoten von bis zu 50 % bestätigen: Die Bilanzbuchhalterprüfung zählt zu den wichtigsten, aber auch anspruchsvollsten kaufmännischen Weiterbildungsabschlüssen der IHK. Die Reihe **5 vor** bereitet angehende Bilanzbuchhalter „auf den letzten Metern" vor dem Ziel sicher auf die Prüfung vor.

Mit diesen Bänden der Reihe können Ihre Kunden ihr Wissen mit geringem Zeitaufwand überprüfen, auffrischen und verbessern. Eventuell vorhandene Wissenslücken schließen sie damit rechtzeitig vor der Prüfung! Zahlreiche Beispiele, Abbildungen und die am aktuellen Rahmenlehrplan der offiziellen Prüfungsverordnung orientierte inhaltliche Struktur unterstützen ihren Lernerfolg. Kontrollfragen am Ende eines jeden Kapitels und Übungsklausuren erleichtern zusätzlich das Verständnis.

Online-Version inklusive
Im Buch: Freischaltcode für die digitale Ausgabe in der NWB Datenbank.

Bestellen Sie jetzt unter **www.nwb.de/go/buchshop**

Unsere Preise verstehen sich inkl. MwSt. Bei Bestellungen von Endverbrauchern über den Verlag: Im Internet ab € 20,- versandkostenfrei, sonst zzgl. € 4,50 Versandkostenpauschale je Sendung.

NWB versendet Bücher, Zeitschriften und Briefe CO₂-neutral. Mehr über unseren Beitrag zum Umweltschutz unter www.nwb.de/go/nachhaltigkeit

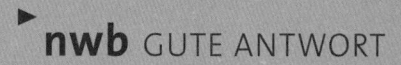

nwb GUTE ANTWORT